# NOS PREMIÈRES ANNÉES au TONKIN

## par PAULIN VIAL

| VOIRON | PARIS |
|---|---|
| BARATIER & MOLLARET | CHALLAMEL & Cⁱᵉ |
| Imprimeurs-Éditeurs | Libraires-Éditeurs |
| Rue Lazare Carnot. | 5, Rue Jacob, 5. |

# NOS PREMIÈRES ANNÉES

AU

# TONKIN

PAR

## PAULIN VIAL

CAPITAINE DE FRÉGATE EN RETRAITE
ANCIEN RÉSIDENT GÉNÉRAL P. I. EN ANNAM ET AU TONKIN

Officier de la Légion d'Honneur, Officier de l'Instruction Publique,
Grand-Officier de l'Ordre Impérial du Dragon d'Annam, Grand-Officier de l'Ordre
Royal de la Couronne de Siam, Grand-Officier de l'Ordre Royal du Cambodge,
Etc..., Etc...
Membre Honoraire de la Société des Sciences diverses du Hâvre,
Membre Honoraire de la Société de Géographie de Tours,
Président Honoraire du Comité des Etudes agricoles, industrielles et commerciales
du Tonkin, Etc...

Récit des Evénements relatifs à l'occupation du Tonkin par
les Français depuis 1873 jusqu'en avril 1887, suivi
d'une Description du Pays et de Renseignements
divers sur sa population, sur ses ressources,
sur son commerce, sur son industrie,
avec 4 Cartes à la fin du volume.

Ouvrage orné d'un Frontispice dessiné par M. le Commandant Amirault.

« Les habitants et les gouvernants de la
Métropole doivent faire tous leurs efforts pour
bien connaître leurs colonies et en même
temps pour initier à leur langue, à leurs
idées et à leurs mœurs les habitants des possessions lointaines. »

(P. V. Conférence faite à Paris le
26 août 1878.)

VOIRON

IMPRIMERIE ET LITHOGRAPHIE BARATIER ET MOLLARET

1889.

DROIT DE TRADUCTION ET DE REPRODUCTION RÉSERVÉ.

# PRÉFACE

> « ... On doit rechercher le développement, au point de vue du nombre, de la morale, du bien-être et de la richesse, de toutes les races d'habitants dans chaque colonie... »
>
> (P. V. — Conférence sur l'administration des colonies faite à Paris en 1878, au Congrès de l'Association française pour l'avancement des sciences, section d'Économie politique, page 17.)

Ce livre devait paraître l'année dernière.

Des affaires urgentes m'ont détourné momentanément de mon travail.

Ceux qui me connaissent savaient que je ne l'abandonnerais pas, que je tiendrais à transmettre des enseignements et des traditions dont j'ai été le dépositaire fidèle.

Les personnes qui voudront bien me lire dégageront facilement de mon récit des principes salutaires qui peuvent se résumer en quelques mots.

Fonder un empire colonial est une entreprise grandiose ; elle doit être conduite dignement. Elle ne saurait être confiée à des mains vulgaires.

La victoire n'est que le premier degré de la conquête. Elle est le résultat d'un effort momentané, parfois d'une chance heureuse. Elle pourrait avoir des conséquences funestes pour le vainqueur si elle n'était complétée par une action sage, prévoyante, généreuse, qui a pour objectif la conciliation de tous les intérêts, l'union de toutes les bonnes volontés, la conquête définitive des esprits et des cœurs.

J'ai tâché de le dire en racontant les principaux épisodes de ce drame étrange, qui se déroule depuis plus de vingt ans déjà sur les bords du Fleuve Rouge (1) et qui nous a causé tant d'émotions diverses.

Expéditions brillantes, succès rapides, déceptions brutales, négociations inexplicables se sont succédé avec une rapidité vertigineuse. C'est un rêve pénible que nous avons fait les yeux ouverts et qui nous a soumis à une rude épreuve.

---

(1) La révolte de Phong a eu lieu en 1862. Elle avait déterminé les Annamites à solliciter la paix.

Tous ceux qui, de près ou de loin, ont pris une part quelconque à ces entreprises décevantes ont subi une influence fatale. Les uns sont morts jeunes, les autres ont été atteints dans leurs ambitions et dans leurs espérances.

On ne saurait dire qu'ils ont été frappés par un destin aveugle. Ils ont souffert de l'ignorance et de la légèreté de leurs compatriotes.

Le Tonkin en a été amoindri. On n'ose en parler, si ce n'est dans ces luttes oratoires sans portée et sans retenue où le bruit étouffe la pensée.

Comment alors ne pas évoquer le souvenir de l'amiral de la Grandière qui nous avait fait une situation privilégiée en Orient.

Il nous avait assuré la paisible possession des six provinces de la Cochinchine alors que nous semblions disposés à les abandonner.

Il avait préparé l'extension progressive de notre domination sur toute la péninsule, d'une domination bienfaisante et civilisatrice, la seule qui mérite le succès.

Il avait associé à son œuvre un groupe d'officiers jeunes, instruits, désintéressés. Ses idées généreuses, courageusement défendues par les honnêtes gens, triomphent encore des erreurs et des faiblesses de nos habiles politiques.

On a voulu le méconnaître et l'oublier. Sa grande figure domine de bien haut les aberrations du jour.

Ayant la perception saine des choses, il avait fait prévaloir une méthode sage et hardie ; surtout il bannissait rigoureusement de ses conceptions la routine et le hasard, ces deux divinités malfaisantes, trop souvent écoutées.

Je pense que le Tonkin et l'Annam résisteront à toutes les utopies, à toutes les expériences et nous étonneront un jour par leur prospérité.

Nous le devrons aux traditions intelligentes et vraiment libérales que le créateur de la Cochinchine avait fait accepter et que tous les hommes de cœur se feront un devoir de conserver. C'est à elles seules que la France a dû sa gloire dans le passé, c'est à elles qu'elle sera redevable de sa prospérité à venir.

Le Guiers, octobre 1889.

# ERRATA

Page 10, ligne 12, au lieu de *Fân* .......... lire *Tân*.
» 10, » 12, » *Phun-Ca* ..... » *Phu-Ca*.
» 14, » 10, » *Tay-Nuih* .... » *Tay-Ninh*.
» 40, » 22, » *Sang-Koi* ..... » *Song-Koi*.
» 45, » 20, » *Bouragne* ..... » *Bourayne*.
» 67, » 7, » *Hin-Duong* .... » *Haï-Duong*.
» 68, » 35, » *May-Hao* ..... » *Mang-Hao*.
» 71, » 22, » *levèrent* ....... » *relevèrent*.
» 71, » 28, » *revint* ........ » *revient*.
» 71, » 30, » *reconte* ....... » *rencontre*.
» 73, » 24, » *aurait* ........ » *aurait pas*.
» 74, » 12 et 27 » *Nynyên van tuong*, lire : *Nguyên-Van-Tuong*.
» 89, » 38, » *et des* ......... lire *et de*.
» 102, » 14, » *Thai-Nguen* .. » *Thai-Nguyên*.
» 102, » 18 et 19 » *prenaient* ..... » *prélevaient*.
» 110, » 33, » *en avant Trung*, lire : *en avant sur Trung*.
» 114, » 16, » *Qusi-Nhon* ... lire *Qui-Nhon*.
» 116, » 9 et 10 » *la direction* ... » *les directions*.
» 118, » 29 et 30 » *les terrains* ... » *le terrain*.
» 119, » 16, » *ruisseau du fleuve*, lire : *niveau du fleuve*.
» 123, » 26, » *Radignet* ..... lire *Radiguet*.
» 130, » 18, » *heurta* ........ » *heurte*.
» 140, » 22, » *modifia* ....... » *modifie*.
» 152, » 23, » *aveuglé* ...... » *aveugle*.
» 165, » 34 et 35 » *colonel de Négrier*, lire *général de Négrier*.
» 186, » 22, » *Bœrgert* ...... lire *Bœlgert*.

# ERRATA

| Page | ligne | au lieu de | | lire |
|---|---|---|---|---|
| 190, | 14, | Lucale | lire | *Lacale.* |
| 191, | 38, | *Chue* | » | *Chu.* |
| 197, | 25, | *Dirappe* | » | *Derappe.* |
| 205, | 28, | *reconnaître* | » | *méconnaître.* |
| 209, | 10, | *pas moins compactes,* lire : *par masses compactes.* | | |
| 221, | 27, | *une juste valeur,* lire : *sa juste valeur.* | | |
| 227, | | *Preom-Peuh* .. lire *Pnom-Peuh.* | | |
| 230, | 30, | *prospérer sons.* | » | *prospérer sous.* |
| 231, | 23, | *ceux éléments.* | » | *deux éléments.* |
| 233, | 22, | *Thua-Mac* | » | *Thua-Moc.* |
| 254, | 39, | *rentes* | » | *recettes.* |
| 268, | 3 et 4, | *Dang-Khanh et Ham-Nyhi,* lire : *Dong-Khanh et Ham-Nghi.* | | |
| 270, | 9, | *Rhanh-Hoà* ... lire *Khanh-Hoa.* | | |
| 283, | 2, | *Nan-Dinh.* | » | *Nam-Dinh.* |
| 283, | 20, | *louer* | » | *lever.* |
| 285, | 16, | *Mont-calme* | » | *Montcalm.* |
| 285, | 20, | *injusticiable* | » | *injustifiable.* |
| 285, | 26, | *avait* | » | *avaient.* |
| 295, | 24, | *des plus riches* | » | *les plus riches.* |
| 313, | 3, | *à travers* | » | *au travers.* |
| 313, | 6, | *buisson* | » | *bois.* |
| 319, | 16, | *spéculatisns* | » | *spéculations.* |
| 324, | 1, | *Dang-Triêu* | » | *Dong-Triêu.* |
| 327, | 22, | *serons* | » | *seront.* |
| 328, | 23, | *ceux* | » | *celles.* |
| 338, | 19, | *grances* | » | *grandes.* |
| 344, | 1, | *expédion* | » | *expédition.* |
| 369, | 1, | *Bohice* | » | *Bohin.* |
| 381, | 10, | *le but* | » | *un but.* |
| 383, | 20, | *Boilière* | » | *Boilève.* |
| 392, | 6, | *commerçants* | » | *commerce.* |
| 410, | 14, | *avait* | » | *avaient.* |
| 411, | 39. | supprimer le *de* final. | | |
| 455, | 34, | *ne furent* ..... lire *le furent.* | | |
| 471, | 28, | *Phugen* | » | *Phuyên.* |

Que le lecteur ne soit pas effrayé du grand nombre de corrections que nous indiquons. La composition d'un livre où il entre plus de 3000 noms propres, dont un grand nombre sont étrangers à notre langue, a exigé de la part de nos habiles éditeurs un travail considérable. Je les félicite sincèrement de l'habileté et du dévouement dont ils ont fait preuve. P. V.

# SOMMAIRE

### Chapitre Premier

Situation des Français en Cochinchine après 1871. Les nations maritimes sont obligées d'étendre sans cesse leurs opérations commerciales et leurs établissements extérieurs. Origine des conflits survenus entre la France et l'Annam. Règles suivies pour assurer l'extension progressive de notre influence avec le concours des populations indigènes. Illusions des mandarins annamites. Renseignements donnés sur le Tonkin par Tavernier et par le R. P. Tissanier. Voyage de M. Dupuis. Ses difficultés avec les autorités du Tonkin. Le Gouverneur de la Cochinchine reçoit des plaintes du Roi. Il fait venir M. Garnier de Shanghaï (1873). – Pages . . . . . . . . . . . 1 à 51

### Chapitre II

M. Garnier part de Saigon. Il arrive à Hanoï le 5 novembre 1873. Ses conflits avec le vice-roi Nguyên-tri-Phuong. Il lui envoie un ultimatum et s'empare de la citadelle le 20 novembre. Prise de Hung-Yên, de Phu-Ly, de Hai-Duong, de Ninh-Binh, de Nam-Dinh. Négociations avec les envoyés de Hué. Hanoï est attaqué par les Pavillons noirs. Mort de Garnier et de Balny, le 21 décembre 1873. Arrivée de renforts. M. Philastre prend la direction des affaires. Négociation du traité de 1874. Remise des citadelles du Tonkin aux Annamites, 1873-1874.
Pages . . . . . . . . . . . . 52 à 80

## Chapitre III

- Dispositions du Roi Thu-Duc envers les Français. MM. Rheinart, de Kergaradec et Turc, consuls à Hué et au Tonkin. Avantages et inconvénients du traité de 1874. Efforts du gouvernement annamite pour éluder ses engagements. Tentatives de restauration de la dynastie des Lê. Le commandant Rivière part de Saigon le 26 mars 1882, avec le commandant Chanu pour Hanoi. Conflits, prise de la citadelle le 25 avril 1882. Démarches du marquis Tseng. Propositions de l'amiral Jauréguiberry, ministre de la marine. Négociations de M. Bourée à Pékin. Occupation de Hôn-Gay, 12 mars 1883. Prise de Nam-Dinh, le 26 mars 1883. Les ennemis menacent nos positions à Hanoi. Sortie de Rivière, le 19 mai 1883. Sa mort. Envoi au Tonkin du général Bouët, commandant les troupes, et de l'Amiral Courbet, commandant la division navale des côtes de l'Indo-Chine. Nomination de M. Harmand, commissaire général civil. Ses attributions. Combats à Nam-Dinh, 15 août. Opérations militaires au nord et à l'ouest de Hanoi, août 1883. Mort du Roi Thu-Duc, 27 juillet 1883. Prise de Thuân-An le 20 août. Traité de Hué conclu par M. Harmand, le 25 août 1883 (1874 à 1883).
Pages . . . . . . . . . . . . 81 à 125

## Chapitre IV

M. Harmand retourne au Tonkin et cherche à organiser l'administration. Hostilité de Luu-Vinh-Phuoc et de Hoang-Ke-Viêm. Le 25 octobre 1883, l'amiral Courbet est nommé commandant en chef des forces de terre et de mer. M. Harmand rentre en France en congé, en décembre. Préparatifs de l'expédition de Son-Tây. Effectifs du corps expéditionnaire. Son-Tây est enlevé le 16 décembre. A Hué, les Annamites, comptant sur notre défaite, empoisonnent Hiêp-Hoà et le remplacent par Kien-Phuoc. L'ambassadeur en Chine, M. Tricou, se rend à Hué. Le régent Tuong accepte le traité du 25 août 1883. Envoi d'une brigade de renfort. M. le général Millot est nommé commandant en chef et reçoit le service le 12 février 1884. Composition de son état-major. Forces du corps expéditionnaire: leur répartition. Prise de Bac-Ninh, 12 mars 1884. Occupation de Hong-Hoa, 13 avril. Occupation de Tuyên-Quan, 1$^{er}$ juin. Création de 2 régiments de tirailleurs tonkinois. Notre situation militaire. Nouveau traité imposé à l'Annam par M. Patenôtre, 6 juin 1884. Traité du commandant Fournier avec Ly-Hung-Chang, 4 mai 1884. Affaire de Bac-Lê, le 23 juin 1884. Le général Millot rentre en France. Mort du Roi Kien-Phuoc, 13 juillet 1884. Ham-Nghi lui succède (1883-1884). — Pages. . . . . 126 à 172

## Chapitre V

Le général Brière de l'Isle succède au général Millot le 8 septembre 1884. Opérations militaires dans le haut du fleuve, dans les bassins du Song-Thuong et du Loch-Nan. Occupation de Chu, prise de Kêp le 8 octobre 1884. L'ennemi menace Tuyen-Quan. M. Lemaire, ministre à Hué. Dispositions des Européens en Chine envers les Français. Assassinats de deux de nos anciens partisans en Cochinchine. Campagne de l'amiral Courbet en Chine. De nombreuses troupes chinoises franchissent la frontière. Nui-Bop occupé le 3 janvier 1885, après un combat sanglant. Expédition de Lang-Son occupé le 13 février 1885. Le général Brière de l'Isle va au secours de Tuyen-Quan assiégé depuis le mois de décembre ; le 3 mars, il défait à Thua-Moc les troupes de Luu-Vinh-Phuoc et fait lever le siège. Situation du corps expéditionnaire. Le général de Négrier poursuit les Chinois sur la route du Quan-Si et occupe la porte de Cua-Ai. Combat de Dong-Bô le 24 mars 1885. Il est attaqué par des forces chinoises supérieures. Il est blessé le 28 mars 1885. Il est remplacé par M. le lieutenant-colonel Herbinger qui se retire sur Chu. Luu-Vinh-Phuoc se réfugie à Phu-Lam-Tao. Traité de Tien-Tsin du 9 juin 1885. Le 12 avril, M. le général de Courcy est nommé commandant en chef. Il arrive au Tonkin le 1ᵉʳ juin. Organisation de son administration. Crues du Fleuve Rouge. Combat de Hué ; prise de la citadelle le 5 juillet 1885. Le Roi Ham-Nghi prend la fuite. Il est remplacé par son frère Dong-Khanh, le 19 septembre 1885. Le choléra au Tonkin. Campagnes de Than-Mai et du Bay-Say. Réglementation du service des ports, des taxes des patentes, de celles des terrains urbains et des droits de capitation, 1884-1885. — Pages . . . . . . . . . . 173 à 283

## Chapitre VI

Discussion sur les événements du Tonkin, décembre 1885. M. Paul Bert est nommé résident général en Annam et au Tonkin. Ses pouvoirs. Ses intentions. Il part le 14 février 1886. Il s'arrête à Saigon où il est reçu par M. le général Bégin. Il arrive au Tonkin le 6 avril 1886. Il est reçu le 8 avril à Hanoi. Entreprises, concessions et projets divers. Exposition. Comité agricole et industriel. Réunion du conseil consultatif des notables indigènes. Armée coloniale. Voyage de M. Paul Bert à Hué. La commission de délimitation va à Lao-Kay. Traité de commerce avec la Chine. Le 14 juillet à Hanoi. Evénements à Lao-Kay et à Phu-Nho. Occupation de Cao-Bang. Voyage de M. Paul Bert à Keso. Sa maladie. Sa mort. Ses funérailles, 1886. Pages . . . . . . . . . . 284 à 356

## Chapitre VII

Intérim de M. Paulin Vial, difficultés de sa situation. Retour de la Commission de délimitation de Lao-Kay. Police du Bay-Say. Concours des lettrés à Nam-Dinh. Assassinat de M. Haïtce à Moncây. La division de Chine, commandée par l'amiral Rieunier, vient au Tonkin. Visite du Résident Général et du général Munier sur les côtes du nord. Troubles dans le Than-Hoa. Le 1er janvier 1887 à Hanoi. Le Résident Général et l'amiral Rieunier vont à Hué. Visite à l'Empereur Dong-Chanh. Prise de Ba-Dinh. Arrivée de M. Bihourd au Tonkin. Expédition du Phu-Yên. Exposition, 1886-1887. — Pages . . . . . . . . 357 à 394

## Chapitre VIII

Description du Tonkin. Ses fleuves. Ses montagnes. Ses ports. Son commerce. Ses productions. Son climat. Mesures à prendre pour préserver la santé de nos soldats et de nos colons, pour assurer sa prospérité.
Pages . . . . . . . . . . . 395 à 437

### Pièces a l'appui et Renseignements divers

1· Exposition de Hanoi, extrait de la *Gironde*. 2· Mouvement commercial (extrait du *Rapport des Douanes*, 1888.) 3· Communication de M. Blanchet à la Société de Géographie. 4· Extrait des *Délibérations de la Chambre de Commerce de Saigon*, 31 août 1888. 5· Chiffre des pertes de notre armée en Algérie en 1840. 6· Lettre du vice-roi Nguyên-Huu-Dô, écrite au moment de mourir. 7· Notice sur les langues parlées en Indo-Chine, par M. Neyret. 8· Population européenne au Tonkin. 9· Extrait de *l'Avenir du Tonkin*. 10· Renseignements sur les côtes et les ports de l'Annam. 11· Tableau des poids et mesures. 12· Examen des lettrés à Nam-Dinh en 1886. 13· Extrait de la *Revue du Monde Catholique*. 14· Production de la soie. 15· Massacre des chrétiens en Annam, lettre de Mgr Colombert. 16· Tableaux de la population. Noms des derniers Rois de l'Annam. Liste des Résidents généraux, chargés d'affaires, etc... — Pages . . . . . . . . . 438 à 494

### 4 Cartes

Cochinchine, par Tavernier, 1650. Indo-Chine, P. V., 1887. Tonkin, P. V., 1887. Hanoi . . . A la fin du volume.

# NOS
# PREMIERES ANNÉES
# AU TONKIN

# NOS PREMIÈRES ANNÉES
## AU
# TONKIN

### (1873 A 1887)

> « ... Observez les peuples les plus sages et les mieux gouvernés chez eux ; vous les verrez perdre absolument cette sagesse et ne ressembler plus à eux-mêmes, lorsqu'il s'agira d'en gouverner d'autres. La rage de la domination étant innée dans l'homme, la rage de la faire sentir n'est peut-être pas moins naturelle : l'étranger qui vient commander chez une nation sujette, au nom d'une souveraineté lointaine, au lieu de s'informer des idées nationales pour s'y conformer, ne semble trop les étudier que pour les contrarier ; il se croit plus maître, à mesure qu'il appuie plus la main. Il prend la morgue pour la dignité, et semble croire cette dignité mieux attestée par l'indignation qu'il excite, que par les bénédictions qu'il pourrait obtenir. »
>
> (Le Comte J. de Maistre, du Pape 22ᵉ édition, p. 221).

## CHAPITRE Iᵉʳ.

Situation des Français en Cochinchine après 1871. Les nations maritimes sont obligées d'étendre sans cesse leurs opérations commerciales et leurs établissements extérieurs.

Origine des conflits survenus entre la France et l'Annam. Règles suivies pour assurer l'extension progressive de notre influence avec le concours des populations indigènes. Illusions des mandarins annamites. Renseignements donnés sur le Tonkin par Tavernier et par le R. P. Tissanier. Voyage de M. Dupuis. Ses difficultés avec les autorités du Tonkin. Le Gouverneur de la Cochinchine reçoit des plaintes du Roi. Il fait venir M. Garnier de Shanghaï (1873).

Au sortir de la crise terrible qui avait si cruellement éprouvé la France en 1870 et 1871, toutes les fractions actives de la nation faisaient de louables efforts pour contribuer au relèvement de la prospérité publique. Tous les hommes de cœur et d'intelligence avaient compris qu'il fallait se taire et travailler. Nulle part on ne montra plus de recueillement et de résolution à cette époque douloureuse que dans nos ports et dans nos colonies.

Nos marins et nos colons, vivant en face d'étrangers hostiles ou malveillants, avaient su conserver une attitude impassible alors que leurs cœurs étaient déchirés par les plus pénibles angoisses.

C'est surtout en Cochinchine, au milieu d'une population nombreuse et récemment soumise, que la situation nouvelle des représentants de la France pouvait présenter des épreuves délicates. On allait constater que l'annexion des trois provinces occidentales, effectuée en 1867, depuis trois années seulement, avait eu réellement le consentement des indigènes, parce qu'elle constituait une combinaison équitable dans laquelle les intérêts de la France et ceux du peuple annamite avaient été sagement garantis.

Lorsque des événements considérables ont été le résultat d'un enchaînement fatal de circonstances imprévues, il paraît naturel de remonter à leurs origines. Il est sage de rechercher les véritables causes d'une situation complexe que nous avons le désir d'améliorer.

Les peuples maritimes, sous peine d'abdication, sont obligés de naviguer, de commercer et de créer des colonies. Les colonies sont de véritables comptoirs, tandis que les nations peuvent être considérées comme de vastes associations industrielles, commerciales et financières. Elles se complètent réciproquement et leurs intérêts sont solidaires.

Lorsqu'une contrée maritime est occupée par une population qui ne sait ni l'exploiter ni la défendre, elle tombe fatalement aux mains d'une race plus habile, plus industrieuse, plus énergique. Il est bien rare qu'un territoire situé sur le bord de l'Océan reste longtemps inexploité. Une loi inexorable pousse les hommes à lutter pour l'existence, à occuper toutes propriétés, tous domaines, tous rivages où ils trouvent des conditions avantageuses d'établissement.

Non seulement cette loi de colonisation a présidé au développement des sociétés antiques, mais encore aujourd'hui, malgré une foule de sous-entendus, elle est la seule explication raisonnable des principales évolutions politiques de nos sociétés modernes.

S'il n'existait pas un droit généralement admis aux terres en déshérence, droit que personne n'avoue absolument, mais que tous les peuples civilisés admettent par une pratique plus ou moins rigoureuse, les annexions diverses faites par les Anglais en Australie, par les Américains dans les territoires indiens du Far-West, et les conquêtes entreprises par la plupart des nations européennes sur le continent africain, seraient certainement placées, dans l'échelle des actions morales, bien au-dessous du plus vulgaire brigandage.

La théorie du droit colonial pourrait se résumer dans la forme suivante :

La terre est un héritage commun à tous les hommes; elle doit appartenir aux plus habiles et aux plus forts. — J'ajouterais volontiers : aux plus dignes.

Quelle que soit la formule, jusqu'à nos jours l'accaparement des îles et des continents a été le plus souvent un pillage savamment organisé. Les grands peuples maritimes ont occupé d'abord les terres qui leur convenaient; ils ont ensuite tâché de justifier leurs conquêtes en alléguant, tantôt les grands intérêts de la civilisation, tantôt ceux de leur sécurité.

Une puissance maritime qui cesserait de prendre part à cette lutte générale pour l'extension de sa marine, de son commerce et de ses possessions extérieures, décroîtrait rapidement. Elle deviendrait petit à petit tributaire de ses rivaux; elle serait réduite à s'adresser à eux pour ses approvisionnements et pour ses transports; ses côtes s'appauvriraient, sa population s'éclaircirait lentement; sa sécurité et son existence finiraient par être compromises.

Dans nos vaillantes populations maritimes, chez les bretons, chez les normands, chez les basques, chez les provençaux, on n'a jamais oublié ces expéditions hardies et glorieuses qui nous avaient placés un moment à la tête du monde civilisé.

Alors que des rhéteurs, ignorants des choses de la mer, ont voulu limiter l'action de nos flottes, l'initiative des successeurs des Duquesne, des Duguay-Trouin, des Tourville, des Villegagnon, nos marins protestaient en frémissant sur les rivages de l'Océanie, sur les côtes de l'Asie et de l'Afrique.

D'anciennes traditions s'étaient transmises dans notre personnel maritime à travers les âges. Aucun de nos officiers n'avait oublié les brillants épisodes des guerres de l'Inde, du Canada et de l'Amérique.

Lorsque nous allâmes en Chine avec les Anglais, personne n'ignorait dans notre flotte qu'il serait difficile au gouvernement français de retirer son pavillon des côtes de l'Asie, après avoir obtenu de la Chine une réparation qui devait être bientôt oubliée.

C'est ce sentiment général de nos marins qui

avait contribué à nous faire garder Saigon avec tout son territoire, alors même que des hommes d'Etat dont les visées ne dépassaient guère les bornes de nos rivages, recherchaient quelle serait la voie la moins compromettante pour battre en retraite devant quelques difficultés secondaires. Il fallut les protestations de l'amiral de la Grandière pour que l'on ne renonçât pas aux avantages stipulés par le traité de 1862 avec l'Annam.

C'est avec le concours d'une administration improvisée en vue de faire face aux difficultés de la première heure, que cet organisateur prudent, économe, résolu, parvint à démontrer la nécessité de marcher en avant, « de ne pas faire un pas en arrière » selon l'expression de l'amiral Charner (1). Devant ses déclarations énergiques, les hésitations officielles cessèrent.

Nous avions fini par occuper tout le pays de Giadinh jusqu'au golfe de Siam, et le Cambodge, pacifié, était placé sous notre protectorat. Notre frontière du côté de Binh-Tuàn était parfaitement délimitée et pouvait être facilement surveillée.

Virtuellement le traité de 1862 avait cessé d'exister en 1867; mais des relations courtoises et fréquentes avaient été maintenues entre les deux puissances, et entre les habitants des deux territoires.

Les nouveaux sujets de la France, complètement émancipés, s'administraient eux-mêmes. Ils jouissaient d'une prospérité qu'ils n'avaient jamais connue. Parmi eux vivaient un certain nombre de Tonkinois et d'Annamites des provinces du nord, qui étaient restés en communication avec leurs pays d'origine; ceux-là entretenaient leurs compatriotes dans l'idée qu'une émancipation rapide, une assimilation graduelle aux Français seraient tôt ou tard les conséquences heureuses d'une conquête inévitable et prochaine.

---

(1) « Je dois m'attacher à ne pas faire un pas en arrière. Notre prestige en dépend. » (Expédition de la Cochinchine en 1861, Pallu, p. 238).

Pendant que d'un côté on se laissait entraîner à des aspirations toutes naturelles, de l'autre, les partisans de la cour de Hué, imparfaitement renseignés ou plutôt aveuglés par leur culte profond pour l'ancienne monarchie des Nguyên, ne comprenaient pas toute l'impuissance de leur organisation surannée. Ils auraient voulu revenir vers le passé, rentrer en possession de tous les territoires anciens de l'Annam et reconstituer l'empire de Gialong, sans rien changer à des lois et à des usages qui tombaient en désuétude.

Entre l'administration française, créée par l'amiral de la Grandière en prévision d'une extension indéfinie de nos possessions, et la puissante oligarchie des mandarins annamites qui voulaient remonter le cours des événements, il devait se produire des froissements et des conflits incessants.

L'édifice déjà ruiné du mandarinat ne pouvait être relevé. Il devait s'user dans cette lutte contre un élément nouveau et s'effondrer lamentablement aux premiers chocs, lorsque les conventions barbares qui lui servaient de matériaux seraient discutées sérieusement.

Un jour nos civilisations européennes seront atteintes aussi dans ce qu'elles ont de factice et de transitoire ; nos lettrés seront, comme ceux de l'Annam, impuissants à sauver les associations politiques qu'ils ont la prétention de diriger. L'invasion et le triomphe de sentiments plus naturels, plus simples, plus logiques, souvent entachés de matérialisme et de barbarie, nous conduiront à une société nouvelle, plus active, plus pratique. Sera-t-elle meilleure ?

Toutes les associations humaines, les plus civilisées comme les plus barbares, sont condamnées à disparaître et à se renouveler sans cesse au moment même où ceux qui les dirigent croient avoir atteint à la perfection de l'organisme social. Ceux qui sont placés au sommet d'une hiérarchie savamment combinée ne sauraient apercevoir les erreurs et les fautes sous lesquelles succombent les pouvoirs qui leur semblaient les mieux affermis.

Quelle déception dut éprouver le roi Thu-Duc, lui qui était un sage, un lettré, un penseur profond ; lui qui était entouré des hommes les plus érudits et les plus dévoués du Royaume, lorsqu'il s'aperçut que ses sujets, ceux qu'il avait appelés ses enfants, ceux qui étaient de son pays de Tàn-Hoâ, avaient accepté d'appartenir à la France !

« Cependant, nous disaient les mandarins, quelle
« pourrait être la liberté ou la protection qui leur
« a fait défaut ?

« Nos Annamites vivent librement dans leurs
« villages, ils jouissent en paix de leurs biens. Ils
« nomment eux-mêmes les administrateurs de leurs
« communes. La transmission des héritages se fait
« régulièrement, en dehors de toute action de l'Etat.
« Les impôts sont modérés. La justice est gratuite
« et prompte. L'instruction publique est largement
« distribuée à tous les enfants au prix le plus modi-
« que. Les plus pauvres des sujets du Roi, s'ils
« veulent étudier, peuvent concourir pour tous les
« grades universitaires et parvenir aux plus hautes
« fonctions. Plusieurs de nos Ministres et de nos
« Gouverneurs de Provinces sont les enfants de sim-
« ples laboureurs. Y a-t-il un pays où le peuple soit
« plus rapproché de son souverain, de ceux qui
« doivent le diriger et le protéger ? »

Il est certain que si nous nous étions présentés aux Annamites comme des conquérants ordinaires, voulant dominer le pays et le rançonner en vertu de notre supériorité matérielle, nous aurions probablement échoué dans notre entreprise. La population nous aurait résisté énergiquement. Elle aurait cessé de produire et nous aurions abouti fatalement à l'évacuation de notre conquête ou au moins à l'occupation restreinte et stérile de quelques points de la côte à laquelle on avait voulu recourir en 1862.

Mais la volonté ferme et éclairée qui, heureusement pour nous, dirigeait alors nos entreprises en Cochinchine, préparait sagement l'annexion progressive du pays, la conquête morale de la population.

Elle assurait aux indigènes le maintien réel de tous les avantages que le gouvernement annamite avait eu la prétention de leur constituer. En outre, elle complétait leurs institutions en les mettant en harmonie avec des besoins nouveaux, en leur assurant des garanties et des richesses qu'ils ne connaissaient point encore. — Nous leur donnions la justice gratuite, immédiate, à la portée de tous les justiciables, beaucoup plus honnête et plus indépendante qu'autrefois. Nous organisions l'instruction publique dans les conditions les plus libérales. Nous ouvrions aux indigènes intelligents et actifs des carrières lucratives et honorables. Nous leur laissions entrevoir la création d'un mandarinat, d'un corps de fonctionnaires réguliers qui seraient nommés parmi les hommes jeunes, ambitieux, capables, pouvant entrer en relations directes avec les Européens et développer dans la péninsule des richesses inépuisables par l'accroissement rapide des échanges avec l'extérieur.

Ces nouvelles mesures réduisaient à néant la science de convention dans laquelle les anciens mandarins s'isolaient volontiers des masses populaires.

L'annexion des trois provinces de l'ouest, prudemment conçue et préparée discrètement, n'avait point été une vaine surprise. Elle eut lieu le jour même où les habitants étaient disposés à la regarder comme un bienfait. Plus d'une année à l'avance, les fonctionnaires qui devaient administrer les nouveaux territoires avaient été recrutés et servaient auprès de leurs collègues dans les provinces orientales. Pour 13 inspections, ils étaient au nombre de 50 (1). Aucune économie mesquine n'avait été faite sur les cadres

---

(1) Annuaire de janvier 1867.

du personnel. Des reconnaissances fréquentes avaient été exécutées par des Annamites dévoués, dans toutes les directions.

Ainsi, pendant que le roi Thu-Duc s'obstinait à entretenir des troubles sur le territoire français, à y organiser le désordre et la révolte, nous étions amenés à préparer une revanche éclatante sur ses propres domaines.

Les populations annamites, plus prévoyantes et plus avisées que leurs mandarins, avaient compris quel serait le dénouement de la moindre complication. — Un grand nombre d'habitants des provinces occidentales nous avaient fait dire qu'ils étaient prêts à se soumettre à la première démonstration.

On ne dira jamais trop les dispositions minutieuses qui ont assuré les premiers succès de notre administration en Indo-Chine.

Avant tout, on avait tenu à laisser la police de la population entre les mains des autorités civiles régulières sous la surveillance et la direction des administrateurs français. On avait créé pour ce service un corps considérable de miliciens absolument incapable de s'organiser contre nous et de nous créer le moindre embarras, mais assez fort pour dominer toute tentative imprévue de désordre.

Les troupes européennes du corps d'occupation avaient été considérablement réduites. Elles étaient réservées pour la défense de la colonie contre les ennemis de l'extérieur ou contre les insurrections générales.

Citons quelques-uns des règlements qui à cette époque avaient excité l'étonnement et la critique des personnes étrangères aux choses de la colonie. C'est à leur sage application que nous avons dû la sécurité de la Cochinchine.

N° 64, page 63 *(Bulletin de la Direction de l'Intérieur)*. Lettre adressée à M. l'Inspecteur des milices :

Saigon, le 17 janvier 1867.

« Monsieur l'Inspecteur,

« J'ai appris avec une vive satisfaction le succès de nos miliciens et je vous félicite de les avoir bien dirigés. J'ai signalé par télégraphe à Gocong cet événement.

« Je vais vous faire donner les noms des meilleurs d'entre eux, comme conduite antérieure et comme famille, afin que vous puissiez préparer dans le nombre quelques sujets intelligents et honnêtes pour en faire des chefs qui marchent sur les traces de Fàn, du Phun-Ca, du Huyen-Loc... Tenez grand compte de leur conduite (surtout après la victoire); que ceux qui ont le caractère naturellement humain et modéré soient choisis de préférence pour l'avancement; car notre but, en les menant avec nous, est moins encore de nous en servir pour battre l'ennemi que de nous concilier les populations par la vue d'indigènes ayant déjà acquis un peu de la générosité qui distingue nos troupes.

« Ils seront assez instruits pourvu qu'ils s'habituent à ne pas faire feu sur l'ennemi à plus de trente pas, et à l'aborder résolument en se groupant autour de leurs chefs lorsqu'ils en approchent. Ils doivent aussi pouvoir marcher en éclaireurs, mais il ne faudrait pas les habituer à s'écarter beaucoup les uns des autres, ni à faire le service de tirailleurs, surtout à tirer de loin; ces principes pourraient être très préjudiciables à nos troupes.

« Nous ne devons point oublier que l'instruction donnée à nos miliciens se répand rapidement par tout le pays; il faut donc leur apprendre à nous seconder et à être irrésistibles contre des Asiatiques, mais non à pouvoir décimer de loin nos colonnes.

« Je vous recommanderai, en outre, de faire tenir très exactement vos hommes au courant de leur solde, de leurs vivres et de m'informer des dépenses faites à ce sujet.

« Agréez....

« *Le Directeur de l'Intérieur,*

« P. VIAL. »

N° 72, page 67. Extrait de la correspondance du 1ᵉʳ bureau :

« 1. *Formation d'un village.* — La formation d'un village (Giai) près de Giai-Mi est approuvée avec exemption d'impôt pour trois ans. Toutefois une formation semblable doit se faire sans aucun préjudice pour les autres villages; il ne faudrait pas, par exemple, que les habitants voisins abandonnent des cultures imposées pour bénéficier de l'exemption de trois ans dans un défrichement facile.

..........................................................

« 3. *Maisons de jeux.* — Toutes les fois que vous découvrirez des maisons de jeu clandestines, appliquez sévèrement la loi, une partie de l'amende imposée pourrait être donnée sur votre demande à ceux qui vous les auraient dénoncées.

« 4. *Rachat de corvée.* — La corvée rachetable serait au taux de 50 centimes par journée, 24 francs par 48 journées, et non 6 francs. Il serait très imprudent d'accepter le rachat pour un prix inférieur, le bénéfice actuel que nous en retirerions nous priverait d'un revenu certain dans l'avenir.

..........................................................

« 6. *Travaux à exécuter à plus de six kilomètres des villages corvéables.* — Pour les travaux de routes d'une urgence bien constatée et en dehors du rayon des villages corvéables, vous avez deux procédés à employer suivant le cas : 1° au moyen d'entrepreneurs annamites, à payer autant que possible par le produit des journées rachetées à l'amiable, à raison de 50 centimes par journée; 2°

s'il n'est pas possible de trouver d'entrepreneurs dans de bonnes conditions, ou si les villages ne désirent pas se racheter en argent, vous levez les corvées des centres les plus voisins, en leur payant une indemnité de déplacement que vous proposerez au directeur en raison de la distance que vous leur ferez faire en sus de six kilomètres.

« *Le Directeur de l'Intérieur,*

« P. VIAL. »

N° 93, page 82. Circulaire réglant le service des Inspecteurs dans les trois provinces de l'ouest :

Saigon, le 1ᵉʳ juillet 1867.

« Monsieur l'Inspecteur,

« Je fais appel à votre concours le plus actif pour l'organisation définitive de l'administration dans les trois Provinces de l'Ouest.

« La première question à résoudre est celle du personnel.

« Outre vos interprètes vous aurez un secrétaire européen. Il faudra que vous ayez un ou deux lettrés intelligents et sûrs, provenant de l'ancienne colonie, pour surveiller le travail de vos bureaux et prévenir toute infidélité de la part des anciens secrétaires indigènes que vous aurez conservés aux appointements de 25, 30 et 40 francs par mois, d'après leurs anciennes positions.

J'enverrai à Vinh-Long quelques lettrés qui vous seront donnés par M. Bourchet, sur votre demande, pour ce service.

« Vous devrez en même temps organiser votre milice de manière à ne point retenir plus longtemps les miliciens qui ont suivi l'expédition. Vous les renverrez de suite, ne gardant auprès de vous que dix ou douze hommes de bonne volonté et de conduite, auxquels vous donnerez de l'avancement en les portant au grade supérieur à celui qu'ils occupaient. Vous compléterez l'effectif qui vous revient en prenant les anciens dôis qui auraient fait leur soumission et donné des gages de leur fidélité.

« Vous paierez, à partir de leur entrée au service, vos miliciens sur le même pied que ceux de la colonie : 20 francs par mois.

« Les uniformes vous seront fournis de Saigon.

« Vous ne garderez que douze fusils de l'ancien armement de Saigon et vous rendrez les autres à leurs inspecteurs anciens en leur renvoyant leurs hommes.

« Vous armerez les nouvelles recrues avec les fusils trouvés dans les magasins annamites et vous ferez dans ce but des demandes aux officiers d'artillerie qui en sont chargés.

« Vous compléterez au besoin cet armement par des lances de la même provenance.

« Vous renverrez à Saigon les guidons des compagnies du corps expéditionnaire; on vous en enverra d'autres qui seront mieux appropriés à notre nouvelle organisation de toutes les milices.

« Une fois en règle pour vos bureaux et vos milices, faites faire des inventaires de vos bateaux, de vos canons et de votre matériel, ne gardant que ce qui est nécessaire pour le service de votre inspection. Adressez-moi de suite l'état de ce que vous avez, afin que l'excédant puisse être réparti, s'il y a lieu, entre les autres inspections.

« Joignez à cet envoi une situation sommaire de votre inspection, comprenant : le nombre d'arrondissements, leurs noms et ceux des cantons, le nombre des villages, les noms des marchés, le nombre des inscrits, le chiffre des terres cultivées, le genre des cultures et la valeur « approchée des « revenus divers, des fermes, des pêcheries, des « Jeux, etc., le nombre des Chinois et des Cambo- « giens fixés sur le territoire. »

« *Le Directeur de l'Intérieur,*

« P. VIAL. »

Ainsi, avec 10 ou 12 hommes de bonne volonté, les inspecteurs des nouvelles provinces, installés depuis quelques jours seulement, avaient pris en main toute l'administration du pays en s'appuyant sur le concours des populations.

Au même moment une amnistie générale mettait fin à l'insurrection qui avait éclaté l'année précédente en Cochinchine et au Cambodge et qui s'était manifestée principalement dans les arrondissements de Tay-Nuih, de Saigon et de Tan-An.

N° 94 (page 83). Amnistie accordée aux rebelles qui se présenteraient pour se soumettre dans le délai de deux mois :

Saigon, le 5 juillet 1867.

« Le Vice-Amiral Gouverneur, Commandant en Chef, voulant donner une marque de sa bienveillance aux habitants des six provinces de Giadinh en permettant aux indigènes qui avaient pris part à la rébellion de rentrer dans leurs villages afin de faire cesser toutes causes de troubles et de désordres ;

« Ordonne :

« Il est accordé un délai de deux mois, à dater de ce jour, aux Annamites rebelles qui voudraient faire leur soumission.

« Ils devront se présenter aux Inspecteurs des affaires indigènes, afin de déclarer leur intention de vivre en paix sous la garantie des villages où ils voudraient fixer leurs résidences.

« Cette autorisation sera donnée à tous ceux qui se présenteront, quels que soient leurs grades, à l'exception de ceux qui auraient commis des attentats contre les personnes et les propriétés privées pouvant être qualifiés d'actes de brigandage.

« DE LA GRANDIÈRE. »

(Bulletin de la Direction de l'Intérieur).

Ce n'est que quatre mois plus tard que des émissaires provenant de Hué et du Binh-Tuàn provoquèrent des soulèvements à Ben-Tre, Soc-Trang et le Rach-Gia.

N° 98. Circulaire au sujet de la position des Huyêns dans les inspections :

Saigon, le 19 juillet 1867.

« Monsieur l'Inspecteur,

« L'insuffisance de notre personnel européen et la nécessité de donner une marque de confiance à des indigènes dévoués, afin de stimuler l'ambition de leurs compatriotes, sont les motifs principaux qui ont déterminé le Gouverneur à vous adjoindre un Huyên annamite.

« Vous devez le traiter avec les plus grands égards et veiller soigneusement à ce que personne ne lui manque de respect ; vous veillerez en même temps à ce que sa conduite soit parfaitement digne et convenable dans toutes les circonstances. Vous le préviendrez qu'à la moindre faute ou au moindre abus commis envers la population, il serait renvoyé immédiatement.

« Le Gouverneur veut que ces fonctionnaires méritent les sympathies et les affections de leurs administrés ; il n'ignore point quelle défiance doivent nous inspirer à cet égard les Asiatiques que nous serons obligés d'employer, et il compte sur votre vigilance afin de prévenir les inconvénients qui pourraient résulter de leur inexpérience à commander.

« Les huyêns peuvent être pour vous d'utiles auxiliaires, surtout lorsque leur amour-propre sera stimulé par l'appât de récompenses honorifiques et par la certitude de rendre de véritables services à leur pays.

« Ils pourront surtout surveiller le travail de vos lettrés et de vos bureaux, faire des reconnaissances dans le pays, vérifier l'état des cultures dans les villages, faire des instructions sommaires pour compléter les vôtres, recueillir des renseignements précieux, inspecter les écoles ; il vous restera plus de temps disponible pour les travaux importants. Il est à désirer surtout qu'ils ne se livrent point exclusivement à une existence sédentaire, mais qu'ils déploient l'énergie et l'intelligence qui nous ont rendu si précieux le concours du Phu Ca, du Phu Loc et de quelques autres employés.

« En effet, pour établir notre administration sur des bases solides, nous avons besoin de nous concilier, en l'employant à propos, cette classe active et éclairée des maires et des chefs de canton, qui est l'âme de la population dans nos campagnes.

« C'est chez elle que nous trouverons peu à peu des hommes ayant des qualités solides, capables de nous comprendre et d'occuper toutes les positions.

« C'est par elle que nous arriverons à diriger facilement la masse du peuple, isolée jusqu'à ce jour, par un usage peu favorable aux intérêts publics, des mandarins chargés de l'administration supérieure.

« Agréez,...

« *Le Directeur de l'Intérieur*,

« P. VIAL. »

N° 107 (p. 97). Service des milices dans les inspections :

Saigon, le 10 novembre 1867.

« Le service ordinaire des milices dans les inspections a une grande importance et mérite une attention spéciale.

« Il faut que nos hommes contractent des habitudes d'ordre et de discipline, tout en ayant la faculté de vivre avec leurs familles aux moments où ils ne sont pas occupés.

« Tous les jours, dans chaque station, ils

devront être réunis avant huit heures du matin, en tenue et en armes, afin d'être inspectés et de faire l'exercice. Les corvées et les divers services seront désignés, et ceux qui seront libres pourront rentrer chez eux jusqu'au lendemain matin.

« Le soir, les hommes de garde seront rassemblés au coucher du soleil pour l'appel.

« MM. les Inspecteurs devront assister toutes les fois qu'il sera possible à l'exercice du matin. Ils veilleront à la tenue et à la propreté des hommes d'une manière spéciale.

« Le chef de la milice du grade le plus élevé assistera à l'appel du soir.

« Dans chaque poste isolé, le même règlement sera appliqué par le chef de détachement.

« Le casernement dans chaque inspection sera disposé, suivant les circonstances, de manière à avoir un poste convenable pour les hommes de garde, et, à petite distance, un emplacement spécial pour l'établissement des familles des miliciens.

« Lorsque les postes détachés seront éloignés et dans des conditions qui en rendraient le séjour pénible, les détachements chargés de les occuper seront désignés par jours de corvée, le chef du poste seul ne changerait point.

« Les armes des hommes qui ne sont point de service resteront déposées à l'inspection ; le chef du poste de garde en sera responsable.

« *Le Directeur de l'Intérieur,*

« P. VIAL. »

Citons encore l'extrait d'un rapport du Directeur de l'Intérieur dans lequel il rend compte des dispositions des miliciens d'Hoc-Môn qui avaient été détachés à Soc-Trang lors de l'occupation des provinces de l'Ouest.

Conformément aux instructions de l'Amiral de la Grandière, il fit des tournées fréquentes dans nos inspections nouvelles, encourageant nos partisans, ramenant les miliciens fatigués et les faisant remplacer immédiatement par des hommes de bonne volonté qu'il amenait de Saigon.

« Le 11 octobre, 1867.

. . . . . . . . . . . . . . . . . . . . . . . . . . . . . . . . . . . . . . . . . .

« En revoyant le Phu-Ca, les miliciens d'Hoc-
« Môn qui étaient à Soc-Trang depuis l'occupation
« et qui s'y sont si brillamment conduits, ayant per-
« du trois hommes tués à l'ennemi, ont entouré
« leur ancien chef en pleurant de joie. Ils regrettent
« vivement leur pays et j'en ai ramené 3, dont un
« était malade, en attendant qu'on eût relevé les
« autres. A moitié chemin, le malade allait déjà
« beaucoup mieux.

« J'ai fait une dernière remarque concernant les
« milices. Les hommes qui les composent, lors-
« qu'ils sont levés normalement, sont presque tous
« mariés et pères de famille ; ils ne peuvent rester
« absents de leurs foyers pendant plus d'une quin-
« zaine de jours, un mois au plus. Si on les éloi-
« gne plus longtemps, ils perdent beaucoup de leurs
« qualités ou désertent pour rentrer chez eux. La
« nécessité nous a obligés à maintenir assez long-
« temps ceux des anciennes provinces dans les
« nouvelles inspections, mais je crois utile de les
« y remplacer dès aujourd'hui par tour de corvée
« jusqu'à ce que les nouvelles recrues puissent suf-
« fire au service... »

*(Extrait d'un rapport confidentiel du Directeur
de l'Intérieur au Gouverneur).*

Donnons encore quelques indications sur l'organisation des miliciens pour indiquer le véritable esprit de cette institution qui nous fut si utile.

N° 117, *Extraits de la circulaire du 19 décembre 1867.*

« Saigon, le 19 décembre 1867.

..........................................................

« ... Le milicien vit avec sa famille ; il reçoit une paie équivalente, sinon supérieure, à celle des journaliers. Il est retenu dans l'obéissance et dans l'exécution de ses devoirs par le désir de conserver sa place beaucoup plus que par la crainte des punitions. Les fautes qu'il peut commettre sont, en général, celles que peut commettre tout indigène, et elles peuvent, sans inconvénient, être réprimées presque toutes par la loi commune.

..........................................................

« Chaque milicien vivant avec sa famille doit avoir une case séparée auprès de l'Inspection, autant que les circonstances et la disposition des lieux le permettent. Leurs chefs et Dôis ont naturellement sur eux la même autorité que celle des chefs des villages sur leurs concitoyens. Il faut veiller à ce qu'elle ne dégénère pas en abus et à ce qu'elle n'entraîne aucune immixtion dans les affaires intérieures de chaque famille.

« Le campement des miliciens doit être proprement tenu ; vous devez y faire des tournées fréquentes et vous informer des besoins de chacun, afin d'y pourvoir dans la mesure des ressources dont l'administration peut disposer. Les désordres, le jeu, l'ivrognerie doivent être sévèrement punis. Vous encouragerez les jeux et les exercices de corps susceptibles d'intéresser et d'instruire les habitants.

« Vous recommanderez d'encourager les enfants à l'école et de les tenir proprement ; il faut que plus tard ils soient pour nous des partisans intelligents et supérieurs, sous tous les rapports, à leurs compatriotes de la même génération.

..........................................................

« Vous leur ferez répéter par leurs chefs, à titre de théorie, les instructions qui les concernent, notamment les recommandations de ne jamais tirer de loin sur l'ennemi, mais de l'attendre l'arme au pied jusqu'à quarante mètres, et de faire feu à vingt mètres en visant bien et lentement. Il faudra les habituer à faire des feux de pelotons et des feux par rang, en essayant de les contraindre à n'exécuter le feu qu'au commandement. Tout progrès dans cette voie sera précieux, car on les a vus plusieurs fois mettre en joue et tirer malgré défense, quoique l'ennemi fût hors de portée. A Saddec, le 3 décembre, le détachement de garde à l'inspection a usé ses munitions avant d'avoir laissé aux rebelles le temps de débarquer...

............................................................

« Aucun ordre n'a encore fixé la durée des engagements des miliciens. Il serait meilleur peut-être d'avoir des engagements indéfinis ; mais ce mode de servir peut rebuter quelques sujets et amener infailliblement la désertion de ceux qui ne s'habituent point. D'un autre côté on ne peut tolérer les changements trop fréquents de miliciens qui sont demandés par quelques villages.

« La meilleure règle à adopter en ce moment est d'inviter le village qui présente un milicien à indiquer le temps pour lequel cet homme s'engage à servir. Le temps de service ne pourra être moindre d'une année et ne pourra dépasser deux ans. A l'expiration du délai fixé, l'engagement pourra être renouvelé du consentement du milicien.

« On devra faire sentir aux villages quel intérêt il y a à conserver les mêmes hommes pendant deux ans au service ; aux miliciens, combien dans ce cas leurs chances d'avancement sont plus grandes.

« Les missions de confiance, les meilleurs armements, reviennent de droit aux miliciens qui passent deux ans au service.

« ...... ; il faut surtout nous attacher à faire

respecter les habitants et leurs propriétés par les miliciens, et obtenir l'attachement de ces derniers par de la modération et de l'indulgence sans tolérer de leur part aucune vexation ni aucun abus de de pouvoir.

« *Le Directeur de l'Intérieur,*

« P. VIAL. »

(Extraits du *Bulletin de la Direction de l'Intérieur*, pages 106 et s.)

Vinh-Long avait été occupé le 20 juin. Ce n'est qu'en octobre que des mouvements insurrectionnels se manifestèrent d'abord à Ben-Tre, puis dans le sud de la Province de Chaudoc, à Saddec, puis à Rach-Gia l'année suivante.

Ces troubles, promptement réprimés, étaient provoqués par des agents de la Cour de Hué établis à Phan-Ri dans la province de Binh-Tuân. Les anciennes provinces, si agitées avant l'annexion, restèrent en paix. Les milices se montrèrent partout fidèles et dévouées.

Peut-être sera-t-on étonné plus tard de la suite et de la persévérance que l'Amiral de la Grandière put mettre à réaliser une entreprise nouvelle et difficile, au cours de laquelle il courait le risque de ne pas avoir toujours le même appui de la part de nos gouvernants.

Les critiques et les oppositions de toute nature ne lui ont pas manqué ; plusieurs fois il a été bien près d'être désavoué, car il ne s'est pas toujours trouvé d'accord avec les inspirations diverses qui lui arrivaient de la Métropole.

Il avait eu, dans le principe, la confiance absolue d'un ministre de grand mérite, de M. de Chasseloup-Loubat.

Plus tard, au moment où ses actes étaient discutés, un incident heureux pour l'avenir de la colonie vint lui donner un appui plus considérable.

Le souverain, ému des critiques qui étaient parvenues jusqu'à lui, avait chargé un de ses officiers d'ordonnance, M. des Varannes, de visiter successivement Java et Saigon, et de lui rendre compte de la situation des services dans ces deux colonies.

Après avoir vécu près de deux mois en Cochinchine, ce jeune officier, doué d'une intelligence supérieure et d'une franchise à toute épreuve, rentra en France et fit connaître notre nouvelle acquisition sous son véritable jour.

Il fit voir cette population docile, organisée, se soumettant volontiers à des règlements sages, à une administration simple, économe, dirigée par des hommes modestes, laborieux et désintéressés. Il dit qu'il avait vu des indigènes courageux et intelligents s'attacher à notre service et concourir à l'occupation des nouveaux territoires avec un dévouement tellement absolu que les administrateurs français n'avaient pas d'autres escortes dans leurs tournées ordinaires. Il raconta que des écoles de français avaient été ouvertes sur tous les points importants de la colonie et étaient fréquentées par les enfants des meilleures familles. Il signala la progression rapide des recettes locales, l'importance des travaux publics entrepris, des routes et des canaux exécutés. — Il résuma son rapport en faisant ressortir l'abnégation d'un commandant en chef qui renonçait résolument à tout système de répression violente pour suivre une politique d'apaisement et de conciliation.

Devant ce tableau exact de notre entreprise, l'Empereur décida que l'Amiral de la Grandière resterait chargé du Gouvernement de la Cochinchine et qu'aucune décision concernant cette colonie ne serait prise sans son assentiment.

C'est à cette circonstance que la Cochinchine est redevable de l'unité de direction à laquelle on peut attribuer la prospérité rapide de ses débuts.

L'œuvre complexe de l'Amiral de la Grandière fut

cependant méconnue ou ignorée sous la plupart de ses successeurs.

Ainsi nous trouvons dans un livre excellent, où abondent les renseignements sur l'Indo-Chine, les phrases suivantes à propos des voies de communication :

« Le mal, déjà bien grand en 1858, ne fit que s'accroître pendant les premières années de l'occupation. Les soucis des opérations militaires, l'incertitude qui planait sur la durée de notre séjour, amenèrent les Français à se désintéresser des travaux publics qui n'auraient pas une utilité stratégique (1). L'Amiral Ohier réagit le premier contre cette tendance ; il voulut assurer les communications fluviales et terrestres, construisit des ponts et fit draguer le port de Hatiên. Ses successeurs abandonnèrent en partie l'œuvre ébauchée (2)... »

« (1) L'Amiral Bonnard fit toutefois draguer quelques arroyos.

« (2) On trouve cependant des travaux exécutés en 1871 et 1873, sous l'Amiral D'ipré, en 1874, sous l'Amiral Krantz, en 1875 et 1876, sous l'Amiral Duperré et en 1877, sous l'Amiral Lafont, dont les plus considérables sont les canaux de Chogao, de Traon et de Soc-Trang-Phutuc.

« (BOUINAIS ET PAULUS). »

En réalité, dès l'occupation de la Cochinchine par l'Amiral Charner, on travailla activement à faire des routes, à creuser des canaux, à approfondir les dos d'âne des principaux passages, surtout ceux du Ben-Luc, de l'arroyo de la Poste, de l'arroyo Commercial.

Deux dragues à vapeur furent demandées en France et fonctionnèrent dès leur arrivée.

Des ponts nombreux furent construits ou relevés lorsqu'ils tombaient, rongés par les tarets. Le premier pont en fer fut construit à Cholon sous l'Amiral de la Grandière en 1867.

Les routes de Saigon à Biên-Hoà, de Biên-Hoà à Baria, de Baria à Phu-Mi, de Saigon à Tày-Ninh, de Saigon au Ben-Luc, à Tan-An et à Mitho, furent des travaux remarquables exigeant des remblais énormes et un grand nombre de ponts. On pouvait aller en voiture de Saigon à Tay-Ninh et à Baria en 1865.

Plusieurs canaux furent ouverts et livrés sous l'Amiral de la Grandière qui institua un corps spécial de cantonniers pour l'entretien et la surveillance de la voie.

Citons deux ordres qui accordent des gratifications aux villages pour la construction de canaux et la décision du 13 janvier 1866 qui constituait le corps des miliciens affectés à la surveillance des routes.

*Bulletin de la Direction de l'Intérieur*, p. 81.

N° 91. Gratification aux ouvriers du canal de Vinh-Loi :

Saigon, le 15 juin 1867.

« Le Vice-Amiral Gouverneur et Commandant en chef,

« Ordonne :

« Une gratification de 3,000 francs est accordée aux villages qui ont creusé le canal de Vinh-Loi.

« La répartition de cette somme entre les villages sera faite par M. l'Inspecteur de Gocong, et le paiement sera effectué sur l'état de répartition émargé par les maires.

« Signé : *Le Vice-Amiral Gouverneur, Commandant en chef,*

« DE LA GRANDIÈRE. »

N° 9. Gratification aux corvées du canal de Quoi-Duc :

Saigon, le 20 juin 1867.

« Le Vice-Amiral Gouverneur, Commandant en chef,

« Ordonne :

« Une somme de 2,000 francs sera donnée en

gratification aux corvées qui ont creusé le canal de Quoi-Duc à Cholon.

« Cette somme sera répartie par les soins de M. l'Inspecteur de Cholon et payée sur état émargé par les maires de ces villages.

« Signé : *Pour le Vice-Amiral Gouverneur*,
« *Le Commandant de la marine*,
« DE GUILHERMY. »

La date de cet arrêté est caractéristique. Le 20 juin, l'Amiral était devant Vinh-Long. Néanmoins l'expédition des trois provinces ne suspendit pas un moment l'exécution des corvées et la marche des services publics dans l'intérieur de nos anciennes provinces. — P. 181, PAULIN VIAL, 2ᵐᵉ volume.

N° 19. Organisation d'un corps de surveillants indigènes pour la réparation et l'entretien des routes. (*Bulletin de la Direction de l'Intérieur*, page 21) :

Saigon, 13 janvier 1866.

« Le Vice-Amiral commandant en chef, considérant qu'il importe d'assurer l'entretien et les réparations des routes, en organisant régulièrement un personnel de surveillants convenablement rétribués,

« Décide :

« 1° Les miliciens détachés pour le service des routes auront droit aux suppléments suivants, outre leur solde :

« Dôis chargés des routes d'un arrondissement, 10 francs par mois ;

« Surveillants ordinaires, 5 francs par mois.

« 2° Leur nombre sera fixé ainsi qu'il suit :

|   | Dôis | Surveillants |
|---|---|---|
| « Tây-Ninh | 1 | 6 |
| « Trambang | 1 | 6 |
| « Saigon | 1 | 10 |
| « Hoc-Môn | 1 | 10 |

|  | Dòis | Surveillants |
|---|---|---|
| « Cholon | 1 | 9 |
| « Tan-An | 1 | 8 |
| « Cangioc | 1 | 7 |
| « Gocong | 1 | 5 |
| « Thu-dau-môt | 1 | 8 |
| « Biên-Hoa | 1 | 8 |
| « Long-Than | 1 | 8 |
| « Baria | 1 | 8 |
| « Mytho | 1 | 6 |

« 3° Ces hommes, choisis parmi les miliciens les plus sûrs, seront répartis par les soins de MM. les Inspecteurs, sur les routes, et autant que possible habiteront les postes de tram.

« Ils préviendront de toute réparation urgente les maires des villages voisins; ils s'opposeront à tout acte de désordre ou de violence sur la voie publique et requerront, au besoin, l'assistance des populations pour maintenir la tranquillité.

« 4° Ils porteront l'uniforme des miliciens avec des parements bleus.

« Signé : *Le Vice-Amiral Commandant en chef,*

« De la Grandière. »

Citons aussi quelques extraits des rapports officiels de l'état-major général concernant les travaux poursuivis en 1867 et concernant les années suivantes :

P. 183, 2e v. — *Les 1[res] années de la Cochinchine :*

« Les soins à donner à l'administration des nouvelles provinces n'avaient point détourné le Gouverneur des travaux considérables qui s'exécutaient sur tous les points du territoire.

« Un des ouvrages les plus considérables et les plus utiles fut le premier curage des arroyos de la Porte et du Ben-Luc, exécuté par la marine au moyen de deux dragues à vapeur appartenant à la colonie.

« Au commencement de novembre, la drague de l'arroyo de la Porte avait parcouru tous le dos d'âne de ce canal sur une longueur de 2,600 mètres et sur une largeur variant de 15 à 20 mètres. Le fond avait été porté à 1 mètre 50 au-dessous des basses marées, mais l'apport continuel des vases avait ramené cette profondeur à 1 mètre et même, sur plusieurs points, à 60 centimètres. Néanmoins on avait obtenu déjà un résultat fort avantageux, puisque le dos d'âne asséchait à mer basse avant l'entreprise de ce travail qui avait duré 14 mois. On avait pu enlever en 340 journées 51,000 mètres cubes de vases qu'on avait rejetées sur les rives où on les avaient retenues par des clayonnages en bambous.

« Dans le Ben-Luc, sur le premier dos d'âne, on avait travaillé dix mois, et en deux cents journées de travail on avait pu extraire 28,000 mètres cubes de vases sur une longueur de 1,200 mètres. Dans ce dernier canal, on avait creusé le chenal moins profondément, parce qu'il n'était point destiné au passage des canonnières, mais à celui des jonques de commerce qui ont un moindre tirant d'eau. » (Détails extraits du rapport publié par l'état-major général au *Journal Officiel* du 20 novembre).

« Le canal de Gocong à Vinh-Loi a été creusé en 3 semaines; longueur 9 kilomètres, largeur 8 mètres, profondeur 4 mètres. (Notes personnelles).

Pour compléter les réflexions que nous avons faites au sujet des difficultés que rencontra l'amiral de la Grandière dans l'accomplissement de sa mission, citons les souvenirs que nous communique un ancien officier, présent à Saigon en 1867 :

24 septembre 1867.

« A l'arrivée du courrier, chacun s'est précipité

pour connaître l'effet produit par la nouvelle de la prise des trois provinces occidentales. M. des Varannes, capitaine de frégate, était à bord, revenant de son voyage à Java.

« La vérité a bien vite été connue. Le ministère semblait mécontent à la suite de ce plein succès. Par le courrier précédent, un blâme était adressé au Gouverneur. Cependant il n'avait agi que d'après les ordres très précis des trois courriers précédents arrivés à Saigon en mai, avril et mars; mais un contre ordre était arrivé à Saigon le 22 juin, deux jours après l'expédition terminée!

« Par ce dernier courrier, malgré les explications si nettes et si détaillées données par le courrier de fin juin, annonçant l'occupation définitive, il y a dans les réponses du ministre un véritable mécontentement. Il veut bien accepter le fait accompli et S. M. l'Empereur est néanmoins satisfait de la manière avec laquelle tout s'est exécuté. Naturellement aucune des récompenses demandées par l'amiral n'a été accordée, et une dépêche fait savoir que c'est parce qu'il n'y a pas eu d'affaire!

« On dit qu'il n'y avait eu que deux circonstances pareilles où des amiraux français, ayant loyalement et intelligemment accompli leur devoir, eussent été désapprouvés : c'est l'amiral Du Petit-Thouars à Taïti, et l'amiral de la Grandière en Cochinchine. »

C'est à son retour à Paris que M. des Varannes s'efforça de faire réparer l'injustice qui avait été commise.

Nous nous sommes étendus à dessein sur des événements secondaires qui sont néanmoins pleins d'intérêt et qui renferment de précieux enseignements.

Les services de l'amiral de la Grandière ont été souvent méconnus pendant sa vie et même après sa mort. — Mais il était de ces esprits élevés qui ne relèvent que de leur conscience et dédaignent les jugements de la foule.

Son exemple peut être rappelé aux nombreuses victimes de notre expansion coloniale. Puisse-t-il les fortifier au milieu de leurs épreuves!

Lorsqu'un homme de valeur remplit une mission importante loin de son pays, il lui arrive d'être placé dans des alternatives cruelles. Quand il reçoit des instructions qu'il ne peut exécuter à la lettre sans compromettre les intérêts qui lui ont été confiés, que doit-il faire? Son chef, s'il était mieux renseigné, modifierait sans doute des ordres qui correspondent à des indications inexactes ou incomplètes! Faut-il suspendre, différer ou modifier l'exécution d'une opération commandée lorsqu'elle entraîne des complications dangereuses?

Grave problème que chacun doit résoudre selon les inspirations de sa conscience.

Si Tourville n'avait pas livré la bataille de la Hougue, n'aurait-il pas rendu un immense service!

Cependant Louis XIV lui adressa des félicitations méritées pour avoir obéi.

En principe, il faut l'imiter, il faut obéir à ses chefs et ne pas les juger!

Par l'occupation des trois provinces, notre colonie était mise à l'abri des atteintes du Roi d'Annam; néanmoins le voisinage de deux puissances en complet désaccord par leurs aspirations secrètes et par leurs principes gouvernementaux, ne pouvait manquer de faire surgir de nombreuses difficultés.

L'issue naturelle de ces froissements était prévue par tous les Français, par tous les marins qui avaient habité le pays. Chaque conflit devait se terminer par une annexion nouvelle jusqu'à ce qu'intervînt un accord définitif, basé sur une alliance sincère, sur une association d'intérêts entre les deux gouvernements.

Dans les idées de ceux qui venaient de créer la Cochinchine, composée des six provinces de Giadinh et appuyée sur le Cambodge, nous devions toujours être prêts à prendre en mains, plus ou moins directement, l'administration des provinces dans lesquelles les provocations de nos ennemis nous obligeraient à porter les armes.

La province la plus considérable de l'Empire annamite, celle qui semblait appelée, par son histoire et par sa position géographique, à se détacher la première d'un gouvernement en décadence, était le Tonkin.

Isolée de la capitale, en butte aux incursions des Chinois, habitée par une population nombreuse et remuante qui regrettait ses anciens rois, ayant conservé des mœurs et des coutumes anciennes qui rappelaient des temps meilleurs, ce pays supportait avec impatience l'administration des mandarins nommés par la Cour de Hué.

Les habitants, comme autrefois ceux de Giadinh, voyaient avec déplaisir chaque année de nombreuses flottes de jonques conduire à la capitale le tribut consistant en riz et en produits divers prélevés sur leurs industries. L'indépendance financière des six provinces du sud était devenue pour les Tonkinois un sujet d'envie. Aux yeux des hommes du peuple, la Cour et les habitants de la Capitale étaient des parasites qui vivaient sans travailler aux dépens des populations des provinces éloignées. En retour de leurs impôts, ils ne recevaient ni aide ni secours. Trop souvent les délégués de la Cour justifiaient ces préventions en sollicitant des cadeaux destinés au Roi et à ses Ministres.

Cependant, contrairement à ce qui a été dit quelquefois, les provinces de l'Annam, comme celles du Tonkin, comme celles de la Basse-Cochinchine, auraient pu suffire aux besoins de leurs habitants.

Pour en donner une preuve historique irréfutable il suffira de citer l'état de rivalité dans lequel existaient les deux royaumes du Tonkin et de l'Annam depuis l'année 1569, date à laquelle Nguyen-Dô fut nommé Gouverneur de l'Annam par le Chua-Nguyen-Tàn-Vuong sous le règne de Kinh-Tuong, jusqu'en 1801, année de la réunion du Tonkin à l'Annam par Gialong.

Pendant toute cette période de l'histoire de l'Indo-Chine, les deux royaumes avaient été indépendants l'un de l'autre et s'étaient fait plusieurs fois la guerre. L'envoi d'une partie des impôts du Tonkin à Hué impliquait donc l'apparence d'un véritable assujettissement des Tonkinois aux Annamites.

Nous croyons devoir citer ici quelques extraits des relations sur le Tonkin du célèbre voyageur Tavernier et du R. P. Tissanier, écrites au XVIIe siècle. Elles semblent résumer les documents les plus complets que l'on possédait sur ce pays avant de s'y établir.

Bien que des changements soient survenus depuis lors, ces descriptions ont un caractère d'exactitude et de fidélité extraordinaire. Elles sont indépendantes des passions de notre époque et, à ce titre, elles précisent avec une autorité sans égale l'importance réelle des possessions pour lesquelles nous venons de faire tant de sacrifices.

A la fin de ce livre nous donnerons une description sommaire du pays tel que nous l'avons vu, avec l'indication de ses ressources actuelles.

P. 265. — *Voyage de Tavernier* (1650); extrait du *Cosmos*, 20 octobre 1883 :

« L'on croirait que le climat de ce royaume devrait être chaud; il est néanmoins fort tempéré, tant à cause de la quantité des rivières qui arrosent le pays et envoyent toujours quelque fraicheur, que par les pluies qui tombent dans leurs saisons, ce qui arrive ordinairement dans toute la zône torride, comme j'ay remarqué dans mes voyages des Indes; ainsi il ne sera pas malaisé de croire que ce pays est bon et fertile, et par conséquent des plus peuplés...

« A l'orient ce royaume touche la province de

Canton, l'une des meilleures de la Chine; à l'occident, il confine avec le royaume de Brama; au septentrion, il est borné par deux autres provinces de la Chine, Yunnan et Quansi; au midi, il a la Cochinchine et le grand golfe de même nom.

« Pour revenir au climat de ce pays, l'air y est si doux et si tempéré, qu'il semble que toute l'année ne soit qu'un printemps continuel. On n'y a jamais vu ni neige ni glace, les arbres n'y sont jamais sans feuillages; la peste, la goutte, la pierre et autres maladies si communes en Europe, sont entièrement inconnues aux Tonquinois. Il n'y a que deux vents qui partagent entre eux toute l'année, l'un qui vient du nord, et l'autre du sud, et chacun règne six mois. Le premier rafraîchit tellement la terre qu'il n'y a alors rien de si délicieux que le séjour du Tonquin. L'autre commence à souffler depuis la fin de janvier jusqu'à la fin de juillet et les deux derniers mois sont les mois des pluies..... »

P. 266 :

« Dans cette belle étendue de pays, qui égale presque celle de la France, on compte plusieurs provinces dont les limites ne nous sont pas fort connues, les Tonquinois n'étant pas grands géographes, et n'ayant pas été aussi fort envieux d'écrire les annales de leur nation. Mais des plus habiles d'entre eux m'assurèrent toutefois à Batavia, que tant villes que bourgs il y en avait dans tout le royaume près de vingt mille...... »

P. 266 :

« *De la qualité du royaume du Tonkin.*

« Ce royaume pour la plus grande partie est un pays uni, qui se relève de fois à autre en des côteaux agréables. Ses plus grandes montagnes sont vers le nord. Il est arrosé de plusieurs rivières qui s'entre-coupent, entre lesquelles il y en a qui portent de grandes galères et de grosses barques, ce qui leur est fort avantageux pour leur négoce. Dans tout ce royaume, il ne croit ni bled ni vin, parce que, comme je l'ai dit, il manque de pluie, qui n'y tombe qu'aux mois de juin et de juillet ; mais d'ailleurs il y vient une quantité de riz, qui est la principale partie de la nourriture des peuples, non seulement au Royaume du Tunquin, mais aussi dans la plus grande partie des Indes ; ce riz sert aussi pour leur boisson ; et ils en font même de bonne eau-de-vie. »

P. 267 :

« Ils ont d'excellents fruits et fort différents des nôtres, aussi bien que les arbres qui les portent. Les plus considérables sont le palmier, le goyavier, le papayer et l'aréquier.....

« Le Tunquin a aussi quantité d'ananas et d'orangers... Ils ont de même deux espèces de citrons, les uns jaunes et les autres verts.....

..........................

« Il se fait quantité de soie au royaume du Tunquin et tous ceux du pays, tant riches que pauvres, s'en font des habits.

« Les Hollandais, qui pour leur négoce se fourrent partout où il y a du gain à espérer, en enlèvent tous les ans une telle quantité, qu'à présent elle fait la plus grande partie de celle qu'ils négocient au Japon, au lieu qu'auparavant ils allaient prendre les soyes de Perse, de Bengale ou de la Chine. Ils en prennent bien aujourd'hui dans tous ces lieux-là, mais ils les transportent en Hollande.....

..........................

« Comme ils ont quantité de sucre, ils en mangent aussi beaucoup quand il est encore dans les cannes, n'ayant pas l'adresse de le bien rafiner ; et ce qu'ils en peuvent rafiner grossièrement, ils le mettent par petits pains qui ne pèsent guère qu'une demi-livre. Ils en conservent beaucoup, parce qu'ils en mangent à tous leurs repas, dans la créance qu'ils ont qu'il aide à la digestion. »

P. 271 :

« Il n'y a dans le royaume ni lions, ni asnes, ni moutons; mais les forêts sont pleines de tigres, de cerfs et de singes; et les campagnes de bœufs, de vaches et de pourceaux. Pour des poules, des canars et des tourterelles, il y en a sans nombre.....

« Leurs chevaux sont d'assez belle taille, et il y en a toujours quatre à cinq cents dans les écuries du Roi qui entretient aussi pareil nombre d'éléphants dont une partie est pour le service de la maison, l'autre est dressée pour la guerre..... »

P. 272 :

« J'ai dit que les Tunquinois ont quantité de poules et de canards; il faut ajouter la manière dont ils savent garder les œufs de ces animaux qui se conservent deux ou trois ans sans se gâter; ils les sallent....
..................................................
« Pour revenir aux œufs, ce sont les principales provisions pour les navires.....
..................................................
« Au reste, il n'y a point au Royaume du Tunquin, de mines d'or, ni d'argent, et l'on n'y fait point battre monnoye..... »

P. 273 :

« Les principales richesses du Tunquin consistent dans la quantité de soyes qu'ils vendent aux Hollandais et autres étrangers qui les viennent enlever et dans le bois d'aloès. »

P. 274 :

« Il y a d'autant plus d'avantage et de plaisir de négocier avec les peuples du Tunquin, qu'ils ont plus de fidélité et de franchise dans le commerce que les Chinois qui nous trompent s'ils peuvent.....
..................................................
« Mais pour ceux du Tunquin, ils vont plus rondement dans le négoce, et l'on est bien aise d'avoir

affaire à eux. J'ai dit qu'ils n'ont point de mines d'or ni d'argent, et qu'ils ne font point battre monnoye. »

P. 275.

« Ainsi, dans le commerce ils se servent pour les paiements de certains pains d'or, comme ils viennent de la Chine, et dont les uns valent trois cents livres de notre monnoye, les autres six cents. Ils se servent aussi de barres d'argent comme on les apporte du Japon..... Cet or et cet argent leur viennent de la Chine et du Japon pour la grande quantité de soyes qui sortent de leur païs..... »

P. 275 :          Chapitre V.

« *Des forces tant par mer que par terre du Royaume du Tunquin.*

« Ceux qui ont écrit avant moi du royaume du Tunquin portent bien loin ses forces et lui donnent un nombre prodigieux de soldats et de galères.

« Il y en a qui ont écrit que les troupes qui se devaient trouver d'ordinaire au rendez-vous, estaient douze mille chevaux, deux mille éléfants, tant pour la guerre que pour porter les tentes et le bagage de la maison du Roy et des Princes, trois cent mille fantassins et trois cents galères; et comme le Royaume est très puissant en munitions de guerre et de bouche, qu'en temps de guerre toute l'armée passait cinq cent mille hommes; mais il y a bien à dire à ce qu'ils ont écrit.

« Voici le nombre de ce que mon frère vit en l'an 1643, lorsque le Roy voulait faire la guerre contre celui de la Cochinchine pour quelques vaisseaux que son peuple avait pris aux Tunquinois; mais cela fut appaisé par les ambassadeurs qui furent envoyés par le Roy de la Cochinchine au Roy du Tunquin et qui lui firent satisfaction.

« L'armée du Roy du Tunquin qui devait marcher était composée de huit mille chevaux, de nonante et quatre mille fantassins, de sept cent vingt et deux éléfants, cent trente pour la guerre et les autres pour le bagage de la maison du Roy... et trois cent dix tant galères que barques fort longues et étroites qui vont à rames et à voiles. »

P. 277 :  CHAPITRE VI.

« *Des mœurs et coutumes des peuples du Tunquin.*

« Les peuples du Tunquin sont naturellement doux et pacifiques, se soumettant fort à la raison et condamnant les emportements de colère. Ils estiment plus les ouvrages de païs étrangers que les leurs propres, bien qu'ils n'ayent pas encore beaucoup de curiosité de voir d'autres terres que celles où ils ont pris naissance et où ils veulent, disent-ils, toujours demeurer pour honorer la mémoire de leurs ancêtres.

« Ils ont la voix naturellement douce et agréable, la mémoire heureuse, et dans leur langage, qui est fleuri, ils usent incessamment de belles comparaisons.

« Ils ont parmi eux de bons poètes, et des gens qui cultivent les sciences, et ils ne cèdent point aux Chinois de ce côté-là.

« Les Tunquinois, tant hommes que femmes, sont pour la grande partie de belle taille, d'un teint un peu olivâtre, et ils admirent et louent fort la blancheur des Européens. Il n'ont pas le nez et le visage si plat que les Chinois, et en général, ils sont mieux faits. »

P. 279 :

« Il faut remarquer que ces rivières se débordent tous les ans après la chûte des pluies et durent quinze jours ou trois semaines au plus, mais d'une telle manière et si effroyablement, qu'elles emportent des bourgs et des villages entiers ; et alors une partie de ce Royaume a la face d'une mer, comme on nous représente la Basse Egypte dans les inondations du Nil. »

P. 284 :

« Au reste les Tunquinois ne sont pas fort délicats dans leurs repas. Le même peuple se contente de riz cuit dans de l'eau avec du poisson séché au vent, ou avec des œufs salés, car pour de la viande, ils n'en mangent guère que dans leurs festins.

« Pour ce qui est des grands Seigneurs, on leur sert toujours chair et poisson, mais leurs cuisiniers ne savent ce que c'est que des bisques. D'ailleurs ils sont beaucoup plus propres que nous et dans leurs cuisines et dans leurs chambres, bien que quand ils mangent, ils ne se servent ni de nappes ni de serviettes. Tout ce qu'on leur sert à manger se met dans de petits plats qui ne sont pas si grands que nos assiettes et qui sont de bois, lacrés de toutes sortes de fleurs, comme ces cabinets qui nous viennent du Japon.

« Tous ces petits plats sont rangez et apportés dans un grand bassin lacré comme les petits plats. Il y en tient ordinairement neuf et tout ce qui y est servi est coupé par petits morceaux de la grosseur d'une noisette. Ils ne se servent à table ni de couteaux, ni de fourchettes, mais seulement de deux petits bâtons...... et jamais ils ne touchent leur manger de leurs mains......

..............................................

« Ils se lavent les mains, la bouche, le visage, en entrant à table seulement...... »

P. 285 :

« Entre tous les divertissements des Tunquinois, il n'y en a point où ils s'attachent avec tant de plaisir que la comédie... Elles durent depuis le soleil couchant jusqu'au soleil levant, et elles sont accompagnées de quantités de décorations et de machines qui surprennent agréablement la vue. Ils savent admirablement bien représenter la mer et les rivières, et les combats de galères et de vaisseaux. Les lieux où se donnent ces spectacles sont des grandes salles, dont le tiers est occupé par le théâtre, le reste servant d'anphithéâtre, et étant rempli de bancs... Les acteurs et actrices ont des habits magnifiques.

« ...... Les uns et les autres s'acquittent parfaitement de leurs rôles et dansent à leur manière avec beaucoup de justesse ; et à un des coins de la salle il y a un petit théâtre pour les deux juges de la comédie, l'un desquels bat la mesure sur une grosse timbale.

« Leurs autres divertissements les plus ordinaires, surtout pour les mandarins et pour la noblesse, sont la pêche et chasse ; mais ils prennent plus de plaisir à la première, toutes leurs rivières leur fournissant beaucoup de poisson...... ils ne prennent ces divertissements qu'aux jours qu'il leur est permis, et ils sont bien meilleurs ménagers du temps que nous, l'employant sans en rien dérober à l'exercice de leurs charges.....

..................................

« Il faut conclure en même temps que tous les devoirs de la société civile et toute la politesse ne sont pas renfermés dans notre Europe, et que le Royaume du Tunquin qui a fait anciennement partie de la Chine, a retenu le bon ordre et la civilité qu'on nous dépeint parmi les Chinois. »

P. 288 :

« Les Tunquinois ont beaucoup de goût pour les lettres, ils s'y appliquent avec soin et y réussissent ...... Par les lettres...... il faut entendre la science des lois de leur pays, par laquelle ils parviennent aux charges de la judicature, les mathématiques et particulièrement l'astrologie...... Les Tunquinois aiment aussi passionnément la musique et la poésie, par la même raison qu'ils aiment les spectacles du théâtre où ces deux choses doivent entrer, et tant les poètes que les comédiens du Tunquin passent pour les meilleurs de tout l'Orient.

« Pour acquérir la noblesse par les lettres, il faut que la jeunesse passe par trois degrés, celui de Sinde, de Doucum et celui de Tansi, auquel étant parvenue, elle peut entrer au rang des nobles. Pour parvenir au premier degré, les jeunes gens doivent s'appliquer huit ans entiers......

« Pour ceux qui sont bien sortis de l'examen qui est rigoureux, leurs noms sont écrits sur le registre et présentés au Roi qui leur permet de prendre le nom de Sinde, et alors il leur est fait commandement par les Tansi d'aller apprendre, s'ils veulent avoir un jour le nom de Doucum, et l'astrologie, et la musique, et même la poésie pour en sçavoir juger et s'en servir dans l'occasion. Car pour être établi juge de la comédie (ce qui est parmi eux un grand honneur) il est nécessaire qu'ils soient eux-mêmes bons musiciens et bons poètes...... Il ne se fait point de festin qui ne soit accompagné de feux d'artifice, en quoi ces peuples sont merveilleux, et puis de la comédie avec des machines et des changements de théâtre à tous les actes...... »

P. 288 :

« Le grand et dernier examen se fait dans la grande place qui est dans l'enclos des murailles du Palais du Roy, qui est un riche édifice de marbre. Le Roi s'y trouve avec les Princes et les Grands Seigneurs de sa cour et les mandarins de lettres. Quelques-uns s'y rendaient des Provinces éloignées et tous les Tansi sont aussi présents............ On dresse dans cette place neuf échafauds, dont l'un est pour le Roi et les Princes, les huit autres pour ceux qui examinent et pour ceux qui sont examinés.....

« Tous les ambassadeurs, qui sont envoyés aux Etats voisins, et particulièrement en Chine, sont tirés de ces Tansis ; et l'on fait toujours choix des plus capables, et non pas des plus riches, le Roy leur donnant de quoi lui faire honneur et satisfaire aux frais de l'Ambassade...... »

Actuellement les lettrés du rang le plus élevé sont encore désignés par le titre de Tansi que nous traduisons par celui de docteur. L'année dernière, il n'en existait que six au Tonkin. Le premier grade est celui de Cu-Nhon et le second celui de Thutai auquel parviennent la plupart des fonctionnaires d'un rang élevé, les gouverneurs, les ministres, les quau-bô et les quan-an.

« *Mission de la Cochinchine et du Tonkin*. Relation du P. Joseph Tissanier, (1654-1658), 2° partie, p. 92 et s.

« ...... Le Tonkin est aux extrémités de la zône torride ; il confine du côté de l'orient avec la mer ; du côté du septentrion, avec la Chine ; du côté du midi, avec la Cochinchine, et du côté de l'occident, avec le royaume du Bao, dont le prince paie tribut au roi du Tonkin. (Le royaume de Bao, dont la ville capitale, du même nom, était située sur le fleuve Sang-Koi, touchait d'un côté au Kuang-Si, province de la Chine, et de l'autre au Petit Laos.)

« La terre est fort humide et tout entrecoupée de belles rivières, qui sont de grande utilité pour le commerce et se jettent dans la mer par vingt-huit embouchures. Elle n'a point de froment ni de vignes ; les raisins de celles que nous avons plantées dans notre jardin ont bien de la peine à mûrir, à cause des grandes pluies, qui tombent ici durant les mois de juillet et d'août. L'air y est si pur, que la peste, la goutte, la pierre, et semblables maladies, si communes en Europe, sont ici entièrement inconnues.

« On compte, dans ce royaume, plus de vingt mille villages, extrêmement peuplés. La nourriture ordinaire du pays est le riz, dont on fait une boisson aussi forte que l'eau-de-vie. Les meilleurs fruits que produit cette terre sont les oranges, et une espèce de figues rouges et couronnées qui pourraient paraître avec honneur sur les meilleures tables de l'Europe. On y recueille beaucoup de citrons, mais les Tonkinois ne s'en servent que pour teindre leurs vêtements. La soie n'y manque pas; puisque les Hollandais en chargent des vaisseaux pour l'aller vendre au Japon. Il n'y a point d'argent monnayé, mais celui qui a cours est ordinairement en barres dont chacune peut valoir 10 ou 12 écus.

« Le printemps semble y durer toujours, on y sent rarement le froid, et seulement lorsque le vent du nord souffle avec violence. Néanmoins la température est fort inconstante, et sur la fin de mai de l'année 1660, au moment où le soleil dardait directement ses rayons sur nos têtes, nous avons été saisis d'un froid très vif, qui succédait à une chaleur excessive. L'on n'a jamais vu dans le Tonkin, ni glace, ni neige, et les arbres n'y perdent jamais leur verdure...

.................................................

« Les chevaux sont très beaux et en grand nombre; on nourrit, pour le service du Roy, plus de cinquante éléphants, dont la chair, quand ils sont jeunes, est bonne à manger. On assure que le Roi défunt en faisait ses délices. Il ne se rencontre, dans tout ce royaume, ni agneaux, ni lions; mais, en certaines provinces, on trouve beaucoup d'ours, de cerfs et de tigres. Il y a, dit-on, aux frontières du royaume, des forêts toutes remplies de tigres.... On prétend que dans tout le pays, il n'y a qu'un seul ours, aussi est-il regardé comme un monstre. Mais les vaches, les poules, les pigeons et les cailles y sont en très grand nombre.

« Le royaume n'a pas de villes murées, ni de forteresses, ni même beaucoup de maisons bâties à la mode d'Europe.

« Il en résulte que le feu consume quelquefois une

bonne partie de la Ville Royale, et que par là, les voleurs s'introduisent aisément dans les maisons sans craindre la justice. Celle-ci cependant leur fait une guerre cruelle, et les condamne à mort avec tant de rigueur, que le Roi ne pardonne pas même aux plus grands mandarins du royaume lorsqu'ils sont convaincus d'avoir favorisé les larcins.

« Les Tonkinois montrent assez bien par leurs ouvrages qu'ils ne sont pas des barbares. Ils ont une poésie, des pièces de théâtre, des chants, des jeux et des danses qui leur sont propres. Ils usent de tambours et d'enseignes dans leurs armées ; leurs armes ressemblent assez à celles d'Europe. »

P. 94 et 95 :

« Leurs ouvriers excellent à fabriquer des mousquets, des coutelas et des lames, ils ne construisent pas de grands vaisseaux, mais des galères fort élégantes qu'ils dorent et qu'ils embellissent à merveille. Ils composent un certain vernis si éclatant et si beau, que je n'ai rien vu de semblable ailleurs. Ces peuples enfin ont une grande aptitude à imiter la plupart des ouvrages d'Europe ; mais ils n'ont pas assez de patience pour supporter le travail et y mettre le temps qu'il faudrait...... »

P. 107 :

« Il y a trois degrés pour les hommes de lettres et pour ceux qui aspirent à la charge de mandarin par le chemin de la science. Le premier degré est celui de Sindo, le second celui du Hon-Con, le troisième et le plus réclamé celui de Tan-Si ou de docteur. Ceux qui ont présentement dans ce royaume le degré de Sindo pourraient à eux seuls composer une armée nombreuse, puisqu'on en compte jusqu'à soixante-trois mille cinq cents.

« Pour obtenir ce premier degré, il faut passer un examen qui a lieu de trois en trois ans dans diverses provinces et dans huit endroits différents...

Les candidats qui réussissent à bien écrire tous les caractères, reçoivent le degré de Sindo ; mais si quelqu'un manque une seule lettre, il ne peut prétendre à rien...... »

L'amiral Dupré, qui avait succédé en 1871 à l'amiral de Cornulier-Lucinière comme gouverneur de la Cochinchine, était un administrateur éminent, libéral et plein de patriotisme.

Il avait une grande expérience des affaires coloniales, ayant été déjà pendant deux années gouverneur de la Réunion. Lorsqu'il commandait la station navale des Indes, il avait habilement contribué à établir de bonnes relations avec l'infortuné Radama, roi des Hovas.

Peut-être les souvenirs qu'il avait rapportés de sa campagne de Madagascar ont-ils exercé une certaine influence sur sa conduite en Cochinchine et a-t-il été disposé à penser que la Cour de Hué, comme celle de Tananarive, était livrée aux caprices d'un despote ignorant, sur lequel on pourrait exercer une action efficace par une démonstration énergique ?

Il allait au contraire se trouver aux prises avec des politiques habiles et persévérants, dominés par des traditions séculaires, par une raison d'État inflexible. Avec les Annamites comme avec le gouvernement chinois, les promesses les plus solennelles sont sans valeur ; il faut toujours avoir en mains des garanties matérielles.

Radama est mort pour avoir voulu tenir ses engagements ; Thu-Duc a vécu en désavouant constamment ses ambassadeurs et en foulant aux pieds les conventions qu'il avait consenties. Et à force d'habiletés, de ruses et de fourberies diverses, le malheureux roi d'Annam a provoqué des représailles qui ont entraîné la ruine de sa dynastie.

En 1860, en 1861, en 1862, en 1863, il pouvait obtenir un traité avantageux, mais ses réticences et ses manœuvres perfides ont exaspéré le gouvernement français qui paraissait alors disposé à renoncer aux expéditions lointaines.

En 1866, l'exécution loyale du traité de 1862 aurait prévenu l'annexion des trois provinces.

Nous allons voir que le Roi Thu-Duc et ses successeurs ont continué à suivre les mêmes errements politiques qu'ils croyaient habiles et qui n'étaient que dangereux.

Etaient-ils conseillés par la Chine ou par les rivaux que notre commerce a rencontrés sur sa route dans toutes les parties du monde ? C'est probable.

Les Annamites furent doublement imprudents en se conformant à des conseils qui étaient loin d'être désintéressés.

M. Jean Dupuis, négociant français actif et entreprenant, fit naître la cause du premier conflit qui surgit entre la France et l'Annam au Tonkin.

Établi en Chine depuis plusieurs années, il avait d'excellentes relations avec les autorités chinoises et avait été chargé de fournitures importantes pour le général Ma qui luttait au Yunnam contre les insurgés musulmans de Tali.

Il avait reconnu dans un voyage au Yunnam, en février 1871, le cours supérieur du Fleuve Rouge. Il conçut le projet hardi d'acheminer par cette voie, la plus sûre et la plus rapide, les approvisionnements qu'il destinait à l'armée chinoise.

Il voulut, dans cette circonstance, s'assurer l'appui du gouvernement français. Il se présenta en 1872 au ministre de la marine et reçut cette réponse :

« Nous ne pouvons intervenir dans cette affaire qui demeure entièrement à vos risques et périls. »

(*Les Français au Tonkin*, H. Gautier, p. 81.)

Dans une lettre du 9 avril 1872 au Gouverneur de la Cochinchine, l'amiral Pothuau avait dit :

« Il peut y avoir des inconvénients à ce que

notre pavillon couvre une entreprise de ce genre. » (M. ouvr., p. 83.)

L'amiral Pothuau lui avait dit aussi :

« Si vous ou vos gens vous êtes tués, nous ne pourrons intervenir pour vous venger. »

Tout ce qu'on accorda fut une lettre de recommandation pour le Gouverneur de la Cochinchine et, avec des réserves, un concours officieux. (M. ouvr., p. 84.)

M. Dupuis poursuivit son entreprise. Il acheta trois petits navires à vapeur à Hong-Kong et à Shangaï et les arma pour se rendre au Tonkin.

« En passant à Saigon, M. Dupuis avait obtenu du général d'Arbaud, gouverneur par intérim, la promesse qu'il ne serait pas abandonné. « Chaque mois, avait dit le général, j'enverrai un navire entretenir mes communications avec vous. » (M. ouvr., p. 85.)

Le premier navire de l'Etat envoyé pour cette croisière fut le *Bonrayne* qui déjà, en janvier et février, avait exploré la côte. Il y retourna en octobre. M. Senez, l'habile commandant de ce navire, reconnut les embouchures du fleuve, notamment celle du Cua-Cam, sur laquelle s'élève aujourd'hui la ville de Haï-Phong. Il remonta en baleinière jusqu'à Hanoi par le canal des Rapides, en visitant Hai-Duong et Bac-Ninh. Il fut reçu avec défiance par les mandarins annamites et il fallut toute sa prudence, toute son énergie, pour éviter un conflit.

Il reconnut que Bac-Ninh était occupé par des troupes chinoises du Vice-Roi de Canton envoyées pour protéger le pays contre des bandes de pillards venant du Quang-Si. Les Chinois s'y montrèrent très hostiles.

Pendant sa reconnaissance des côtes du Tonkin, M. le commandant Senez avait rendu de grands services, d'abord en faisant la chasse aux pirates :

il leur coula ou brûla des jonques qui portaient ensemble une centaine de canons et près d'un millier d'hommes. (M. ouvr., p. 86.)

Ainsi la piraterie par les jonques chinoises qui avait existé de tout temps sur les côtes de l'empire annamite, que l'amiral de la Grandière avait fait réprimer à plusieurs reprises par les bâtiments de sa division, tendait à se perpétuer et à se développer à mesure que les Annamites devenaient plus faibles, plus incapables de se défendre.

La piraterie était exercée par les Chinois il y a plus de deux siècles. Elle est mentionnée par le R. P. de Rhodes (1639).

« Un vaisseau chinois venait d'arriver au port. Les chrétiens n'étaient pas sans appréhensions; rarement ils avaient à se féliciter de la présence de ces étrangers qui, pour la plupart, vivent de rapines, et ne sont dans leurs courses aventureuses soumis à aucune loi. »

*(Missions de la Cochinchine et du Tonkin, p. 29.)*

L'envahissement du haut fleuve et de la province de Cao-Bang par des bandes indisciplinées, et l'occupation de Bac-Ninh par les troupes de Canton, nous prouvent que les déprédations des Chinois étaient régulièrement organisées et pratiquées à terre comme à la mer.

Les Chinois ont été de tout temps pour les Tonkinois des voisins sans scrupules et sans pitié. Ils se débarrassaient de leurs pirates, de leurs assassins et de leurs voleurs en les envoyant de l'autre côté de leurs frontières. Ce système égoïstement féroce, caractérise le côté défectueux de leur civilisation. Leur morale pèche essentiellement par le manque des sentiments humains et charitables dont nous nous honorons.

A son retour de Hanoi, le Commandant Senez trouva M. Dupuis et le recommanda officieusement au Commissaire gouverneur des provinces maritimes du Tonkin, nommé Lê-Thuan, ancien ministre des affaires étrangères. Il fut convenu que l'on demanderait au roi l'autorisation pour M. Dupuis de remonter ce fleuve et que l'on attendrait la réponse quinze jours. Cette réponse n'arrivant pas, M. Dupuis remonta le Cua-Loc le 17 décembre avec son escadrille portant le pavillon chinois. Il arriva à Hanoi le 22 décembre 1872.

Bien reçu par la colonie chinoise, il rencontra de la part des Annamites le plus mauvais vouloir. Sans se décourager, il loua des barques et laissant ses navires à Hanoi, il remonta le fleuve rouge, ne se laissant arrêter ni par les mandarins ni par les pirates établis sur les bords du Song-Koi. M. Dupuis, parfaitement accueilli à son arrivée en Chine, remit au maréchal Ma les armes qui lui étaient destinées et reçut en paiement 10,000 picules d'étain. Le général chinois lui donna en outre une escorte de 150 hommes. Il rentra à Hanoi le 30 avril.

Les relations entre ses hommes et les autorités annamites étaient des plus difficiles. M. Dupuis fut obligé de faire arrêter un mandarin et de le garder en ôtage jusqu'à ce qu'on lui eût rendu des indigènes mis en prison pour avoir eu des rapports avec les Européens. Il s'installa à terre avec une partie de ses hommes et deux canons. Il voulut en outre faire expédier en franchise un chargement de sel par le retour des jonques qu'il avait amenées du Yunnam. Les Annamites refusèrent de les laisser partir.

C'est dans ces circonstances qu'arriva à Hanoi le grand mandarin ou maréchal Nguyên-tri-Phuong, célèbre pour avoir commandé l'armée annamite à Khi-hoà, et pour avoir ensuite réprimé les insurrections qui s'étaient produites au Tonkin après le traité de 1862.

Le vieux chef annamite, homme violent et résolu, rassembla des troupes et fit afficher une proclamation menaçante pour M. Dupuis. Celui-ci, loin de s'effrayer, fit arracher et brûler la proclamation.

Son second fit alors arborer le pavillon français.

Les Annamites hésitaient à entrer ouvertement en hostilités contre M. Dupuis. Ils avaient écrit à l'amiral Dupré pour se plaindre des embarras qu'il leur avait créés.

L'amiral répondait le 21 janvier 1873 :

« Le commandant du *Bourayne* n'a parlé qu'officieusement, quant aux dangers dont l'Annam s'effraie pour M. Dupuis, c'est une sollicitude exagérée. Si l'expédition échoue par accident, l'Annam n'en saurait être responsable. Le parti le plus sage serait de laisser M. Dupuis continuer sa navigation s'il consent à payer les droits établis, à respecter les lois, à ne pas susciter des troubles, à ne débarquer ni armes, ni munitions. » (Gautier, p. 112).

Les Annamites eurent grand tort de ne pas se conformer à ces conseils pleins de sagesse et de modération.

M. Gautier, dont le livre est rédigé avec une indépendance et une netteté remarquables, dit (p. 113) : « M. Dupuis aurait créé moins d'embarras en n'usant pas de représailles qui rendaient sa situation peu régulière, comme de camper militairement dans une ville, d'y prendre des ôtages parmi les fonctionnaires, ou de chercher à faire passer des cargaisons de sel sans payer les taxes. »

Le même auteur cite encore deux lettres de l'amiral Dupré qui montrent qu'il tenait à obtenir l'ouverture du Fleuve Rouge et qu'il partageait à cet égard les opinions de Garnier. Il écrivait au ministère le 19 mai :

« Notre établissement dans ce riche pays, limitrophe de la Chine et débouché naturel de ses riches provinces sud-occidentales, est, selon moi, une question de vie ou de mort pour l'avenir de notre domination dans l'Extrême-Orient. »

Et le 29 avril :

« Cet officier plein d'intelligence, instruit par un long séjour en Cochinchine et par le grand voyage qu'il a fait, a une vue fort nette et fort juste de nos intérêts dans l'Extrême-Orient et du but auquel nous devons tendre. »

L'amiral, en recevant les plaintes des Annamites, avait d'abord expédié à M. Dupuis l'ordre de quitter Hanoï.

Mais de son côté M. Dupuis avait chargé son second d'aller à Saigon faire valoir les griefs qu'il avait contre les autorités annamites.

L'amiral ne voulut pas abandonner M. Dupuis et courir le risque de le jeter entre les mains des Anglais ou des Chinois. Il lui fit garantir un prêt de 30,000 piastres et écrivit le 22 juillet à M. Garnier, alors à Shangaï, de venir à Saigon.

Le 28 juillet, il écrivit au ministère pour lui annoncer son intention de faire faire une enquête au Tonkin au sujet des plaintes contradictoires qui lui avaient été soumises.

Le même jour, il envoyait une dépêche ainsi conçue :

« Le Tonkin est ouvert de fait par le succès de l'entreprise Dupuis... Effet immense dans commerce anglais, allemand, américain ; nécessité absolue d'occuper Tonkin avant la double invasion dont ce pays est menacé par les Européens et les Chinois et assurer à la France cette route unique. Demande aucun secours, ferai avec mes propres moyens, succès assuré. » (Gautier, p. 118).

Le 8 août en revenant du fond de la Chine. Francis Garnier avait trouvé à Shanghaï ce laconique appel : Venez, j'ai à vous parler d'affaires importantes! Ce doit être celles du Yunnam, pensa-t-il aussitôt. En effet, depuis que la rébellion musulmane était vaincue, il avait proposé au Gouverneur de Cochinchine et aux ministères de Paris un plan nouveau. « Tali n'était plus à prendre, m'écrivait-il, j'ai essayé d'organiser au Yunnam une mission politico-scientifique. » (Gautier, p. 127).

A cette époque, Garnier avait 34 ans. Intelligent, instruit, courageux, doué d'une ambition ardente, partout où il avait servi il avait attiré l'attention de ses chefs et de ses camarades. Il avait pris part à l'expédition de Chine et de Cochinchine sous les ordres de l'amiral Charner (1860-1861).

Revenu à Saigon à la fin d'avril 1863, il fut admis, sur sa demande, dans l'administration des affaires indigènes par décision de l'amiral de la Grandière. Il servit à Cholon en qualité d'inspecteur stagiaire sous les ordres de M. Gaudot, auquel il succéda en 1865. En 1866, il avait été désigné, sur sa demande, pour faire partie de la Commission d'exploration du Mékong, commandée par M. de la Grée, capitaine de frégate.

Parti de Saigon le 5 juin 1866, il y rentra en octobre 1868, ramenant le cercueil de son chef qui repose dans le cimetière de Saigon.

Il était allé ensuite à Paris où il dirigea la rédaction de cet important voyage qui fait tant d'honneur à notre pays.

En 1870 et 1871, Garnier prit une part glorieuse à la défense de la capitale.

Garnier était de ceux auxquels la réserve et le recueillement imposés par nos malheurs rendaient intolérable la nouvelle situation faite à nos possessions lointaines.

Lorsque ses travaux eurent été publiés, il obtint un congé et se rendit en Chine étudiant le pays, projetant une exploration dans le Yunnam, au Thibet et dans le Laos, cherchant à employer utilement ses brillantes qualités et son activité exubérante. Il en était venu là quelques années trop tôt ou trop tard, ne pouvant être compris et employé comme il l'aurait voulu à une époque de transition et d'expédients où l'on aspirait à végéter et à reprendre haleine sans donner signe de vie, sans provoquer, même en Asie, les susceptibilités jalouses de nos rivaux. Il rêvait une œuvre d'extension et de conquête alors que la France n'était pas encore libre de ses mouvements, alors que les étrangers occupaient une partie de son territoire.

Il semble que l'amiral Dupré partageait ses impatiences et tenait à assurer à son pays la route du Yunnam par le fleuve rouge et le Tonkin afin de compléter le magnifique domaine que la France avait acquis par l'action énergique et persévérante de M. de la Grandière.

Il y a quatorze ans que notre pays lutte pour réaliser cette entreprise. Peut-être auraient-ils réussi dès la première heure, s'ils avaient été compris et si les circonstances avaient été plus favorables!

On peut croire aussi que leur programme n'était pas arrêté et défini bien nettement. Ces hommes de haute valeur apercevaient bien le but à atteindre, mais ils ne soupçonnaient pas tous les obstacles qu'une politique tortueuse, habile et patiente allait opposer à leurs combinaisons.

# CHAPITRE II.

M. Garnier part de Saigon. Il arrive à Hanoi le 5 novembre 1873. Ses conflits avec le vice-roi Nguyên-tri-Phuong. Il lui envoie un ultimatum et s'empare de la citadelle le 20 novembre. Prise de Hung-Yên, de Phu-Ly, de Hai-Duong, de Ninh-Binh, de Nam-Dinh. Négociations avec les envoyés de Hué. Hanoi est attaqué par les Pavillons noirs. Mort de Garnier et de Balny, le 21 décembre 1873. Arrivée de renforts. M. Philastre prend la direction des affaires. Négociation du traité de 1874. Remise des citadelles du Tonkin aux Annamites, 1873-1874.

La petite force avec laquelle il devait aborder le Tonkin se composait — il l'avait voulu ainsi, — de 83 hommes seulement.

Un détachement d'infanterie de marine, 30 hommes placés sous le commandement de M. de Trentinian; l'équipage de l'*Arc*, avec l'enseigne de vaisseau Esmez; un médecin, le docteur Chédan; un commis aux écritures, Lasserre, caporal d'infanterie de marine. Aux marins de l'équipage, on en avait joint d'autres tirés du *Fleurus*; ils formaient un total de 51, parmi lesquels une dizaine d'Annamites.

Pour la traversée, les hommes et l'armement furent embarqués sur le *D'Estrées*.

La seconde partie de l'escorte se composait de 92 hommes, savoir :

« Une compagnie de débarquement mise à bord du *Decrès* : c'étaient 60 fusiliers, matelots-canonniers, sous le commandement de M. Bain de la Coquerie, enseigne de vaisseau, avec deux aspirants, MM. Hautefeuille et Perrin pour lieutenants, et le docteur Dubut.

« L'équipage de l'*Espingole* : 25 hommes, dont 7 Annamites, commandés par M. Balny d'Avricourt, enseigne de vaisseau, avec un ingénieur hydrographe, M. Bouillet, et le docteur Harmand. » (Gautier, p. 152 et 153).

Le *D'Estrées* appareilla de Saigon le 11 octobre 1873.

Le 14 octobre, dans un coup de vent du Sud-Est, la canonnière l'*Arc*, vieille et fatiguée, coula en vue du *D'Estrées* et le 15, ce navire mouillait dans la baie de Tourane.

Francis Garnier voulait expédier à Hué une lettre de l'Amiral annonçant sa venue et demandant l'envoi d'un plénipotentiaire à Hanoï pour régler avec lui toutes les questions en litige.

Ces questions étaient énumérées dans la lettre de l'Amiral et les griefs y étaient récapitulés. « Démarche de Hué auprès du gouvernement anglais de Hong-Kong ; mauvais traitements infligés aux chrétiens, etc.... Impossibilité de laisser fermée à la navigation la seule voie mettant facilement les provinces de la Chine en communication avec la mer. En conséquence, la cour de Hué était bien en présence de ceci : « Je donne l'ordre à M. Garnier de rester à Hanoï jusqu'à ce que l'affaire de la navigation du Song-Koï soit réglée. » (Gautier, p. 160).

La réponse de Hué arriva le 19 octobre :

« Elle contient en substance que le Roi est très content de ma venue et qu'il envoie trois mandarins pour m'accompagner au Tonkin... » (Lettre de Garnier, p. 162).

Le 20 octobre, le *D'Estrées* repartait avec les mandarins à bord.

C'est le 23 octobre que Francis Garnier arriva au Cua-Cam, l'une des embouchures des grands fleuves du Tonkin. Il avait avec lui deux délégués de Hué.

Il se rendit immédiatement en canot à vapeur à Haï-Duong où il demanda des jonques pour transporter son personnel sur le fleuve. Il alla ensuite à Kémot, faire une visite aux Dominicains espagnols. Leur supérieur, Monseigneur Colomer, ne le vit pas. Garnier écrivit néanmoins de la mission plusieurs lettres, l'une à M. Dupuis, les autres à plusieurs missionnaires établis dans le pays. Elles furent portées par des chrétiens à leurs destinataires.

Deux jonques procurées par les missionnaires vinrent le long du *D'Estrées* et reçurent l'expédition avec son matériel.

Le 30 octobre, une petite flotille était prête et remontait le fleuve, aux chants poétiques des Annamites courbés sur leurs avirons. (Gautier, p. 164).

L'expédition s'arrêta à Hai-Duong où Garnier fut reçu au débarcadère par le quan-an, mandarin de la justice.

Le 2 novembre, il reprit sa route par le canal du Songki, contrarié par un fort courant. Le 3 novembre au soir, on avait encore fait peu de chemin lorsque dans la brume on entendit le sifflet d'un navire à vapeur.

C'était M. Dupuis qui était venu au-devant de ses compatriotes. Le lendemain matin il donna la remorque à la jonque de Francis Garnier, qui arriva le 5 novembre, vers les 3 heures, à Hanoï.

Garnier fit chauffer son canot à vapeur et prit les devants.

En débarquant, il fut reçu par les soldats chinois de M. Dupuis qui présentaient les armes. Une foule nombreuse couvrait les quais; les autorités annamites étaient absentes.

Un employé inférieur vint indiquer à Francis Garnier des bâtiments petits et malpropres, dans l'intérieur de la ville, pour son logement et celui de son escorte.

Indigné de ce manque d'égards, il se rendit à la citadelle et alla directement trouver le Vice-Roi qui se montra embarrassé, s'efforça d'être poli et finit par lui donner pour son logement le camp des lettrés, vaste enceinte réservée aux examens des jeunes bacheliers.

Dès le soir même, les Français s'y installèrent.

Dans cette brusque entrevue avec Nguyen-tri-Phuong, Garnier lui annonça qu'il venait, sur l'ordre du Gouverneur de Saigon, s'entendre avec lui et poser les bases d'un traité qui devait se conclure entre la France et le royaume de Hué, afin d'ouvrir à la navigation commerciale le fleuve du Tongking; qu'il souhaitait régler d'un commun accord les questions soulevées par cette ouverture du fleuve; qu'il comptait sur son concours actif pour l'aider à atteindre le but de sa mission. (Gautier, p. 170). Le maréchal lui avait répondu avec embarras qu'il n'avait pas les pouvoirs nécessaires et qu'il attendrait les ordres de la cour de Hué.

L'envoyé de l'amiral Dupré, dont la présence était à peine tolérée par le représentant du Roi, allait se trouver en butte à toutes les difficultés, à toutes les ruses, à toutes les marques d'hostilité et de mauvais vouloir que les Annamites lettrés ont l'habitude d'opposer à leurs adversaires.

A ce moment, les relations entre le Gouverneur annamite et l'expédition de M. Dupuis étaient aussi tendues que possible. Plusieurs fois le Gouverneur avait essayé de faire arrêter les hommes du négociant français, et celui-ci avait été obligé de les défendre à coups de fusil. M. Dupuis venait de remonter dans le haut du fleuve avec quinze jonques dont douze étaient chargées de sel. Il avait eu à tirer quelques coups de canon sur les forts qui voulaient l'empêcher de passer et il avait incendié des brûlots que les Annamites lançaient sur ses navires.

Une solution était devenue nécessaire. Un dénouement pacifique aurait été désirable ; mais qui aurait osé l'espérer en présence de l'aveuglement des autorités annamites et des exigences du négociant français qui les bravait depuis neuf mois à la tête de ses équipages et de ses auxiliaires chinois. Nguyên-tri-Phuong, très âgé, très autoritaire, tenait avant tout à conserver le prestige de son commandement ; il n'aurait jamais consenti à admettre dans les provinces du Tonkin un arbitre entre lui et un étranger.

P. 180.

« La cour de Hué venait d'écrire le 23 octobre à l'amiral Dupré : Pour discuter les articles d'une convention commerciale, il faut absolument que le traité de paix soit fait ; c'est alors seulement qu'on en pourra parler...... Ce n'est certainement pas un fonctionnaire subalterne n'ayant qu'une courte mission temporaire, qui peut régler tout cela. Si le noble envoyé, parce qu'il a été chargé de venir au Tonkin donner un ordre aux bateaux Dupuis, argue de cela pour s'occuper d'autre chose, telle que la discussion des routes commerciales, alors les étrangers qui verront ces faits penseront et diront qu'il agit comme Dupuis...... » (Gautier, p. 180).

Il est très probable que ce retour de la cour de Hué sur ses premières dispositions conciliantes était dû à l'influence du maréchal Nguyên-tri-Phuong, qui inspirait aux conseillers du Roi, non-seulement une certaine confiance, mais souvent un véritable sentiment de crainte. Les mandarins se souvenaient que le vieux guerrier, après avoir pacifié le Tonkin en 1864, était allé à Hué en 1866 exercer son ascendant énergique pour rétablir l'autorité royale compromise par une vaste conspiration. Peut-être leur avait-il écrit ou leur avait-il fait dire que les concessions promises aux Français étaient un acte de faiblesse plein de danger, et leur avait-il laissé entendre qu'il n'hésiterait pas à retourner à la capitale pour inspirer un peu plus de tenue aux conseillers du Roi !

En un mot les mandarins s'en remettaient à lui pour préserver le Tonkin de toute invasion étrangère.

Le maréchal ne rendit pas sa visite à Garnier, et il défendit aux habitants de communiquer avec lui. Il fit faire une proclamation dans laquelle il annonçait que l'envoyé français était venu pour juger et chasser M. Dupuis et n'avait pas à s'immiscer dans les affaires du pays; « que si quelqu'un croyait avoir des réclamations à formuler, c'était à lui, gouverneur, qu'elles devaient s'adresser. » (Gautier p. 181).

Garnier l'invita à retirer cette proclamation et n'ayant pu l'obtenir, il en fit une autre dans laquelle il déclarait qu'il était venu par ordre du Gouverneur de la Cochinchine, non seulement pour examiner les différends survenus entre M. Dupuis et les autorités annamites, et tâcher de les aplanir, mais encore dans un autre but, pour protéger le commerce en ouvrant le pays et son fleuve à toutes les nations sous la protection de la France.

Garnier avait sollicité le concours de Mgr Puginier, à Hanoi. Sur sa demande, le Gouverneur avait écrit au respectable prélat de venir à la capitale. Le 10 novembre, il était au milieu des Français et assistait aux conférences de M. Garnier avec les mandarins. Seul, le maréchal s'obstinait à ne pas rendre sa visite à l'envoyé français.

Le 12 on apprit l'arrivée de la canonnière l'*Espingole*. Le lendemain une seconde canonnière, le *Scorpion*, qui arrivait de Hong-Kong, vint, par ordre de l'amiral, remplacer l'*Arc*.

M. Garnier envoya le *Mang-Hao*, un des navires

de M. Dupuis, à bord du *Decrès*, mouillé dans Cua-Cam, demander la Compagnie de débarquement.

Il envoya à l'amiral le 14 novembre par le *D'Estrées* un premier rapport dans lequel il annonçait qu'il attaquerait probablement la citadelle de Hanoï. Il lui soumettait en même temps un projet d'arrêté règlementant le commerce dans le Fleuve Rouge à dater du 15 novembre et supprimant les douanes annamites.

Le 19 novembre seulement, M. Garnier envoya un ultimatum au maréchal qui ne lui répondit pas.

Voici ce qu'écrivait Garnier le 19 novembre : « M. le maréchal a envoyé demander à Hué la permission de me combattre ou de se retirer. Hué m'a écrit deux lettres insolentes pour me dire que je me mêlais de ce qui ne me regardait pas et qu'il allait en appeler aux pays voisins (Hong-Kong). Je n'ai pas bronché, mais devant des menaces directes d'attaque, j'ai posé un ultimatum : le désarmement de la citadelle, l'ordre à envoyer par le maréchal à tous les gouvernements de provinces de se conformer à mes arrêtés, enfin la permission pour M. Dupuis de se rendre librement au Yunnam...... » (Gautier, p. 194).

Ces quelques lignes résument parfaitement les termes du conflit. Le maréchal n'avait pas voulu conférer avec Garnier et avait essayé de l'amener à expulser M. Dupuis. L'envoyé français de son côté exigeait l'ouverture de tous les ports et des fleuves du Tonkin, réclamait le droit de règlementer le commerce du pays et voulait pour M. Dupuis l'autorisation d'aller au Yunnam.

Garnier avait consulté Monseigneur Puginier qui avait été surpris d'une décision aussi hardie et lui avait exposé loyalement les graves conséquences de l'entreprise.

Le caractère si élevé du vaillant évêque, son

patriotisme, son désir de conciliation, son abnégation sincère, en imposaient à tous, même aux lettrés annamites. Pendant cette longue suite d'événements qui devaient faire courir tant de dangers à ses nombreuses chrétientés, alors que les hommes les mieux trempés se laissaient entraîner par de trompeuses chimères, on le vit toujours calme, conciliant, généreux, plein de confiance dans le succès de la grande mission que la Providence avait remise entre ses mains vénérables.

Il n'était au pouvoir de personne de faire prévaloir un arrangement amiable.

Le 20 novembre 1873, la citadelle fut brillamment enlevée par Francis Garnier et par la poignée de braves gens qui l'accompagnaient.

La veille, il avait pris les dispositions les plus sages et les plus hardies. Il ne pouvait pas reculer; il était dangereux de se laisser attaquer; il était prudent de prévenir l'ennemi, en lui enlevant ses positions.

Le plan général de la citadelle qui a près de 6 kilomètres de tour avait été levé avec soin par M. de Trentinian.

Les deux canonnières l'*Espingole* et le *Scorpion*, embossées à 1200 mètres de distance, devaient ouvrir le feu à 6 heures du matin et le cesser lorsque le pavillon français serait arboré sur la porte Est de la citadelle ou sur la Tour. M. Balny était chargé de diriger leurs feux. Il y avait 14 hommes en tout sur le *Scorpion*, 23 à bord de l'*Espingole*.

A terre, le corps expéditionnaire devait attaquer la citadelle à la même heure.

Une première colonne commandée par M. Bain était composée de 30 hommes et d'une pièce de montagne du *Decrès*. Elle devait se porter devant la porte S. O. de la citadelle et partir du camp à 5 h. 30. Elle devait faire une fausse attaque, en se déployant en tirailleurs pour attirer l'attention de l'ennemi.

La deuxième colonne était formée de l'infanterie de marine, 27 hommes sous les ordres de M. de Trentinian, et par un détachement de marins commandés par M. Esmez, 29 hommes et 3 pièces de 4 avec leurs servants ; et enfin d'une réserve de 19 hommes du *Decrès*. Elle devait attaquer la porte Sud-Est.

Dix hommes commandés par M. l'ingénieur Bouillet restaient à la garde du camp.

A 6 h., conformément aux ordres donnés, les deux navires ouvrirent un feu régulier sur l'intérieur de la citadelle.

M. Garnier, avec la deuxième colonne où se trouvaient MM. Esmez et de Trentinian, attaquait la porte Sud-Est à la tête de ses hommes. Le redan, dont la porte tomba au premier coup de canon, fut enlevé en quelques minutes.

Le canon fut ensuite posté à quelques mètres de la porte sur le pont. Après un feu soutenu, et malgré la résistance des Annamites, MM. Garnier et de Trentinian, entrèrent les premiers à travers la porte brisée.

Les Annamites, surpris par cette attaque matinale, s'étaient portés à la voix de leurs chefs sur les remparts et avaient ouvert tardivement le feu inoffensif de leurs grosses pièces de remparts. Les balles et les boulets passaient au-dessus des têtes des assaillants.

Les assiégés faisaient rouler du haut des murailles de grosses poutres ; d'autres lançaient des pierres, jetaient des fusées incendiaires. Aucun de nos hommes ne fut atteint.

Le maréchal montra la plus grande énergie, mais il fut blessé d'un éclat d'obus à la cuisse droite. Alors la défense des remparts fut abandonnée par les Annamites qui s'étaient groupés sous les portiques des cinq entrées pour se sauver aussitôt qu'une brèche serait ouverte. Ils furent refoulés à l'intérieur par notre mitraille et par nos hommes qui entraient;

à 7 heures moins cinq, un marin put arborer le pavillon français sur la tour centrale de la citadelle; les canonnières cessèrent le feu.

Des gardes furent placés à toutes les issues pour arrêter les mandarins.

Le maréchal, malgré sa blessure, essaya de se sauver à cheval et fut dénoncé par un interprète. Il fut gardé à vue ainsi que le gouverneur de Hanoi et quatre des principaux mandarins.

« Son désespoir fut grand quand il eût perdu toute chance de salut.... Aussi faisait-il constamment entendre des plaintes lamentables et refusait-il toute consolation, repoussant les soins que méritaient son grand âge et ses blessures, défendant enfin à ses nombreux serviteurs de lui donner aucune nourriture. » (Gautier, p. 207).

C'est dans cette journée que furent reconnus et saisis Phan-Tôn et Phan-Liêm, les deux fils de Phan-tan-Giang, l'ancien gouverneur des trois provinces orientales qui s'était laissé mourir après la prise de Vinh-Long, en 1867.

Vers dix heures, M. Bain, avec quelques hommes du *Decrès*, fut envoyé à Phu-Hoai, petite place à quelques kilomètres à l'ouest de Hanoi où un certain nombre de fuyards s'étaient ralliés. Ce fort fut évacué après quelques coups de fusil.

Deux mille hommes environ se rendirent prisonniers et déposèrent leurs armes. M. Garnier avait recommandé d'épargner les vaincus et d'éviter tout désordre et tout pillage. Il fit évacuer la citadelle par les Chinois de M. Dupuis qui avaient commencé à piller. Ces derniers, dirigés par leur chef, avaient enlevé une demi-lune à la porte de l'Est, bien que leur rôle dut se borner à surveiller la porte.

Le soir Garnier éprouva qu'il était plus facile de prendre la citadelle que de la garder. Il ne lui restait que 50 hommes pour conserver un ouvrage qui a 6 kilomètres de développement et où se trouvaient encore 2,000 Annamites armés avec leurs chefs. Aucun de ses postes ne comptait plus de six hommes. Le lendemain il put désarmer ses prisonniers sans résistance. Il prit l'administration de la province. Les populations vinrent se soumettre. Il écrivait : « D'ailleurs, s'il est facile de conquérir, il est difficile d'administrer et nous manquons, pour cela, du personnel nécessaire. » (Gautier, p. 131).

Installé dans le palais central ou Temple de l'Esprit du Roi qui existe encore, Garnier s'empressa de donner des instructions à toutes les autorités de la Province et d'organiser des milices pour le maintien de l'ordre. Il voulait assurer le bon fonctionnement de l'administration au nom du Roi Thu-Duc, en maintenant les chefs des cantons et des villages. Il écrivit à l'Amiral pour lui rendre compte des événements, lui demander des renforts et l'envoi de M. Luro, inspecteur des affaires indigènes, son ami et son ancien collaborateur. Il envoya en même temps par le *Decrès* les principaux prisonniers à Saigon.

On trouve cette phrase dans sa lettre à M. Luro :

« Je n'ai pas le temps de t'expliquer le pourquoi du comment. Dis à Philastre que je n'ai pas tort et que j'ai tendu aux Annamites la perche le plus longtemps possible ; je la leur tends encore, s'ils veulent de ma convention commerciale.....

« Ou il ne fallait pas m'envoyer, ou je ne pouvais faire autrement..... » (Gautier, p. 212 et 213).

Francis Garnier ne perdit pas un moment pour rassurer les populations, pour leur faire accepter la nouvelle situation qui leur était faite et pour se mettre en garde contre un retour offensif de ses ennemis.

Il envoya d'abord en reconnaissance vers les bouches du fleuve l'*Espingole*, commandée par M. Balny d'Avricourt. Elle emmenait 15 hommes d'infanterie de marine sous les ordres de M. de Trentinian, et le docteur Harmand. Elle partit le 23 novembre (Gautier, p. 217). — Elle devait engager les mandarins à se soumettre et exiger la démolition des barrages qui avaient été commencés dans le fleuve.

M. Balny commença par obtenir la complète soumission du gouverneur de Hung-Yên qui n'osa pas lui résister.

Il se rendit ensuite à Phu-Ly. Il se présenta devant la porte de la citadelle et comme on l'avait fermée, il donna dix minutes pour l'ouvrir. Ce délai écoulé, il monta à l'assaut suivi de ses trente compagnons. Les défenseurs s'enfuirent en désordre. Il y installa un gouverneur, l'Annamite Lê-Van-Bà, avec des miliciens annamites et repartit le 2 décembre.

Pendant ce temps, Garnier avait fait occuper Gialam sur la rive gauche du fleuve, et y avait laissé un poste de miliciens. Il avait fait parcourir par des reconnaissances la route de Hanoi à Phu-Ly. Il était donc maître de tous les environs du chef-lieu. Pour conserver ses communications avec la mer et rester maître de la route de Hué, il avait chargé M. Balny de s'assurer de la soumission de Hai-Duong et de Ninh-Binh.

Cet officier se présenta devant Hai-Duong d'abord et le Gouverneur refusa obstinément de lui rendre visite à bord. Les délais qu'il avait fixés étant dépassés, il débarqua sous le feu des Annamites en se faisant soutenir par les canons de l'*Espingole*. Les Français firent évacuer une première batterie qu'ils traversèrent rapidement et se portèrent vers la porte de la citadelle. Ils eurent le bonheur de ne pas être touchés par l'artillerie des murailles et se heurtèrent à un redan dont ils ne purent briser la porte. Ils escaladèrent les murailles et se trouvèrent dans une enceinte étroite battus par trois pièces du bastion et par celle de la porte. Après la première décharge qui ne leur fit aucun mal, ils franchirent le pont du fossé à la course et se trouvèrent à la porte même qu'ils ne purent enfoncer. Un homme nommé Gautherot essaya vainement l'escalade. M. Harmand eut l'idée de tirer un coup de revolver sur un des barreaux supérieurs de la porte qui vola en éclat; un second coup brisa le barreau voisin. M. Balny se hissa aux barreaux, les arracha et le revolver à la main, mit les défenseurs en fuite. Quatre hommes les suivirent. Il alla d'un côté avec deux de ses hommes, pendant que M. Harmand, avec deux autres, faisait le tour des remparts. M. de Trentinian et le docteur les avaient rejoints. Toute résistance avait cessé, les soldats annamites jetaient leurs armes et se soumettaient. La plupart se sauvaient. Le pavillon français fut hissé sur la tour centrale. L'action avait duré une heure et quart.

Aussitôt en possession de la citadelle, M. Balny entra en rapport avec les populations, tâchant de les rassurer et prévint Garnier.

Il essaya d'ouvrir des relations avec les mandarins par l'intermédiaire des missionnaires espagnols établi dans le voisinage afin d'arriver à un arrangement, mais il n'obtint aucun résultat de ce côté. Il reçut les visites empressées des maires, des chefs des cantons, des négociants chinois et d'un grand nombre de propriétaires. On vint lui proposer de lever des hommes qui auraient marché sous ses ordres.

Le 10, il sut que Ninh-Binh était pris.

« En apprenant ces nouvelles, a écrit M. Balny, le premier mouvement a été une grande satisfaction, ce sont les premières que nous recevons; mais en y réfléchissant elles sont bien graves; si nous avions 500 hommes de suite pour occuper ces places, ce serait parfait, mais notre petit nombre rend impossible ou dangereux de nous diviser autant. Hai-Duong va être un grand embarras. » (Gautier p. 241).

Francis Garnier avait envoyé M. Hautefeuille avec un canot à vapeur porter à M. Balny que l'on croyait encore à Phu-Ly, l'ordre d'occuper d'abord

Ninh-Binh. Il avait huit hommes d'équipage et 2 Annamites.

N'ayant pas trouvé M. Balny, il était allé détruire un barrage que l'on construisait à 3 heures de Ke-So. Là il entendit dire que le gouverneur de Ninh-Binh ferait peu de résistance; il s'y rendit le 5.

Il débarqua avec six hommes de son canot qui venait d'échouer, courut à un mandarin à barbe blanche, qui était le gouverneur, le fit prisonnier et entra avec lui dans la citadelle. Il fit hisser le pavillon français sur la tour, passa avec le commandant des troupes annamites, l'inspection de la place devant les soldats prosternés et resta maître de la citadelle.

Garnier, parti de Hanoi le 4 décembre, sur le *Scorpion*, avec MM. Esmez, Bouxin, le docteur Chédan, l'ingénieur Bouillet et environ 90 hommes, arriva le 9 décembre à Ninh-Binh. La province commençait à s'organiser, des volontaires indigènes avaient été recrutés, des chrétiens armés et même des montagnards muongs étaient accourus. Deux fonctionnaires annamites arrivés de Hanoi avaient été installés, de nouveaux chefs de cantons avaient été élus pour remplacer ceux qui avaient déserté leurs fonctions.

Il repartit immédiatement pour Nam-Dinh avec le *Scorpion*. Nam-Dinh est la seconde ville du Tonkin. La population de la province est tout aussi considérable que celle de la province de Hanoi. La plupart des habitants sont adonnés à la culture du riz et à la production de la soie. C'est l'un des gouvernements les plus recherchés de tout l'empire d'Annam. Il y rencontra une vive résistance. En approchant, le *Mousqueton* fut accueilli par une forte canonnade des forts extérieurs; la canonnière ne put les faire taire qu'après une heure d'engagement.

Le lendemain, 11 décembre, après avoir essuyé le feu d'un autre fort détaché, M. Garnier fit mettre à terre tous ses hommes disponibles et les partagea en trois colonnes.

La première de 15 hommes et 1 canon, commandée par M. Bouxin, aspirant, devait faire une diversion sur le bastion sud. La seconde, commandée par M. l'ingénieur Bouillet, devait attaquer le bastion est en traversant la ville. La troisième, commandée par Garnier, se lança sur le poste le plus voisin du bastion est. Les deux colonnes se rejoignirent et enlevèrent le redan. Mais le canon qu'ils ont apporté ne peut enfoncer la porte, condamnée avec de la terre. L'affût se brise. D'un autre côté, M. Bouxin, à court de munitions, se replie sur la ville. Les Annamites font un feu soutenu. A ce moment critique, on se sert des chevaux de frise placés sur le pont, on les dresse contre les murailles. Un marin nommé Robert et Garnier arrivent les premiers sur le parapet. A leur vue, les Annamites saisis de terreur s'enfuient de toutes parts. La citadelle est prise et on arbore nos couleurs.

Immédiatement des volontaires s'offrent pour nous aider et Garnier se hâte d'organiser l'administration de la province.

Des nouvelles inquiétantes lui arrivaient de Hanoi qui allait être menacé. Il était pressé d'y retourner. Il envoie le *Scorpion* au Cua-Cam attendre les renforts que le *Decrès* allait amener de Saigon. Il écrit à M. Balny de ramener de Haï-Duong, avec l'*Espingole*, tout le personnel disponible avec M. Harmand auquel il veut confier le gouvernement de Nam-Dinh. Enfin, il lance une proclamation pour rassurer les habitants et les exhorter à vivre en paix.

M. de Trentinian resta seul pour garder Hai-Duong, avec 15 hommes. Le 15, l'*Espingole* ralliait Nam-Dinh avec M. Balny et le docteur Harmand.

M. Harmand fut laissé à Nam-Dinh avec 25 marins et plusieurs corps de volontaires dont une partie avaient été recrutés par M. Hautefeuille à Ninh-Binh.

Garnier repartit pour Hanoï sans retard. Les lettres de M. Bain étaient pressantes. Le service des tram ou courriers annamites avait continué à fonctionner assez régulièrement; peu de lettres avaient été perdues, et Garnier entretenait une correspondance suivie avec tous ses lieutenants placés à Ninh-Binh, Nam-Dinh, Hin-Duong, Hung-Yên et Phu-Ly, places qui commandaient la plus grande partie de Delta.

La cour de Hué avait été vivement émue des échecs successifs que ses représentants venaient de subir. Le 11 décembre 1873, au moment où il prenait Nam-Dinh, Garnier apprenait que des ambassadeurs annamites venaient pour traiter, accompagnés par Monseigneur Sohier, évêque de Hué. Le Roi envoyait en même temps un autre ambassadeur à Saigon.

Garnier fut recevoir à Ninh-Binh le respectable évêque et l'envoyé annamite qui étaient venus de Hué par la voie de terre.

Il revint sur l'*Espingole* avec eux et il rentrait à Hanoï le 18, à 8 heures du soir. Une lettre qu'il écrivait de Ninh-Binh à M. Bain de la Coquerie, indique nettement le sens des communications qu'il avait reçues :

Ninh-Binh *(Espingole)*, 17 décembre 1873.

« Mon cher Monsieur Bain,

« Je suis parti hier de Nam-Dinh avec l'*Espingole* et je suis arrivé à temps ici pour recevoir Mgr Sohier. L'envoyé principal de Hué arrivera aujourd'hui et je l'attends pour continuer ma route pour Hanoï. La prise de Hanoï a fait expédier de Hué des pleins pouvoirs aux ambassadeurs de Saigon. Le traité commercial et le protectorat sont admis en principe. Nous parviendrons donc en peu de jours, je l'espère, à une solution pacifique et satisfaisante.

« Je désire que l'envoyé de Hué soit reçu avec les plus grands honneurs.....

« Faites presser la construction des casernes.

« Mettez le plus d'ordre possible dans la citadelle.....

« Faites faire une proclamation adressée non-seulement à la province de Hanoi, mais à tout le Tong-King et revêtue de mon cachet, annonçant l'arrivée d'ambassadeurs de Hué munis de pleins pouvoirs et invitant tout le monde à rester en paix jusqu'à ce que le traité ait réglé toutes les questions pendantes. Vous ajouterez en même temps que, toutes les mesures commerciales prises, tous les nouveaux administrateurs seront maintenus et que la protection de la France s'étendra à perpétuité sur les populations du Tong-King. » (Gautier, p. 255 et 256).

Les ambassadeurs de Hué étaient en retard et n'arrivèrent que le 20 à Hanoi. La capitale du Tonkin était en effet menacée. Le *Scorpion* y avait passé le 13 en se rendant au Cua-Cam et y avait laissé quelques hommes. Des forces nombreuses venues de Son-Tay avaient passé le Dày, et avaient occupé Phu-Hoai. Elles envoyaient des reconnaissances jusqu'aux environs de la ville. M. Bain avait essayé le 15 de faire reprendre Phu-Hoai par une colonne commandée par M. Perrin, aspirant. Cette tentative avait échoué. On avait rencontré des masses profondes abritées derrière un arroyo et on n'avait pu les aborder. M. Bain avait emprunté des munitions à M. Dupuis, et l'avait prié de concourir par des patrouilles à la défense de la citadelle.

Garnier voulait d'abord enlever Phu-Hoai en faisant prendre à revers les ennemis par l'*Espingole* et le *Manyhao*, mais il préféra attendre les ambassadeurs annamites. Il se borna à envoyer quelques miliciens annamites à M. de Trentinian, à Hai-Duong. C'était le seul de ses lieutenants qui pût être menacé. M. Harmand à Nam-Dinh et M. Hautefeuille à Ninh-Binh avaient levé de nombreux auxiliaires indigènes et ne redoutaient aucune agression.

On ne saurait trop louer Garnier de s'être emparé immédiatement du Tonkin inférieur afin d'occuper les provinces les plus importantes et de commander la route de Hué, ainsi que les communications avec la mer. Les adversaires qu'il avait débusqués de nos citadelles devaient infailliblement se rallier dans les provinces où il ne se serait pas présenté et y recruter tous leurs partisans et tous leurs auxiliaires. Il leur laissait seulement les provinces de Son-Tây et de Bac-Ninh, déjà ravagées par des bandes chinoises; il leur enlevait des ressources importantes, sauvegardait les chrétiens contre toutes représailles immédiates et mettait ses ennemis dans l'obligation de recourir à des étrangers pour composer leur armée nouvelle. Il est vrai que les meilleurs soldats parmi nos adversaires furent les Pavillons noirs, qui occupaient depuis plusieurs années le haut du Fleuve Rouge. Mais s'ils nous causèrent bien des pertes douloureuses, la présence de ces bandits redoutés auprès des mandarins nuisit beaucoup à leur prestige et justifia singulièrement notre intervention aux yeux de la population pacifique, de celle que nous voulions conquérir à la France.

Dès que les envoyés annamites furent arrivés à Hanoi, Garnier lança une proclamation annonçant la cessation des hostilités et la conclusion prochaine d'un traité de paix.

Le 20 décembre, quelques heures avant l'arrivée des ambassadeurs de Hué, le maréchal Nguyên-tri-Phuong venait de mourir. Garnier avait décidé que les obsèques auraient lieu après la signature du traité et que les plus grands honneurs seraient rendus à la mémoire de son adversaire.

Le lendemain, 21 décembre 1873, un dimanche,

Mgr Puginier avait dit la messe, les officiers français avaient ensuite déjeuné chez l'évêque.

Il était près de midi et Garnier discutait avec les ambassadeurs les préliminaires du traité lorsqu'un interprète interrompit brusquement la conférence en criant : La citadelle est attaquée! les Pavillons noirs arrivent! Garnier s'élance vers la porte pour diriger l'action. M. Perrin court avec une partie des marins vers le bastion du côté de Phu-Hoai et vers la porte sud-ouest, et M. Bain de la Coquerie se porte avec un autre détachement vers les ouvrages du nord qui peuvent être tournés.

Près de 600 Pavillons noirs débouchaient par la route de Phu-Hoai et par les sentiers voisins, en agitant leurs bannières. Des groupes de tirailleurs les précédaient, accompagnés de quelques artilleurs qui portaient des pierriers. Ils avaient ouvert le feu contre les parapets et contre la porte. En arrière des auxiliaires chinois, et hors de portée, étaient massées les troupes annamites avec leurs éléphants et leurs mandarins.

Francis Garnier s'empressa de poster ses marins sur la muraille en leur disant : « Bon courage, mes braves, ce ne sera rien! » Il fit amener une pièce de 4 avec le concours de M. Perrin, et aux premières volées, les agresseurs commencèrent à se replier. Ils firent quelques décharges avant de se retirer et un de nos hommes fut blessé.

Une partie des assaillants rentrèrent directement sur Phu-Hoai; les autres longeant les remparts en terre de la ville, allèrent gagner la route de Tu-Lê, petit village situé à deux kilomètres de la citadelle.

En vingt minutes, l'enceinte de la ville avait été évacuée.

Garnier dit alors à ses officiers : « L'ennemi qui nous attaque est le seul que je redoute au Tonkin, une sortie est indispensable. Nous ne pouvons laisser un semblable adversaire à mille mètres de nous. » Balny revint à l'instant de l'*Espingole* avec dix hommes et une troupe de volontaires indigènes. Le commandant le dirige sur la route de Phu-Hoai, tandis que lui-même va prendre les Pavillons noirs à revers par Thu-Lê. Il est acccompagné de dix-huit Français, de quelques volontaires indigènes et d'une pièce de 4. (Pierre Lehautcourt, *Les expéditions françaises au Tonkin*, p. 107).

Il envoie quelques hommes fouiller le village de Thu-Lê pendant qu'il se dirige vers la droite à travers les rizières desséchées vers une digue qui le sépare de la route de Phu-Hoai dont il veut se rapprocher. La pièce de canon s'embourbe dans les rizières, on la laisse à la garde de trois hommes. Il se trouve arriver à la digue avec trois hommes seulement. Aussitôt qu'ils paraissent au sommet de la digue, une décharge retentit, un homme est tué, le fourrier Dagorne, un second est blessé. Garnier se trouve seul, on l'entend de loin décharger son revolver, puit tout bruit cesse.

Le petit groupe qui a fouillé les maisons de Thu-Lê, rallie le reste des compagnons de Garnier. Ils levèrent près de la digue le corps de Dagorne décapité, et cent pas plus loin celui de Garnier odieusement mutilé.

De son côté, Balny avait repoussé vigoureusement les Pavillons noirs. Il avait eu un homme blessé et un tué. Il revint à la citadelle chercher des cartouches et en repart avec le docteur Chédan et un marin.

Sur sa route, il recontre le corps décapité du matelot qui avait été tué un moment auparavant, il se précipite sur l'ennemi qui s'est massé derrière une digue qui coupe la route. A 200 mètres, il essuie une décharge générale qui met encore trois hommes hors de combat, un mort et deux blessés. Le reste s'enfuit. Balny est entouré. Il se défend vaillamment avec son revolver, avec son sabre.

Le docteur Chédan rallie les sept hommes valides qui lui restent et rentre dans la citadelle avec le corps de l'un des morts. (*Les expéditions françaises au Tonkin*, p. 108 et 109).

Dans cette journée fatale, au moment où Garnier allait couronner ses brillants succès par une convention avantageuse arrachée à des ennemis irréconciliables, il succombait sans témoins au coin d'une rizière sous les coups d'une bande de pillards obscurs. L'un de ses meilleurs lieutenants tombait quelques pas plus loin et neuf de leurs braves compagnons étaient mis hors de combat. C'en était fini du prestige qui entourait aux yeux des indigènes les premiers conquérants du Tonkin. Leurs têtes étaient restées aux mains de l'ennemi.

Plus tard, ils seront vengés, on versera des flots de sang pour arriver à reprendre leur œuvre ; mais rien ne pourra effacer d'aussi douloureux souvenirs.

La nouvelle de cet événement désastreux plongea les Français dans une profonde douleur.

Ils organisèrent immédiatement la défense de la citadelle avec le concours de M. Dupuis et avec l'aide des miliciens tonkinois qui restèrent fidèles.

Le soir même, on annonçait l'arrivée au Cua-Cam du *Decrès* apportant des renforts de Saigon. Quatre jours après, ils arrivaient à Hanoi sur le *Scorpion*. Ils se composaient de 102 hommes d'infanterie de marine. Dans les provinces, les lieutenants de Garnier avaient pris une attitude résolue.

A Hai-Duong, M. de Trentinian qui n'avait que 15 hommes, avait levé des milices et avait reçu un corps auxiliaire de Nam-Dinh. Il avait de suite prévenu le commandant du *Decrès* que sa situation n'offrait aucun danger.

A Nam-Dinh, ville importante, chef-lieu d'une province riche et populeuse, M. Harmand, qui n'avait que 20 hommes, avait levé et organisé des miliciens sous les ordres d'un excellent chef de partisans, Lê-Van-Bon. Il avait fait plusieurs sorties, avait mis en pleine déroute les partisans des lettrés et avait fait exécuter leur chef.

A Ninh-Binh, M. Hautefeuille n'avait, lui aussi, que quelques hommes et il était sur la route de Hué exposé aux premiers efforts de nos ennemis. Il avait avec lui près de 5000 miliciens et au lieu d'attendre ses adversaires, il alla successivement les déloger des positions où ils essayaient de se fortifier, à Nho-Quan et à An-Hoa. Un de ses chefs de partisans nommé Luong chargé de la défense de la gorge de Tân-Diêp, repoussa vigoureusement les lettrés qui essayaient de forcer le passage. Malgré la présence de quelques bandes de Pavillons noirs, rien ne put résister à nos partisans.

A Hanoi, M. Bain de la Coquerie avait pris le commandement de la place. A l'arrivée du *Scorpion*, M. Esmez, assisté de M. Moty, administrateur des affaires indigènes, reprit les négociations avec les envoyés annamites.

Ceux-ci se montraient disposés à accepter une convention aux termes de laquelle le Tonkin resterait ouvert au commerce français, espagnol, chinois et annamite; elle stipulait qu'il n'y aurait dans le Delta d'autres troupes annamites que les milices; que les garnisons françaises resteraient dans les citadelles jusqu'au traité définitif; que les populations requises par les Français ne seraient nullement inquiétées; que les fonctionnaires nommés récemment ne seraient pas changés sans une enquête faite de concert entre les officiers français et les mandarins de Hanoi. Les Français se chargeraient de surveiller la navigation du fleuve et s'engageaient à secourir de leurs armes les provinces ravagées par les pirates et par les rebelles. Etait aussi stipulée la restitution immédiate des sanglants trophées que les Annamites promenaient de ville en ville. (Gautier, p. 297 et 298)..

La présence de nos renforts survenus et l'attitude énergique de nos officiers promettaient de compter sur une solution honorable de cette expédition si vigoureusement conduite, malgré le grand malheur qui venait de nous atteindre.

Mais le 24 décembre était arrivé au Cua-Cam le *D'Estrées*, commandant Didot, portant M. Philastre, lieutenant de vaisseau, inspecteur des affaires indigènes.

Cet officier avait été chargé par l'amiral Dupré d'aller à Hué traiter avec la cour. Arrivé à Tourane, il avait reçu avis de se rendre à Hanoi avec Nynyên-Van-Tuong, auquel le Roi Thu-Duc donnait ses pleins pouvoirs en le substituant aux envoyés qui avaient commencé à négocier avec Garnier.

Philastre écrivit à Garnier : « *Je vous apporte des instructions nouvelles.* » Tandis que l'ambassadeur annamite écrivait aux négociateurs de Hanoi : « *Vous êtes dessaisis, je vous suis substitué* » (Gautier, p. 300).

M. Philastre, en apprenant que Garnier était mort, prit immédiatement la direction des négociations et M. le commandant du *Decrès* chargea son second, M. Balézeaux, lieutenant de vaisseau, du commandement militaire.

C'est le 3 janvier 1874 que M. Philastre arriva à Hanoi. Sur la demande de Nynyên-Van-Tuong, il avait déjà fait évacuer la citadelle de Hai-Duong.

Par une première convention du 5 janvier, il fut stipulé que la citadelle de Ninh-Binh serait évacuée le 8 et celle de Nam-Dinh le 10 janvier.

Les Annamites s'engageaient à laisser toutes les communications et routes fluviales ou terrestres libres et à accorder une amnistie pleine et entière à nos partisans.

Par une seconde convention du 6 février, il fut convenu que les Français évacueraient Hanoi et s'établiraient à Hai-Phong. Une concession devait nous être accordée sur le bord du fleuve à Hanoi pour établir un résident français et son escorte.

M. Dupuis devait se rendre à Hai-Phong et attendre que le fleuve fût ouvert au commerce avant de se rendre au Yunnam.

MM. Harmand et Hautefeuille évacuèrent à regret les citadelles de Nam-Dinh et de Ninh-Binh. Les Annamites commencèrent aussitôt à exercer une terrible répression contre ceux de leurs compatriotes qui avaient servi la France. Après notre départ de Hanoi, une sanglante persécution fut dirigée contre les chrétiens et contre les indigènes qui avaient accepté un moment notre domination.

Dans l'Annam, il faut toujours être fidèle à ses amis ; l'abandon de nos miliciens et de nos coréligionnaires indigènes protégés par une promesse d'amnistie dérisoire fut une grande faute.

M. Philastre avait laissé le soin de représenter la France à Hanoi à M. Rheinart qui, en qualité de résident, eut les rapports les plus pénibles avec les autorités annamites.

« Au lendemain même du traité Philastre, M. Rheinart était obligé de protester énergiquement contre des manifestations hostiles ; son interprète avait été menacé et un de ses domestiques blessé à la tête par un coup de pierre. Notre résident rencontrait beaucoup de difficultés pour obtenir le terrain de la concession française. Malgré le traité qui accordait aux chrétiens la liberté religieuse, la persécution éclatait dans les provinces tonkinoises, et pour mieux marquer son caractère politique, les poursuites étaient particulièrement exercées dans les vicariats dirigés par les Pères français des Missions étrangères. Les catholiques des provinces évangélisées par les dominicains espagnols restaient en paix. » (Bouinais, *L'Indo-Chine*, p. 54).

M. Philastre était retourné à Saigon avec les

plénipotentiaires annamites qui signèrent le 15 mars 1874 un traité de paix avec l'amiral Dupré.

Par ce traité le Roi Thu-Duc s'engageait à suivre la politique extérieure de la France et à ne rien changer à ses relations diplomatiques. La France de son côté se chargeait de protéger son indépendance et de maintenir dans ses états l'ordre et la tranquillité.

Le Président de la République faisait don à l'Annam de cinq navires à vapeur armés et équipés, de cent canons approvisionnés à deux cents coups par pièce, de mille fusils et de cinquante mille cartouches. En outre, des capitaines de navire, des instructeurs militaires et des professeurs pouvaient être mis à la disposition de l'Annam moyennant une rémunération convenable arrêtée d'un commun accord entre les hautes parties contractantes.

En retour, la Cour de Hué reconnaissait la pleine et entière souveraineté de la France sur les six provinces de Giadinh. La remise du restant de l'indemnité de guerre lui était accordée. Une amnistie générale était publiée en faveur de tous les indigènes qui avaient pris part aux hostilités. Le Roi Thu-Duc accordait aux chrétiens le libre exercice de leur religion.

Le Gouvernement annamite ouvrait au commerce les ports de Qui-Nhon, de Hai-Phong, la ville de Hanoi et le passage par le Fleuve Rouge jusqu'au Yunnam.

Dans chaque port ouvert, la France pouvait placer un consul et une escorte destinée à le faire respecter.

Les Annamites pouvaient accréditer des consuls à Saigon et dans les autres villes françaises.

Une polémique ardente a survécu à ces tragiques événements.

Garnier a été vivement loué et non moins vivement critiqué. Les décisions de M. Philastre ont été blâmées par un grand nombre d'écrivains.

Sans entrer dans la discussion des circonstances secondaires qui ne nous sont connues que d'une manière incomplète, il est de notre devoir de rendre un hommage sincère au courage et au dévouement de Garnier.

Il portait notre drapeau, il avait reçu une mission officielle du Gouverneur de la Cochinchine lorsqu'il a vaillamment combattu pour la France. Il avait su inspirer par son exemple et par ses paroles les sentiments les plus nobles et les plus généreux à ses braves compagnons qui se montrèrent des héros.

Son ardeur excessive, son ambition remuante avaient certainement suscité quelque méfiance aux débuts de sa carrière. Mais son expédition au Tonkin et sa mort glorieuse méritent toute notre admiration.

Comme il l'a dit lui-même : « Ou il ne fallait pas l'envoyer, ou il ne pouvait pas agir autrement. »

Il se montra à la hauteur des événements les plus imprévus et les plus considérables, plus grand et meilleur dans cette mission délicate et avec des responsabilités illimitées, que lorsque, placé en sous-ordre, son esprit entreprenant et son ambition exubérante inquiétaient ses chefs et ses camarades.

C'est à tort que M. Philastre a été considéré comme un camarade jaloux de la gloire de son ami.

Certes, il se montra malavisé en restituant, sans avoir pris des délais et des garanties nécessaires, les citadelles que ses compatriotes venaient de conquérir. Il fallait pouvoir sauvegarder les chrétiens et nos partisans de toutes représailles; il fallait conserver les moyens d'imposer aux autorités annamites l'exécution rigoureuse des clauses contenues dans le traité de 1874. Ce fut un manque de prudence. Ce ne fut pas le premier, ce ne fut pas le dernier dans nos négociations avec les puissances de l'Extrême-Orient !

Philastre, lié avec Garnier, plus âgé que lui, avait puisé dans l'étude de la langue chinoise et de la législation annamite, dans un long séjour en Cochinchine, dans une grande fréquentation des indigènes, des idées très arrêtées sur les affaires de l'Indo-Chine. Il était dominé par des illusions sincères.

On aimait à le consulter, mais ses conseils étaient rarement écoutés et rarement suivis, surtout par Garnier qui le ménageait affectueusement.

Sa mauvaise humeur, lorsqu'il apprit l'occupation de Hanoi, est celle d'un conseiller auquel un élève favori vient de se dérober.

Quel contraste entre les deux amis. Philastre, minutieux, formaliste, accordait quelque confiance aux lettrés, aux mandarins; il croyait à la loyauté du monde officiel de l'Annam. Garnier, au contraire, plein d'imagination, dominé par les entraînements de sa vaste intelligence, écrivait à l'amiral Dupré :

« Un séjour de quatorze années en Cochinchine vous sera, Amiral, une preuve incontestable que le tableau dont je vous fais la peinture n'a rien d'exagéré. » (Gautier, p. 189).

Il y avait passé trois ans, de 1863 à 1866, 5 ans au plus en comptant son séjour sur la division de l'amiral Charner, en Chine et en Cochinchine.

Dans une autre correspondance, il plaçait ces mots dans la bouche de Nguyên-tri-Phuong, lors de leur première entrevue :

« Est-ce que je ne commets aucune erreur quand je me figure avoir eu en Cochinchine plusieurs fois l'honneur de vous voir? »

« Effectivement, répondit M. Garnier, nous avons pu nous rencontrer à l'attaque de Khi-Hoa, et depuis cette époque, je vous tiens en haute estime. » (Gautier, p. 172).

Le maréchal n'était jamais revenu en Cochinchine depuis sa fuite de Khi-Hoa. La phrase qui lui a été attribuée a été certainement mal interprétée.

Malgré les écarts d'un tempérament exceptionnellement ardent, Garnier montra dans cette rapide campagne, une décision, une lucidité, un entrain admirables. Cette expédition fut la période légendaire de la conquête du Tonkin.

Dans les événements qui suivent, les actes de dévouement, de courage et d'abnégation abondent, mais les résultats sont proportionnés aux efforts matériels. On ne voit plus une poignée d'hommes renouveler avec une confiance aveugle des exploits semblables à ceux des Albuquerque, des Pizarre, des Cortès, des Villegagnon.

Une autre question se pose naturellement au sujet de la campagne de Garnier.

S'il n'a pu agir autrement une fois arrivé au Tonkin, on avait donc prévu le conflit qui allait surgir et les suites inévitables de cette pointe audacieuse? C'est très probable et pour compléter les résultats d'une action aussi téméraire, il aurait fallu expédier à Hanoi des renforts suffisants et des instructions très précises, en même temps qu'un négociateur énergique se serait présenté à Hué pour soutenir nos revendications vis-à-vis d'une Cour terrifiée.

Au contraire, M. Philastre, une lettre en fait foi, déplore les événements survenus. On n'a pas suivi ses idées. Il aurait voulu cesser toute participation aux négociations, mais il n'a pas pu refuser à l'Amiral la mission qui lui est donnée. (Gautier, p. 276 et 277).

Au lieu d'accepter les événements accomplis, il les critique et rappelle les impressions des envoyés annamites.

Comme Garnier, il a reçu une mission du Gouverneur de la Colonie et il va l'accomplir de son mieux, selon ses convictions les plus sincères, en agissant dans un sens contraire à la voie suivie par son prédécesseur.

Toute la responsabilité de ce désaccord funeste

remonte au Gouvernement central qui aurait dû imprimer à nos affaires de l'Extrême-Orient une direction intelligente, unique, ferme, éclairée. C'est de là, hélas, que viennent trop souvent les hésitations, les faiblesses et les abandons inexplicables.

L'amiral Dupré, homme d'une haute intelligence, mais connaissant imparfaitement le pays, flottait entre deux opinions bien différentes, toutes les deux représentées auprès de lui par des hommes de valeur. Les amis de M. Garnier et les sollicitations de M. Dupuis réclamaient l'ouverture immédiate du Fleuve Rouge, même à main armée. Ils invoquaient l'intérêt de notre commerce, les jalousies des Anglais, l'hostilité des Chinois et même les prétentions des Espagnols. Il fallait devancer les autres nations au Tonkin.

M. Philastre, au contraire, préférait négocier avec les mandarins. Il croyait à l'avenir de la civilisation annamite et aux paroles des ambassadeurs du roi Thu-Duc.

Probablement en employant simultanément Garnier et Philastre, l'Amiral espérait que la réserve de l'un apporterait un modérateur utile aux ardeurs dangereuses de son collègue.

Si tel fut son calcul, les événements vinrent lui infliger une déception cruelle. Garnier était tombé glorieusement avant l'arrivée de Philastre. Son entreprise sembla condamnée par la France elle-même, et à notre action énergique de la première heure vint succéder inopinément une politique d'effacement et de lassitude.

# CHAPITRE III.

Dispositions du Roi Thu-Duc envers les Français. MM. Rheinart, de Kergaradec et Turc, consuls à Hué et au Tonkin. Avantages et inconvénients du traité de 1874. Efforts du gouvernement annamite pour éluder ses engagements. Tentatives de restauration de la dynastie des Lê. Le commandant Rivière part de Saigon le 26 mars 1882, avec le commandant Chanu pour Hanoi. Conflits, prise de la citadelle le 25 avril 1882. Démarches du marquis Tseng. Propositions de l'amiral Jauréguiberry, ministre de la marine. Négociations de M. Bourée à Pékin. Occupation de Hôn-Gay, 12 mars 1883. Prise de Nam-Dinh, le 26 mars 1883. Les ennemis menacent nos positions à Hanoi. Sortie de Rivière, le 19 mai 1883. Sa mort. Envoi au Tonkin du général Bouët, commandant les troupes, et de l'Amiral Courbet, commandant la division navale des côtes de l'Indo-Chine. Nomination de M. Harmand, commissaire général civil. Ses attributions. Combats à Nam-Dinh, 15 août. Opérations militaires au nord et à l'ouest de Hanoi, août 1883. Mort du Roi Thu-Duc, 27 juillet 1883. Prise de Thuân-An le 20 août. Traité de Hué conclu par M. Harmand, le 25 août 1883 (1874 à 1883).

Le traité de 1874, exécuté rigoureusement, nous aurait donné une action considérable sur l'Annam, sur la direction de sa politique extérieure et sur son organisme intérieur.

Dans le cas d'infractions aux conventions qui liaient la Cour de Hué à la France, nous pouvions, à notre heure, user du droit d'intervention. Les prétextes ne nous ont jamais manqué, car, ainsi qu'on pouvait le prévoir, le roi Thu-Duc rechercha toutes les occasions de trouver des alliés contre nous et de se montrer hostile à nos intérêts.

Il aurait fallu avoir à Hué, à Hanoï et à Hai-Phong des agents capables et dévoués que l'on aurait appuyés vigoureusement afin d'exiger que toutes les démarches, toutes les décisions du gouvernement fussent conformes à la lettre et à l'esprit du traité.

Certainement le rôle politique de notre Résident à Hué était bien méconnu lorsque le Roi, en 1879, se risquait à lui exprimer dans une lettre son espoir de recouvrer ses provinces perdues :

« J'admire la grandeur de la France, je n'ai rien de plus à cœur que de faire profiter mon royaume du bénéfice du savoir acquis dans votre pays et je m'applique à en trouver les moyens. Je n'ai que des intentions loyales vis-à-vis de la France, mais si une ombre douloureuse obscurcit encore nos relations....., cela tient, vous le savez bien, à l'amertume de mes derniers jours.

« Par des causes diverses, dans lesquelles entrent mes fautes, j'ai amoindri l'œuvre de mes ancêtres, et je vois le terme de ma vie approcher sans espoir de réparer le mal. Pourquoi faut-il qu'après avoir contribué à édifier l'œuvre, la France en soit venue à la détruire.....

..... Veuillez me dire votre sentiment, et si vous ne voyez aucune voie qui puisse me faire entrer en possession de ce que j'ai perdu, en effaçant pour jamais de ma mémoire les griefs dont je souffre. » (Bouinais, *L'Indo-Chine contemporaine*, p. 53).

Et pendant ce temps, les menées du Roi avaient créé pour nous une situation pleine de périls.

Dès le 9 février 1875, le commandant Dujardin qui avait succédé au Tonkin à M. Rheinart, constatait que l'autorité annamite cherchait à nous créer des embarras et à retarder notre établissement au-dessus de Hai-Phong. Luu-Vinh-Phuoc, chef des Pavillons noirs, entretenait les relations les plus étroites avec les mandarins annamites, était à leur solde et déclarait qu'il ne laisserait pas les Français remonter au-dessus de Hanoi. (Même ouvr., p. 52, *Livre Jaune, Aff. du Tonkin*, p. 35).

Il est intéressant de rappeler des manœuvres semblables de la Cour annamite à une époque antérieure :

« Le 29 janvier 1868, les ambassadeurs annamites envoyés à Saigon par le Roi Thu-Duc pour modifier le traité de 1862, à la suite de l'occupation de Vinh-Long, proposèrent à M. de la Grandière de faire gouverner les six provinces de Giadinh au nom de la France. Les mandarins se chargeaient de nous faire payer l'impôt que nous fixerions. Nous nous bornerions à laisser quelques postes militaires sur les points que nous désignerions. Ils insistèrent en représentant le chagrin des habitants qui sont comme des fils séparés de leur père, la douleur de la Cour de Hué qui est celle de la mère qui a perdu ses enfants. Le chef de l'ambassade annamite était Trân-Tiên-Thanh, ministre des travaux publics et gouverneur de Hué. L'amiral de la Grandière était assisté du directeur de l'intérieur, M. P. Vial, et des fonctionnaires annamites le Lanh-Binh Tân, le phu Ca, le phu ba Tuong, le phu Loc, le phu Truc, des interprètes, Joannès Liêu, Paul Luong, Paul Hoang. »

*(Notes et Souvenirs).*

Cependant des hommes comme MM. Rheinart, de Kergaradec, Turc, anciens fonctionnaires de Cochinchine, qui remplirent les fonctions consulaires à Hué, à Hanoi et à Hai-Phong, avaient toutes les qualités et toutes les connaissances voulues pour conduire avec habileté, persévérance et énergie l'empire annamite vers un rapprochement sincère, vers une assimilation progressive de nos intérêts et de nos espérances. Il aurait fallu que chacun d'eux fût muni d'instructions larges et libérales, qu'il fût armé d'une grande initiative, qu'il eût en mains cette clef d'or dont les représentants des grandes nations ont besoin quelquefois pour éviter de sanglantes hécatombes (1). Du moment que nous ne voulions porter atteinte ni aux croyances, ni aux intérêts matériels de la population, du moment que nous tenions à maintenir le mandarinat en l'améliorant, il y avait une œuvre de longue haleine à accomplir. Rien ne devait se faire en Annam sans notre assentiment. Luu-Vinh-Phuoc et ses hommes, ou tous autres mercenaires plus ou moins indépendants, devaient être à notre solde plutôt qu'à celle du Roi. Nos agents devaient être les inspirateurs d'un mouvement de transformation inévitable, eussent-ils payé un ou deux millions par an pour affirmer notre influence souveraine.

Cette transformation qui était la conséquence fatale de notre première expédition s'est accomplie et suit son cours; mais elle a été longtemps dirigée contre nous; elle nous a coûté trois cents millions (2) et combien d'hommes !

Ce traité n'était pas sans avantages. Il supprimait les risques d'une expédition qui avait ses côtés hasardeux. Voici les réflexions que nous trouvons à ce propos dans un ouvrage récent :

« La situation dans laquelle l'évacuation du Delta avait placé la France était très défavorable; en outre, le Gouvernement se montrait disposé à considérer ce protectorat projeté sur le Tonkin et même

---

(1) Dans l'Extrême-Orient, notre diplomatie a été souvent au-dessous de sa tâche, bien que son personnel renferme des hommes d'une valeur supérieure. Elle a probablement manqué de directions et de traditions.
Le 3 août 1870, un navire à vapeur anglais déposait au cap Saint-Jacques un employé du consulat prussien de Singapore qui prévint secrètement ses compatriotes de la déclaration de guerre. Les Français ne connurent cette nouvelle que le 5 août, par le transport « la Sarthe ».

(2) Déclaration de M. Jules Ferry à la Chambre, en 1888.

les dernières acquisitions faites en Cochinchine comme des avantages purement négatifs. Il avait admis, chose à peine croyable, la restitution à l'Annam, sous certaines conditions, des trois provinces conquises en 1867. Il fallut donc toute la persévérance de l'amiral Dupré pour obtenir, sinon une solution satisfaisante, ce qui n'était plus possible, du moins un traité s'en rapprochant un peu. » (Lehautcour, *Les expéditions françaises au Tonkin*, p. 126).

Le gouvernement annamite s'était de bonne heure autorisé des termes du traité pour obtenir le concours des forces françaises au Tonkin. Des partisans des Lê, renforcés par d'anciens auxiliaires de Garnier et par des soldats chinois licenciés, occupaient le territoire de Dong-Triêu et avaient même menacé Hai-Phong. Le commandant Dujardin, qui avait succédé en juillet à M. Rheinart, fit appuyer les troupes par les canonnières l'*Espingole*, l'*Aspic* et l'*Antilope* qui bombardèrent la position occupée par les insurgés. Ceux-ci finirent par se disperser. On assure qu'ils avaient demandé l'appui des Français en se soulevant au nom de l'ancienne famille royale de leur pays.

Mais la Cour annamite était résolue à se dérober par tous les moyens aux obligations nouvelles qu'elle venait de contracter. Elle sut déployer une persévérance infatigable pour nous créer des difficultés et pour nous susciter des ennemis.

A Hué, notre résident, malgré son énergie et sa connaissance du pays, avait de la peine à faire respecter ses prérogatives. A Hai-Phong et à Hanoï, nos représentants sont isolés, suspects, en butte à l'inimitié à peine déguisée des autorités indigènes.

Tout Français est un ennemi pour le Roi d'Annam. On lui a donné des navires à vapeur et on lui a prêté des officiers français pour les commander, des mécaniciens pour diriger les machines.

M. Dutreuil de Rheins, chargé de commander le *Scorpion*, raconte les détails de cette mission pénible pendant laquelle il ne peut avoir ni les hommes ni le matériel strictement nécessaires pour assurer la sécurité du bâtiment qui lui est confié. Les Français sont entourés d'espions et de vauriens. Les uns après les autres quittent le service de l'Annam découragés.

Pendant son séjour à Hué, M. Rheinart a fait tous ses efforts pour défendre les intérêts de ses compatriotes. Voici ce qu'écrit M. Dutreuil de Rheins à propos du départ de M. Rheinart, le 6 juillet 1876 (p. 215) :

« M. R. emporte nos regrets à tous et particulièrement les miens. J'éprouvais pour notre résident une respectueuse sympathie, légitimement due à son caractère, à sa courtoisie, à sa conduite à notre égard et aux efforts qu'il fit toujours pour nous protéger contre la malveillance des Annamites; car chaque fois que nous lui portions une plainte et qu'il pouvait s'en occuper sans sortir des limites, bien étroites sans doute, de ses instructions, nous nous apercevions que la plainte avait eu son effet. Puisse-t-il en être de même avec son remplaçant ! »

A la lutte diplomatique engagée résolument par le gouvernement de l'Annam et par tous ses auxiliaires contre les intérêts de la France, nous n'opposons que des démarches contradictoires et des irrésolutions sans nombre. Les tergiversations de nos hommes d'Etat sont divulguées et commentées par les journaux. Les résolutions de nos adversaires sont tenues secrètes. Notre diplomatie semble avoir un bandeau sur les yeux.

Le 6 décembre 1876, notre consul à Hanoi, M. de Kergaradec prévenait du départ d'une ambassade annamite allant en Chine porter le tribut triennal.

Aux termes du traité de 1874 qui constituait pour

nous un protectorat sur l'Annam, nous aurions dû interdire toute action directe entre nos protégés et les gouvernements étrangers. On laissa l'ambassade partir et les ambassadeurs ne se présentèrent même pas au ministre de France à Pékin.

On avait signifié le traité de 1874 à la Chine en lui demandant la reconnaissance de cette nouvelle situation et le rappel des troupes chinoises du Tonkin. On n'avait obtenu que des réponses évasives.

En 1879, le gouvernement annamite cherche à renouer avec Bangkok des relations interrompues depuis 1830. « La Cour siamoise consulta le Gouverneur de la Cochinchine, afin de connaître nos vues, avant de répondre aux avances de l'Annam. Sur la réponse qui lui fut faite, le Roi de Siam envoya, par l'intermédiaire du Gouverneur de la Cochinchine, à Thu-Duc, les cadeaux qu'il lui destinait, en retour de ceux portés à Bangkok par l'ambassade. » (Bouinais, p. 59).

On a vu aussi que les Annamites avaient témoigné des égards tout particuliers aux missionnaires espagnols du Tonkin. Une mission espagnole se rendit à Hué pour conclure un traité de commerce et fut reçue avec de grands honneurs. Le traité fut signé le 27 janvier 1880. Mais c'était du côté de la Chine que nos ennemis portaient toutes leurs espérances.

Profondément imbus des mêmes préjugés que les lettrés chinois, ayant les mêmes croyances, le même sentiment hostile contre les étrangers, les mandarins annamites étaient décidés à se soumettre à la Chine plutôt que de subir l'influence française.

Cette résolution inébranlable du gouvernement annamite qui n'hésitait pas à compromettre son indépendance nationale vis-à-vis des Chinois dans le but de se débarrasser des Français, s'explique par un ensemble d'idées et de sentiments auxquels les disciples de Confucius ont toujours sacrifié toutes les autres considérations.

Dans l'Annam, il y a des usages et des sentiments qui sont les mêmes chez tous les habitants. Les hommes du peuple, comme les lettrés, vénèrent leurs ancêtres, respectent leurs parents et les vieillards. Ils croient à une autre existence plus ou moins heureuse, selon qu'ils auront plus ou moins bien rempli leur devoir en ce monde.

Mais là s'arrêtent les idées communes aux deux grandes fractions de la population annamite.

Le laboureur, le marchand, l'ouvrier a des préjugés et il est superstitieux. Il est dévoué à sa famille et à son village. Il accepte volontiers toute combinaison qui accroît son bien-être, qui ménage ses intérêts, son amour-propre et son ambition. Il est fidèle, généreux, gai, hospitalier. Il entre facilement en relations avec les étrangers.

Le lettré, au contraire, dédaigne les préjugés et les entraînements populaires. Il tient à la domination et ne croit pas que le peuple puisse vivre heureux s'il s'écarte des coutumes qui l'assujettissent étroitement vis-à-vis des dépositaires officiels de la vérité sociale et humanitaire.

Le principe de tout pouvoir, de toute vertu et de toute science est placé entre les mains du Roi qui est le prête-nom des chefs du mandarinat. Ceux-ci usent et abusent du nom et du prestige du souverain. Ils obéissent à leur Maître lorsqu'il est fort. Ils dominent et dirigent le prince lorsqu'il est faible.

Personne ne dira jamais les drames qui se sont passés derrière les murailles du Palais lorsque les souverains mourant de mort naturelle ou de mort violente, leurs successeurs, choisis par des mains habiles, se trouvaient placés dans la terrible alternative du trône ou du poison.

Les malheureux princes qui vivent enfermés dans une enceinte interdite aux profanes, entourés d'esclaves obséquieux, exposés à l'espionnage et à la délation à tous les moments de leur existence, s'étiolent lentement. Leurs seules distractions sont les cérémonies de la Cour, les visites solennelles du Roi aux tombeaux des ancêtres, les grandes fêtes pendant lesquelles le Souverain va rendre un hommage public aux Esprits de la Terre et du Ciel.

Ils ignorent tout de l'extérieur et ils considèrent le peuple comme possédant toutes les conditions de bonheur, lorsque le chef de la famille royale leur a donné publiquement l'exemple des vertus familiales et sociales. Sous des apparences brillantes, leur vie est pleine d'angoisses et de tristesses.

A la Cour, on le dit tout bas : aucun héritier légitime n'est monté sur le trône depuis bien longtemps !

Au Tonkin, les mandarins et les lettrés partagent toutes les passions des fonctionnaires de Hué. L'autorité royale est la leur, ils en abusent volontiers. Le peuple se sent exploité. Il a le souvenir de temps plus heureux où de la vieille capitale, Hanoi, rayonnait sur un pays riche, peuplé, industrieux, une civilisation indépendante et originale. L'espérance d'une situation meilleure est restée au fond des cœurs.

C'est à cet espoir que rien ne saurait éteindre que se rattachent toutes les tentatives de restauration de la dynastie ancienne des Lê. Le dernier héritier reconnu de cette famille, Lê-Chiên-Tong, est mort à Pékin en 1798. (Bouinais, p. 63).

Il existe peut-être des branches collatérales de cette dynastie, mais, jusqu'à ce jour, aucun des prétendants n'a paru être en mesure de justifier de titres sérieux à la couronne.

On cite même l'aventure douloureuse d'un Annamite de la Basse Cochinchine, l'un de nos plus fidèles partisans qui portant le nom de Lê, essaya de se tailler une souveraineté au Tonkin. A un jour donné, vers 1876, il vint avec quelques amis se présenter devant Nam-Dinh pour soulever le peuple. Il comptait sur un envoi de carabines et des munitions qu'il avait commandées à Hong-Kong.

Les armes n'arrivèrent pas, bien qu'elles eûssent été payées. L'infortuné prétendant se retira sans être inquiété après avoir perdu son argent et ses illusions. Voici le récit de cette tentative tel que le donne un journal de Saigon :

« Lê-Ba-Danh, originaire de Nghe-An (Annam), prétendait, en 1875, être d'une famille royale, et empruntait 2000 piastres à un nommé Trân-Kiên-Hô pour aller à Hong-Kong acheter des armes et lever des troupes chinoises afin de se faire proclamer Roi à Hanoi. J'ajoute que cela lui a médiocrement réussi, car, menacé par la cour de Hué d'avoir la tête tranchée, il a pu se sauver à temps d'Hai-Phong où il se trouvait alors, en s'embarquant pendant la nuit à bord d'un courrier anglais allant de Hong-Konk à Saigon. Il est mort, dit-on, de désespoir au village de Tam-Hoi... » (*Saigonnais*, 4 décembre 1887).

En 1878, un mouvement plus sérieux se produisit. Li-Hung-Choi, ancien général de rebelles Taï-Pings, essaya aussi de se créer une principauté au Tonkin en qualité de descendant des anciens Rois. La Cour de Hué, au lieu de faire sérieusement appel à la France, demanda l'appui du Tsong-Li-Yamen, qui le 17 décembre 1878, notifia son intervention à notre ministre, M. Brenier de Montmorand. (Bouinais, p. 75).

Les Chinois entrèrent, malgré nos recommandations, sur le territoire de la province de Lang-Son. Li-Hung-Choi fut pris et décapité. Le Gouvernement chinois décréta que la tête du rebelle serait exposée dans l'Annam.

En 1880, le Roi Thu-Duc avait de nouveau écrit au vice-roi du Kouang-Si qui le traitait sur le pied d'égalité afin de savoir s'il pouvait envoyer l'ambassade habituelle à l'Empereur de Chine. Cette mission fut précédée d'une lettre très humble et très soumise du Roi Thu-Duc à l'Empereur.

Il se mettait sous sa protection dans les termes les plus respectueux et les plus reconnaissants. En même temps, le Marquis Tseng, fonctionnaire chinois en mission à Saint-Pétersbourg, faisait demander par l'intermédiaire de l'ambassadeur français, M. le général Chanzy, quelles étaient les intentions de la France au sujet du Tonkin. M. Barthélemy-Saint-Hilaire répondit qu'il maintenait les termes du traité de 1874.

Ainsi la Chine, sollicitée par la cour de Hué, probablement conseillée par nos rivaux en Orient, venait de prendre ouvertement position contre nous.

On ne saurait trop le répéter. On aurait évité les graves complications qui sont venues, modifier inutilement la marche de notre politique, si le protectorat stipulé par le traité de 1874 avait été exercé avec une rigoureuse exactitude. Ce n'est pas au Tonkin que nous devions exiger l'exécution du traité. C'est à Hué. Dès la première tentative du Roi Thu-Duc pour s'y dérober, dès la première inconvenance commise envers un Français, notre résident aurait dû être autorisé à protester rigoureusement et à exiger des excuses officielles. L'intervention de dix-huit cents hommes aurait facilement réduit la Cour à capituler et jamais les Chinois ni les Pavillons noirs n'auraient essayé de soutenir leurs prétentions aussi loin de leurs frontières.

Les infractions aux stipulations du traité se multipliaient de la part du Gouvernement annamite. En 1880, il rendait un décret interdisant l'introduction des fausses sapèques en Annam sous peine de confiscation des bâtiments et de l'application de la bastonnade aux équipages.

Les autorités de Qui-Nhon défendaient l'embarquement sur le vapeur le *Washi* des ligatures qui représentaient le payement du prêt de ses marchandises.

Puis, c'était un Chinois, sujet anglais, qui allant

faire une réclamation à Hai-Duong, aurait eu la tête tranchée précipitamment par ordre du gouverneur. Des réclamations furent adressées pour obtenir une réparation par l'intermédiaire du consul anglais à Saigon. M. Le Myre de Villers chargea M. Rheinart d'obtenir satisfaction du Comat qui fit d'abord la sourde oreille et essaya de traiter directement avec les autorités anglaises de Hong-Kong, puis avec le Foreign-Office.

« Enfin, pour mettre un terme à la situation, M. de Villers fit saisir 20,000 piastres sur la caisse de la douane et les remit au consul de Saigon. » (Bouinais, p. 81.)

« Dès 1876, la situation devint si difficile dans les ports ouverts que le Gouverneur de la Cochinchine, M. l'amiral Duperré, ne voyait d'autre issue que la conquête ou la retraite. » (Bouinais, p. 87.)

Ainsi des conflits perpétuels, l'intervention possible, à un moment donné, d'une puissance étrangère, tels étaient les seuls résultats de l'attitude que nous avions adoptée.

Le gouverneur de la Cochinchine, M. Le Myre de Villers et le consul de Hué, M. Rheinart, déployaient en vain toute leur énergie pour faire respecter nos droits et pour faire adopter par la Cour de Hué une allure conciliante. Les mandarins étaient résolus à la lutte. Ils comptaient surtout sur le concours de la Chine. Ils aimaient mieux devenir momentanément une province chinoise en conservant leurs titres et leurs privilèges de lettrés que d'avoir à supporter le contrôle d'une puissance européenne.

Ils avaient confiance, non sans raison, dans la haine des Chinois pour les étrangers. N'hésitons pas à le reconnaître, cette hostilité est motivée. En Chine, à côté d'Européens très honorables et très considérés, les Chinois voient un grand nombre d'aventuriers sans foi ni scrupules qui sont loin de représenter dignement notre civilisation.

Par contre, dans les ports ouverts de la Chine, la population indigène comprend beaucoup de pirates et de fripons qui donnent aux Européens la plus déplorable opinion des Fils du Ciel. L'administration chinoise rejette volontiers vers les frontières de l'Empire tous les individus dangereux, l'écume de la nation.

Cependant tous ceux qui ont vécu en Chine savent qu'il y a dans cet immense pays beaucoup de cultivateurs sages et laborieux, beaucoup de négociants honnêtes, beaucoup de familles respectables dont les membres observent fidèlement les lois et les coutumes de leur nation.

Ainsi les Européens et les Chinois ne se connaissent pas par leurs bons côtés, par leurs éléments les meilleurs. Il en résulte que dans leurs rapports quotidiens, ils sont unis seulement par leurs intérêts communs, bien rarement par des sympathies réelles.

En 1882, M. Le Myre de Villers fut autorisé à renforcer les garnisons de Hanoi et de Hai-Phong. Il eut soin d'en informer par écrit le roi Thu-Duc en lui annonçant les périls qu'une attitude hostile envers nos représentants pouvait entraîner :

.................................................

« A Hué même, le représentant de la France est gravement insulté et il faut douze jours et l'intervention de Votre Majesté pour obtenir une réparation à peine suffisante.

« Le chef des pirates chinois Luu-Vinh-Phuoc, empêche M. de Champeaux, consul à Hai-Phong, et M. Fuchs, ingénieur en chef des mines, de continuer leur route et les accable de menaces.

« Le Gouvernement de la République ne saurait accepter une semblable situation et je me vois, à mon grand regret, obligé de prendre des mesures préventives pour sauvegarder la sûreté de nos nationaux.

« Mais je tiens à le répéter à Votre Majesté, la France ne désire pas faire la guerre et nous n'aurons recours à l'emploi des armes que si nous sommes forcés. Nous réglerons notre conduite sur celle de l'administration annamite au Tonkin. » (Extraits de la lettre de M. Le Myre de Villers, Bouinais, p. 97. — *Livre jaune*, p. 226.)

Le ministre de France à Pékin reçut ordre de prévenir que nous allions faire renforcer la garnison de Hanoi afin de chasser les Pavillons noirs et d'assurer la liberté du commerce dans ces parages.

« Les directions envoyées aux chefs de corps leur prescrivaient d'éviter autant que possible, toute cause de conflit avec les indigènes et avec les troupes chinoises cantonnées au Tonkin. »

Ainsi les deux civilisations rivales allaient se trouver en face l'une de l'autre sur le territoire de l'Annam. Il s'agissait moins d'entreprendre une lutte de vive force que de faire prévaloir notre influence par une démonstration pacifique.

Si les mandarins annamites préféraient la protection de la Chine à celle de la France, le peuple du Tonkin semblait avoir des idées et des intérêts bien différents. L'accueil qu'il avait fait à Garnier et à ses compagnons, les démonstrations sympathiques dont nos consuls avaient souvent été l'objet, le dévouement sincère de nos populations de Giadinh, nous donnaient lieu de croire que nous ne manquerions pas de partisans convaincus le jour où nous serions assez résolus et assez habiles pour nous associer aux espérances populaires.

Le Commandant Rivière, Capitaine de vaisseau, fut chargé de commander les forces françaises.

Il partit de Saigon le 25 mars 1882 avec les navires le *Drac* et le *Parseval*. Il emmenait le commandant Chanu, ancien inspecteur des affaires indigènes (actuellement général de brigade), deux compagnies d'infanterie de marine, une section d'artillerie et un détachement de tirailleurs annamites.

Il arriva le 2 avril à Hai-Phong et le 3 à Hanoi où il s'établit sur la concession française. Il y trouva le commandant Berthe de Villers avec deux compagnies d'infanterie de marine.

Dans les instructions données au Commandant Rivière, on trouve les recommandations suivantes :

« C'est politiquement, pacifiquement, administrativement que nous devons étendre et affirmer notre influence au Tonkin et en Annam...

« Vous devez donc n'avoir recours à la force qu'en cas d'absolue nécessité et je compte sur votre prudence pour éviter cette éventualité, peu probable d'ailleurs.

..............................

« Dans le cas peu probable où vous rencontreriez des troupes impériales chinoises, vous éviteriez soigneusement un conflit.

..............................

« Si vous aviez besoin de forces complémentaires, vous m'en feriez la demande et j'y satisferais immédiatement. » (*Affaires du Tonkin*, 1re partie, p. 102).

A Hanoi, le commandant Rivière trouva les Français en relations difficiles, sinon hostiles, avec les autorités annamites.

Le Gouverneur de la Province ne lui rendit pas sa visite d'arrivée.

En voyant débarquer nos troupes, les mandarins convoquèrent les milices et se mirent sur la défensive. La Cour de Hué avait envoyé des négociateurs à Saigon. Il avait été convenu que les mandarins du Tonkin recevraient l'ordre de licencier les contingents et d'entretenir des relations amicales avec le commandant de nos troupes.

« Le courrier royal portant l'ordre de remettre la citadelle en l'état où elle se trouvait auparavant et aux différents gouverneurs de ne rien tenter contre nous arriva trop tard. » (Bouinais, p. 100).

Le 25 avril, Rivière, craignant une surprise, se décida à prendre l'offensive.

Il avait fait venir de Hai-Phong une compagnie de débarquement commandée par MM. Fiaschi, lieutenant de vaisseau, Chapelle et Bladon, enseignes de vaisseau, et une demi-compagnie commandée par M. Montignault, lieutenant. Il avait fait remonter les canonnières la *Fanfare*, la *Surprise*, la *Massue*, la *Caroline*, les canots à vapeur le *Hai-Phong* et le *Cua-Loc*. Le *Drac*, l'*Hamelin* et le *Parseval* restaient en rade de Hai-Phong.

Avant d'ouvrir les hostilités, il envoya un ultimatum au Gouverneur.

Il se plaignait de sa défiance, de son hostilité. Il l'invitait à cesser les travaux de mise en défense de la citadelle, à désarmer ses troupes, et à se rendre à son camp le lendemain matin à 8 heures. Les Français entreraient alors dans la place et la mettraient hors d'état de leur nuire. La forteresse serait ensuite remise aux autorités annamites avec ses logements et ses magasins.

Rivière disposait de 450 soldats d'infanterie de marine, de 13 marins, de 20 tirailleurs annamites, de 6 canons de 4 centimètres et d'un canon de 16 centimètres. (Bouinais, p. 102).

L'attaque devait être dirigée sur la porte Nord. Les troupes se rendirent en face de cette position en longeant le fleuve à l'abri des arbres et des maisons en paillotes.

On n'avait reçu aucune réponse à 8 heures. Le bombardement commença à 8 heures 15, pendant que les troupes se disposaient à l'assaut.

A 10 h. 45 le feu des canonnières cesse.

« La colonne d'assaut se lance sur la courtine Nord-Ouest ; en un instant la crête du rempart est couronnée, soldats et marins se précipitent vers la porte du Nord. Celle-ci est attaquée par les réserves qui ont fait sauter la porte du redan avec un pétard. Les abordeurs du capitaine Martin et du lieutenant de vaisseau Thesmar se sont déjà emparés du Mirador et de la porte où ils ont pratiqué une ouverture avec de la dynamite.

« Les défenseurs de la citadelle sont en fuite laissant 40 morts et une vingtaine de blessés. » (Lehaucourt, p. 218 et 219).

Le bombardement des navires avait été secondé par le tir efficace du canon de 12 de la compagnie Retrouvey, de la batterie de marine de 3 pièces de 4 du lieutenant Deviternes et d'un canon de 4 centimètres traîné par dix marins. Ces pièces, habilement disposées en batterie sur des éminences de terrain, rendirent de grands services. Un des premiers coups avait fait sauter une poudrière.

Voici le récit de l'interprète du commandant Rivière :

« Enfin le 25 avril, le commandant en chef s'était décidé à prendre la citadelle de Hanoi pour détruire les travaux de défense faits par ordre du Tông-Doc Huynh-Diêu, qui étaient dangereux pour nos troupes. Le matin du 25 avril le commandant me chargea de porter au Gouverneur Général l'ultimatum que j'avais fait traduire pendant la nuit en caractères chinois. En arrivant à la porte Est de la citadelle à 6 heures et demie, j'ai trouvé cette porte solidement fermée, les soldats annamites étaient déjà sur les remparts agitant leurs pavillons ; ils étaient très nombreux.

« Pour pouvoir faire parvenir l'ultimatum au Tong-Doc, je me suis approché de la porte et m'adressant au gardien, je lui dis : « M. le gardien, vous

vous levez bien tard aujourd'hui pour ouvrir la porte aux passants. » Le gardien me répondit qu'au contraire il n'avait pas dormi de toute la nuit, et que par conséquent il ne pouvait s'être levé tard. Je demandai : « Qu'est-ce qui vous a empêché de dormir? » Il hésita à répondre. Je dis : « Tenez, voici une dépêche de M. le Commandant en chef pour le Gouverneur, je vous prie de la lui porter, j'attends ici la réponse, j'espère que le Gouverneur fera ouvrir la porte et me fera entrer. » Aussitôt le gardien parti, je retournai à la concession. En arrivant je trouve le Commandant en chef qui m'attend. J'entre au salon pour prendre mon déjeuner par ordre du Commandant. Après mon déjeuner, je sors pour rejoindre le Commandant que je dois accompagner à l'attaque de la citadelle. M. le commandant Chanu, qui était alors Commandant en second, ordonne l'attaque.

« Je vais avec le Commandant en chef qui était escorté par une compagnie de débarquement, commandée par M. le lieutenant de vaisseau Fiaschi. En route le Commandant en chef tire sa montre et dit : Voici l'heure officielle, le bombardement doit commencer à 8 h. 15. Aussitôt dit, la canonnière de premier rang la *Fanfare* fait entendre son canon avec les canonnières la *Massue* et la *Hache*, la canonnière la *Surprise* n'avait pu venir à temps pour prendre part à l'attaque parce qu'elle s'était échouée en route de Hai-Phong à Hanoi. A 10 h. 30, les canonnières cessent de tirer, l'assaut est ordonné par le commandant en chef. En entrant dans la citadelle nous nous sommes rendus à la Pagode royale où se trouvait assis le Tuân-Phu, gouverneur particulier de Hanoi, qui nous demanda si nous avions rencontré le Tòng-Doc Huynh-Diêu. Nous ne savions pas où il se trouvait.

« Le Tòng-Doc avait défendu la porte du Nord jusqu'au dernier moment. A quatre heures du soir, on vint me dire que le Tòng-Doc s'était pendu à un goyavier près de la pagode des mandarins méritants (Miên-Cong-Thàn) et avait été enterré par son domestique.

« Le Commandant m'envoya à la citadelle pour voir si ce qu'on disait était exact. Pour rendre compte au Commandant en chef de la mission qui m'était confiée, j'ordonnai au domestique d'ôter un peu de terre pour que je pûsse voir la figure du Tông-Doc; autour de son cou était encore roulé le turban en crépon bleu qui avait servi à son suicide. Je dis au Commandant ce que j'avais vu. Comme nous ne devions pas garder la citadelle qui avait été désarmée, j'ai fait chercher, par ordre du commandant Rivière, le Quan-An, juge provincial qui était parent du Roi, pour le prévenir que le Commandant voulait rendre la citadelle avec tout ce qui s'y trouvait. Le Quan-An se présenta pour recevoir la citadelle qui lui a été remise dans la même journée... »

Cette remise eut lieu le 27 avril et fut consacrée par une convention datée du 29 avril et mise officiellement à exécution le 1$^{er}$ mai 1882. La garnison de la citadelle ne devait pas dépasser 200 hommes et aucun travail de défense ne pouvait y être entrepris.

La prise de Hanoi ne fit que précipiter le cours des événements.

Les mandarins annamites et leurs alliés chinois voulaient se débarrasser des Français. Les uns et les autres croyaient qu'ils n'auraient en face d'eux que quelques troupes détachées par la Cochinchine au Tonkin. Le voisinage des frontières chinoises leur permettait de mettre en ligne contre nous des forces considérables. Ils ne pouvaient supposer que dans des conditions pareilles, la France osât soutenir une lutte qui leur semblait inégale.

Ils étaient persuadés qu'une nouvelle évacuation

allait succéder à l'initiative hardie prise par le commandant Rivière.

Un envoyé chinois, le marquis Tseng, eut la présomption, dès le 6 mai 1882, cinq jours après l'arrivée à Paris du télégramme qui annonçait les événements, de réclamer par une dépêche au ministère des affaires étrangères que nos troupes fussent rappelées « comme le Gouvernement français l'avait fait loyalement et spontanément en 1873, quand un jeune et intrépide officier, poussé par un excès de zèle, avait pris la même ville, en pleine paix et sans autorisation. »

Il était difficile à la diplomatie chinoise de témoigner plus inconsidérément de son inexpérience des usages. Cette démarche n'obtint aucun résultat et fut le point de départ de relations difficiles, hostiles et invraisemblables.

Cette attitude hautaine et agressive des fonctionnaires chinois est fréquente envers les Européens. Elle ne caractérise nullement les individus de cette nation chez laquelle on rencontre beaucoup d'hommes de grande valeur doués de bon sens et de tact. Elle explique les impressions des Européens établis en Chine pendant toute la durée des hostilités. Alors que les gouvernements de l'occident témoignaient à la France une indifférence jalouse et se montraient bienveillants pour nos adversaires, la plupart de leurs sujets vivant à Shangaï, à Hong-Kong, à Macao et Amoy faisaient des vœux pour le succès de nos armes.

Malgré nos tristes rivalités nationales, tous les représentants de notre civilisation en Extrême-Orient sentent qu'ils sont solidaires les uns des autres en présence de la bureaucratie tyrannique des élèves de Confucius. Les Européens et les Chinois eux-mêmes ont un intérêt majeur à la destruction inévitable et prochaine d'une administration exceptionnellement aveugle, insolente et corrompue. Lorsque cette dernière barrière qui protège encore les abus du vieux monde chinois aura été mise en pièces, le commerce et l'industrie de l'univers entier recevront une impulsion bienfaisante et imprévue. La libre pratique admise entre la Chine et l'Europe produira, dans l'économie générale des nations, un mouvement aussi considérable que si l'on venait à découvrir un nouveau continent égal à l'Amérique.

L'amiral Jauréguiberry, ministre de la marine, soucieux de la défense de nos grands intérêts maritimes, proposait vivement d'appuyer nos injonctions à Hué par une démonstration armée de 6000 hommes. Mais on s'était déterminé à temporiser, à négocier à Pékin et à Hué en envoyant quelques renforts en Cochinchine.

En Chine, notre ministre, M. Bourée, s'était trouvé en désaccord avec son Gouvernement. Il avait accepté de discuter un projet de traité qui reconnaissait la suzeraineté de la cour de Pékin sur l'Annam.

A Hué et même à Saigon, on rejetait sur l'imprudence du Tông-Doc Dièu la responsabilité du conflit dans lequel l'infortuné mandarin avait succombé.

Le gouverneur du Yunnam annonçait dans une proclamation du 30 juin 1882 que l'armée chinoise pénétrait au Tonkin pour poursuivre les bandes des Pavillons noirs.

Plus tard, le ministre des affaires étrangères prévenait M. Rheinart que les troupes chinoises pourraient se rapprocher de nos lignes. Le 8 septembre, un mandarin, envoyé royal à Hanoi, engageait notre Commandant à éviter des complications avec les Chinois.

A la même époque, des rassemblements avaient lieu au Binh-Tuân, sur la frontière de Cochinchine; des appels étaient faits aux anciens rebelles de notre colonie par les soins des consuls annamites de

Saigon et des sociétés secrètes chinoises essayaient de recruter des adhérents contre nous.

Pendant que le commandant Rivière était immobilisé à Hanoi par ordre supérieur, des bandes annamites s'organisaient au Tonkin sous le commandement du mandarin Huynh-Kê-Viêm, plus connu sous le nom de prince Hoang. Il avait son quartier général à Dong-Van, province de Hong-Hoà.

Les Pavillons noirs étaient placés sous la direction de Luu-Vinh-Phuoc, qui avait son quartier général à Bao-Thang sur le bord du Fleuve Rouge. Ils étaient chargés de garder les citadelles de Son-Tây, Tuyên-Quang et Thai-Nguên.

Jusqu'à l'arrivée de Rivière, ils s'étaient préoccupés surtout de nous interdire la circulation par le Fleuve Rouge quoiqu'elle nous fût concédée par notre traité de commerce avec l'Annam et ils prenaient des droits de douane à l'intérieur sur les marchands chinois et annamites.

En même temps des troupes chinoises s'étaient montrées sur divers points du territoire.

Il y avait près d'un an que le commandant Rivière était sur la défensive attendant toujours la solution des incidents diplomatiques qui se succédaient entre Paris, Pékin et Hué. Il reçut enfin des renforts par la *Corrèze*, 750 hommes, et s'empressa d'occuper deux forts de Hai-Phong pour loger ses nouvelles troupes.

Le 12 mars 1883, il fit occuper Hôn-Gày, au fond de la baie d'Along, point important à cause de son voisinage de mines de charbon considérables situées sur le bord de la mer et connues depuis longtemps. On savait que le Gouvernement annamite avait l'intention de les concéder à une compagnie chinoise ou anglaise. La présence d'un établissement étranger dans le port le plus considérable du Golfe du Tonkin aurait pu être le point de départ de conflits dangereux.

Le commandant Rivière, aussitôt qu'il se vit en mesure de sortir de son inaction forcée, se dirigea vers Nam-Dinh où les Annamites élevaient des travaux de défense. Il partit le 23 mars de Hanoi sur dix bâtiments à vapeur et quatre jonques portant ses troupes et son matériel.

La flotille réunie devant Nam-Dinh le 25 mars, comprenait le *Pluvier*, sur lequel il avait mis son pavillon, la *Fanfare*, la *Hache*, le *Yatagan*, la *Carabine*, la *Surprise*, le *Kiang-Nam*, le *Tonquin*, le *Whampoa* et la chaloupe le *Hai-Phong*.

Les troupes débarquèrent aussitôt et s'installèrent dans la ville sans coup férir.

Rivière envoya de suite au Gouverneur une sommation de remettre la citadelle et de se présenter le lendemain matin à huit heures. Le Gouverneur refusa de remettre les forts et déclara n'avoir ordonné aucun essai de barrage.

Le 26, toutes les dispositions furent prises pour l'attaque. La *Surprise* et la *Fanfare* furent embossées au sud de la ville dans le canal, trois autres canonnières se postèrent à l'est avec des troupes de débarquement; la *Surprise* fut chargée de surveiller la campagne.

Le 27 mars 1883, à sept heures du matin, les navires commencèrent le feu sur la citadelle. Les canons annamites ripostèrent vivement et nos colonnes d'attaque eurent à s'avancer pendant cinq cents mètres à découvert, à travers des paillotes et des broussailles en feu, avant de pouvoir tenter l'escalade. M. le lieutenant-colonel Carreau ayant été blessé mortellement dès le commencement de l'action, M. le chef de bataillon Badens dirigea l'attaque. Le redan de l'est fut enlevé vivement; la porte était obstruée par de la terre; elle fut brisée par un pétard de dynamite et les terres, en s'éboulant, facilitèrent l'escalade. On se précipita dans l'enceinte pendant que les défenseurs s'enfuyaient de l'autre côté. Parmi eux étaient quelques Chinois. Nous eûmes deux blessés, outre le colonel Carreau qui succomba le 13 mai.

Quand cette nouvelle parvint à Hué, M. le commandant Rheinart, chargé d'affaires de France, qui pendant son séjour dans la capitale avait été en butte à une hostilité peu dissimulée, s'embarqua pour Saigon le 5 avril. C'était un dernier avertissement donné au roi Thu-Duc.

Ainsi, pour la seconde fois, Nam-Dinh était occupé par les Français. En prenant possession de cette place, ils s'installaient en face de la route de Hué à Hanoi, au centre d'une province considérable, peuplée et commerçante, dans un point relié directement à Hanoi et à Hai-Phong par des routes toujours accessibles. En outre, ils se trouvaient à portée des villages chrétiens les plus importants du Delta. C'est parmi eux que nous avions trouvé nos partisans et nos auxiliaires les plus fidèles. Jamais on ne rendra suffisamment justice au concours et à l'abnégation de nos missionnaires, de nos chrétiens et de leur vénérable chef, Mgr Puginier. Tour à tour appelés par Garnier, abandonnés à la bonne foi des lettrés, puis recherchés pour leurs renseignements et leurs conseils, ils furent fréquemment méconnus et outragés. Lorsque les hostilités cessaient, nos soldats et nos marins revenaient glorieux et fiers de leurs périlleuses campagnes, nos missionnaires restaient au milieu de leurs chrétientés, luttant péniblement contre les persécutions, tantôt sourdes, tantôt ouvertes, dirigées par des bandits qui ne reculaient ni devant l'incendie ni devant l'assassinat.

Pendant plusieurs mois après la mort de Garnier, Mgr Puginier avait vécu dans des barques devant Hanoi, ayant avec lui toutes les ressources de ses chrétiens, environ trois cent mille ligatures en sapèques représentant un poids de près de quatre cents tonnes. Il ne redoutait pas la mort qu'il a si souvent vue en face, mais il tremblait de perdre les moyens d'existence de plus de cent mille Annamites qui lui avaient été confiés. Son courage et sa persévérance furent heureusement couronnés de succès. Il échappa aux pièges de nos ennemis et put soulager une partie des misères que nos fautes avaient attirées sur son fidèle troupeau.

Ainsi la première étape des Français était fatalement Nam-Dinh.

Son-Tay, position militaire importante, était moins accessible pour nous; il commandait une province moins peuplée, moins riche et demandait un effort plus considérable. Bac-Ninh était plus difficile encore à atteindre. Séparée de Hanoi par le canal des Rapides qui est rarement navigable pour nos canonnières, cette place était à la merci des bandes chinoises.

Quand nos ennemis, informés de tous nos mouvements et ils l'ont toujours été, apprirent que Rivière allait à Nam-Dinh avec le gros de ses forces, ils tentèrent une attaque sur Hanoi devant laquelle il ne restait que la canonnière le *Léopard*. La plupart des assaillants provenaient de Bac-Ninh et s'étaient établis depuis quelque temps sur la rive gauche du Fleuve Rouge, dans un camp retranché au milieu des rizières au village de Gia-Lac.

Pendant la nuit du 26 au 27 mars, ils passèrent sur la rive droite et marchèrent sur la citadelle où leur but était de surprendre une compagnie d'infanterie de marine, capitaine Retrouvey, retranchée dans la pagode royale. Cette faible garnison, par son attitude énergique, tint en échec l'attaque des Pavillons noirs et le commandant Berthe de Villers, avec les deux cents hommes campés dans la concession, fit une sortie, mit l'ennemi en déroute et le contraignit à passer sur l'autre rive.

Le lendemain, il les suivait avec deux compagnies et quelques marins du *Léopard*. Soutenue par le feu de cette canonnière, cette faible colonne franchit en tirailleurs les approches du camp retranché; les épaulements, les fossés et les palissades ne purent l'arrêter et les défenseurs, malgré leur feu bien nourri, furent obligés de se retirer en désordre vers Bac-Ninh. Dans ces deux affaires, nous n'eûmes que quelques blessés.

Le commandant Rivière était revenu à Hanoi le 2 avril. Il prit toutes les dispositions voulues pour repousser les nombreuses tentatives de l'ennemi qui continuait ses incursions non seulement sur la rive gauche, avec des bandes venues de Bac-Ninh, mais encore sur la rive droite avec des détachements des Pavillons noirs de Son-Tây.

On évaluait à quatre mille hommes l'effectif des bandes qui avaient attaqué Hanoi le 26 mars; on pouvait s'attendre à avoir bientôt sur les bras des masses plus considérables. Toutes les nuits, des alertes avaient lieu dans les quartiers les plus exposés de la ville; des coups de fusil étaient tirés de temps en temps sur la concession, sur la mission catholique ou sur des maisons particulières. Plusieurs magasins furent pillés. Des femmes et des enfants furent enlevés. La population vivait dans la terreur.

L'ennemi tendait à se concentrer sur Hanoi par grandes masses en partant de Son-Tay et de Bac-Ninh, où il s'était lentement organisé. Rivière demanda des renforts afin de pouvoir le déloger de ces deux postes où se trouvaient non seulement des Annamites et des Pavillons noirs, mais encore des Chinois et quelques Européens, avec des approvisionnements considérables, des armes et des munitions. Il avait rappelé de Nam-Dinh la *Fanfare*, la *Hache*, le *Yatagan* et la *Carabine*.

L'amiral Meyer était à la baie d'Along avec la *Victorieuse* et le *Villars*. Il envoya à Hanoi six compagnies de débarquement comptant un effectif de 300 hommes.

Dans les premiers jours de mai, une reconnaissance faite par les deux canonnières le *Léopard* et la *Carabine* ne put arriver jusqu'à Son-Tay, faute de fonds suffisants. Pendant leurs manœuvres, ces deux navires échangèrent de nombreux coups de fusil avec les Annamites accourus sur les bords du fleuve. Nos adversaires étaient pleins d'audace.

Dans la nuit du 13 mai, quelques centaines de Pavillons noirs attaquèrent la mission et brûlèrent l'Eglise catholique. La mission fut défendue avec l'aide de cinq matelots de la *Fanfare*, commandés par le quartier-maître Juhel. Les Pavillons noirs perdirent une vingtaine de tués et de blessés. Trois de nos Annamites chrétiens furent tués.

Hanoi, le 16 mars 1888.

« Monsieur le rédacteur en chef,

« En 1883, cinq jours avant la mort du commandant Rivière, de fortes bandes de Pavillons noirs et de troupes irrégulières attaquèrent deux fois la mission de Hanoi. La première attaque eut lieu dans la nuit du 12 au 13 mai, et la deuxième dans la nuit du 15 au 16, depuis huit heures et demie du soir jusqu'à onze heures et demie.

« Les Pavillons noirs furent repoussés avec des pertes sérieuses ; mais en se retirant, ils brûlèrent deux tas de bois de la valeur de soixante mille francs, destinés à faire une église. Ils incendièrent aussi la chapelle et la rue de la mission.

« La construction d'une nouvelle église étant devenue urgente, Mgr Puginier se mit à l'œuvre ; mais manquant des fonds nécessaires pour la terminer, il obtint de M. Paul Bert l'autorisation d'ouvrir une loterie.

. . . . . . . . . . . . . . . . . . . . . . . . . . . . . . . .

« LE PAGE, *missionnaire apostolique.* »

(Extrait de l'*Avenir du Tonkin*, du 17 mars 1888).

Plusieurs fois la nuit, des batteries établies sur la rive gauche avaient tiré sur la concession et sur la ville.

Le 15 mai, la compagnie du capitaine Retrouvey, accompagnée de quelques hommes de la *Fanfare* et du *Pluvier*, fit une reconnaissance sur les points où l'ennemi avait tenté de s'établir.

Le 16, les compagnies de la *Victorieuse* et du *Villars* et deux compagnies d'infanterie de marine avec trois canons passèrent encore sur la rive gauche sous les ordres du commandant Berthe de Villers. Cette colonne suivit la route de Gialam à Bac-Ninh jusqu'au canal des Rapides pendant une distance de huit kilomètres, refoulant l'ennemi, détruisant ses logements, lui tuant une centaine d'hommes et lui enlevant quatre canons de fonte.

Dans son dernier rapport, Rivière disait :

« Il y a des Européens parmi les Annamites. Je crois qu'il y a lieu de sortir des difficultés où nous sommes par la prise de Bac-Ninh et de Son-Tây, ce qui sera possible quand les eaux auront monté, mais seulement aussi quand nous aurons des renforts. »

En attendant qu'il pût commencer un mouvement sérieux sur Son-Tây et Bac-Ninh, Rivière voulut dégager les abords de Hanoï, du côté de Son-Tây par la route de Phu-Hoai. C'est de cette direction que les soldats des mandarins, ralliés après l'occupation de Hanoï, étaient venus, après avoir occupé Phu-Hoai, inquiéter Garnier et insulter nos avant-postes. C'est par la même voie qu'ils revenaient encore, suivant une route sinueuse, coupée par des ruisseaux, circulant entre des fossés, des mares profondes, des maisons, des groupes d'arbres et des haies de bambous. Aucun terrain ne pouvait être plus propice à la guerre d'embuscades et de surprises dans laquelle excellaient nos ennemis, très nombreux et presque insaisissables par leur extrême mobilité.

Pour venir à bout des résistances que nous rencontrions alors dans la campagne, il aurait fallu pouvoir opposer des auxiliaires indigènes en nombre suffisant aux masses qui s'éparpillaient autour de nous pour nous harceler, toujours prêtes à se jeter avec ensemble sur nos points faibles. L'Annamite et le Chinois ne craignent pas la mort, ils sont très dociles et très dévoués à leurs chefs. Pour exécuter leurs ordres, ils se portent en avant ou se replient en arrière avec abnégation sans se plaindre et sans discuter. Tantôt armés de lances, de sabres, de bambous et de mauvais fusils, ils se jettent sur des troupes régulières solides, composées de soldats vigoureux, bien armés et bien organisés, et viennent tomber à portée de nos baïonnettes. Tantôt ils se dispersent, effarés, devant quatre ou cinq Européens sans tenter de résistance pour aller se reformer plus loin, après avoir abandonné des positions formidables, quand ils n'ont pas reçu de direction. Avec eux la guerre est toute de surprises et de circonstances imprévues.

L'héroïsme, les coups de force, les brillants faits d'armes ne suffisent pas pour assurer le succès d'une campagne au Tonkin. Celui qui commande doit avoir un solide noyau de troupes régulières autour desquelles doivent graviter des partisans indigènes pris parmi les populations, soigneusement surveillés, bien traités et ménageant les habitants. Avec le concours et les sympathies des indigènes que Garnier, qui avait la pratique des Annamites, avait su acquérir, on peut facilement dominer le Tonkin et l'Annam. Sans les Annamites, du jour au lendemain l'opération la mieux conçue peut se terminer par un désastre, car l'on marche en aveugle au milieu d'une contrée inextricable où de nombreux obstacles naturels et un rayon de soleil peuvent venir à bout des courages les plus éprouvés.

La sortie se composait de deux compagnies d'infanterie de marine, des marins de la *Victorieuse* commandés par le lieutenant de vaisseau Le Pelletier de Ravinières, de ceux du *Villars*, commandés par le lieutenant de vaisseau Sentis, de ceux du *Léopard*, commandés par l'enseigne de vaisseau Lebris, et de trois pièces de campagne commandées par le lieutenant de vaisseau Pissère et l'aspirant Moulun. La colonne était sous les ordres du commandant Berthe de Villers. En tête marchait une compagnie d'infanterie de marine, capitaine Puech, déployée en tirailleurs. Le lieutenant Sentis suivait la digue à gauche de la route pour flanquer la colonne et fouiller le village de Thu-Lê au-delà duquel avait été tué Garnier.

On sortit le 19 mai 1883, à 4 heures du matin. A 6 heures, l'action s'engagea près du pont de Papier, sous lequel passe un petit ruisseau qui court vers le nord avant de se jeter dans le Grand Lac. Le pont fut enlevé par le commandant Berthe de Villers et le capitaine Puech. L'infanterie, puis l'artillerie franchissent le pont. Un détachement est envoyé occuper Tien-Tong sur la droite de la route et trouve cette localité abandonnée; puis nos forces sont reportées vers la gauche sur Yên-Khé, village entouré de bambous et « solidement occupé par les Pavillons noirs qui y avaient du canon. » (Bouinais, p. 119).

Notre artillerie dirige son feu sur Ha-Yên-Khé et sur Trung-Thuong, autre village entouré de bambous, situé le long de la route. Le commandant Rivière, qui était indisposé, était venu en voiture. Il dépasse avec le commandant Berthe de Villers, M. de Marolles, lieutenant de vaisseau, adjoint de division et son Etat-Major, le marché de Can-Giay, situé à trois cents mètres au-delà du pont. La compagnie de la *Victorieuse* est lancée en avant Trung-Tuong et l'aborde résolument en refoulant les Pavillons noirs. A peine ce mouvement est-il dessiné que l'ennemi essaie de déborder notre droite et de nous couper notre ligne de retraite par le pont de Papier.

Un feu écrasant éclate à petite distance du milieu de massifs de bambous serrés et impénétrables. Le commandant Berthe de Villers est mortellement blessé. L'ordre est donné à la compagnie de la *Victorieuse* de se replier sur le centre. L'ennemi la suit dans son mouvement rétrograde et se rapproche de nos hommes en redoublant son feu. Le lieutenant d'Héral de Brisis de l'infanterie de marine est tué, MM. Clerc, officier d'ordonnance, de Marolles, chef d'État-Major, sont blessés. Plusieurs soldats sont tués. Le canon du *Villars* est menacé ; après une décharge de mitraille, le recul fait tomber la pièce de la route dans la rizière. Rivière envoie M. de Marolles organiser la défense du pont de Papier et avec l'aspirant Moulun pousse lui-même aux roues du canon pour le remettre sur la chaussée. Le jeune officier reçoit un coup de feu dans le crâne et tombe mort. « Le Commandant s'affaisse l'épaule brisée, il se relève et retombe. Le capitaine Jacquin de l'infanterie de marine est tué. » (Bouinais p. 119).

Les Chinois se précipitent et coupent la tête du brave et infortuné Rivière. La retraite continua pénible, douloureuse, héroïque. Les derniers soldats et la colonne rentrèrent à la concession à neuf heures et demie du matin suivis à distance par les Pavillons noirs. Nous avions eu 84 hommes hors de combat. Le lieutenant Sentis, l'enseigne de Brisis, l'ingénieur Garnier, le commissaire de la marine Ducorps, le lieutenant de vaisseau Duboc, le lieutenant Marchand étaient blessés. Dans cette sanglante affaire, les deux officiers supérieurs avaient été tués, presque tous les officiers subalternes avaient été mis hors de combat. Le commandant Berthe de Villers put être ramené à Hanoi où il mourut le soir même. 54 blessés avaient été ramenés, mais on avait été obligé d'abandonner 29 morts. Les canons avaient été sauvés.

Une première impression de stupeur succéda à la nouvelle de ce terrible événement dans nos possessions de l'Indo-Chine. Le bruit se répandit qu'une armée chinoise entrait par le Yunnam, une autre par le Quan-Si et que Hanoï et Haï-Phong allaient être attaqués par des masses de quarante à cinquante mille hommes.

Les résidents européens ainsi que les blessés furent transférés à Haï-Phong. On prit toutes les précautions nécessaires pour mettre en bon état de défense la concession dont les abords furent dégagés et la pagode centrale dans la citadelle où une compagnie d'infanterie de marine était casernée.

L'amiral Meyer chargea le commandant Morel-Beaulieu de commander à Hanoï, et le gouverneur de Cochinchine envoya 500 hommes de renfort au Tonkin.

. . . . . . . . . . . . . . . . . . . . . . . . . . . . . . . . . . . . .

« D'après les journaux anglais et chinois, la sortie de nos troupes aurait été annoncée dans tous ses détails au chef des Pavillons noirs par les deux domestiques chinois du commandant Rivière, qui avaient assisté la veille à la conversation du chef de l'expédition avec un certain nombre d'officiers et avaient ainsi appris ses dispositions et ses projets. Un de ces Chinois a été arrêté depuis... »

. . . . . . . . . . . . . . . . . . . . . . . . . . . . . . . . . . . . .

« L'arrivée des renforts de Saigon, l'attente des troupes annoncées de France ont fait taire les appréhensions et les Tonkinois qui, quoiqu'on en dise, ne demandent qu'un peu de sécurité pour venir à nous, ont repris à Hanoï possession de leurs cases à moitié détruites. La crue du fleuve y a aidé, en forçant les Pavillons noirs à s'éloigner de la concession française... »

(Extraits du *Saigonnais*, du 20 juin 1883.)

En France, les Chambres allaient voter un crédit de 5.300.000 francs pour l'envoi de renforts au

Tonkin lorsque la nouvelle de la mort de Rivière parvint à Paris.

En même temps, le Gouvernement désigna un commissaire civil, M. Harmand, qui fut chargé de la direction politique et administrative de l'expédition du Tonkin.

M. le Général Bouët, commandant des troupes à Saigon, fut désigné pour commander le corps expéditionnaire et une divison navale, placée sous les ordres du Contre-Amiral Courbet, fut attachée au Tonkin et rendit toute sa liberté d'action à la division des mers de Chine.

Deux mille homme de renfort reçurent l'ordre de s'embarquer à Toulon. La Nouvelle-Calédonie expédia deux compagnies d'infanterie de marine par le *Cher*.

La nouvelle division du Tonkin se composait des cuirassés le *Bayard*, portant le Pavillon du Contre-Amiral, et l'*Atalante*, du *Château-Renaud*, du *Kersaint*, de l'*Hamelin*, du *Parseval* et du *Drac*.

La mission confiée à M. Harmand était nettement définie. C'était un négociateur autant qu'un administrateur et un organisateur.

Si le rôle des diplomates qui ont assisté à l'expédition de Chine a été forcément secondaire, celui de l'autorité civile qui doit représenter la nation conquérante vis-à-vis d'une population nombreuse et organisée déjà avait une importance exceptionnelle. En rassurant les habitants sur leurs intérêts, en les ralliant dès les premiers jours de la conquête à un régime nouveau, on empêchait les indigènes de rester soumis aux influences hostiles de nos adversaires.

On protégeait aussi contre les désordres inséparables d'une lutte à main armée les biens et les propriétés des particuliers sur lesquels devaient être prélevées dans l'avenir les recettes publiques. A quoi nous aurait servi l'occupation du Tonkin s'il ne devait nous rester entre les mains d'autre gage qu'un champ de bataille dévasté ?

On lit dans ses instructions :

« Le commissaire général civil représente la pensée du gouvernement auprès de l'autorité militaire.

« .... Le commissaire général civil est un négociateur autant qu'un administrateur et un organisateur....

« Il est chargé d'organiser, dans des limites déterminées, notre protectorat au Tonkin, en se bornant tout d'abord aux mesures nécessaires pour assurer le fonctionnement régulier de la vie sociale dans les territoires occupés et le recouvrement des impôts à notre profit.... » (Bouinais, p. 124).

Le général Bouët quitta Saigon sur l'*Ilissus* le 31 mai 1883, arriva le 3 juin à Qusi-Nhon, le 4 à Tourâne et le 7 à Hai-Phong.

Son premier soin fut de prescrire des travaux de défense à Hai-Phong et à Nam-Dinh, d'organiser ses forces et de rassurer les habitants. Il chargea deux officiers expérimentés, M. le capitaine Puech et M. Forestier, de l'administration des territoires de Hanoi et de Hai-Phong.

A Nam-Dinh, le 20 mai, les ennemis avaient eu l'audace de faire mettre à mort un missionnaire, le Père Bechet, et plusieurs chrétiens.

Ils continuèrent pendant le mois de juin à menacer la ville par des rassemblements considérables. Souvent la nuit, ils ouvraient le feu contre la place. Le 26 juin, M. le lieutenant-colonel Badens, dans une première sortie, leur prit 4 canons. Le 14 juillet, après avoir reçu 100 hommes de renfort, il fit une seconde expédition appuyée par la canonnière le *Song-Coi*.

Avec 170 hommes, dont les uns commandés par le lieutenant Onfroy de la Rosière, faisaient une fausse attaque sur le front de l'ennemi retranché à Cau-Gia et dont les autres venaient le surprendre par une autre route, toutes les fortifications furent enlevées brillamment les unes après les autres, par deux colonnes placées sous les ordres du capitaine Lacroix et du lieutenant Goullet. On avait eu affaire à un régiment de Hué et à 5oo muongs armés d'arcs, de flèches et de quelques fusils à mèches sans crosse fabriqués dans leurs montagnes.

Nous eûmes trois tués et neuf blessés dans ce combat. On prit des armes, des approvisionnements et sept canons à l'ennemi qui perdit beaucoup de monde.

Hai-Phong aussi avait été menacé. Le 5 juillet, une bande conduite par un chef annamite, Tam-Trau-Thuyêt, qui se vantait d'avoir servi sous Nguyên-Tri-Phuong à Khi-Hoa, essaya de surprendre les approches de la ville. L'ennemi fut repoussé par nos soldats et nos colons et il se réfugia sur l'autre rive du Cua-Cam.

« Le 3o juillet, M. Harmand eut à Hai-Phong une importante conférence avec le général Bouët et avec l'amiral Courbet. A la suite de cette conférence, le commissaire général s'entendait par le télégraphe, avec M. Thomson, gouverneur de Saigon, pour avoir réunis, le 15 août, dans la baie de Tourane, les contingents que la colonie mettait à sa disposition en vue d'une action, avant le changement de mousson sur Thuan-An... » (Bouinais, p. 135).

Le gouvernement français prenait cette fois l'initiative hardie de régler à Hué même des conflits sans cesse renaissants. Cette résolution tardive et énergique fait grand honneur au Ministre de la marine, M. Brun, et à son chef d'Etat-Major, l'amiral Lespès, qui savait depuis longtemps où il fallait atteindre nos ennemis de la Cochinchine.

M. Harmand pensait aussi qu'il fallait agir sans retard contre Son-Tây où était la principale concentration des Chinois et des Pavillons noirs.

Ce n'est point être indiscret que de rappeler que

des divergences se produisirent entre lui et M. le général Bouët à propos de questions de service.

« Le commissaire général civil qui, dans la région du Delta, avait, d'après ses instructions, au point de vue militaire, les pouvoirs d'un gouverneur de colonie, prit possession de tous les services qui dépendaient de lui en cette qualité, le service administratif, le trésor et les postes, les hôpitaux, la direction d'artillerie et du génie, l'administration et la police des trois centres occupés, et le service des renseignements.

« De son côté, le général Bouët était commandant des troupes. Il y avait dans cette dualité de pouvoirs dans le Delta, une source de graves difficultés, d'embarras tant pour le service civil que pour le commandement militaire..... » (Bouinais, p. 135 et 136).

En fait, aucune règlementation, aucunes instructions, aucunes délimitations de pouvoirs ne sauraient être efficaces quand elles ne sont pas entrées dans les mœurs, dans les usages, quand elles ne sont pas comprises et pratiquées avec un ensemble parfait.

MM. Harmand et Bouët en firent la douloureuse expérience.

Fréquemment dans nos expéditions coloniales, après une opération militaire, tous les pouvoirs continuent à être réunis dans les mêmes mains. Le chef qui a conquis un territoire exerce tous les droits d'une administration provisoire sur la population.

Il est tenté, lorsque l'administration civile vient succéder à son action provisoire, de la considérer comme inutile et d'envisager l'intervention d'un administrateur spécial comme un acte de défiance à son égard.

Tous ses subordonnés finissent par partager ces préventions qui provoquent des difficultés insurmontables lorsque des opérations combinées avec le concours des deux pouvoirs obligent les deux autorités rivales à discuter sur un terrain commun qui n'appartient spécialement à aucune d'elles.

En regard des commandants militaires qui auraient voulu exercer des pouvoirs civils, on a pu critiquer aussi des administrateurs qui avaient des tendances à intervenir dans les questions purement militaires.

La perfection est rare. Dans la circonstance on ne put que reconnaître les efforts consciencieux de deux hommes de la plus haute valeur pour contenir leurs préoccupations rivales dans l'intérêt du pays.

M. Harmand, connaissant déjà le Tonkin et l'organisation des Annamites, se préoccupa de créer des forces indigènes pour la police des centres les plus importants, de recueillir des renseignements sur l'administration et sur les impôts, de renouer toutes les relations politiques qui avaient été brisées par la mort de Garnier. L'œuvre qui se présentait à lui était grande et utile Elle voulait tous les efforts d'un esprit supérieur.

L'administrateur qui se présente isolé, en face d'une population défiante, et qui n'a pas, dès ses premiers actes, un concours empressé de tous ses compatriotes, a besoin de tout son courage, de toute son intelligence pour résister à ces moments d'amertume que l'injustice du vulgaire fait naître dans les âmes les mieux trempées. Dans la circonstance, M. Harmand montra une force d'âme qui lui fit honneur.

Nos ennemis s'attendaient à être attaqués dans la direction de Son-Tây et couvraient les routes qui y conduisent de retranchements formidables. Leur but était de continuer à menacer Hanoi par l'Ouest et par le Nord, tactique suivie déjà contre Garnier et contre Rivière.

Le Général Bouët, quoiqu'on fût dans la saison

des pluies et des orages, voulut les déloger de leurs positions.

Le 15 août, trois colonnes de 500 hommes environ chacune se mirent en mouvement.

L'une, celle de droite, commandée par le colonel Bichot, devait longer le fleuve appuyée par les canonnières.

Les deux autres, commandées, la première, par le commandant Coronat, chef d'Etat-Major, et la seconde par le colonel Révillon, devaient se succéder sur la route de Phu-Hoai.

Ces trois colonnes avaient pour objectif la destruction de toutes les positions de nos adversaires sur la route de Son-Tây.

Elles devaient mutuellement se prêter appui et faire converger leurs efforts sur les principaux centres de résistance.

Des pluies d'orage, la crue du fleuve et une inondation à peu près générale empêchèrent le succès complet des premières opérations.

La colonne de droite atteignit à 7 h. le village de Trenn, détruisit plusieurs barricades et se heurta à un ouvrage qui couvrait le front de la pagode des quatre Colonnes. Elle ne put la tourner à cause de l'inondation des rizières et s'établit le soir dans les bâtiments d'une autre pagode située plus à l'intérieur.

Le lendemain, elle trouva la pagode des quatre Colonnes évacuée et en prit possession. Le même jour, à neuf heures du soir, l'inondation couvrait les terrains et gagnait rapidement. Il y avait un mètre d'eau dans la pagode. Le colonel Bichot ne garda qu'une compagnie et fit embarquer ses troupes sur les canonnières.

La colonne du centre avait trouvé Phu-Hoai évacué par l'ennemi. Elle fut remplacée sur ce point par la colonne Révillon et marcha sur Yên où elle rencontra l'ennemi qui se mit en retraite jusque derrière les digues où il resta en masses menaçantes.

« Le commandant prit position à Noi dans une

pagode qui fut fortifiée et crénelée et dont toutes les avenues furent gardées. A 10 heures tomba une pluie torrentielle qui ne cessa plus de la journée. » (H. Gautier, p. 397).

La colonne Révillon avait marché de Phu-Hoai sur la route de Son-Tày qui était barrée au pont de Riên par une ligne perpendiculaire de talus et de redoutes casematées, munies de canon. Le front était couvert par le ruisseau de Riên et par une plaine inondée. Il était impossible d'enlever ces ouvrages avec une seule colonne, le général donna l'ordre de rétrograder. On se replia lentement emportant morts et blessés.

Dans la nuit du 15 au 16, la digue se rompit au nord du Grand Lac et contribua à diminuer le ruisseau du fleuve.

Une inondation effrayante couvrit la plaine et augmenta les pertes de l'ennemi qui furent évaluées à plus de 1200 hommes. Nous avions eu 81 hommes tués ou blessés.

A cause du temps, aucun engagement décisif ne put avoir lieu, mais une série de luttes meurtrières se succédèrent toute la journée, fatiguèrent nos hommes et découragèrent l'ennemi. Les adversaires de la France prétendirent que nous avions subi un échec, ce n'était qu'un combat infructueux.

Presque au même moment, le 19 août, le lieutenant-colonel Brionval, avec les canonnières le *Yatagan* et la *Carabine*, débarquait trois cents hommes à Hai-Duong et prenait possession de la citadelle abandonnée par les Annamites.

Le 1er et le 2 septembre suivants, le général Bouët fit enlever les positions qui nous avaient résisté le 15 septembre, occupa Palan sur le Fleuve Rouge et attaqua la position correspondante de Phong sur le Dai.

Le commandant Berger commandait cette opération qui dura deux jours. Elle eut lieu par une chaleur accablante, nos soldats manœuvraient sur des chaussées étroites à travers des rizières et des mares pleines de vase ayant quelquefois de l'eau jusqu'à la ceinture.

L'ennemi, évalué à 4000 hommes environ, était bien armé et défendit avec énergie ses lignes qui furent prises l'une après l'autre.

Le principal retranchement fut enlevé à la baïonnette par un élan vigoureux qui mit les défenseurs en déroute.

Ces journées de lutte nous avaient coûté 2 officiers, 15 soldats tués, une quarantaine de blessés. On fit occuper Palan et nous restâmes maîtres de la route de Son-Tây jusqu'au Day.

Le 15 septembre, on apprit le départ du général Bouët pour la France. Il remit le commandement des troupes à M. le colonel Bichot.

Son rôle militaire avait été actif et brillant. Ses dissentiments avec l'autorité civile ne pouvaient que créer des difficultés graves dans un pays où la conquête de la première heure est bien vite oubliée, si elle n'est pas complétée par une organisation sage et logique acceptée des populations.

Pour atteindre ce résultat indispensable, il faut que la prépondérance de l'autorité civile ne puisse être l'objet d'une contestation lorsqu'elle est sagement limitée à la direction des affaires politiques et administratives.

Pendant cet intérim, Monseigneur Puginier apprit que la tête de l'infortuné commandant Rivière était dans une boîte en laque, enterrée sous la route de Son-Tây.

Un peu plus tard on retrouva son corps et les têtes de vingt-sept de ses compagnons d'armes.

« Les obsèques se firent avec une imposante solennité. Ce fut encore Monseigneur Puginier qui officia comme il l'avait fait naguère pour les restes pareillement mutilés de Francis Garnier. » (H. Gautier, p. 403).

Les opérations au Tonkin se trouvèrent suspendues faute d'effectifs suffisants.

Mais à Hué, deux événements graves se succédèrent et vinrent changer notre situation.

Le Roi Thu-Duc était mort le 27 juillet. Ce souverain, dont la vie avait été une longue lutte contre la France, succomba probablement au chagrin que lui causait la ruine de son empire.

Se réfugiant dans une politique d'isolement, il avait vu successivement toutes ses combinaisons échouer misérablement malgré son habileté incontestable. Ses troupes avaient été anéanties à Khi-Hoà. Il avait été assez heureux en 1862 pour se faire rendre, à la suite d'adroites négociations, une partie du territoire qu'il avait perdu. Il avait organisé ensuite une agitation permanente dans notre colonie, et il avait conçu l'espoir de nous la faire évacuer. Quelques encouragements imprudents lui avaient été donnés et il avait pensé, après l'insurrection de Pu-Com-Bô au Cambodge, que la France abandonnerait volontiers un pays où les indigènes semblaient ne pouvoir se rallier à sa domination.

Les imprudences de quelques-uns de ses agents firent connaître la complicité de l'Annam dans les attaques à main armée dirigées contre nous. Une troupe de pirates fugitifs parmi lesquels était un déserteur français, fut arrêtée sur le territoire de Chaudoc. Le fils de Quan-Dinh et les rebelles de Gocong étaient allés dans le nord faire leur jonction avec les partisans de Poucombo. Les trois provinces de l'ouest, centres de toutes ces manœuvres, furent occupées en 1867 par l'amiral de la Grandière et l'agitation cessa immédiatement. Plus tard, d'autres tentatives de révolte furent successivement déjouées et, dans le cours des négociations engagées à Saïgon en 1868, les agents du Roi déclarèrent qu'il leur avait été impossible de contenir les mouvements de fidélité du peuple.

Plus tard, lorsque l'expédition de Garnier porta un nouveau coup au prestige de la Cour de Hué déjà ébranlé par de nombreuses tentatives de révolte au Tonkin, Thu-Duc avait pu espérer qu'avec l'appui de la Chine, il pourrait rétablir son autorité à Hanoi. Des négociations heureuses lui permirent de conclure le traité de 1874 qu'il ne sut pas exécuter plus fidèlement que le traité de 1862.

Il comptait sur les circonstances, sur les irrésolutions de la France; il était encouragé par les polémiques de la presse fidèlement reproduites en Chine.

La nomination de Rivière au Tonkin, la prise de Nam-Dinh et de Hanoi, l'arrivée de nouveaux renforts mirent à néant ses dernières illusions. Il comprit que le Tonkin allait lui échapper, que ses alliés l'abandonneraient et que l'avenir de sa dynastie était compromis.

Plusieurs fois il avait reconnu sa responsabilité dans les malheurs qui frappaient son Royaume. Mourut-il de chagrin ou voulut-il se soustraire à la responsabilité d'un dernier désastre qu'il prévoyait? Fut-il empoisonné comme une royale victime de la raison d'Etat? On ne le saura jamais.

Aujourd'hui, en contemplant la faiblesse et l'inexpérience de ses successeurs, de vieux serviteurs des Nguyên se sont écrié : « Depuis Thu-Duc, nous n'avons plus de Roi! depuis Phan-Tan-Giang et Nguyên-Tri Phuong, nous n'avons plus de ministres dignes de ce nom ! »

Certainement, Thu-Duc savait avant de mourir que le drapeau français allait paraître devant Hué. On avait résolu de frapper nos ennemis à la tête et au cœur.

L'amiral Courbet avait réuni à Tourane l'expédition qui devait attaquer la capitale. Deux mille hommes de troupes venant de Saigon et de Hai-Phong, sur des transports, avaient rejoint la division navale. M. Harmand, commissaire général, était à bord du vaisseau amiral avec un ultimatum et un projet de traité. Il était secondé par M. de Champeaux, administrateur des affaires indigènes en Cochinchine.

Le 16 août, l'Amiral se présenta devant les forts de Thuan-An. Les Annamites ayant refusé la reddition immédiate des forts, il leur fut donné avis que le bombardement commencerait le 18 au soir.

Le bombardement commença à 4 heures du soir. La division française se composait du *Bayard*, du *Château-Renaud*, de l'*Atalante*, du *Drac*, du *Lynx*, de la *Vipère* et du transport l'*Annamite*. Les forts ripostèrent. Quelques coups atteignirent la *Vipère*. Un boulet perça la muraille du *Bayard*, blessant le gabier Perrot. Le bombardement reprit le lendemain matin, mais l'état de la mer ne permit pas le débarquement. « Il eut lieu le 20, sur un point reconnu par le lieutenant de vaisseau Drouin, de l'*Atalante*, et les enseignes Habert et d'Agoult, du *Lynx* et de la *Vipère*. » (Bouinais, p. 146).

Les troupes se composaient des compagnies de débarquement du *Bayard*, de l'*Atalante* et du *Château-Renaud*, de deux compagnies d'infanterie de marine et d'une compagnie de tirailleurs annamites commandées par M. le capitaine Radignet, aide de camp de M. Thomson, gouverneur de la Cochinchine, et de MM. les capitaines Monniot et Sorin, de deux batteries d'artillerie de la marine commandées par M. le capitaine Luce, et de 100 coolies. Ce petit corps expéditionnaire, comprenant 1050 hommes et 15 canons, avait été fourni par la Cochinchine.

Le 20 août, à 5 heures et demie du matin, le feu fut ouvert de nouveau contre les forts. Un quart d'heure plus tard, les premiers détachements commandés par M. Parrayon, capitaine de vaisseau, quittèrent les navires. La plage, balayée par le *Lynx* et la *Vipère*, fut abordée vivement par les marins en tête desquels était l'enseigne de vaisseau Olivieri. Le lieutenant de vaisseau Poidloue, avec la compagnie de l'*Atalante*, enleva d'abord une batterie au pas gymnastique. A huit heures, le débarquement était effectué, l'infanterie de marine poussait une reconnaissance dans le nord-ouest; vers neuf heures, le commandant Parrayon, le capitaine de la Bastide, aide de camp du commissaire civil, MM. Gourdon et Olivieri, officiers du *Bayard,* pénétrèrent les premiers dans le village et le fort principal avec l'aspirant Préaubert, le second maître de manœuvre Cornic, le fusilier Le Taneff, les marins Beveu et Lequémenant, le caporal d'infanterie de marine Payard. A neuf heures cinq, le drapeau français était hissé. Le feu cessait sur toute la ligne.

Un officier, M. de Curzon, lieutenant d'infanterie de marine, et cinq hommes avaient été blessés.

La *Vipère* et le *Lynx* franchirent la barre sous le feu des batteries. Les forts du sud restaient à prendre. Ils furent vivement canonnés; une poudrière du fort des Cocotiers sauta. L'ennemi les abandonna immédiatement et ils furent occupés le 21 au matin.

Les Annamites s'étaient courageusement défendus. Ils avaient fait plusieurs sorties contre les troupes de débarquement et les forts abandonnés furent trouvés pleins de morts.

Le Thuong-Bac, ministre des Relations Extérieures, sollicita immédiatement une suspension d'armes. Elle fut accordée à condition que les forts de Thuan-An à Hué seraient immédiatement désarmés et que l'on nous remettrait le *Scorpion* et le *d'Entrecasteaux* qui avaient été donnés à Thu-Duc en 1874.

M. Harmand et M. de Champeaux se rendirent à Hué sur le *Lynx*. Le 23 août, M. Harmand remit un ultimatum au Gouvernement de Hué, lui rappelant nos griefs et lui indiquant les conditions auxquelles nous consentirions à traiter.

Le 25 août, la paix fut signée, d'une part par M. Harmand, au nom de la France, de l'autre par

Trân-Dinh-Tuc, grand censeur, et Nguyên-Trong-Hiêp, ministre des affaires étrangères, au nom de l'Annam.

Le traité reconnaissait notre protectorat sur l'Annam et le Tonkin et cédait la province du Binh-Tuân à la Cochinchine. La colonie abandonnait en retour 515,538 piastres qu'elle avait avancées pour liquider la dette de l'Annam envers l'Espagne. Nous avions le droit de garder les forts de Thuân-An. Nous devions avoir des résidents à Hué et dans les principaux centres du Tonkin pour y surveiller les actes de l'administration. Nous nous chargions de chasser les Pavillons noirs et de rétablir la libre circulation sur le Fleuve Rouge. La limite du Tonkin était fixée à la chaîne des montagnes Deo-Ngong qui aboutit au cap Vung-Keua. Elle devait être occupée par des Français.

Les douanes du Tonkin devaient être remises entre les mains des Français.

En vertu de cette délimitation, les trois anciennes provinces du Tonkin, de Thanh-Hoa, de Nghe-An et de Hatinh étaient enlevées à l'Annam.

L'exécution pure et simple de ce traité aurait assis notre pouvoir sur des bases inébranlables vis-à-vis des Annamites. Les Chinois, ne comptant plus sur le concours d'une puissance réduite à la partie centrale de l'Annam, auraient probablement renoncé à nous faire la guerre si nous avions alors montré l'énergie, la ténacité politiques qui seules peuvent assurer la réussite des grandes entreprises.

# CHAPITRE IV

M. Harmand retourne au Tonkin et cherche à organiser l'administration. Hostilité de Luu-Vinh-Phuoc et de Hoang-Ke-Viêm. Le 25 octobre 1883, l'amiral Courbet est nommé commandant en chef des forces de terre et de mer. M. Harmand rentre en France en congé, en décembre. Préparatifs de l'expédition de Son-Tây. Effectifs du corps expéditionnaire. Son-Tây est enlevé le 16 décembre. A Hué, les Annamites, comptant sur notre défaite, empoisonnent Hîp-Hoà et le remplacent par Kien-Phuoc. L'ambassadeur en Chine, M. Tricou, se rend à Hué. Le régent Tuong accepte le traité du 25 août 1883. Envoi d'une brigade de renfort. M. le général Millot est nommé commandant en chef et reçoit le service le 12 février 1884. Composition de son état-major. Forces du corps expéditionnaire; leur répartition. Prise de Bac-Ninh, 12 mars 1884. Occupation de Hong-Hoa, 13 avril. Occupation de Tuyên-Quan, 1ᵉʳ juin. Création de 2 régiments de tirailleurs tonkinois. Notre situation militaire. Nouveau traité imposé à l'Annam par M. Patenôtre, 6 juin 1884. Traité du commandant Fournier avec Ly-Hung-Chang, 4 mai 1884. Affaire de Bac-Lê, le 23 juin 1884. Le général Millot rentre en France. Mort du Roi Kien-Phuoc, 13 juillet 1884. Ham-Nghi lui succède (1883-1884).

LE commissaire général M. Harmand avait envoyé le traité en France en demandant une prompte ratification.

Il était retourné le 26 août au Tonkin. Il chercha immédiatement à organiser l'administration, à créer un corps de résidents, à former de bonnes milices afin de ramener le calme et la sécurité parmi les populations. Mais il se heurtait à de nombreuses difficultés. Le gouvernement annamite, sur la demande de M. de Champeaux, avait envoyé des mandarins annamites pour le seconder et l'aider à faire exécuter le traité du 25 août. Mais ces délégués montrèrent peu d'empressement à remplir cette mission. Le prince Hoang-Ké-Viêm, allié du Roi, était toujours établi à Son-Tây appuyé sur des Chinois réguliers et sur les Pavillons noirs de Luu-Vinh-Phuoc. Il refusait d'exécuter les ordres de la Cour. On signalait des troupes régulières chinoises à Son-Tây, à Bac-Ninh et à Hong-Hoa. De nombreuses bandes de rebelles tenaient la campagne, levaient des contributions et commettaient de nombreux désordres.

Le prince Hoang, personnage habile et rusé, peu considéré mais redouté par les Annamites, continuait contre nous la lutte acharnée qu'il avait entreprise de Son-Tây dès les premiers jours de notre apparition au Tonkin.

M. Harmand fit néanmoins une tournée dans le bas Delta avec les commissaires annamites et fit mettre des garnisons à Hung-Yên et à Binh-Dinh, exigeant des gouverneurs des provinces une soumission qui ne fut qu'apparente.

On avait reçu deux compagnies d'infanterie de marine et cent tirailleurs annamites de Saigon, sous les ordres du commandant Bertaux-Levillain. « Avec ces troupes, le commandant Coronat fit une campagne de quatre jours, dispersant les pirates à Thu-Nhi et occupant le phu de Kiên-Thoai. » (Bouinais, p. 163).

On attendait des renforts plus considérables pour commencer des opérations décisives qui seules pouvaient décourager les Chinois d'une intervention à laquelle ils se préparaient activement.

Le 25 octobre, l'amiral Courbet fut nommé commandant en chef des forces de terre et de mer ; il proclama l'état de siège et se rendit à Hanoï avec 600 marins des compagnies de débarquement.

M. Harmand, en présence des modifications apportées à sa situation, avait demandé à rentrer en France en congé. Il fut autorisé à partir le 1ᵉʳ décembre et quitta le Tonkin le 24 décembre, après la prise de Son-Tây. Après son départ, M. Sylvestre, administrateur des affaires indigènes, fut mis à la disposition de l'amiral et fut chargé, sous ses ordres, de la direction des affaires civiles.

Le 12 novembre 1883, des Chinois et des Annamites s'étaient présentés devant la ville de Hai-Duong et l'avaient pillée sans que notre faible garnison pût s'y opposer. Nos troupes occupaient un fort sur le bord du fleuve et un réduit, encore inachevé, dans la citadelle. Le capitaine d'infanterie de marine Bertin commandait le fort, l'adjudant Geschwind était dans le réduit avec 30 hommes et 40 auxiliaires.

Le 17, 3,500 Chinois revinrent malgré l'arrivée de la canonnière la *Carabine*, capitaine Bouet, lieutenant de vaisseau, et tâchèrent d'enlever le réduit, pendant que 2,000 d'entre eux attaquaient le capitaine Bertin.

Pendant un combat de neuf heures, nos deux postes résistèrent vaillamment à ces masses d'assaillants. Le capitaine Bertin tenta une sortie pour aller au secours des hommes du réduit et fut obligé de rentrer dans le fort. L'adjudant Geschwind conduisit la défense avec une énergie et un sang-froid au-dessus de tout éloge. La *Carabine* ayant voulu s'avancer sous un feu violent pour soutenir nos troupes, eut huit hommes blessés sur vingt-deux en quelques instants ; elle fut criblée de projectiles et obligée de filer précipitamment ses deux chaînes.

La canonnière le *Lynx* arriva à toute vapeur au bruit du canon. Son intervention et le feu du fort où le capitaine du génie Tollon et le lieutenant d'artillerie Théry venaient d'installer deux pièces, décidèrent l'ennemi à se retirer en désordre. Nous avions 11 blessés français, 2 blessés et 4 tués tonkinois.

Aussitôt que les renforts attendus de France eurent débarqué, l'amiral se prépara à marcher sur Son-Tây.

La marine comptait déjà 24 compagnies d'infanterie de marine au Tonkin. Elle envoyait un bataillon de fusiliers marins et le département de la Guerre un régiment de marche comprenant deux bataillons de tirailleurs algériens et un bataillon de la légion étrangère. « On peut évaluer à 9,000 hommes les troupes présentes au Tonkin en ce moment. » (Bouinais, p. 168).

M. le général Bichot a parfaitement fait ressortir dans un rapport publié par M. Bouinais (p. 169) les motifs qui avaient fait préférer la marche sur Son-Tây à une attaque contre Bac-Ninh.

« L'amiral Courbet avait frappé à Hué le centre mystérieux de la conspiration annamite qui tramait en permanence des complots sanguinaires contre notre domination.

« Il allait détruire à Son-Tây le principal foyer de l'alliance sino-annamite. »

Ce point était le plus à portée de nos armes, il était le centre de ralliement des Pavillons noirs et des troupes du Yunnam. Une fois Son-Tây enlevé, Bac-Ninh, où les troupes chinoises du Quan-Si se trouvaient isolées de leur point de départ et privées de l'appui de leurs alliés de l'ouest, serait certainement à notre merci.

A Son-Tây résidaient le prince Hoang et Luu-Vinh-Phuoc, nos deux ennemis les plus en vue. Leur défaite devait avoir un grand retentissement au Tonkin et dans tout l'Annam.

La grande figure de l'amiral Courbet venait de se manifester brillamment à Thuân-An par un succès complet dans une opération considérée comme difficile et même dangereuse. Il avait réussi malgré de nombreux contre-temps. Le second jour, il n'avait pas pu débarquer à cause du vent et de la mer, et le quatrième jour ses troupes avaient rencontré une vigoureuse résistance.

Dans la célèbre campagne de Son-Tây, que les Tonkinois racontent encore avec admiration, il surmonta de nombreux obstacles et ne dut le succès final qu'à sa persévérance, à son coup d'œil, à l'excellent esprit qu'il sut inspirer et maintenir chez ses vaillants compagnons.

Pendant une carrière militaire qui fut trop courte, il ne fut jamais le favori de la fortune aveugle dont les caprices imprévus ont fait et brisé tant de réputations militaires. A la bataille de Fou-Chéou, à la sortie de la rivière Min et pendant toute sa campagne de Chine, il se heurta successivement à tous les contre-temps, à tous les retards, à toutes les contrariétés que le destin et la diplomatie pouvaient mettre en travers de ses conceptions.

Silencieux et discret, il modifia continuellement ses plans selon ses ressources et selon les circonstances; il se meut habilement et activement dans le cercle étroit qui lui est tracé, ne laissant rien au hasard, ménageant ses hommes et sauvegardant ses navires avec une minutieuse parcimonie, avec le cœur d'un père de famille.

Ses explications claires et précises, ses instructions très larges à ses capitaines, auxquels il savait donner à l'occasion une très grande latitude, associaient absolument tous ses subordonnés à ses combinaisons prudentes. Là où il n'était pas, ses lieutenants conservaient son esprit, sa décision, sa confiance.

Il a pratiqué, en présence de nos officiers de toutes les armes, les principes militaires les plus sages, les plus raisonnés. Il a fait l'épreuve rigoureuse du nouvel art de la guerre où les combinaisons les plus savantes sont alliées sagement à l'entraînement moral le plus élevé. Dans notre marine et même dans notre armée, cette physionomie froide, austère et cependant affectueuse, laissera des traces profondes. Au moment des luttes suprêmes, nos chefs, nous l'espérons, sauront s'inspirer de ses exemples.

Deux colonnes furent constituées pour l'expédition de Son-Tây.

La première (colonel Blin, commandant le régiment de marche du 19ᵉ corps) comprenait le régiment de marche du 19ᵉ corps d'armée, bataillons Jouneau et Letellier, tirailleurs algériens, et le bataillon Donnier, légion étrangère, auxquels était jointe une compagnie de tirailleurs annamites, le bataillon Roux, du 4ᵉ d'infanterie de marine, 650 auxiliaires tonkinois, commandant Bertaux-Levillain, trois batteries attelées d'artillerie de marine, capitaines Regis, Dupont et Roussel, deux sections du génie, capitaine Dupommier, deux escouades de télégraphistes et une ambulance. Environ 3,500 hommes.

La deuxième colonne se composait : du régiment de marche de l'infanterie de marine, lieutenant-colonel de Maussion, comprenant le bataillon Chevallier, 1ᵉʳ régiment ; le bataillon Dulieu, 2ᵉ régiment ; le bataillon Reygasse, 3ᵉ régiment ; le bataillon de fusiliers marins, capitaine de frégate Laguerre ; deux batteries du 4ᵉ d'artillerie de marine traînées à bras, capitaines Ropert et Perricaud ; une batterie de 65ᵐ/ᵐ d'artillerie de marine, capitaine Dudreuil ; une batterie de 65ᵐ/ᵐ d'artillerie de marine, lieutenant de vaisseau Amelot ; une section du génie, deux escouades de télégraphistes, une ambulance et le convoi. Environ 2,600 hommes. (Bouinais, p. 169 et 170).

Une compagnie de tirailleurs annamites de Cochinchine était adjointe à chaque bataillon d'infanterie de marine, une autre au régiment du 19ᵉ corps.

La flottille se composait du *Pluvier*, de la *Trombe* et de l'*Eclair* portant ensemble 1,500 hommes d'infanterie. Les petites canonnières *Hache*, *Mousqueton*, *Yatagan*, le *Pélican* et l'*Antilope* protégeaient la marche. La *Fanfare*, mouillée au-dessus de Palan, surveillait le fleuve. Un grand nombre de remorqueurs portaient le reste des troupes et le matériel.

Le mardi 11 décembre 1883, la première colonne, sous le commandement du lieutenant-colonel Belin, quitta Hanoi à 6 heures du matin. A 7 heures commença l'embarquement de la seconde colonne, sous les ordres du colonel Bichot, commandant supérieur des troupes, qui embarqua avec l'Amiral sur le *Pluvier*. A 9 heures, la flottille appareillait et défilait sous les regards d'un immense concours de spectateurs agités par les sentiments les plus divers. Les Français frémissaient d'impatience. Les Annamites croyaient que nous allions à notre perte.

A 3 h. 30, le débarquement commença sur la rive droite du fleuve, à 500 mètres au-dessus de l'entrée du Day.

Les troupes aussitôt formées s'avancèrent jusqu'à la grande digue à 3 kilomètres du fleuve. L'Amiral établit son quartier général à portée de la plage, restant en communication avec la flottille.

La journée du 12 fut employée par la colonne de droite en reconnaissances. Elle fut établie en ligne perpendiculaire au fleuve, sur un front de 2 kilomètres environ passant par le village de Xuyên-Van.

L'artillerie, sous les ordres du colonel Révillon, était placée en arrière du quartier général.

La colonne de gauche éprouva de grandes difficultés à traverser le Day. Ce passage occupa toute la journée du 12. « Ce n'est que le 13 à midi que la colonne Belin, arrivant par la grande digue, opéra sa jonction et prit position à l'extrême gauche. » (Bouinais, p. 173).

L'Amiral fit reposer les troupes et le 14 au matin, à 6 heures et demie, les Français se mirent en marche sur deux colonnes. Celle de gauche, colonel Belin, suivait la grande digue intérieure, celle de droite, colonel Bichot, marchait le long du Song-Koi. La flottille suivait parallèlement à petite vitesse.

A 9 h. 30, les têtes de colonne se rejoignaient à la pagode de Thiên-Hoc, où la grande digue vient rejoindre le fleuve. On était en face des premiers postes de l'ennemi.

La citadelle de Son-Tây était un quadrilatère de 300 mètres de côté entouré de murs à la Vauban, couronnés de frises et armés d'une forte artillerie. Elle était entourée de la ville dont l'enceinte fortifiée, hérissée de batteries et de retranchements, devait nous présenter une résistance formidable. Dans le sud-est, en face notre point d'attaque, une ligne de retranchements et de batteries appuyées sur le village de Phu-Sa commandait la campagne et les bords du fleuve.

« L'armement des ouvrages intérieurs de la citadelle se compose de plus de 100 pièces de canon, dont la moitié environ sont de petit calibre et susceptibles d'être déplacés d'une batterie à l'autre. » (Bouinais, p. 177).

Des jonques armées de canons étaient accostées à l'embarcadère.

L'action fut engagée contre Phu-Sa par les bataillons Dulieu, Chevallier et Jouneau, par une batterie de canons de 4 et par les canonnières.

Les défenseurs de Son-Tây firent une sortie sur notre gauche et furent ramenés par une partie du bataillon Dulieu, par le bataillon Reygasse et le bataillon Donnier, appuyés par quelques pièces d'artillerie.

« Pendant toute la journée, ce côté du champ de bataille fut le théâtre d'un combat indécis... l'action principale se poursuivait à Phu-Sa. » (Bouinais, p. 179).

Vers 4 heures, le colonel Blin demande l'autorisation de donner l'assaut. La flottille cesse le feu et les troupes se jettent en avant avec un élan admirable.

Il faut avoir vu la multiplicité des retranchements et des obstacles que les Chinois et les Annamites savent amonceler, pour se rendre compte des valeureux efforts de nos braves soldats. L'ennemi résiste avec une énergie farouche, son feu est meurtrier. Le capitaine Godinet et son adjudant sont tués. Le commandant Jouneau reçoit une balle dans la cuisse, le capitaine Cuny est blessé au bras; le lieutenant Clavet qui le remplace tombe frappé d'une balle quelques instants après.

On est arrêté par une barricade bien défendue. Un incendie allumé par l'ennemi dans les maisons voisines vient encore paralyser nos efforts. On se fortifie à l'angle de Phu-Xa où l'on est parvenu au point de jonction des deux digues et on y amène du canon. Le bataillon Letellier et les marins fusiliers sont chargés de nous protéger contre une surprise du côté de la campagne. La nuit du 14 au 15 est un combat continuel. L'ennemi, exaspéré, multiplie ses attaques et essaie de nous déloger.

A 4 heures du matin, il fait un mouvement offensif sur toute la ligne. Il est encore repoussé. Il évacue les ouvrages de Phu-Sa et se replie dans l'enceinte extérieure de Son-Tày.

« Le 15, vers 7 heures du matin, l'amiral Courbet retourna à Phu-Sa où tout était rentré dans le calme. Il put franchir sans difficulté la terrible barricade contre laquelle s'étaient brisés tant de généreux efforts. Les corps mutilés de plusieurs de nos braves furent retrouvés auprès de la barricade, ainsi que ceux d'un certain nombre de Chinois que l'ennemi avait abandonnés dans sa fuite. » (Bouinais, p. 181).

Dans la journée du 15, le corps expéditionnaire, ayant le bataillon de la légion étrangère en tête, chemina le long de la digue occupant tous les ouvrages qui venaient de nous être si vivement disputés. Sa ligne de bataille débordait le village de Phu-Nhi. La flottille avait suivi le mouvement, les navires de combat un peu en amont.

Dans la matinée du 16, le village de Phu-Nhi fut visité, plusieurs reconnaissances furent effectuées et une sortie de l'ennemi a lieu à l'ouest sur notre droite. Une fausse attaque est dirigée sur la porte nord de la citadelle et notre artillerie canonne les défenses de la porte ouest, objectif de notre principal effort. L'*Éclair* et la *Trombe* exécutent un bombardement lent et méthodique de la citadelle. Les canons Hotchkiss du *Pluvier* et le feu de nos tirailleurs contiennent le mouvement tournant de l'ennemi.

On se rapproche de la place, la légion étrangère en tête. Vers 5 heures, les premières lignes de tirailleurs sont à cent mètres des fossés. Le feu de l'ennemi se ralentit.

Notre artillerie se tait. L'Amiral ordonne de marcher en avant, les clairons sonnent la charge et la légion étrangère, ayant à sa tête le commandant Donnier, s'élance vers la porte murée. Le commandant Laguerre, avec le bataillon des marins, se précipite vers la porte de droite, ainsi que la compagnie Bauche, du bataillon Dulieu.

L'ennemi les reçoit avec un feu intense.

La porte étant murée, la colonne défile entre un fouillis inextricable de bambous et d'obstacles divers. Le capitaine adjudant-major Mehl tombe frappé d'une balle au milieu de ses hommes.

Les marins et l'infanterie de marine traversent les fossés, essaient de déblayer la poterne et d'atteindre les parapets. Après des efforts inouïs, on traverse une dernière haie de bambous. Le soldat Minnaërt, de la légion étrangère, le quartier-maître

Le Guirizec, des fusiliers marins, le caporal Mouriane, de l'infanterie de marine, entrent les premiers dans la place et sont suivis par des masses nombreuses.

La batterie de la porte murée est tournée et envahie. Trois grands étendards noirs ornés de lettres blanches, hissés le matin sur la porte, sont abattus et remplacés par le drapeau français. L'ennemi fuit en désordre vers la citadelle, poursuivi par nos hommes à travers les rues.

A 5 h. 45, l'Amiral et son état-major entrent dans la place. La nuit arrive. On prend toutes les précautions voulues contre un retour offensif et on fait barricader les rues qui conduisent à la citadelle.

Le colonel Bichot fait approvisionner la place de vivres et de munitions. Le commandant Laguerre est nommé commandant supérieur, le lieutenant-colonel de Maussion est chargé, sur sa demande, de le seconder.

« L'Amiral rentre à 8 heures du soir à son quartier général, après avoir vu arriver le premier convoi de vivres et de munitions. » (Bouinais, p. 186).

La nuit se passa dans un calme profond. Au jour on s'aperçut que la citadelle avait été évacuée. Elle fut occupée sans coup férir par le commandant Laguerre et le colonel de Maussion.

A 9 heures du matin, l'Amiral, le colonel Bichot et un nombreux état-major y entrèrent acclamés par les soldats. On apprit que l'ennemi avait fui en désordre aussitôt que la porte ouest avait été enlevée, laissant ses armes, ses canons, ses munitions, ses vivres et un grand nombre de cadavres.

Le manque d'eau empêcha nos canonnières d'aller couper aux fuyards le passage de la Rivière Noire. La plupart se retirèrent du côté de Hong-Hoa.

Les pertes de l'ennemi furent évaluées à 900 tués et autant de blessés.

De notre côté, nous eûmes 68 tués et 249 blessés

le 14, 15 tués et 70 blessés le 16. 4 officiers étaient parmi les tués, 22 parmi les blessés.

L'ennemi, en fuyant, avait abandonné 50 canons de bronze, dont 7 rayés, 39 canons de fonte, 400 kilos de dynamite, des cartouches pour fusils Remington et Winchester et la correspondance de Luu-Vinh-Phuoc avec les Vices-Rois du Yunnam, du Quang-Si et de Canton.

Une bande de Pavillons noirs fugitifs assassina par vengeance trente chrétiens indigènes dans le Laos supérieur, et cinq missionnaires français, MM. Gelot, Rival, Segure, Antoine et Monissol. Le père Hamel, qui était dans la même chrétienté, put se sauver dans les bois. La mission fut incendiée.

A Hué, les Annamites, comptant sur notre défaite, avaient empoisonné l'empereur Hiêp-Hoa, responsable de la signature du traité Harmand. C'était toujours la même politique astucieuse, sinon habile, qui cherche à faire peser sur une personnalité quelconque les conséquences d'un événement malheureux.

Le 2 décembre, les mandarins avaient désigné pour lui succéder Memen, dit Kiên-Phuoc ou Taï-Phu, jeune homme de 15 ans, neveu de Thu-Duc. « M. de Champeaux, notre envoyé, était menacé dans la résidence. » (Bouinais et Paulus, p. 189).

On avait renforcé la garnison de Thuan-An, forte déjà de 700 hommes.

Le 28, l'ambassadeur en Chine, M. Tricou, se rendit à Hué. L'auteur du coup d'Etat, Nguyên-Van-Thuong, ayant appris la chûte de Son-Tây, accepta sans restriction le traité du 25 août 1883. Les fonctionnaires du Nghe-An et du Thanh-Hoa qui avaient persécuté les chrétiens furent punis. M. Tricou, sa mission accomplie, rentra en France.

Au large, le *Parseval* avait brûlé les magasins des pirates aux îles Gow-Tow.

L'amiral Courbet aurait voulu compléter ses opérations par la prise de Hong-Hoa. La baisse des eaux s'opposait à toute tentative contre cette place.

Il dut se borner à faire exécuter des reconnaissances sur les territoires que nous occupions, depuis Son-Tây jusqu'au Dây, dans la province de Hanoï, et à faire poursuivre les pirates dans les cours d'eau et sur les canaux du Delta. Il fit fortifier Hanoï.

Pour occuper toutes les autres places du Tonkin et pour chasser nos ennemis venus de Chine, nos effectifs étaient insuffisants.

Une brigade de renfort fut envoyée de France avec deux batteries d'artillerie, canons de $80^{m/m}$ un détachement pour le service du parc, une compagnie du génie, un détachement du train, des aérostiers et des télégraphistes.

« Le ministre de la guerre qui devait la fournir, voulut que le commandement en chef fût donné à un de ses divisionnaires et désigna le général Millot. » (Bouinais et Paulus, p. 192).

L'amiral Courbet, nommé vice-amiral après le brillant succès de Son-Tây, continua à préparer la marche en avant qui devait être accomplie par son successeur. Il fit faire une reconnaissance des canonnières dans le canal de Bac-Ninh et fit détruire dans plusieurs engagements les forces rebelles annamites qui étaient commandées par l'ancien Dé-Doc (général) de Nam-Dinh.

Le 12 février 1884, il remit le commandement au général Millot et hissa de nouveau son glorieux pavillon sur le *Bayard*. Il devait rendre de nouveaux services et s'illustrer sur ce noble vaisseau. Mais on dit que ce ne fut pas sans regret qu'il se vit obligé d'abandonner un champ de bataille où il avait su nous donner une victoire éclatante en excitant l'enthousiasme et la confiance de tous ceux qui eurent l'honneur de servir sous ses ordres.

Nous trouvons des réflexions pleines d'intérêt

dans le récit de la campagne de l'amiral Courbet, par M. Loir, lieutenant de vaisseau.

Nous les citons ; elles rendent bien les impressions des officiers qui ont pris part à ces campagnes lointaines :

P. 64, Loir. *L'escadre de l'amiral Courbet* :

« Le télégraphe a opéré une révolution dans les usages. Tout ministre a pris l'habitude d'être tenu jour par jour, heure par heure, au courant de ce qui se passe au loin et dirige tout de son cabinet, que ce cabinet soit quai d'Orsay ou rue Royale. Un commandant en chef ne peut plus, même à 3000 lieues de son pays, agir de son propre mouvement sans avoir reçu des ordres de son ministre. »

P. 242 :

« En répandant dans le public des confidences destinées, d'ailleurs, à rester intimes, on a oublié que la vie de bord, faite de privations, de l'exil et des rigueurs de l'isolement donne à certaines appréciations des marins une nuance d'âpreté qu'on ne retrouve pas autre part et qui disparaît, du reste, après l'absence, avec les causes mêmes qui l'ont déterminée. On a, sans le vouloir, porté atteinte à la grande figure de l'Amiral qui aurait dû planer au-dessus des luttes mesquines du vulgaire, comme la plus éclatante personnification du devoir et du patriotisme. »

Personne ne saura jamais quelle fut la volonté du glorieux Amiral sur ce point délicat ; nous croyons que l'exclamation indignée d'un général qu'on arrête au milieu de ses succès renferme un enseignement grave. Il faut savoir l'écouter.

M. le général Millot avait comme chef d'Etat-Major M. le colonel Guerrier, parmi ses aides de camp M. Hautefeuille, ancien compagnon de Garnier, comme commandant de l'artillerie, M. le colonel Révillon de l'artillerie de marine, pour commandant du génie, M. Dupommier, chef de bataillon, comme chef des services administratifs, M. Frogier, commissaire de la marine, à l'intendance militaire, M. de la Grandière, sous-intendant, directeur du service de santé, M. Drioux, médecin principal, remplacé plus tard par M. Rey, médecin en chef de la marine.

M. Silvestre, administrateur des affaires indigènes en Cochinchine, était directeur des affaires civiles.

Le corps expéditionnaire était réparti en deux brigades commandées par MM. les généraux Brière de l'Isle et de Négrier.

Il comprenait un bataillon de fusiliers marins commandé par M. le capitaine de frégate Laguerre et 400 hommes des compagnies de débarquement, commandées par M. de Beaumont, capitaine de frégate.

La flottille, commandée par M. Morel-Beaulieu, capitaine de frégate, qui avait son pavillon sur le *Pluvier*, comprenait la *Fanfare*, capitaine Ortolan, l'*Eclair*, capitaine Thesmar, la *Caroline*, capitaine Bauer, le *Yatagan*, capitaine de Percin, le *Mousqueton*, capitaine Fortin, la *Massue*, capitaine Challier, le *Léopard*, capitaine Ferraud, la *Surprise*, capitaine Juhel, la *Trombe*, capitaine Capetter, la *Hache*, capitaine Manceron.

« Le corps expéditionnaire s'élevait à 470 officiers et 16,000 hommes environ, troupes indigènes comprises. » (Bouinais et Paulus, p. 199).

Certes on ne pouvait réunir un effectif plus imposant, non seulement par le nombre des troupes et par leur excellent armement, mais encore par la valeur toute particulière de leurs chefs.

Plusieurs avaient déjà pris une part glorieuse à nos expéditions lointaines. Tous étaient disposés à s'initier rapidement aux circonstances nouvelles dans lesquelles ils auraient à soutenir l'honneur de la France.

Il ne manquait à l'effort que nous allions faire qu'un seul élément de succès : la direction persévérante dans un but unique, nettement défini.

Le Gouvernement français, reflétant les idées vagues et préconçues d'une opinion publique peu éclairée, voulait d'abord venger la mort de Rivière, en second lieu asseoir notre prépondérance en Annam et au Tonkin dans des conditions indécises, mal déterminées, indiquées d'abord par le traité Harmand, plus tard par d'autres conventions restrictives. Il suivait les idées de ses représentants diplomatiques en Annam et au Tonkin ; et ces agents de la France, dont le programme était continuellement contesté, souvent par les ministres de leur propre pays en Chine, se succédaient avec une rapidité vertigineuse.

Le nouveau dépositaire du pouvoir civil était généralement en désaccord avec son prédécesseur.

Ce qui n'aurait dû jamais changer a été continuellement modifié. On comprend très bien que pendant une expédition, les objectifs de nos efforts changent suivant les circonstances et suivant les mouvements de l'ennemi. Il avait fallu frapper nos adversaires tantôt à Hanoi, tantôt à Nam-Dinh, tantôt à Son-Tày, tantôt à Hué.

On poursuit son ennemi sur tout point où il concentre ses moyens de résistance.

Mais le but politique d'une guerre de conquête est forcément invariable.

On peut s'arrêter en chemin, faire une halte, prendre un détour, l'objectif ne change pas. Il faut arriver à la domination définitive et absolue en faisant le moins de sacrifices possible, en économisant les hommes, l'argent et le temps. On ne peut dire que cette règle ait présidé aux actes de nos gouvernants au Tonkin.

Il aurait fallu avoir auprès du général en chef un diplomate ou un administrateur indépendant, toujours le même, qui fût le dépositaire des volontés du Gouvernement, qui pût dire aussitôt la bataille gagnée : Voilà ce que veut la France ; voilà quelles sont nos exigences vis-à-vis de l'Annam ; voici toutes les concessions que nous pouvons accorder !

M. Harmand y était déjà, que n'a-t-il été maintenu afin que, la lutte étant terminée, il pût rentrer en possession des pouvoirs qui lui avaient été confiés. C'est peu que d'avoir gagné une bataille si l'on n'en recueille toutes les conséquences utiles.

Alors, au lieu de voir la plupart de nos chefs militaires chercher à organiser une administration basée sur le concours continuel des troupes, des administrateurs civils, s'inspirant uniquement des conditions spéciales dans lesquelles vivent les Annamites, se seraient efforcés de reconstituer avec des hommes à nous une hiérachie suffisante pour maintenir les indigènes.

Nos troupes auraient été plus libres, plus disponibles contre les forces ennemies; on aurait pu de bonne heure réduire leurs effectifs et nous aurions pu compter plus vite sur la sympathie, sur la confiance des habitants, car une administration ne s'improvise pas. Les hommes influents ne viennent à elle qu'autant qu'elle leur assure de la considétion, du bien être, qu'elle leur donne des garanties pour l'avenir. Les orientaux s'attachent aux hommes qu'ils connaissent. Garnier, Rivière, Harmand, Courbet n'avaient fait que passer.

Il n'y avait de stabilité au Tonkin et en Annam que pour nos ennemis. Hoang-Ke-Viêm et Luu-Vinh-Phuoc avaient seuls survécu au milieu de toutes ces luttes sanglantes. Le premier est encore un homme important malgré son grand âge. Il est peut-être à cette heure encore le conseiller trop écouté des Français.

« Le général Millot forma ses deux brigades à Hai-Duong et à Hanoi. Dans la première de ces villes, le général de Négrier réunit le régiment de marche d'infanterie de ligne, la légion étrangère et les compagnies de débarquement de la flottille. A Hanoi, le général Brière de l'Isle rassembla l'infanterie de marine, les tirailleurs algériens et les fusiliers-marins. Les tirailleurs annamites furent divisés entre les deux brigades. » (Bouinais et Paulus, p. 200.)

Le colonel Dujardin devait exercer le commandement supérieur de Hanoi, de Batang et des postes de la rive gauche pendant l'expédition de Bac-Ninh.

L'ennemi avait accumulé les défenses sur la route de Hanoi à Bac-Ninh et sur le parcours du Song-Cau, directions dans lesquelles il s'attendait à être attaqué.

Le général Millot, voulant éviter des sacrifices inutiles, se décida à prendre les positions de l'ennemi à revers en concentrant le corps expéditionnaire entre le confluent du canal des Rapides et le Song-Càu afin de faire tomber la place sous l'effort combiné des deux brigades et de la flottille remontant le Song-Càu. » (Bouinais et Paulus, p. 201).

Le 7 mars 1884, commencèrent les opérations contre Bac-Ninh.

La première brigade partant de Hanoi suivit la rive droite du canal des Rapides jusqu'à Xam, en face du marché de Chi, où le Commandant de la flottille, le capitaine de frégate Morel-Beaulieu, avec l'*Eclair*, la *Trombe*, le *Yatagan* et la *Caroline* avait tout préparé pour effectuer le passage.

Ce passage fut opéré le 11 sous les yeux du général commandant en chef. L'opération dura six heures et ne fut pas troublée par l'ennemi qui se retira sur le Trung-Son, hauteur fortifiée qui domine la forteresse de Bac-Ninh.

La seconde brigade était partie par eau de Hai-Duong le 6 et avait débarqué à la montagne des sept Pagodes, au confluent du Song-Caû et du canal des Rapides.

Dans la journée du 8, elle avait, avec l'appui de la flottille, occupé successivement les forts de la rive droite jusqu'au village de Yên-Dinh, situé au sommet d'une boucle du fleuve, au point le plus rapproché du lieu de débarquement de la première brigade, à une distance de dix kilomètres environ.

Le 9 au soir, les deux brigades étaient en communication. En face, l'ennemi occupait une série de positions, sa droite appuyée à la hauteur de Trung-Son, la gauche au Song-Câu, au village de Vac. Entre ce point et le village de Lap-Buoi, situé en face sur la rive droite, un barrage fermait le fleuve.

Trung-Son qui commandait Bac-Ninh était surtout armé du côté de l'ouest, du côté des routes de Bac-Ninh à Haï-Duong et à Hanoi. Luu-Vinh-Phuoc et Hoang-Kê-Vim s'étaient portés sur ce point important.

Le 11, la concentration de l'armée française était un fait accompli.

Le 12, vers 2 heures de l'après-midi, le général fit attaquer Trung-Son par la première brigade. Les villages du pied de la montagne et les premiers sommets furent enlevés avec entrain. On ne laissa pas un instant de répit à l'ennemi. Un bataillon d'infanterie de marine, un bataillon de tirailleurs algériens, le bataillon des marins-fusiliers, les tirailleurs annamites entrent dans les forts et couronnent les crêtes. A 4 heures du soir, l'ennemi est en fuite vers Bac-Ninh. Il nous abandonnait de nombreux cadavres, des munitions et des approvisionnements considérables.

La seconde brigade qui avait commencé son mouvement à 6 h. 30, avait pour mission de concourir avec la flottille pour la destruction des défenses du fleuve, depuis Lap-Buoi jusqu'aux dernières pentes du Trung-Son.

A 11 heures, les premières troupes avaient pénétré dans les positions de Keroi et de Xuam-Hoa. L'ennemi, inquiet de l'attaque sur Trung-Son, se repliait vivement ; les compagnies de débarquement et la flottille faisaient évacuer les défenses des barrages.

Le général, voyant les progrès de la première brigade, poussait ses troupes en avant et occupait à 4 heures le fort de Dap-Cau. C'était le plus important des quatre ouvrages qui couvraient la ligne de retraite de l'ennemi. Les autres furent évacués successivement. Les fuyards disparurent par la route de Thaï-Nguyên. A 5 heures 5o minutes du soir, les Français entraient dans Bac-Ninh et arboraient le drapeau tricolore sur la citadelle.

L'ennemi qui comptait de 25 à 3o,ooo hommes, laissait entre nos mains une centaine de canons, des armes, des munitions et des vivres.

Après la prise de Bac-Ninh, le général de Négrier poursuivit l'ennemi sur la route de Lang-Son et s'empara de plusieurs forts, entre autres de celui de Phu-Lang-Thuong, sur le Thuong-Giang. Il lui prit une batterie de quatre canons Krupp, beaucoup d'armes et de munitions.

En même temps, le général Brière de l'Isle, avec un bataillon d'infanterie de marine, un bataillon de tirailleurs algériens et une compagnie indigène, se dirigeait sur Thaï-Nguyên, après avoir détruit la citadelle de Yên-Thê où il trouva 21 canons de bronze.

Le 19 mars, il entra après un brillant combat dans Thaï-Nguyên. La place fut démantelée. On y trouva 37 canons, des armes et des munitions.

« Il est sans doute regrettable qu'à ce moment, le général en chef n'ait pu autoriser une marche audacieuse sur Lang-Son. Les complications subséquentes ne se seraient peut-être pas produites. » (Bouinais et Paulus, p. 211).

Cette réflexion nous paraît résumer toutes les critiques qui peuvent être adressées à nos gouvernants. Les opérations militaires doivent être dirigées avec indépendance et spontanéité par les généraux auxquels il faudrait laisser le droit de modifier leurs mouvements d'après ceux de l'ennemi, d'après une foule de circonstances imprévues que nul autre qu'eux ne peut apprécier ni prévoir.

A ce moment-là, on s'attendait à une vive résistance à Bac-Ninh, tandis que les habiles dispositions du général Millot, le courage de ses troupes et l'impression laissée dans les esprits par la prise de Son-Tây, amenaient chez nos adversaires une prompte déroute. Si un de nos corps de troupes avait marché rapidement sur Lang-Son, il n'aurait probablement rencontré aucune résistance sérieuse, et les Chinois auraient été assez impressionnés pour renoncer à nous braver ouvertement.

Après ces reconnaissances, on prépara l'expédition de Hong-Hoa « avec l'approbation du ministère. » (Bouinais, p. 211).

Le général Millot fit converger sur Hong-Hoa le corps expéditionnaire comprenant la première brigade commandée par le général Brière de l'Isle, et la deuxième brigade commandée par le général de Négrier. Les opérations devaient être appuyées par une flottille composée des canonnières la *Trombe*, l'*Eclair*, le *Yatagan* et la *Hache*, de six chaloupes et de six remorqueurs à faible tirant d'eau. Comme nous l'avons vu plus haut, c'est le manque d'eau qui avait empêché l'amiral Courbet d'aller déloger l'ennemi de Hung-Hoà. Cette place d'armes est située au-dessus du confluent de la Rivière Noire, sur la rive droite du Fleuve Rouge, à un point où la plupart de nos canonnières ne peuvent remonter pendant une partie de l'année. Elle était fortifiée avec le plus grand soin et soutenue par le voisinage d'une autre citadelle que le prince Hoang avait récemment construite à 14 kilomètres dans le nord-ouest, près de Don-Vang, hors du tir des canonnières. (Gautier, p. 135).

L'expédition s'était rassemblée à Son-Tày le 6 avril. La première colonne franchit la Rivière Noire à Bat-Bac, au sud de la route de Son-Tày à Hong-Hoa. La seconde, avec laquelle marchait le commandant en chef, suivit le bord du Fleuve Rouge.

On eut les plus grandes difficultés à faire traverser la Rivière Noire à notre grosse artillerie. Quatre soldats et plusieurs indigènes auxiliaires furent emportés par le courant. Malgré les efforts de l'ennemi, nos grosses pièces d'artillerie établies à six kilomètres incendièrent la place et détruisirent les ouvrages avancés. Quand nos deux colonnes eurent terminé leur passage, le 11 et le 12 avril, elles ne trouvèrent plus d'ennemis devant elles. (Gautier, p. 436).

L'*Eclair* et la *Trombe*, avec trois canots armés, purent seuls arriver devant Hong-Hoa.

« Le 13 avril, le Général y fit son entrée à midi, sans combat. » (Gautier, p. 436).

Les Pavillons noirs et l'armée chinoise s'étaient retirés précipitamment. Don-Vang fut rasé.

L'artillerie qui, dans cette expédition, rendit les plus grands services, était sous le commandement du colonel Révillon. Elle était partagée en quatre groupes.

Le premier qui opérait avec la brigade Brière de l'Isle, était sous les ordres du chef d'escadron de Douvres. Il comprenait quatre divisions : 1$^{re}$ batterie bis de 4 de montagne, servie par l'artillerie de marine, capitaine Regis ; batterie de 80$^m/^m$ de montagne, capitaine Palle ; batterie de 80$^m/^m$ de montagne, capitaine de Saxcé ; batterie de 80$^m/^m$ de montagne, capitaine Curton, servies par l'artillerie de terre.

Le deuxième était sous les ordres du chef d'escadron Levrard. Il marchait avec la brigade de Négrier et comprenait trois batteries : 2$^e$ batterie de 4 de montagne, capitaine Wintemberger; 6ᵉ batterie bis de 65$^{m/m}$, capitaine Dudraille, servies par l'artillerie de marine; batterie de 65 $^{m/m}$ servie par la marine, lieutenant de vaisseau Amelot.

Le troisième groupe, sous les ordres du chef d'escadron Nortier, comprenait deux batteries :

Une batterie de 80$^{m/m}$ de campagne servie par l'artillerie de terre et commandée par le capitaine Rumeau, de l'artillerie de marine;

Une batterie de 96$^{m/m}$ servie par les marins, capitaine Barry.

Le quatrième groupe, sous les ordres du lieutenant Dunoyer, de l'artillerie de marine, comprenait 23 hommes et 7 jonques chargées de matériel, de pelles, de pioches, d'objets de rechange. Ces jonques remontèrent le Fleuve Rouge.

La place avait été évacuée sous le feu habilement dirigée de notre puissante artillerie, et devant l'approche de la colonne Brière de l'Isle qui menaçait de la prendre à revers et de couper ses communications avec l'intérieur.

Phu-Lan-Ta, refuge de Luu-Vinh-Phuoc et Dong-Van, où s'était retiré Hoang-Ké-Viêm, furent détruits.

Après l'occupation de Hong-Hoâ qui eut un grand retentissement en Chine, les principales opérations militaires semblaient terminées. Des reconnaissances heureuses furent dirigées sur la rive gauche du Fleuve Rouge et amenèrent M. le général Millot à occuper Tuyên-Quan, qui fut abandonné par l'ennemi le 1ᵉʳ juin. Les magasins avaient été évacués, on n'y trouva que quelques vieux canons.

D'autres engagements eurent lieu aux environs de Dong-Triêu où le commandant Dugenne fit essuyer des pertes sanglantes à de nombreuses bandes de pirates.

Le général Millot créa le service topographique, fit ordonner les levés des environs des garnisons; il constitua un conseil de gouvernement où figuraient sous sa présidence, M. le général Brière de l'Isle, M. Silvestre, directeur des affaires civiles, M. le commissaire Frogier, chef des services administratifs. M. le commandant de Lacroix, puis M. le lieutenant de vaisseau Hautefeuille, remplirent les fonctions de secrétaire.

Il ordonna la création de deux régiments de tirailleurs tonkinois. Par décision du 27 avril, les commandements de ces régiments furent confiés à MM. les colonels de Maussion et Brionval.

Il voulut constituer la défense du Delta. Citons ses déclarations devant la commission du Tonkin, en 1885 :

« ... Le Delta peut être comparé à une main dont la paume serait occupée par Hanoï. C'est en effet là qu'aboutissent les rivières les plus importantes, la Rivière Noire, la Rivière Claire, les rivières qui viennent du nord. Par Hanoï, l'on commande toutes ces rivières, c'est-à-dire que l'on ferme tous les débouchés du Yunnam et du Kouang-Si, les routes nécessaires de l'invasion chinoise.

« Nous avons autour de Hanoï un cercle de forteresses. J'ai installé à Hong-Hoa une forte garnison, 400 hommes, et j'en ai fait une citadelle imprenable.

« J'ai mis à Tuyên-Quan 400 Français et une compagnie de Tonkinois. La place, fortifiée d'après le système Vauban, forme un quadrilatère de 300 mètres de face, et a été armée de deux canons-revolvers. La même organisation a été appliquée à tous les points de notre ligne de défense......

« J'ai poussé jusqu'à Tuyên-Quan, parce que ce poste, sur la Rivière Claire, coupe l'une des deux routes de l'invasion chinoise.

« Thaï-Nguyên est dans la même situation sur le Song-Cau supérieur. Au nord de Bac-Ninh, qui est trop avant dans les terres, trop près de Hanoï pour être notre défense frontière, j'ai occupé et fortifié Phu-Lang-Thuong. Seulement cette forteresse a dû être fortifiée de toutes pièces. C'est un petit camp retranché qui entoure un village protégé par trois forts armés de grosses pièces.

« Après Phu-Lang-Thuong vers le sud-est, j'ai construit et armé une forteresse à la jonction du canal des Rapides et du Thaï-Binh.

« Ce point, appelé les six-bras, est de très grande importance parce qu'il commande le débouché de six rivières et qu'il est sur le passage nécessaire de toute invasion étrangère qui ne serait ni chinoise ni annamite. Il est vrai que pareille invasion est plus qu'improbable.

« Plus loin est Dong-Triêu avec un bataillon d'Afrique et enfin Quang-Yên et Haï-Phong, à l'embouchure du Thaï-Binh.

« Du côté de l'ouest, nous sommes tout aussi bien gardés avec Hong-Hoa, Son-Tày, Phu-Ly, Ninh-Binh et Nam-Dinh.

« A travers cet ensemble de forteresses, il est absolument impossible de pénétrer sans courir à une défaite certaine....

« Il faut encore tenir compte de la flottille, qui est un élément de force considérable sur le Day et sur le Thaï-Binh. Notre défense est donc doublement assurée. » (Bouinais et Paulus, p. 230).

Cet exposé indique bien clairement quelles furent les préoccupations de l'éminent général qui commandait alors au Tonkin. Il cherchait à défendre le Delta contre les attaques provenant de l'extérieur au moyen d'un cercle de forteresses détachées qui devaient immobiliser des forces considérables. Quelques-unes de ces forteresses comme Tuyên-Quan, Thai-Nguyên et même Hong-Hoà n'étaient pas d'un ravitaillement facile; les canonnières ne pouvaient en approcher aux basses eaux; les garnisons de ces points pouvaient être bloquées étroitement et mises en péril en nous obligeant à faire un effort considérable pour les dégager.

Il eut été préférable de se borner à occuper les cours d'eau navigables par des postes mobiles et par des canonnières ; à surveiller la Rivière noire par son embouchure seulement et à laisser l'ennemi déboucher dans le Delta s'il se présentait en forces plutôt que de s'exposer à être obligé d'aller livrer bataille à Tuyên-Quan ou sur tout autre point excentrique où nos adversaires auraient intérêt à nous attirer.

Tant que nous serons les maîtres du cours du fleuve, tant que nos canonnières et nos chaloupes à vapeur seront les seuls navires de guerre à naviguer sur les cours du Tonkin, les rivières et les canaux navigables de notre possession nouvelle seront des obstacles infranchissables auxquels toutes nos forteresses doivent être adossées. Les défenses du Delta commencent à Son-Tày et sur les bords du Thai-Binh et elles s'étendent jusqu'à la mer. Les postes fixes étant à portée de nos canonnières pourraient braver sans danger les invasions les plus formidables. Si nos forts d'arrêt sont éloignés des grandes voies navigables, nous éparpillerons loin de nos centres de concentration des effectifs considérables qui, aux moments de danger, pourront être compromis et ne pourront ni secourir notre armée ni en être secourus.

L'armée d'occupation doit être essentiellement mobile, répartie le long des voies de communication les plus faciles et prête à se replier rapidement avec son matériel sur les champs de bataille du Delta.

Là, elle aura toujours sur ses adversaires la supériorité décisive du concours exclusif des forces maritimes. Si elle peut en même temps compter sur le dévouement des populations indigènes sans l'aide desquelles on ne peut que difficilement se mouvoir et se relier à travers les rizières, les marais, les joncs, les fossés, les haies de bambous et les broussailles de cette région si riche et si peuplée, nous pourrons dédaigner les attaques des ennemis les plus formidables.

Mais la défense du pays est intimement liée à son organisation générale. Et pour l'organiser sagement, il faut bien le connaître, il faut le posséder comme son propre pays. Il faut l'aimer, vouloir sa prospérité et celle de tous ceux qui l'habitent.

Il faut avoir vécu longtemps au milieu de ceux qui sont attachés à ce sol fertile, avoir partagé leurs joies, leurs espérances et leurs angoisses ; il faut les avoir entendu maudire les exploiteurs qui les dépouillent sans les connaître, bénir les noms des braves gens qui ont été justes et humains envers eux.

Comment aurait-on pu demander à des administrateurs expédiés au hasard de posséder des connaissances qui ne s'acquièrent que par une longue étude !

Ils tâchaient d'appliquer purement et simplement des principes excellents en Europe, pratiqués en Afrique mais dangereux au Tonkin. Ce n'était pas leur faute, c'était celle d'un gouvernement mobile, aveuglé et irresponsable qui, en changeant continuellement ses représentants en Indo-Chine, semblait rechercher chez eux une seule qualité, l'inexpérience.

Parmi les difficultés auxquelles le général Millot eut à faire face, on signale les menées des grands mandarins annamites excités par le régent Nguyên-Van-Thuong. Des bandes de pirates s'organisaient le long de la rive gauche du Dày, région montagneuse et difficile et venaient menacer les populations catholiques des environs de Nam-Dinh. Plusieurs reconnaissances mirent les pirates en déroute et quelques points furent occupés définitivement, Phu-Nhon-Quan, My-Duc et Phu-Quan-Oai.

C'est à ce moment que deux actes diplomatiques

importants vinrent exercer une influence néfaste sur notre situation.

M. Patenôtre, ambassadeur en Chine, qui retournait à son poste, s'arrêta à Hué pour modifier le traité conclu par M. Harmand. Le 6 juin, un nouveau traité fut imposé à l'Annam. « M. Patenôtre réussit dans sa mission ; toutefois il fallut peser sur la Cour par l'envoi d'un ultimatum. » (Bouinais, p. 273).

Les seuls changements importants qui furent faits à l'ancien traité consistaient dans l'abandon à l'Annam de la province de Binh-Tuân qui avait été annexée à la colonie de Cochinchine et dans l'annulation de l'article qui enlevait à la cour les trois provinces de Thanh-Hoa, Nghe-An et Hatinh pour les réunir au Tonkin, auquel dans les temps anciens, elles avaient appartenu.

Cette concession, accordée à des ennemis irréconciliables au moment même où leur opposition ardente se manifestait aussi bien en Cochinchine qu'en Annam et au Tonkin, ne pouvait que produire un déplorable effet sur les populations intéressées. Nous semblions avoir reculé encore une fois devant les menaces de nos ennemis alors que sans doute, par un mouvement généreux et irréfléchi, le gouvernement français abandonnait les indigènes qui, au Binh-Tuân et dans le Than-Hoà avaient accepté le principe d'un changement de domination.

Au Binh-Tuàn, province pauvre éloignée de Hué et mal administrée, les notables se réjouissaient d'appartenir à la colonie de Cochinchine, à un pays organisé et prospère ; d'être à l'abri des réquisitions auxquelles les avaient assujettis les nombreux pirates et aventuriers que les mandarins y laissaient organiser en secret leurs expéditions contre notre colonie.

Au Nghe-An, à Ha-Tinh et surtout dans le

Thanh-Hoa, les habitants espéraient que, reliés au Tonkin, ils ne seraient plus à la merci des bandes d'envahisseurs qui se réunissaient sur leur territoire et qui au lieu d'aller attaquer les Français, les accablaient d'exactions.

Notre prestige subit une rude atteinte aux yeux des populations à la suite de cet acte de faiblesse. Le traité stipulait nettement le protectorat de la France et « M. Patenôtre exigea d'abord la remise du sceau impérial chinois donné autrefois à Gialong pour enlever aux Annamites la dernière marque de la vassalité de leur pays, vis-à-vis de l'Empire du Milieu » (Bouinais, p. 274).

Cette exigence donna lieu à de vives protestations de la part de Nguyên-Van-Thuong, le régent, qui prétendit même qu'une pareille concession pourrait lui coûter la vie. On finit par tomber d'accord. Le cachet, plaque d'argent doré de 10 à 12 centimètres de côté, pesant 5 kilos 900, fut solennellement fondu en présence des plénipotentiaires, formalité puérile qui ne pouvait compenser les concessions territoriales auxquelles nous avions consenti.

La générosité impardonnable de nos gouvernants n'avait rien changé aux dispositions haineuses des ministres de l'Annam.

M. Rheinart, qui avait assisté M. Patenôtre pendant les négociations, et qui était resté à Hué pour représenter M. le général Millot auprès du Roi, n'avait pu, un mois après la signature du traité, en juillet, obtenir le désaveu officiel des agissements de Hoang-Kê-Viem et de Luu-Vinh-Phuoc.

Des bandes se formaient dans le Binh-Tuân pour marcher contre nous, la Cour faisait faire des travaux de défense à Hué et élevait à Cam-Lo, dans le Quang-Tri, une citadelle afin de pouvoir s'y réfugier et se soustraire à notre action.

Les mandarins qui avaient eu des relations courtoises avec nos fonctionnaires furent disgraciés.

Nguyên-Huu-Do, gouverneur de Hanoi, coupable d'être revenu à son poste et de s'être conformé loyalement aux stipulations du traité, avait reçu l'ordre de s'empoisonner. Voici les réflexions dont ce traité était récemment l'objet à Saigon :

« .... Ce traité parlons-en, ou plutôt, écoutons ce qu'en dit son auteur. M. Harmand déclare que « la seule utilité de nos conventions avec une Cour telle que celle de Hué, qui ignore à peu près complètement les obligations de cette nature, si ce n'est pour les violer dès qu'elle croit en trouver l'occasion, a été de déclarer au monde entier qu'ayant éliminé de l'Annam l'ingérence de toute action étrangère, nous étions maîtres d'y agir absolument suivant notre volonté. »

« Et il ajoute que c'est le seul but qu'il a poursuivi en improvisant ce traité en quelques heures, au mois d'août 1883, et sous les canons des Annamites.

« Malheureusement le traité s'est transformé. Voici ce que dit M. Harmand à ce sujet. C'est à méditer :
« Ce traité, on l'a recopié textuellement ensuite, en se bornant à en faire disparaître les clauses les plus importantes, celles que je destinais à affaiblir l'Annam et à le rendre impuissant, car je savais qu'il ne pouvait employer que pour nous combattre les armes que nous lui laissions, et à affermir, d'autre part, notre situation au Tonkin et en Cochinchine. »

..............................................

« Notre défaut est de manquer de décision et d'esprit de suite. Voyons l'Angleterre. Elle vient de nous donner encore une leçon dans un cas semblable. Elle a voulu occuper la Birmanie supérieure. D'abord elle commet les mêmes fautes que nous et l'insécurité, les massacres, les incendies, la piraterie sont les conséquences de son hésitation. Mais bientôt, connaissant bien les immenses inconvénients politiques et financiers des protectorats, sachant que cette forme de domination ne doit être employée que comme un pis-aller, elle se résout brusquement, le 1ᵉʳ janvier 1886, à déclarer la Birmanie supérieure annexée définitivement à l'Empire de l'Inde. Alors tout s'améliore : l'administration civile est organisée avec une police militaire de 15,000 hommes sous sa direction, pendant que 30,000 soldats combattent l'ennemi et le poursuivent sans merci dans tous ses repaires, soustraits à toute préoccupation en dehors de celles de la guerre.... » (Extrait du *Saigonnais*, du 5 février 1888).

Si au Binh-Tuân, à côté de Saigon, nous avions un foyer d'insurrections et d'intrigues toujours en permanence, à Than-Hoa il s'est toujours préparé sous nos yeux des mouvements insurrectionnels qui, après avoir fait couler beaucoup de sang, ont abouti à l'affaire de Badinh, en janvier 1887.

Ces provinces devaient être enlevées à l'Annam dès la première occasion. C'était une imprudence que de les rétrocéder.

Pour donner une idée des rapports de notre colonie avec la Province de Binh-Tuân, rappelons un souvenir que nous trouvons dans un journal de Saigon.

En 1883, 51 prisonniers s'étaient évadés de Pulo-Condor et s'étaient réfugiés dans la Province de Binh-Tuân.

« M. Granger (administrateur de Baria), secondé d'un sous-lieutenant d'infanterie de marine et accompagné seulement d'un interprète et de quarante miliciens avait été envoyé au Binh-Tuân pour exiger du gouvernement annamite l'extradition de 51 prisonniers évadés de Pulo-Condor. Devant le mauvais vouloir des mandarins de la Province, le Bô-Thong, M. Granger déclara qu'il élisait domicile dans le poste de Trams de Phan-Thiêt jusqu'à ce qu'il fût fait droit à sa réclamation. Le soir il apprit par les hommes dévoués qui l'escortaient que les Chinois de Phan-Thiêt complotaient le massacre du petit corps expéditionnaire. Il manda immédiatement le Bô-Thong, le retint comme otage et lui montrant un revolver lui fit comprendre qu'au moindre mouvement équivoque des Chinois, la Province perdrait son mandarin. A minuit, un coup de canon se fait entendre, M. Granger appuie son revolver sur la tempe du Bô-Thong. Le mandarin explique vite que ce coup de canon a été tiré probablement par un navire en détresse ; néanmoins il envoie un exprès et tout rentre dans l'ordre. Cette attitude résolue sauva la situation et déjoua les difficultés : trois jours après, 36 des prisonniers étaient livrés à la justice française.

« Cette expédition valut à M. Granger la croix de la Légion d'honneur ; mais elle lui coûta la vie.

« La Cochinchine a perdu en lui un de ses meilleurs serviteurs. Elle ne devra pas oublier qu'il laisse une veuve et quatre orphelins. » (Extrait du *Saigonnais*, 24 juin 1886).

C'est le 27 avril 1883 que l'île Bai-Khone a été le théâtre de l'assassinat de deux Français, MM. Cabillie, gardien du pénitencier, et Dulong, employé des Ponts et Chaussées.

Cet îlot qui relève du groupe de Poulo-Condor, est éloigné de cinq milles environ de l'île principale.

On y avait envoyé 162 détenus sous la surveillance d'un gardien et de 20 miliciens pour y préparer l'établissement d'un phare.

A cinq heures du matin, les détenus, au moment où on ouvrait leur prison, se jettent sur les gardiens, les désarment, tuent le Français. Ils se précipitent ensuite vers les deux conducteurs des Ponts-et-Chaussées qui accouraient au bruit.

Après une courageuse défense dans leur maison,

ces deux Français, voyant leur retraite incendiée, font une sortie et se dirigent vers la plage.

L'un, M. Dulong, est tué. L'autre, M. Bidault, est laissé pour mort.

Les principaux coupables s'enfuient dans deux embarcations qui prennent le large et se réfugient au Binh-Tuân.

Les miliciens allumèrent des fusées sur les sommets de la montagne pour appeler du secours. Lorsque l'on vint du pénitencier, les fugitifs étaient déjà aux limites de l'horizon.

Ils arrivèrent le surlendemain à Thuân-Ly après s'être reposés la nuit à la pointe Kega.

Le Phu (préfet), prévenu de leur présence, ne donne pas l'éveil. On les retrouva tous dans la demeure du fameux Boathong. Cet émissaire de la Cour de Hué reçoit avec le plus grand égard la bande de malfaiteurs et s'empresse de leur fournir des vivres. Il décerne des grades de Tong-Binh, de Pho-Tong, Binh et de Quan aux chefs de l'entreprise. Celui qui a porté les premiers coups à nos malheureux compatriotes est nommé capitaine de la troupe.

Lorsque le chef de la colonie s'adressa au gouverneur du Binh-Tuân pour obtenir l'extradition immédiate des misérables qui s'étaient réfugiés dans sa province, il fut répondu qu'ils avaient disparu, sauf deux ou trois.

C'est en s'adressant à la cour de Hué et en les faisant réclamer par M. Granger qu'on arriva à faire livrer entre nos mains tous ces malfaiteurs qui ont été jugés par la cour d'assises de Saigon. (Renseignements extraits du *Saigonnais* du 28 juin 1884).

Cet appui donné continuellement par les agents de Hué aux pirates qui dévastaient notre territoire a toujours été la preuve incontestable que les traités conclus avec l'Annam ne seraient jamais exécutés loyalement, si nous n'étions toujours prêts à les faire respecter.

Au Binh-Tuàn comme autrefois à Chaudoc et à Vinh-Long, les pirates qui venaient de piller et d'assassiner dans nos provinces ont toujours été accueillis comme des enfants et de fidèles serviteurs du Roi.

Ce sont des démonstrations dont on aurait dû tenir compte. Elles ne laissaient aucun doute sur les sentiments de la société officielle annamite, tenace et invariable dans sa haine et dans ses revendications.

Une négociation plus importante avait été poursuivie et menée à bonne fin par M. le commandant Fournier, capitaine de frégate, avec l'autorisation de M. l'amiral Lespés, commandant la station navale en Chine et la haute approbation de M. Jules Ferry, ministre des affaires étrangères.

Soit qu'il y eut à Pékin un parti de la paix, soit que la Cour fût effrayée de nos succès rapides au Tonkin, soit qu'elle voulût simplement gagner du temps, le Vice-Roi du Pe-Tche-Ly, Ly-Hung-Tchang renoua d'anciennes relations, très cordiales avec le commandant Fournier qui commandait le *Volta*, un des croiseurs de la station.

« Les rapports de M. Fournier avec Ly-Hung-Tchang dataient de 1876, époque du conflit russo-chinois. Le Vice-Roi aimait à s'occuper des questions militaires et goûtait fort la clarté et la précision des explications fournies par notre officier de marine qui, pendant une campagne de deux hivers, avait reçu de son puissant ami des confidences fort instructives.

« En 1879, Li-Hung-Chang lui avait offert le grade de grand amiral, le commandement de la flotte du Pe-Tche-Ly et des appointements princiers. Le capitaine Fournier avait refusé et son désintéressement surprit d'autant plus le Vice-Roi que les instructeurs étrangers, recrutés pour l'organisation de l'armée chinoise, ne brillaient pas en général par cette vertu.

M. Fournier accompagna, comme attaché militaire la mission de M. Tricou ; il reconnut que Li-Hung-Chang paraissait disposé à adopter une politique pacifique et il prévint notre ambassadeur de ces dispositions.... » (Bouinais et Paulus, p. 237).

Il était tout naturel que Li-Hung-Chang cherchât à renouer, par l'intermédiaire de M. Fournier, des relations amicales qui étaient singulièrement compromises par les bravades du marquis de Tseng et par les vives réclamations du Gouvernement français. A la suite d'une correspondance dans laquelle M. Fournier donna quelques conseils officieux à son ancien ami, il fut autorisé par l'amiral Lespès à se rendre à Tien-Tsin.

C'est avec l'assentiment du ministre des affaires étrangères que le commandant Fournier poursuivit activement ces négociations purement confidentielles qui ne compromettaient aucune des deux parties et qui pouvaient nous donner la paix. Il en prévint M. de Sémallé, chargé d'affaires par intérim, en lui soumettant le texte de l'arrangement projeté. Dans sa réponse en date du 8 mai, M. de Sémallé lui donnait l'avis suivant :

« ..... Je suis payé pour savoir avec quelle prudence il convient d'agir.

« Dans le grand Conseil qui a été réuni au Palais il y a quelques jours, trente et quelques hauts fonctionnaires se sont prononcés en faveur de la guerre, s'il faut en croire les renseignements que j'ai pu me procurer. Ils avaient déclaré qu'avant de traiter, il était nécessaire de voir si véritablement la disproportion des forces était telle qu'il fût impossible de combattre.

« Les conseils pacifiques auraient prévalu : *mais l'opposition militaire se tiendrait prête à se servir de tout prétexte qu'elle pourrait saisir. Il est utile* que vous connaissiez cette situation. L'ardeur de ces défenseurs trop zélés tomberait, je crois, devant une démonstration militaire un peu imposante.... » (Bouinais et Paulus, p. 242.)

Dès le 7 mai, les deux négociateurs eurent une entrevue et semblèrent animés d'un même désir de conclure promptement un arrangement honorable pour les deux puissances. Tous les deux redoutaient les manœuvres des partisans de la guerre ; M. Fournier faisait habilement valoir les avantages que la Chine retirerait d'un traité qui lui permettrait de reporter toutes ses forces du côté de la Corée où des complications menaçantes allaient se produire.

Il fut convenu que la Chine retirerait ses garnisons du Tonkin et reconnaîtrait la validité des traités directement conclus ou à intervenir entre la France et l'Annam. C'était l'abandon de ses prétentions à la suzeraineté sur le Tonkin. Par contre, M. Fournier abandonnerait les prétentions de la France à une indemnité de guerre en raison de l'attitude conciliante du gouvernement chinois et de la sagesse patriotique de S. E. Li-Hung-Chang.

Le 7 mai, ce projet de convention fut transmis à l'amiral Lespès, qui devait signer le traité lorsque le gouvernement français l'aurait autorisé. Mais l'Amiral ne pouvait être à Tien-Tsin avant le 17 mai et le gouvernement chinois hésitait à donner son approbation. Pour éviter tout retard inutile, des pleins pouvoirs furent adressés directement à M. Fournier qui allait remettre, le 10, un ultimatum au Vice-Roi lorsque l'approbation de la Cour de Pékin arriva à Tien-Tsin. « Le traité fut signé le 11 mai 1884, à 5 heures du soir. » (Bouinais et Paulus, p. 250).

Il fut en outre convenu par une note spéciale que les places fortes du Tonkin, voisines du Quang-Si et du Quang-Ton, Lang-Son, Cao-Bang, That-Kê, seraient évacuées à dater du 6 juin, et que celles de la frontière du Yunnam seraient évacuées à partir du 26 juin.

Se conformant aux ordres du ministre, le commandant Fournier informa M. le général Millot de ces conventions, et termina sa dépêche par cette phrase :

« J'ai notifié au Vice-Roi que, ces délais expirés, vous procèderiez sommairement à l'expulsion des garnisons chinoises attardées sur le territoire du Tonkin. » (Bouinais, p. 250).

Li-Hung-Chang et le gouvernement chinois connaissaient ces faits et les dates fixées d'un commun accord. L'amiral Lespès était arrivé sur ces entrefaites à Tien-Tsin et avait échangé des visites cordiales avec le Vice-Roi; il alla même jusqu'à Pékin où il vit les ministres chinois.

Tout paraissait devoir aboutir à la paix; des fêtes furent données au Tsong-Li-Yamen et le président de ce corps, le prince Y-Kouang, rendit à l'amiral Lespès le dîner qu'il avait accepté à la légation de France. » (Bouinais et Paulus, p. 250 et 251).

Le traité de Tien-Tsin fut annoncé aux troupes du Tonkin le 15 mai 1884 par un ordre du jour.

Le général Millot renvoya immédiatement en Cochinchine les tirailleurs annamites et quelques jours après, les fusiliers marins commandés par M. Laguerre, capitaine de frégate, s'embarquèrent pour Madagascar.

Le 19 juin, le général Millot avait fait réunir à Phu-Lang-Thuong la colonne qui devait occuper Lang-Son, That-Kê et Cao-Bang.

Elle comprenait un bataillon d'infanterie de marine dont l'effectif était réduit à 300 hommes, une compagnie d'infanterie légère d'Afrique, un demi escadron de cavalerie, 300 tirailleurs tonkinois, une batterie de 4 de montagne, une section mixte de sapeurs du génie et des pontonniers, une section de télégraphie optique, une ambulance, un convoi de 35 jours de vivres avec 1000 coolies.

Le 22 juin, cette colonne commandée par M. le colonel Dugenne arrivait sur le bord du Song-Thuong, en avant de Bac-Lê. La marche avait été retardée par des pluies torrentielles et par des chaleurs accablantes.

Le lendemain, 23 juin, à 4 h. 30 du matin, on commençait à préparer le passage des troupes sur l'autre rive.

Les premiers détachements, en arrivant sur la rive droite, furent accueillis par des coups de fusil. qui partaient d'un mamelon boisé situé à 250 mètres de distance.

L'ennemi fut promptement délogé et se retira dans les broussailles. Le passage se poursuivit sans interruption ni accident et les troupes vinrent se ranger en face de la route sur un emplacement découvert.

A 8 heures, un parlementaire chinois porteur d'une lettre vint se présenter aux avant-postes.

Cette lettre qui, paraît-il, fut imparfaitement traduite par un interprète insuffisant, disait que les commandants chinois avaient connaissance du traité, mais qu'ils n'avaient pas reçu d'instructions. Ils priaient le commandant français de réclamer, par dépêche, un ordre du Tsong-Li-Yamen. « Il ne faudra que peu de temps pour la demande et la réponse. Dès que nos troupes auront reçu l'avis du Tsong-li-Yamen, elles se formeront en bataillons et évacueront le territoire annamite pour retourner aussitôt à la passe du midi. » (Bouinais et Paulus, p. 257).

Les pourparlers engagés ne purent aboutir. « A 3 heures, M. le lieutenant-colonel Dugenne renvoya aux avant-postes chinois le parlementaire reçu dans la matinée, avec une lettre adressée au mandarin militaire et ainsi conçue :

« Dans une heure les troupes françaises reprendront leur marche. » (Bouinais, p. 257).

A 4 heures, l'avant-garde commandée par le capitaine Buquet se mit en mouvement. Nous cheminions sur un sentier étroit ayant à notre gauche des broussailles et des hauteurs boisées, à notre droite des joncs et le Song-Thuong, grossi par les pluies. Nous étions engagés dans un défilé dangereux où des Chinois ne tardèrent pas à nous assaillir. Les Chinois étaient embusqués derrière les accidents de terrain ou masqués par les broussailles; nos troupes furent obligées de s'arrêter sous un feu meurtrier. Le colonel Dugenne massa le gros de la colonne et envoya la compagnie Jeannin et un peloton de tonkinois, capitaine Bouchet, en renfort à l'avant-garde. Le capitaine Jeannin fut tué, le capitaine Clémenceau qui le remplaça fut blessé mortellement. Le lieutenant Génin, occupé à dégager notre flanc droit, menacé par des détachements ennemis, reçut deux coups de feu. Le combat dura jusqu'à la nuit. Notre campement fut organisé en carré entouré de tranchées-abris. Pendant la nuit, les Chinois tirèrent quelques coups de fusil qui blessèrent des hommes et des chevaux. Dans cette situation difficile, le lieutenant d'infanterie de marine Bailly, chargé du service optique, rendit un grand service au corps expéditionnaire. Il traversa les lignes ennemies à la faveur de l'obscurité afin de chercher un emplacement convenable pour établir son appareil et il put signaler au commandant en chef les événements qui venaient de se passer.

Le 24 juin, le feu des Chinois recommença à 8 heures du matin. Ils tiraient des hauteurs voisines et des bords de la rivière. Une heure plus tard, ils essayaient de tourner notre droite en se dissimulant derrière les herbes et les accidents de terrain. De ce côté la compagnie Maillard, très bien postée, les tenait à distance.

Vers 11 heures, on signalait des groupes ennemis parvenus sur nos derrières. Nous étions entourés. Quatre blessés de l'ambulance furent frappés à mort. Le colonel ordonna la retraite.

Elle s'effectua en bon ordre sous une fusillade bien nourrie. L'ennemi s'était rapproché en suivant notre mouvement. Le médecin en chef, déjà blessé, fut sauvé par un cavalier nommé Charles Graillot qui le couvrit de son corps alors qu'un Chinois le mettait en joue. Graillot fut gravement blessé; il a été plus tard nommé chevalier de la Légion d'honneur.

Malgré le dévouement du sous-commissaire Rouzaud, qui était chargé du transport des vivres, les coolies ne purent tenir sous les balles des Chinois et se sauvèrent après avoir perdu une dizaine des leurs. Ils abandonnèrent une partie des bagages.

Le passage de la rivière s'effectua sous la protection de deux compagnies d'infanterie de marine et d'une compagnie du bataillon d'Afrique sous le commandement du chef de bataillon Reygasse.

La colonne, une fois dégagée du coupe-gorge où elle aurait pu être anéantie, se replia lentement sur Bac-Lê où elle était à 5 heures du soir.

Le 25 juin, on s'établit sur une éminence au sud de Bac-Lê pour y attendre des renforts.

Les chasseurs d'Afrique, commandés par M. le capitaine Lapeyrine, rendirent les services les plus signalés pendant cette lutte sanglante. Ils maintinrent constamment les communications de la colonne et ramenèrent les blessés que les porteurs épouvantés avaient abandonnés sur la route.

Le télégraphe optique avait donné dans la nuit, à Hanoi, la nouvelle du combat du 22 juin. Le 24, le colonel de Négrier allait au secours du colonel Dugenne, avec une colonne composée d'un bataillon de tirailleurs algériens, commandé par le lieutenant-colonel Letellier, du bataillon du 143e de ligne, de 2 batteries de 4 pièces de 80$^{m/m}$ et d'un détachement du génie.

Le 27, il établissait un centre sérieux de résistance à Cau-Son et le 28, une escarmouche avait lieu entre Cau-Son et Bac-Lê. Les Chinois essayèrent d'enlever un convoi de 200 coolies escortés par une compagnie d'infanterie du 143° de ligne. Ils furent repoussés avec perte. Le 30 juin, dans la journée, la colonne Dugenne rallia Cau-Son.

Les chaleurs intenses qui régnaient à cette époque de l'année, le manque de moyens de transport, les faibles effectifs dont nous pouvions disposer, nos troupes étant réparties entre un grand nombre de postes fortifiés, tels sont les motifs qui nous empêchèrent de prendre une vigoureuse offensive et de venger immédiatement, par une marche en avant, l'échec de Bac-Lê.

On avait éprouvé une sanglante déception. Alors que le général en chef avait pensé qu'une colonne légère bien menée pourrait atteindre Lang-Son en cinq jours, les difficultés du terrain, les pluies et les chaleurs avaient occasionné de tels retards qu'au bout de neuf jours on était seulement à Bac-Lê.

« Plus tard, le général Brière de l'Isle mit dix jours pour se rendre de Dong-Song à Lang-Son et parcourir une distance beaucoup moins grande... » (Extrait d'une note, Bouinais et Paulus, p. 255).

Puis l'ennemi, au lieu de se retirer, avait engagé le combat, bien qu'il connût la convention de Tien-Tsin.

On a beaucoup discuté les circonstances de ce conflit. Certainement, la Cour de Pékin, connaissant parfaitement nos intentions, aurait pu, si elle n'acceptait pas les dates de l'évacuation qui lui étaient indiquées par le commandant Fournier, lui faire des contre-propositions et prévenir une effusion de sang inutile.

Elle a préféré attendre les événements, indécise entre les sollicitations des partisans de la paix et les excitations belliqueuses de nos ennemis. Elle a peut-être espéré que nos troupes, affaiblies par de nombreuses garnisons détachées, surprises dans des vallées étroites et sinueuses, seraient écrasées par des forces plus considérables. Alors l'empire de Chine aurait pu reprendre les négociations, affirmer que nous étions les agresseurs, et faire valoir de nouveau ses prétentions à la possession du Tonkin. Son-Tây et Bac-Ninh auraient été oubliés.

Les espérances des Chinois furent déçues. Le combat de Bac-Lê fit le plus grand honneur à nos troupes. Surprises dans une position défavorable, elles résistèrent vigoureusement et passèrent deux fois la rivière en présence de l'ennemi sans se laisser entamer. Une colonne de secours avait été expédiée immédiatement sous le commandement du général de Négrier, et une force imposante restait comme une menace en face des adversaires qui venaient de violer la foi jurée.

Les nombreuses explications fournies par les Chinois à la suite de ce singulier malentendu ont donné lieu à une correspondance interminable.

Ly-Hung-Chang avait déclaré habilement que dans une simple conversation, il n'avait pas accepté les délais fixés par le commandant Fournier.

La Cour de Pékin reconnaissait bien que ses troupes devaient être rappelées, sans délai, mais elle affirmait qu'elle se mettait en devoir d'exécuter la convention de Tien-Tsin lorsque était survenu le fatal incident de Bac-Lê. Elle déclarait aussi que les troupes françaises avaient commencé le feu et devaient être considérées comme responsables.

En France, on reprocha au général Millot de n'avoir pas envoyé une colonne plus considérable qui en aurait imposé aux Chinois et vraisemblablement n'aurait pas été attaquée.

Plusieurs écrivains trouvèrent regrettable que le colonel Dugenne eût passé outre lorsqu'il reçut un parlementaire des commandants chinois, et qu'il n'eût pas demandé à Hanoï des ordres par le télégraphe optique avant de s'engager.

Toutes ces critiques postérieures à l'événement ont peu de valeur. La situation était difficile et délicate. Le général était pressé de terminer l'occupation du Tonkin et il devait compter que les forces envoyées seraient suffisantes pour surmonter tous les obstacles. Il était admis qu'en rase campagne, une colonne de 600 hommes bien commandés ne pouvait être arrêtée par des troupes asiatiques. Le colonel Dugenne de son côté, retardé par le mauvais temps et par les mauvais chemins, tenait à ne pas perdre de temps. Il ne pensait pas trouver une résistance sérieuse.

En réalité, tout le monde s'était trompé. Le commandant Fournier avait cru à la bonne foi de Ly-Hung-Chang; celui-ci avait compté que personne ne se permettrait de contester sa parole, quels que fussent les événements; et il avait tâché de se justifier par un roman que personne ne prit au sérieux, mais qui sauva sa situation en Chine. Les ministres chinois avaient espéré que par surprise, on pourrait détruire une forte partie du corps expéditionnaire; le général Millot, lui aussi, avait eu confiance dans les mesures qu'il avait ordonnées.

« Bientôt après le général Millot se sentit fatigué et souffrant et sollicita l'occasion de rentrer en France. » (Bouinais, p. 263).

Avant son départ, un événement tragique s'accomplissait à Hué.

Depuis que le jeune Roi Kiên-Phuoc avait signé le traité du 6 juin, on craignait pour ses jours. En Annam comme en Chine, les hauts fonctionnaires, les souverains eux-mêmes sont les gardiens fidèles des grands intérêts de l'Etat. Ils ne peuvent perdre une bataille, abandonner une forteresse ou signer un traité désavantageux sans payer immédiatement leur faute de leur sang. Ainsi le veut l'intérêt du Royaume.

Après la prise de Tourane, après la bataille de Khi-Hoà, après la prise des trois Provinces, Thu-Duc avait rendu responsables de ces grands malheurs publics les hauts mandarins Trân-Vân-Quê, Nguyên-Tri-Phuong et Phan-Tan-Giang. Il avait entrevu le moment où lui-même, malgré son caractère sacré, il serait peut-être amené à se sacrifier pour sauvegarder le prestige de son administration.

Li-Hung-Chang tâchait d'échapper à la responsabilité de ses actes en dénaturant une communication du commandant Fournier.

Il était probable que les régents annamites n'accepteraient pas la responsabilité des concessions consenties à la France et les feraient retomber sur un jeune prince inoffensif et débile. C'était certainement une satisfaction à donner à la Chine, au moment où elle venait de rompre avec nous par un acte audacieux.

Kiên-Phuoc n'avait pu recevoir M. Patenôtre et le bruit courait que le Conseil de Régence l'avait fait disparaître. Les hauts mandarins organisèrent une réception solennelle des fonctionnaires annamites le 28 juillet, et firent pressentir M. Rheinart sur l'acceptation d'une audience royale. Mais le 30, le jeune Roi eut une rechute et le 31 juillet, à midi, il expirait.

Cette nouvelle ne fut portée officiellement à la connaissance du représentant de la France que le 1er août. Il la connaissait déjà par la rumeur publique. Malgré ses observations, les régents désignèrent, sans attendre l'avis de notre gouvernement, un frère du feu roi, âgé de 14 ans, nommé Ung-Lich, pour lui succéder sous le nom de Ham-Nghi. Le 2 août, le mât de la citadelle fut pavoisé et une salve de 19 coups de canon saluait le nouveau souverain.

Nguyên-Van-Tuong, le régent, n'ayant tenu

aucun compte des réclamations de notre résident M. Rheinart, celui-ci fut obligé d'en référer au général Millot.

Le 12 août, le colonel Guerrier, chef d'Etat-Major du corps expéditionnaire, vint à Hué devançant l'envoi des renforts qui devaient faire respecter nos droits.

On fut obligé d'adresser un ultimatum au conseil de régence pour l'obliger à solliciter par écrit le consentement des représentants de la France à la nomination du nouveau souverain.

Cette satisfaction nous fut accordée. Le 17 août, le jeune Roi fut reconnu dans une audience solennelle par le colonel Guerrier et M. Rheinart. Ces officiers et le commandant du *Tarn* qui les accompagnait entrèrent dans la salle de réception du palais par la porte centrale, réservée jusqu'alors aux souverains et aux princes de la famille royale. Précédemment l'amiral Bonard, le colonel Palanca, les commandants de Corbigny et de Prémesnil, le colonel Ordonnez avaient passé par une porte latérale.

Vingt-cinq officiers et cent soixante soldats en armes escortaient les représentants de la France.

Le lendemain, 16 août 1884, le colonel Guerrier et les troupes qui étaient venues du Tonkin rejoignirent Thuan-An et s'embarquèrent pour Hanoi.

Le récit des événements qui se passèrent à Hué lors de la mort de Hiêp-Hoà montre bien que la Cour annamite, trop ménagée par le gouvernement français, ne faisait que continuer des traditions barbares qui se perpétueront indéfiniment, si nous nous obstinons à protéger nos ennemis et à abandonner nos amis.

*Saigonnais* du 6 janvier 1884 :

« Nous sommes en mesure de fournir quelques détails sur les divers événements de Hué qui constituent à proprement parler une véritable révolution du palais.

« L'instigateur de tout le mouvement est ce même ministre plénipotentiaire que tout le monde a vu à l'œuvre en 1874 et qui depuis lors n'a plus cessé de nourrir contre la France une inimitié qu'il ne prenait même plus la peine de dissimuler.

« C'est ce haut dignitaire qui prenant la direction du parti de la résistance, a excité les mandarins, et tout porte à croire que c'est sur ses ordres que Hiêp-Hoâ a été étranglé.

. . . . . . . . . . . . . . . . . . . . . . . . . . . . . . . .

« Hué se trouve dans le moment au pouvoir de ce ministre qui est le véritable souverain de l'Annam. Grâce à lui, tout était disposé pour un massacre général des chrétiens. Il y a même eu un commencement d'exécution, puisque cent de ces malheureux environ ont payé de leur existence leur adhésion à une religion étrangère. Il n'a fallu rien moins que la nouvelle de la prise de Son-Tây pour arrêter l'effusion du sang. »

Extrait du *Saigonnais*, 10 janvier 1884 :

« Le nouveau souverain de l'Annam a remis à M. Tricou, en mission à Hué, une déclaration par laquelle il reconnaît solennellement le traité du 25 août, dans toute son intégrité....

. . . . . . . . . . . . . . . . . . . . . . . . . . . . . . . .

« On aurait évité bien des ennuis, bien des appréhensions, si, comme nous l'avons dit ici même, il y a quelques jours, notre résident, M. de Champeaux, avait été investi, dès le premier moment, des pouvoirs nécessaires pour régler définitivement cette question.

. . . . . . . . . . . . . . . . . . . . . . . . . . . . . . . .

« Il est certain, d'après les informations du dernier courrier, que depuis un mois, M. de Champeaux, tout en refusant de reconnaître le successeur de Hiêp-Hoâ, avait obtenu que le principe du protectorat sur l'Annam, consacré par le traité du 25 août, fut mis au-dessus de toute contestation. Sur sa demande, l'affichage du traité avait été ordonné ; les mandarins les plus hostiles à notre cause, punis, et les assassins des chrétiens condamnés à mort.

« Le conseil de régence avait accepté également sans objection l'augmentation de l'effectif du poste de la légation et la proposition d'occuper la citadelle de Hanoï avait été admise sans aucune protestation.... »

« ... L'assassinat du roi que nous protégions et qui, dès son avènement au trône, avait très nettement manifesté sa sympathie pour la France, était un fait qui nous touchait trop vivement pour que nous n'eussions pas de sérieuses revendications à formuler.

« Le conseil de régence doit se trouver heureux d'en être quitte à si bon compte.

« Aussi sommes-nous heureux d'apprendre que M. Thomson aurait signalé télégraphiquement au gouvernement l'utilité que présenterait l'occupation immédiate du Binh-Tuân, à titre de garantie de la nouvelle reconnaissance du traité.... » (février 84).

« ... Au moment de son départ M. de Champeaux était avisé par le régent que deux ambassadeurs envoyés à Tien-Tsin par le roi Thu-Duc, lorsqu'il comptait sur l'alliance chinoise, venaient d'arriver fort désillusionnés. Ils ont été, disent-ils, pendant toute la durée de leur mission, placés sous une surveillance blessante, traités avec mépris et retenus, alors que les instructions de leur gouvernement leur prescrivaient de rentrer ».

# CHAPITRE V

Le général Brière de l'Isle succède au général Millot le 8 septembre 1884. Opérations militaires dans le haut du fleuve, dans les bassins du Song-Thuong et du Loch-Nan. Occupation de Chu, prise de Kêp le 8 octobre 1884. L'ennemi menace Tuyen-Quan. M. Lemaire, ministre à Hué. Dispositions des Européens en Chine envers les Français. Assassinats de deux de nos anciens partisans en Cochinchine. Campagne de l'amiral Courbet en Chine. De nombreuses troupes chinoises franchissent la frontière. Nui-Bop occupé le 3 janvier 1885, après un combat sanglant. Expédition de Lang-Son occupé le 13 février 1885. Le général Brière de l'Isle va au secours de Tuyen-Quan assiégé depuis le mois de décembre; le 3 mars, il défait à Thua-Moc les troupes de Luu-Vinh-Phuoc et fait lever le siège. Situation du corps expéditionnaire. Le général de Négrier poursuit les Chinois sur la route du Quan-Si et occupe la porte de Cua-Ai. Combat de Dong-Bô le 24 mars 1885. Il est attaqué par des forces chinoises supérieures. Il est blessé le 28 mars 1885. Il est remplacé par M. le lieutenant-colonel Herbinger qui se retire sur Chu. Luu-Vinh-Phuoc se réfugie à Phu-Lam-Tao. Traité de Tien-Tsin du 9 juin 1885. Le 12 avril, M. le général de Courcy est nommé commandant en chef. Il arrive au Tonkin le 1ᵉʳ juin. Organisation de son administration. Crues du Fleuve Rouge. Combat de Hué; prise de la citadelle le 5 juillet 1885. Le Roi Ham-Nghi prend la fuite. Il est remplacé par son frère Dong-Khanh, le 19 septembre 1885. Le choléra au Tonkin. Campagnes de Than-Mai et du Bay-Say. Réglementation du service des ports, des taxes des patentes, de celles des terrains urbains et des droits de capitation.

Le général Brière de l'Isle succéda au général Millot, le 8 septembre 1884. Le 1ᵉʳ octobre suivant, il remit les pouvoirs civils et politiques à M.

Lemaire, ministre plénipotentiaire, qui allait remplir à Hué les fonctions de Résident Général.

« Au moment de la prise de commandement du général Brière de l'Isle, nos troupes occupaient : Hanoi, 5,295 hommes; Son-Tây, 1,134 hommes; Hong-Hoa, 1,704 hommes; Tuyên-Quan, 528 hommes; Thai-Nguyên, 613 hommes; Bac-Ninh, Ti-Cau, Dap-Cau, Pins-Parasols, 1,394 hommes; Phu-Lang-Thuong, 1,200 hommes; Hai-Duong, 658 hommes; le poste des sept Pagodes, 113 hommes; Hai-Phong, 1,502 hommes; Quang-Yên et la montagne des Eléphants, 297 hommes; Nam-Dinh, 4,281 hommes; Ninh-Binh, 538 hommes; Phuly et Hung-Yên, 972 hommes, dans le Tonkin; Quinhon, 152 hommes; Thuân-An, 841 hommes; et Hué, 1,249 hommes; dans l'Annam. Les canonnières étaient ainsi réparties : 5 à Hanoi, 2 à Hong-Hoa et à Tuyên-Quan, 1 à Bac-Ninh, Phulang-Thuong, Hai-Duong et Hai-Phong, et 2 à Thuan-An. L'effectif du corps expéditionnaire, marins et troupes indigènes compris, s'élevait à 488 officiers, 17,544 sous-officiers et soldats, et 485 chevaux. » (Bouinais et Paulus, p. 306).

Une grande fermentation régnait dans le pays à l'instigation des mandarins et du régent Nguyên-Van-Tuong. Celui-ci avait placé successivement sur le trône des fantômes de roi qu'il était accusé de faire disparaître les uns après les autres : Duc-Duc, Hiêp-Hoa, Kiên-Phuoc, Ham-Nghi. On disait que Duc-Duc avait été emprisonné et était mort de faim dans son cachot. Gia-Hung, frère de Thu-Duc et l'un des trois régents, avait été assassiné avec ses fils.

Le général en chef avait été obligé de menacer le régent de faire enclouer les canons de Hué qui avaient été replacés en face de la concession. Cette mesure de précaution fut prise par le colonel Pernot à la fin de mars.

Il fit arrêter au Tonkin les mandarins les plus suspects et fut obligé de faire fusiller celui de Dong-Triêu qui avait été convaincu de trahison.

Il fit faire dans toutes les provinces de nombreuses reconnaissances pour disperser les bandes de malfaiteurs et de pirates qui s'organisaient contre nous.

« Le général Brière de l'Isle dut mettre en garde les cadres des tirailleurs tonkinois contre le vol des armes. Plusieurs militaires avaient eu leur fusil dérobé. Au mois de décembre, un détachement de Pavillons noirs, placé sous la direction du lieutenant d'infanterie de marine Bohin, et de trois sergents, complota de s'enfuir et de tuer les cadres... » (Bouinais et Paulus, p. 308).

Vers la même époque, les canonnières l'*Arquebuse*, capitaine Marion, et l'*Avalanche*, capitaine de Romain, appareillèrent de Hong-Hoa pour reconnaître le haut Song-Koi jusqu'au premier rapide à That-Thu. A Tuan-Quan, à 45 kilomètres du rapide, elles eurent un engagement avec les Pavillons noirs, les mirent en déroute et détruisirent leurs casernements.

Mais les opérations militaires les plus importantes devaient avoir lieu à l'Est de Bac-Ninh, dans les bassins du Song-Thuong et du Loch-Nan, qui sont traversés par les routes qui se rendent du Delta aux frontières des provinces chinoises de Quang-Ton et de Quang-Si. C'est dans cette direction que se dessinait l'invasion des armées chinoises organisée avec la complicité de la plupart des lettrés annamites.

La canonnière la *Hache*, capitaine Manceron, en station dans le Loch-Nan, avait pu remonter jusqu'à Chu et avait participé à une reconnaissance faite par le chef d'escadron Palle, résident de Bac-Ninh, qui avait eu pour résultat la prise et la destruction de Chu.

L'ennemi, massé à Kep, dessinait son mouvement vers le Sud en se développant dans les trois vallées du Song-Thuong, du Loch-Nan et du Song-Cau.

Le 2 octobre, les canonnières la *Hache* et la *Massue* qui étaient en reconnaissance dans le Loch-Nan, furent attaquées par 4,000 Chinois. Au bruit du canon, le *Mousqueton* qui se trouvait à 5 milles au-dessus du confluent du Song-Thuong et du Loch-Nan vint leur prêter assistance. Pendant trois milles au-dessous et trois milles au-dessus de Loch-Nam, il fut accompagné par une fusillade bien nourrie qui partait de broussailles épaisses. Vers onze heures du matin, il mouillait auprès de la *Hache* et de la *Massue*, dont le capitaine, M. Challier, avait été blessé mortellement. Le lieutenant de vaisseau Fortin, jugeant que la présence des canonnières sur ce point n'était pas utile, leur fit redescendre la rivière. Sur les trois petits bâtiments, un officier avait été tué, 31 hommes avaient été blessés dans cet engagement.

Les canonnières trouvèrent aux sept pagodes une colonne commandée par le colonel Donnier, organisée pour refouler les Chinois hors du Delta.

Elle comprenait 3 compagnies de la légion étrangère, capitaines Beynet et Bolgert, 2 compagnies du 143ᵉ, capitaines Frayssinaud et Cuvellier, une compagnie de tirailleurs tonkinois, sous-lieutenant Bataille, et deux pièces de 80 ᵐ/ᵐ de montagne, lieutenant Largouet.

Une autre colonne, sous les ordres du commandant Servière, partait le 3 octobre de Hai-Duong pour se porter sur Dong-Trieu après avoir rallié la petite garnison de Lac-Son placée sur sa route. Avant son arrivée, le 3 octobre, les détachements de Lac-Son avaient repoussé brillamment l'attaque de 500 réguliers chinois. Une autre colonne mobile était préparée à Phu-Lang-Thuong sous les ordres de M. le chef de bataillon de Mibielle.

Elle comprenait un bataillon de tirailleurs algériens, 2 sections d'artillerie et quelques cavaliers.

Enfin le lieutenant-colonel Defay quittait Hanoi pour Phu-Lang-Thuong avec 3 compagnies du 23°, le bataillon du 111°, 2 sections de 80$^m$/$^m$ de montagne, la batterie bis de 4 rayé de montagne.

Le 3 octobre, le général de Négrier vint de Hanoi à Phu-Lang-Thuong pour marcher avec la colonne Defay et prendre la direction générale.

L'ennemi était fortement établi à Chu et à Kep, point important dans le Sud-Est de Bac-Lê.

Pendant que le commandant Servière surveillait les environs de Dong-Triêu et le Sud du Loch-Nan, la colonne Donnier, convoyée par la *Hache*, capitaine Manceron, la *Massue*, capitaine Garnault, l'*Eclair*, capitaine Leygue, et la *Carabine*, capitaine Devie, marchait vers Chu. Le 6 octobre elle atteignit Lam, à 6 kilomètres en aval de Chu et y débarqua en infligeant à l'ennemi une perte de mille hommes tués ou blessés. (Bouinais et Paulus, p. 313).

Le 9 octobre, le colonel Donnier fut rejoint par la colonne du commandant de Mibielle. Dans une série de brillants engagements, il fit occuper successivement toutes les hauteurs qui commandaient les abords de la place Ces positions furent vivement disputées par les Chinois. Le capitaine Frayssinaud fut blessé d'une balle à la tête. Le capitaine Cuvellier, frappé de trois balles, tombe mourant. Notre artillerie s'établit solidement et ouvre son feu sur place. Un combat acharné dure toute la journée du 11 sous un soleil de feu.

Dans la nuit l'ennemi fait sans succès un retour offensif. Mais, craignant l'arrivée de la colonne Négrier, il finit par se retirer et le général Brière de l'Isle, en arrivant le 12 octobre au matin avec des renforts, trouva la position abandonnée. On s'y établit solidement.

De son côté, le général de Négrier s'était porté avec la colonne Defay vers Kep.

Kep était un petit village entouré d'un mur en torchis ayant à peine deux mètres d'élévation. Sa superficie était extrêmement restreinte. L'entrée du village était étroite. Deux hommes à peine pouvaient y passer de front. Il était à cent mètres de la route.

On y arrivait par une allée large de trois mètres bordée par deux petits étangs.

« Tout autour de Kep, la campagne est superbe ; quelques rizières, des collines un peu boisées, entre lesquelles on aperçoit la ceinture verdoyante de bambous des villages annamites, et, comme fond du tableau, la première chaîne de montagnes de la plaine de Langson. » (Extrait du rapport).

Le 8 octobre au matin, le général arriva en face de Kep.

A 100 mètres du village on commença à voir l'ennemi qui avait coupé la route par une barricade. Ce premier poste fut surpris et enlevé avec la tête de l'avant-garde par le capitaine de Fortoul, chef d'Etat-Major, qui fit occuper rapidement un second poste à la sortie Nord du village.

La colonne se forme au sud du village sur deux lignes à intervalles serrés.

L'artillerie est placée sur une hauteur à gauche de la route d'où elle peut battre la place.

L'ennemi est développé en face de nous au Nord de Kep, sa gauche appuyée à un village fortifié, sa droite à une pagode.

« Le village de Kep et son réduit central formaient donc un vaste fort placé en avant de la ligne ennemie qui le flanquait des deux côtés. » (Extrait du rapport).

Pendant que notre artillerie tâchait de réduire le village, le commandant Godard, avec un bataillon auquel s'était joint le capitaine de Fortoul, se disposait à l'attaque. Les deux compagnies du 23e (capitaines Gignous et Gaillon) le prenaient à revers par l'Est.

Mais l'ennemi à onze heures dessinait une attaque enveloppante d'abord sur notre gauche puis sur notre droite. Elle avait pour but le mamelon occupé par notre artillerie et une série de hauteurs dominantes situées en arrière.

Ces attaques sont successsivement repoussées par le feu de notre artillerie et par notre infanterie.

L'ennemi est refoulé par les compagnies Verdier et Barbier qui le poursuivent. Le village de Cham est évacué.

Kep est en flammes et tient toujours. Un premier assaut a été repoussé. Le capitaine Planté a été tué à la tête de sa compagnie.

Le général prend la décision de négliger Kep, de le dépasser et fait marcher les compagnies Mailhate et Pécoul sur la route de la pagode qui est enlevée. Ses défenseurs sont tués sur place.

Les compagnies s'installent dans le fort du Nord. Le village de Cham étant enlevé, la route du Nord est coupée, l'ennemi est en déroute ; ses bandes se sauvent vers le Song-Thuong poursuivies par nos feux.

Un second assaut avait été repoussé.

Le général fait amener à bras une pièce de 4 de montagne à 50 mètres du réduit où elle fait brèche. L'ennemi tente par cette brèche une sortie désespérée. Il est refoulé, l'ouverture est presque instantanément bouchée par un encombrement de morts et de blessés.

« Les troupes se jetèrent de nouveau sur le réduit et durent une troisième fois reprendre leurs positions. » (Rapport).

La compagnie Barbier (143e) est désignée pour l'assaut qui doit être donné contre la face Nord du réduit quand on sonnera la charge.

L'artillerie reprend un feu rapide contre le réduit.

À deux heures dix, la charge sonne, la compagnie Barbier se lance à l'assaut, les autres troupes voisines du village suivent le mouvement.

On se bat corps à corps. L'ennemi se fait tuer aux postes de combat. Le capitaine Gignous est blessé d'un coup de sabre, le capitaine de Kerdrain reçoit deux coups de sabre et deux coups de lance.

On trouva dans le fort 600 cadavres amoncelés aux points de passage.

Le général avait avait eu la jambe traversée par une balle. Nous avions 28 tués et 59 blessés, parmi lesquels plusieurs officiers.

On avait eu en face de notre colonne l'élite des troupes chinoises et elles fuyaient démoralisées.

Le combat de Kep est une des actions les plus brillantes et les plus vivement disputées de notre histoire militaire. Rarement on a montré sur un terrain difficile et sous un climat meurtrier plus de ténacité, plus d'entrain, plus d'énergie. Inspirés par un chef héroïque, nos soldats, indifférents au nombre de leurs adversaires, manœuvrèrent avec une précision et un sang-froid extraordinaires.

Quand on a une armée pareille, aussi solidement commandée, on doit, tout en désirant la paix, envisager l'avenir avec confiance.

La brillante campagne dirigée par le général Brière de l'Isle contre Chu et Kep, avait rendu les Chinois prudents.

Les troupes du Yunnam avaient en même temps essayé de nous envahir par la vallée de la rivière Claire. Elles avaient attaqué Tuyên-Quan avec vigueur du 14 au 19 octobre. Elles furent repoussées avec perte et elle essayèrent alors de bloquer la place en la tournant par le Sud.

Le 14 novembre, quelques centaines de réguliers et de Pavillons noirs attaquèrent la *Trombe* et le *Revolver* qui venaient de ravitailler Tuyên-Quang au passage de Duoc, à 20 kilomètres environ au-dessus du confluent du Song-Coi. Le combat dura une heure. L'ennemi se retira avec des pertes sérieuses. Les berges escarpées lui permettaient de faire un feu plongeant sur les navires. Un moment le *Revolver* fut en danger; il fut obligé de forcer un barrage de jonques par lequel on avait voulu lui couper la route en le traversant à toute vapeur.

Une colonne sous les ordres du colonel Duchesne, comprenant 700 hommes environ, alla dégager les bords de la rivière Claire. Le 16, la canonnière *Revolver*, capitaine de Balincour, fit une première reconnaissance et combattit l'ennemi avec succès. Il eut deux hommes tués et trois blessés.

Le 19 novembre, le colonel Duchesne, appuyé par la *Carabine*, la *Bourrasque* et l'*Eclair*, débarquait au confluent du Fleuve Rouge et de la Rivière Claire. Il rencontra bientôt les trois mille hommes de Luu-Vinh-Phuoc fortement retranchés.

Le sous-lieutenant d'infanterie de marine Schuster fut tué à l'avant-garde.

Menacé sur ses derrières par une compagnie de la légion étrangère, attaqué en face par une charge à la baïonnette, l'ennemi s'enfuit à l'Ouest vers le Fleuve Rouge et au Nord dans des villages retranchés en avant de Tuyèn-Quan.

Le colonel le délogea de ces positions en lui tuant de quatre à cinq cents hommes.

Les débris de ces bandes se réfugièrent dans les montagnes et les forêts situées autour de Tuyèn-Quang; nous avions eu 8 tués et 25 blessés.

La garnison de Tuyèn-Quan fut relevée et envoyée se refaire à Hanoï.

Une autre colonne dirigée par le colonel Berger était allée le 10 novembre à Thai-Nguyên. Sa présence avait déterminé les Chinois à évacuer la vallée du Song-Cau.

Pendant que les Chinois essayaient de rallier leurs troupes débandées loin de nos têtes de colonne qui s'étendaient depuis Hong-Hoà, jusqu'à Tuyèn-Quan, Thai-Nguyên, Kep et Chu, le général Brière de l'Isle luttait à l'intérieur contre les bandes de pirates soulevées par les hauts mandarins de la cour, surtout par le régent Nguyên-Van-Thuong.

M. Lemaire, de son côté, luttait avec énergie contre les tentatives que faisaient les lettrés de Hué pour éluder les conséquences du traité conclu avec la France.

Tantôt c'était la nomination d'un régent qui était faite sans son assentiment, tantôt c'étaient des pièces rédigées avec une insolente légèreté, tantôt les chambellans de la cour renouvelaient la prétention de faire passer le représentant de la France par les basses portes de la salle d'audience royale. Tout indiquait une opposition farouche, incessante, encouragée par nos dernières concessions, qui ne manquerait pas de se transformer à l'occasion en hostilité ouverte.

A Saigon, comme en Annam, comme au Tonkin, les partisans de la Chine et de la dynastie des Nguyên, appuyés par quelques étrangers, nous avaient suscité de nombreux embarras.

A notre politique hésitante, timorée, incertaine, avaient succédé des velléités d'expansion hâtives et menaçantes pour nos voisins.

La presse avait interprété le traité du 17 juin 1884 conclu avec le Cambodge comme une véritable annexion de ce pays et les troubles qui suivirent cet acte politique montrèrent que les Cambodgiens n'étaient pas disposés à renoncer à leurs anciennes institutions nationales. Le Cambodge, organisé féodalement, peut supporter un protectorat exercé sur le Roi dont la souveraineté n'est jamais contestée. On ne demande aux protectorats que la sécurité vis-à-vis des ennemis de l'extérieur. C'est ce que la France a toujours accordé au Roi Norodon depuis que, par le traité de 1863, elle lui a garanti la possession d'une couronne dont l'existence était alors bien précaire.

Des négociations avec Siam et avec la Birmanie dont la portée était extrêmement exagérée par les journaux laissaient supposer que, trop à l'étroit dans les frontières du Cambodge et de l'Annam, nous pouvions, à un moment donné, nous trouver entraînés à nous heurter à l'influence anglaise, soit à Siam, soit en Birmanie et au Laos.

Ces perspectives étaient de nature à sourire à l'Allemagne. Jamais elle ne fut plus gracieuse avec nous que lorsqu'elle put supposer que nous cessions de penser à elle pour songer à nos revendications coloniales. Tels sont cependant les entraînements de l'opinion que nos gouvernants d'alors ne purent faire un acte de vigueur en Indo-Chine sans encourir le reproche d'avoir négligé les autres grands intérêts de leur pays. On les accusait de nous engager au Tonkin, de chercher à mécontenter les Anglais afin de prouver aux Allemands que nous avions renoncé à nos anciennes frontières!

Il se passait en réalité dans les mers de l'Extrême-Orient des événements considérables pour les intérêts européens et il se produisait dans toutes les colonies étrangères de la région des courants d'opinions qu'il était bien difficile de comprendre à Paris.

Les Européens établis dans les ports de Chine, sans distinction de nationalité, avaient vu avec inquiétude les progrès accomplis par l'armée et par la marine du céleste Empire. Ils connaissaient de longue date les sentiments de répulsion et de haine des Chinois pour les étrangers. Ils avaient applaudi sans arrière-pensée aux succès de nos militaires et de nos marins contre une nation qui est, par raison d'état, foncièrement hostile aux idées et aux individus qui lui viennent d'Europe. Nous étions considérés par eux comme les défenseurs désintéressés de la civilisation occidentale alors qu'en Occident, plusieurs gouvernements nous étaient hostiles. Ce n'est un mystère pour personne que la diplomatie anglaise du moins a toujours contrecarré tous nos efforts à l'extérieur.

Mais dans les communautés européennes de l'Extrême-Orient, malgré les sentiments bienveillants, qui étaient témoignés aux armes de la France, qui défendaient le prestige européen contre les insultes de la Chine, on pouvait constater que les sympathies de quelques groupes étaient plus nettes, plus accentuées que celles des Anglais, notamment celles des Russes et des Allemands.

Il faut bien le dire, dans ces colonies européennes si peu nombreuses qui sont établies en sentinelles perdues au milieu des grandes agglomérations des villes chinoises, il y a, malgré une certaine solidarité générale entre tous les représentants de la civilisation chrétienne, quelques dissidences entre les différents groupes.

Les Anglais qui sont les plus nombreux, les plus exclusifs et les plus exigeants des colons, excitent les jalousies des autres nations qui sont généralement unies contre eux pour un même sentiment de défiance.

Si nous n'émettons que des suppositions concernant les sentiments et les mobiles qui ont inspiré la diplomatie européenne pendant la durée de nos opérations en Chine, c'est que nous pensons que les dépositaires des secrets des diverses puissances n'ont jamais initié le public à leurs menées et à leurs espérances véritables. Un homme d'Etat a dit : « Nous ne laissons jamais entrer les curieux plus loin que dans notre antichambre ». Il avait parfaitement raison. Les gouvernants croient pouvoir diriger les événements, mais il leur arrive souvent qu'ils sont menés par les circonstances, par les entraînements des masses. Ceux que l'on croit les plus habiles perdraient beaucoup de leur prestige si l'on savait combien les résultats dont on leur fait honneur diffèrent de leurs conceptions.

Les menées des agents de la cour de Hué en

Cochinchine se manifestèrent surtout par deux assassinats qui eurent un grand retentissement parmi la population indigène.

Le 24 mai, Trân-Ba-Hiuu, phu (préfet) de Long-Thanh, province de Biên-Hoa, était assassiné dans le village de Top-Phao par une bande de brigands guidés vraisemblablement par deux bonzes annamites.

On poursuivit ces assassins sans pouvoir les atteindre jusque dans l'arrondissement de Cangioc, au sud de Saigon.

La victime était le frère de Trân-Ba-Loc, Doc-Phu-Su dans la province de Mitho, l'un de nos plus fidèles et de nos plus braves serviteurs. (Renseignements extraits du *Saigonnais*, 19 juin 1884).

Le 8 février 1885, à Hoc-Mon, à quelques kilomètres de Saigon, le doyen de nos partisans, le doc phu-su Ca, fut surpris et assassiné dans sa demeure. Sa femme fut tuée avec lui. La maison fut incendiée ainsi qu'une partie du village. Depuis quelques temps nos amis étaient prévenus de se tenir sur leurs gardes. Mais le phu Ca, trop confiant et déjà alourdi par l'âge, était mal gardé. Les armes des hommes qui le servaient étaient mal entretenues. Peut-être la trahison s'était-elle déjà glissée autour de lui.

Il s'était soumis à la France et converti à la religion chrétienne le lendemain de la bataille de Khi-Hoà; depuis cette époque, il s'était montré dévoué, honnête et fidèle. L'amiral de la Grandière l'avait fait nommer chevalier de la Légion d'honneur. Il avait assisté en 1867 à la tête d'un corps de miliciens à la prise des trois provinces de l'Ouest.

Lorsque les ambassadeurs Phantongiang et Lam-Duyêt vinrent à Saigon pour conclure le traité de 1862, le phu Ca, alors Tông le Xa-Thanh et le Tông-Cho, furent les trois premiers Annamites qui furent présentés aux ambassadeurs de la cour de Hué comme serviteurs de la France.

En même temps, l'amiral Courbet, continuant sur les côtes de Chine les hostilités qu'il avait si brillamment inaugurées à la prise de Thuân-An, détruisait la flotte chinoise à Fou-Tcheou, menaçait d'une ruine complète la marine ennemie, occupait Kelung, Tamsui, et finissait par s'emparer des Pescadores.

La guerre n'était pas encore déclarée, mais une lutte acharnée se poursuivait, même en Europe, entre les agents des deux puissances qui se disputaient la possession du Tonkin.

C'est au Tonkin même que la Chine voulait renouveler ses efforts les plus énergiques.

Dès le mois de décembre (1884), de nouveaux mouvements des troupes chinoises furent constatés en face de nos postes avancés de l'Est.

Le 16 décembre, deux ou trois mille soldats impériaux descendirent des montagnes et essayèrent de piller le marché de Hao, à 7 kilomètres au Nord-Est de Chu. Une colonne composée d'une compagnie du 111e (capitaine Verdier), deux compagnies de la légion étrangère (capitaines Boergert et Gravereau) et d'un peloton tonkinois se porta dans cette direction pour empêcher les Chinois de se ravitailler au marché. Dans un brillant combat où la compagnie Gravereau fut un moment entourée, puis obligée de charger l'ennemi à la baïonnette pour s'ouvrir un passage, les Chinois furent repoussés et essuyèrent des pertes considérables. Nous perdîmes 15 tués et 31 blessés.

Des bandes nombreuses, mais moins solides et ne comprenant que des pirates indigènes, furent dispersées dans les environs de Hong-Yên et sur les bords du Dây.

A la fin de l'année, les Chinois faisaient de fréquentes reconnaissances jusqu'aux portes de Chu et on apprenait qu'ils avaient rassemblé des troupes nombreuses, environ 12,000 hommes, vers l'Est sur la route d'An-Chau.

Le 2 janvier 1885, M. le général de Négrier réunit à Chu cinq bataillons d'infanterie, bataillon du 111ᵉ régiment, commandant Faure, bataillon du 143ᵉ, commandant Farret, tous les deux placés sous les ordres du lieutenant-colonel Herbinger ; un bataillon d'infanterie de marine, commandant Mahias ; 3ᵉ bataillon du 3ᵉ tirailleurs algériens, commandant de Mibielle ; un bataillon de la légion étrangère, commandant Diguet et cent Tonkinois capitaine de Beauquesne ; deux batteries du 12ᵉ d'artillerie, capitaines Jourdy et de Saxcé sous les ordres du commandant de Douvres ; une section du génie et de télégraphie optique, un détachement du train, sous-lieutenant Blanchard, et une section d'ambulance sous les ordres de M. Baudot, médecin-major.

Le général de Négrier laissa pour garder Chu M. le lieutenant-colonel Donnier avec 500 hommes environ.

Les ennemis s'étaient retranchés sur une ligne de hauteurs appuyées au Nui-Bop, hauteurs situées au Nord du Loch-Nam. Ils avaient établi une série d'ouvrages fermés appuyés les uns aux autres, parfaitement organisés, avec parapets crénelés, fossés et palissades.

En avant de ce camp retranché coulait à 600 mètres environ un ruisseau affluent du Soui-Miên, en arrière duquel on avait établi une ligne de tranchées-abris précédée d'abatis.

Pendant que la garnison de Chu faisait une sortie sur la route de An-Chau, la colonne expéditionnaire s'avançait à 6 heures du matin le 3 janvier par la rive gauche du Loch-Nam. Elle devait ainsi prendre l'ennemi par le flanc et couper ses communications avec An-Chau.

A une heure de l'après-midi, on passait le Loch-Nam au gué de Dao-Bé. Cette opération, retardée par la vitesse du courant, ne fut terminée qu'à 4 heures du soir.

L'ennemi, aussitôt qu'il avait aperçu notre mouvement, s'était préparé à nous recevoir et à la suite d'un premier engagement dans lequel six mille Chinois furent mis en déroute, Phong-Cot, situé au Sud de Nui-Bop, tomba au pouvoir de nos troupes. A cinq heures et demie du matin, la compagnie Verdier qui était en grand'garde, fut vigoureusements attaquée et entourée; elle dut, pour se dégager, charger à la baïonnette.

De Phong-Cot, situé au centre d'une plaine, partent une suite de hauteurs qui s'étendaient jusqu'à huit cents mètres du camp retranché.

L'action commencée par l'attaque des Chinois fut poursuivie par nos troupes qui les délogèrent successivement de tous leurs retranchements tandis que l'artillerie du lieutenant Largouet, appuyant notre gauche, empêchait les corps ennemis détachés à Liêm-Som et à Mai-Tho sur la rive droite du Loch-Nam de rallier le camp retranché.

A onze heures et demie le feu cessa. Toutes les positions étaient en notre pouvoir.

« Les Chinois avaient montré 12,000 hommes, dont une moitié, séparée du camp retranché par la manœuvre de nos troupes, se retira sans prendre part au combat. L'ennemi abandonna 600 morts, deux batteries Krupp, » (Bouinais et Paulus, p. 365) des fusils, des munitions et un nombreux matériel.

Nous avions perdu 19 tués et 65 blessés dont 3 officiers.

L'ennemi avait fait une démonstration le 5 janvier, le jour même de ce combat, du côté de Deo-Van, au nord de Chu. Mais cette tentative de diversion ne fut pas renouvelée.

Le général Brière de l'Isle, qui venait d'être promu divisionnaire et qui réunissait dans ses mains tous les pouvoirs civils et militaires, eut à faire des préparatifs considérables pour mettre les troupes en état de marcher jusqu'à la frontière.

Le Loch-Nam, encaissé et rapide, n'est accessible aux canonnières que pendant un faible parcours. Au-delà, les remorqueurs et les jonques rencontrent de grandes difficultés, et ces dernières ne pouvaient aller plus loin que Chu. Le matériel destiné à Chu était débarqué à Trai-Dam et reporté de là jusqu'à destination par des jonques, des sampans et un chemin de fer Decauville. Au-delà de Chu le terrain était trop accidenté pour recevoir une voie ferrée, même à voie étroite.

M. le chef d'escadron d'artillerie Palle était spécialement attaché au service des transports.

Le chef du service administratif était représenté sur la base d'opération par MM. les sous-intendants de la Grandière et Jan.

Plusieurs centaines de voitures à bœufs avaient été construites à Hanoi et devaient être attelées avec des bœufs achetés dans la province de Thanh-Hoa. Depuis l'affaire de Bac-Lê, on avait de la peine à recruter des coolies ; cependant on put en rassembler 6,500 qui furent embrigadés sous la direction d'officiers et de sous-officiers français assistés d'un cadre indigène.

La division qui devait marcher sur Lang-Son se composait de deux brigades ; l'une, commandée par le colonel Giovanninelli, avec laquelle marcherait le commandant en chef et la deuxième brigade commandée par le général de Négrier.

La première comprenait :

Le 1$^{er}$ régiment de marche de l'infanterie de marine, lieutenant-colonel Chaumont ; commandants Mahias et Lambinet ; le 2$^{e}$ régiment de marche, deux bataillons de tirailleurs algériens, lieutenant-colonel Létellier ; commandants de Mibielle et Comoy ;

Le 1$^{er}$ bataillon du 2$^{e}$ tirailleurs tonkinois, commandant Tonnot ;

Trois batteries, deux de 80$^{m/m}$ et une rayée de 4

de montagne, commandant Levrard, capitaines Roussel, Ropert, Péricaud.

La seconde brigade comprenait :

Le 3ᵉ régiment de marche, bataillons des 23ᵉ, capitaine de Morineau, du 111ᵉ, commandant Faure et 143ᵉ de ligne, commandant Farret, lieutenant-colonel Herbinger ;

Le 4ᵉ régiment de marche, deux bataillons de la légion étrangère, lieutenant-colonel Donnier commandants Diguet et Schœffer ;

Le 2ᵒ bataillon d'infanterie légère d'Afrique, commandant Servière ;

Un bataillon du 1ᵉʳ tirailleurs tonkinois, commandant Jorna de Lucale ;

Trois batteries, deux de 80ᵐ/ₘ une de 4 rayé de montagne, commandant Levrard, capitaines Martin, Jourdy et de Saxcé ;

Les ambulances étaient dirigées par le médecin major Zuber et par le médecin principal Riout.

En dehors des brigades étaient le demi-escadron de chasseurs d'Afrique, capitaine Gachet ; le génie, capitaine Josse ; les pontonniers, lieutenant Rémusat ; les aérostiers, lieutenant Julien ; le télégraphe, lieutenant Saillard ; le trésor et les postes, M. Rollin ; les parcs, commandant Chapotin et les convois, commandant Palle.

« L'effectif des deux brigades s'élevait à 7,186 hommes. » (Bouinais et Paulus, p. 372).

Pour se rendre à Lang-Son et aux frontières du Quan-Si, quatre routes se présentaient aux Français.

La route mandarine passant par Bac-Lê et suivant la vallée du Song-Thuong.

Cette route, traversant des défilés étroits et dangereux, pouvait faire courir de véritables périls au corps expéditionnaire. Elle devait certainement augmenter ses fatigues et lui causer des pertes inutiles.

Une seconde route partant de Chu par deux directions, le col de Déo-Van et celui de Déo-Quan, traversait un pays montagneux et accidenté; mais elle avait l'avantage d'être à peu près directe et d'éviter quelques-uns des principaux ouvrages de l'ennemi qui seraient laissés les uns sur notre gauche et les autres sur notre droite, où une partie de nos adversaires seraient immobilisés.

La troisième route partait de Chu également; elle gagnait Lang-Son par Nui-Bop, Phuc-Tang et Ha-Duong; elle aurait occasionné un détour inutile et aurait fatalement amené la concentration des forces ennemies sur notre gauche.

Une quatrième route partait de Tiên-Yên, petit port sur la côte orientale du Tonkin, allait directement à Lang-Son à travers des vallées profondes, des montagnes escarpées et des forêts à peu près désertes.

Le général Brière de l'Isle choisit la route de Chu à Lang-Son par le col de Déo-Vân et Dong-Song.

Il avait en face de lui l'armée du Quang-Si qui tenait les routes par lesquelles elle avait essayé d'envahir le pays et qui était surtout concentrée à Hao-Loc, à Dong-Song et à Phu-Thang.

Vers le nord on devait s'attendre à l'attaque des forts détachés de Tuyên-Quang, de Thai-Nguyên et peut-être de Hong-Hoa. De ce côté, un ennemi remuant et infatigable, Luu-Vinh-Phuoc, manœuvrait avec ses Pavillons noirs et comptait sur l'appui des troupes régulières du Yunnam.

Dans l'ouest, les manœuvres des mandarins et de Hoang-Kê-Viêm tendraient à faire diversion sur notre flanc et sur nos derrières.

Le général français était donc au centre d'une vaste trame s'étendant des rivages de la mer à Nam-Dinh, Ninh-Binh, Miduc, Hong-Hoa, Tuyên-Quang-Thai-Nguyen, Phu-Lang-Thuong, Kep, Chue et Nui-Bop.

Il était menacé par tous les points et surtout du côté de Lang-Son et de Tuyen-Quang.

Son but était de détruire ses principaux adversaires les uns après les autres en frappant d'abord l'armée la plus puissante et la plus audacieuse, celle du Quang-Si qui avait occupé autrefois une partie des provinces de Bac-Ninh et de Quang-Yên.

Mais pour réussir il fallait que nos troupes, tout en frappant nos ennemis de Lang-Son, pûssent à un moment décisif venir en aide à nos garnisons sur tout autre point du vaste demi-cercle que nous avions entrepris de garder. Le demi-cercle avait un rayon de trente lieues et les deux points extrêmes de la lutte qui allait s'engager étaient séparés par une distance de quarante lieues, environ 170 kilomètres, qu'il était impossible de franchir directement.

Pour donner le change sur nos intentions, le général de Négrier fit une fausse démonstration le 30 janvier en avant de Kep et rentra avec sa brigade à Chu, où le général en chef venait d'arriver.

Le 3 février, le corps expéditionnaire franchit le col de Deo-Vian. En sortant du défilé, on occupa facilement le village de Cau-Nhat où l'ennemi avait rassemblé des vivres et des munitions.

Le 4, de premiers engagements ont lieu contre une ligne de forts espacés sur les crêtes montagneuses qui sont à l'Est de la route.

Le capitaine Graveveau, chargé de flanquer avec sa compagnie l'extrême gauche de la ligne de bataille, est tué sur le rempart même d'un ouvrage qu'il a voulu enlever de vive force.

Le soir, la 2$^{me}$ brigade campe dans les forts des sommets de gauche de la position ennemie, brillamment enlevés ; la 1$^{re}$ brigade occupe quatre positions fortifiées au centre. A l'extrême gauche, l'action continue toute la nuit. Les forts tombent en notre possession à la pointe du jour. Le 5, le lieutenant-colonel Letellier, avec trois compagnies, couvre notre gauche pendant la marche en avant. On se trouve en présence d'une série de retranchements habilement disposés sur les hauteurs et précédés de tranchées bien construites.

Les deux brigades se déploient ; la première à gauche, la seconde à droite et viennent à bout successivement de toutes les résistances. Le combat avait commencé à midi seulement. A la nuit ces deux brigades étaient parvenues à l'entrée du défilé de Dong-Song.

Le 6, à six heures et demie du matin, la deuxième brigade marchant en tête se trouve en face d'un ouvrage qui barrait la route et qui est rapidement enlevé. La brigade, se portant sur sa droite, s'empare des forts qui dominent Dang-Song à l'Est ; pendant ce temps la première brigade la dépasse et s'empare du dernier fort sur la route de Lang-Son. Le camp retranché abandonné par nos ennemis tombe entre nos mains. Les Chinois y ont laissé un matériel considérable.

Une reconnaissance de cavalerie, dirigée par M. le capitaine Lecomte part par la route de Deo-Quan pour Chu. Elle ne rencontre que quelques traînards. Les forts qui la couvraient sont complètement évacués. Cette voie, plus directe, fut immédiatement réparée et mise en service pour nos communications.

Le 7, le 8 et le 9 furent consacrés au repos. Une reconnaissance s'empare du col de Than-Moi ; Dang-Song fut organisé en station-magasin. Plusieurs reconnaissances furent dirigées sur notre front et sur nos ailes. Dans l'une d'elles, à Deo-Quao, deux compagnies de la légion étrangère furent vivement attaquées par l'ennemi et le repoussèrent avec vigueur.

Le 10, le commandant Jorna de Lacale fut laissé avec une petite garnison dans le camp de Dong-Song.

A la nuit on arrivait à Pho-Bur et l'on trouve le

fort de Dong-Bur évacué. Les routes détrempées par la pluie étaient très difficiles.

Le 11, la marche est retardée par la pluie et le brouillard. On franchit la ligne de partage des eaux entre le Tonkin et la Chine et on se trouve en présence de forces nombreuses qui défendent successivement toutes les hauteurs en se repliant devant nous. Le combat ne cesse qu'à la nuit. On campe à Pho-Vi.

Le 12, la colonne aborde les positions couvrant Lang-Son. A neuf heures, la première brigade, qui a pris la tête, attaque de fortes masses qui sont appuyées sur des retranchements et des postes établis sur les points les plus élevés. On enlève successivement plusieurs des principaux ouvrages.

La deuxième brigade suit de près la première ; à six heures du soir elle a poussé jusqu'à dix kilomètres de Lang-Son.

Elle s'établit en avant du col à Bat-Viaï.

Dans ce combat, le commandant Levrard et le sous-lieutenant Bossant furent tués; l'un était en tête de l'artillerie, l'autre aux côtés du général. Nous eûmes 8 officiers blessés, 37 hommes tués et 184 blessés, dont 123 légèrement.

Le 13 février 1885, la première brigade entrait à Lang-Son qui était évacué par l'ennemi.

Elle traversa la ville et refoula des détachements qui tenaient encore les retranchements de la rive gauche du Song-Ki-Kong et le village de Ki-Lua.

Elle établit ses cantonnements depuis ce village jusqu'à la rivière.

La deuxième brigade s'établit sur la rive gauche dans la ville et dans la citadelle.

Du 9 au 13, nous avions eu 39 tués, et 222 blessés.

« On recueillit le 16, dans le camp retranché de Lang-Son, deux batteries Krupp, une batterie Vavasseur, une batterie de fusées de combat, des canons ancien modèle en bronze et en fonte, des approvisionnements considérables en vivres, poudre et munitions, réunis surtout dans une sorte de réduit établi dans les roches calcaires du Nord-Ouest de la citadelle dont les magasins sont constitués par de vastes grottes. » (Bouinais et Paulus, p. 382).

Le 16 février, le général Brière de l'Isle, qui avait hâte de secourir Tuyên-Quan serré de près et assiégé depuis le mois de décembre, était reparti avec la première brigade, commandée par le colonel Giovanninelli. Les troupes avaient repassé par Chu et étaient à Hanoi le 22.

Dès le 17 février une colonne avait été formée par le colonel Dujardin, commandant supérieur du Delta, pour aller, sous les ordres du lieutenant-colonel de Maussion, ravitailler Tuyên-Quan.

Cette colonne quitta Bachat le 24 et arriva à Phu-Doan deux jours avant le général Brière de l'Isle.

Le 27, le général en chef était à Phu-Doan, au confluent du Sang-Chai avec la Rivière Claire, et prenait la détermination de marcher directement sur Tuyên-Quan par la route de Duoc, la plus courte.

Sur ce trajet il devait se heurter aux troupes de Luu-Vinh-Phuoc, comptant un effectif de 15,000 hommes solidement retranchés. Nos soldats mirent trois jours à parcourir les vingt-deux kilomètres qui les séparaient de Tuyên-Quan. Le passage était coupé par des forts casematés ayant des fossés de deux mètres, des murs et trois lignes successives de tranchées. Les abords étaient défendus par des pointes de bambous cachées dans les herbes à une distance de un kilomètre.

Le 1$^{er}$ mars on avait campé à quatre kilomètres des positions chinoises.

Le lendemain, à onze heures et demie, on arrivait à trois kilomètres d'un fort chinois. Nos troupes ayant leur droite appuyée à la rivière Claire, leur gauche soutenue par des flanqueurs, voient à peine les positions de l'ennemi, masquées par des broussailles et par les hautes herbes.

Les tirailleurs tonkinois, soutenus par l'artillerie, les tirailleurs algériens et l'infanterie de marine, abordent les retranchements malgré un feu meurtrier et font des efforts héroïques pour franchir les palissades. A trois heures le bataillon Mibielle a quarante hommes hors de combat par l'explosion d'une mine.

Vers cinq heures, les principaux obstacles sont franchis, quelques bambous de la palissade sont enlevés. Les soldats s'élancent sur les remparts et tuent à la baïonnette les Chinois et les Pavillons noirs. A six heures et demie tous les retranchements, sauf un, étaient en notre pouvoir. A sept heures on suspendit l'attaque. Les troupes couchèrent sur les positions conquises à cent mètres de l'ennemi qui continuait à tirer. Un sergent qui s'écarta de quelques pas fut décapité.

A trois heures, les Chinois tentèrent une contre-attaque et furent repoussés.

Le 3 mars 1885, à 6 heures, l'action recommença. L'infanterie de marine enleva un dernier fort et le colonel de Maussion, en réserve la veille, prit deux ouvrages fortifiés sur notre gauche. Les Chinois se retirent pour ne pas être tournés. Dans l'un des forts, cinquante réguliers se défendent à outrance et se laissent mitrailler jusqu'au dernier par quatre pièces d'artillerie qui sont mises en batterie sur un mamelon et dominent l'enceinte.

Ces combats sanglants nous coûtaient 76 tués dont 6 officiers et 408 blessés, dont 21 officiers.

Malheureusement les canonnières *Henri-Rivière*, le *Berthe de Villers*, le *Moulun*, la *Trombe* et l'*Eclair*, qui devaient concourir à nos opérations ne purent remonter la rivière Claire. Elles auraient pu canonner et prendre à revers l'aile gauche des positions de Luu-Vinh-Phuoc et hâter le moment de sa défaite. Nos pertes auraient été moins cruelles. Elles se traînèrent péniblement sur le sable et ne purent arriver à Tuyên-Quan en moins de sept jours.

Les Chinois se retirent et nous laissent la route libre. A dix heures du matin, on reprend la marche en avant en longeant la rivière Claire jusqu'au défilé de Yuoc.

A deux heures et demie la colonne arrivait en vue de Tuyên-Quan. — Le commandant Dominé, entouré de ses vaillants compagnons, attendait le général.

Celui-ci mit le pied à terre, et embrassa chaleureusement le valeureux défenseur de la citadelle en le félicitant du grand service qu'il venait de rendre. La première visite du général fut ensuite pour les blessés.

La garnison de Tuyên-Quan venait de se couvrir de gloire en résistant dans des conditions très difficiles aux attaques réitérées d'un ennemi formidable.

Elle comprenait 592 hommes ; 2 compagnies de la légion étrangère, capitaines de Borelli et Moulinay, une compagnie de tirailleurs tonkinois, capitaine Dia, de l'infanterie de marine, le lieutenant Dirappe et 31 hommes de l'artillerie de marine, le sergent Bobillot et 6 hommes du génie, 3 infirmiers, 3 ouvriers d'administration. Nous disposions de 6 canons dont deux pièces de 40 millimètres, 2 pièces de 4 rayées de montagne, et 2 canons-revolver Hotchkiss. Dans la rivière Claire, la canonnière *Mitrailleuse*, type Farcy, commandée par l'enseigne Senès, se trouvait mouillée en face du fort. Elle avait un équipage de 25 hommes et était armée d'un canon Hotchkiss.

M. Boisset, aumônier militaire protestant, s'était renfermé dans la place avec les hommes de la légion dont la plupart étaient ses coréligionnaires. On lui doit un récit émouvant du siège.

Le conseil de défense se composait du commandant Dominé, président ; du capitaine Cattelin, de la légion étrangère ; du lieutenant Derappe, commandant l'artillerie ; du sergent Bobillot, commandant le génie.

Le conseil de surveillance comprenait en outre M. Vincent, médecin-major de la marine, et M. Gautier de Rougemont, chargé du service administratif.

La place avait la forme d'un parallélogramme de 300 mètres de côté dont une face est protégée par la rivière Claire qui coule à 50 mètres de distance. La citadelle est dominée au sud, à l'ouest et au nord par des montagnes qui s'avancent jusqu'aux remparts. Au milieu de la ville s'élève une hauteur de 60 mètres d'altitude surmontée par une pagode.

Dès le 24 novembre, Tuyên-Quan avait été déclaré en état de siège et le commandant Dominé s'était efforcé de maintenir ses relations par eau et d'éclairer les abords de la place par des reconnaissances fréquentes.

Le dernier convoi composé de quatre jonques lui était parvenu le 12 décembre.

Il avait fait élever à 300 mètres dans le sud-ouest de la citadelle, sur une hauteur qui avait vue sur l'intérieur de la place, un blockhaus où il avait mis une garnison de vingt hommes.

Le 21 décembre, une reconnaissance commandée par le capitaine Cattelin eut affaire à plusieurs détachements ennemis qui essayèrent de lui couper ses communications avec la citadelle. Nous eûmes 6 blessés, l'ennemi eut 150 hommes hors de combat.

Le 29 décembre, les Annamites réfugiés sous la place et les coolies furent organisés et armés de bambous aiguisés pour la défense du village qui fut attaqué le 1ᵉʳ janvier.

Les assaillants furent repoussés.

Le 5 janvier, on évaluait à 5000 hommes l'effectif

des Chinois et à 2000 le nombre des Pavillon noirs réunis devant Tuyên-Quan.

Pendant le mois de janvier les assiégeants firent plusieurs attaques infructueuses contre le blockhaus mais ils enlevèrent le village des Annamites qui se réfugièrent sous les murs de la citadelle, sur la berge de la rivière, à l'abri du cantonnement des tirailleurs tonkinois, lequel communiquait avec la place par une tranchée profonde.

Les Chinois bien dirigés, par des hommes instruits, peut-être par des auxiliaires européens, avaient pris pour point de départ de leurs travaux d'approche un canal à demi-desséché situé à 2 kilomètres au sud-ouest de nos murailles. De là ils cheminèrent rapidement par des tranchées et des boyaux bien défilés vers le saillant Sud-Est de la place, disposant des fourneaux des mines jusque sous les murailles de l'enceinte.

Le 30 janvier, le sergent Bobillot ayant constaté dans une reconnaissance que les communications avec le blokhaus allaient être coupées, le commandant Dominé fit évacuer le mamelon et détruire le retranchement.

Les Chinois s'y établirent, y firent une seconde parallèle et s'avancèrent jusqu'à cent mètres de la place. Le 7 février, ils avaient terminé une troisième parallèle.

Notre artillerie, ménageant sagement nos munitions, suivait attentivement les opérations de l'ennemi, et ne tirait que par ordre, sur les groupes et sur les points où il tentait d'établir ses batteries. — Des tireurs de position, choisis parmi les plus habiles, l'inquiétaient par un feu lent et meurtrier.

Les tirailleurs tonkinois repoussèrent plusieurs attaques contre leurs baraquements. Elles se renouvelèrent toutes les nuits, depuis le 30 janvier jusqu'au 3 février.

Le 5 février, les Chinois avaient cheminé jusqu'à la muraille de la face Ouest et avaient pu s'abriter derrière des madriers appuyés contre la maçonnerie.

Au lever de la lune, les madriers furent enlevés avec des crochets.

Le 8, on s'aperçut que l'ennemi cheminait en galerie souterraine contre le mur. Le sergent Bobillot fit commencer deux contre-galeries afin de paralyser l'effet des mines chinoises par des évents. On prit toutes les dispositions nécessaires pour couronner une brèche dans le cas où elle viendrait à se produire et pour élever un retranchement en arrière.

Le 10, on commença deux contre-mines pour aller à la rencontre des travailleurs ennemis.

Le 11, le sergent Maury, de la légion étrangère, se trouva face à face dans une rencontre souterraine avec un mineur chinois. Il fut blessé d'un coup de revolver et tua son adversaire d'un coup de pioche. Le sergent Bobillot put faire inonder un vanneau des mines de l'ennemi, mais ne put arrêter son travail. L'explosion eut lieu le 12. Quoique le mur de la place eut été crevé, la brèche n'était pas praticable. L'assaut fut repoussé. Un autre cheminement se dirigeant vers l'angle sud-ouest fut alors découvert. Une contre-galerie fut commencée, mais ne put arrêter le travail des assaillants.

La mine sauta le 13, à 3 heures du matin, cinq légionnaires furent tués, six blessés. Le mur d'escarpe fut détruit sur une longueur de 15 mètres, mais la brèche était peu praticable. Les assaillants furent repoussés. Un retranchement fut construit en arrière de la brèche. A la nuit le caporal Beulin et trois soldats de la légion étrangère allèrent chercher le corps de leur camarade Sikelbaum, projeté par l'explosion hors de nos lignes. Ils réussirent dans cette entreprise périlleuse.

Le 14 février, le lieutenant Goullet, de l'infanterie de marine, fit une sortie avec 30 tirailleurs tonkinois et enleva 7 pavillons plantés en tête des sapes.

Les Chinois canonnaient la place avec acharnement.

Le 16, dans une reconnaissance commandée par le sergent Beulin, quatre hommes furent tués. On reçut une lettre du général Brière de l'Isle, datée du 6, du camp de Dong-Son.

Le 16 et le 17, une vive fusillade fut engagée par les Chinois, qui élevaient des retranchements sur les mamelons du Sud-Est. La place riposta avec son canon et les Chinois continuèrent à envoyer des bombes et des obus. A midi le capitaine Dia fut tué d'une balle au front ; l'interprète annamite d'un éclat d'obus. Le lieutenant Goullet remplaça le capitaine Dia. A la suite d'une reconnaissance on s'aperçut qu'une brèche de 150 mètres allait se produire à l'escarpe du front ouest. Le commandant Dominé donna l'ordre d'élever sur cette face un retranchement intérieur.

Le 16 février, à six heures et demie du matin, le sergent Bobillot fut gravement blessé à la porte du nord-ouest en faisant une ronde. Il mourut le 17 mars suivant à l'hôpital de Hanoï des suites de sa blessure. Son nom a été, à juste titre, glorifié comme celui d'un héros. Le caporal Gacheux fut chargé de le remplacer.

Les cheminements des Chinois étaient poursuivis avec énergie. Le 22 au matin, trois mines éclatèrent presque simultanément entre cinq heures et quart et cinq heures et demie, la première au saillant sud-ouest, la seconde à la face sud, la troisième à la face ouest.

Le capitaine Moulinay et onze hommes furent tués, le sous-lieutenant Vincent et une vingtaine d'hommes furent blessés. Les Chinois se jetèrent à l'assaut et furent repoussés. Un détachement qui avait passé sur la berge de la rivière, fut ramené par le canon de la *Mitrailleuse*.

Le 24, après une vive fusillade qui avait duré toute la nuit, les Chinois font une démonstration sur le saillant nord-ouest et à quatre heures quarante-cinq du matin, se précipitent en désespérés par la brèche. Le sergent-major Hurbaud se jette bravement sur eux à la tête d'un piquet de garde et est blessé. Le sergent Thévenet qui vient le secourir est blessé à son tour; les Chinois sont dans la citadelle.

« Le capitaine Cattelin arrive en ce moment avec la section de réserve générale de la 2$^{me}$ compagnie; il fait sonner la charge et pousse droit aux brèches à la baïonnette. Les Chinois s'enfuient précipitamment... » (Extrait du rapport du commandant Dominé).

Les travaux des assiégeants et ceux des assiégés continuent. L'ennemi travaille à cinq galeries de mines. Les Français se retranchent, font des fossés, des lignes de palanques et des terrassements en prévision de nouvelles attaques. Ils évacuent la porte de la demi-lune ouest, menacée d'une explosion.

Le 23, au matin, à cinq heures, a lieu une nouvelle explosion de mine qui élargit la brèche. Elle est suivie d'un assaut désespéré. Les Chinois savent qu'une division de secours va arriver. Ils sont repoussés et se retirent en laissant une vingtaine de morts. Un émissaire apporte au même moment la nouvelle de la prise de Lang-Son et de la prochaine arrivée des renforts.

Des deux côtés on se prépare à de nouvelles luttes. Le 28, à onze heures du soir, une explosion se produit encore à la face sud. Les Chinois tentèrent un dernier assaut contre le saillant en dessinant de fausses attaques contre la face nord et contre le campement des tirailleurs tonkinois.

Le capitaine Cattelin, le lieutenant Naert et le sous-lieutenant Proye repoussent cet effort suprême. Ce dernier est blessé. Nous eûmes huit blessés. L'ennemi laissa trente cadavres.

Le 27, le nombre des Chinois paraissait diminuer. Luu-Vinh-Phuoc portait ses troupes au défilé de Yuoc, où il voulait s'opposer au passage de la première brigade.

Le 28, on reçut un nouvel émissaire du général en chef confirmant les lettres reçues le 25.

A huit heures du soir, la garnison apercevait des fusées tricolores lancées par l'artillerie du corps expéditionnaire. Une satisfaction profonde anime tous les cœurs. Chacun a bien fait son devoir et on sent que les sacrifices accomplis ne seront pas inutiles.

Le 2 mars, on entendit le canon de Thua-Moc.

L'artillerie de la place bombarde les têtes de sapes. Les Chinois ripostent par une vive fusillade jusqu'à trois heures du matin.

Le 3 mars, à cinq heures et demie, une sortie des tirailleurs tonkinois reconnut que les tranchées étaient abandonnées par les Chinois. Il ne restait qu'un rideau de tirailleurs pour masquer la retraite et l'enlèvement de l'artillerie.

« Quelques Chinois demeurés sur le mamelon qui domine la face ouest, se retirèrent dans une casemate où ils moururent bravement sans vouloir déposer les armes. » (Bouinais et Paulus, p. 396).

Deux troupes ennemies fortes de 1,600 hommes passèrent en vue de la citadelle et furent dispersées par quelques coups de canon. C'étaient les derniers assiégeants qui se retiraient.

Pendant la marche du général Brière de l'Isle sur Tuyên-Quan, une bande de cinq à six cents pirates chinois et annamites et muongs avait parcouru le pays entre Phu-Doan et Bachat pour faire une diversion, Le 9 mars, deux compagnies, sous les ordres du capitaine Kuntz, de l'infanterie de marine, détruisirent le village de Phu-Duc où les brigands s'étaient cantonnés.

— Les brillants résultats que l'on venait d'obtenir étaient dus à l'activité, au dévouement et au courage de tout le corps expéditionnaire, depuis les généraux jusqu'aux plus humbles soldats. Tous s'étaient surpassés et avaient donné toutes leurs forces, toute leur énergie, risqué leurs existences à chaque moment.

On avait mis en fuite l'armée du Quan-Si refoulée en désordre et battue en diverses rencontres depuis Kep, Nui-Bop, Dong-Son et Lang-Son jusqu'aux frontières de la Chine. Le général de Négrier établi à Lang-Son, la tenait en échec.

L'armée d'invasion du Yunnam, descendant du nord par la rivière Claire et par la vallée du fleuve Rouge, s'était attardée au siège de Tuyên-Quan et avait été défaite à son tour par le général Brière de l'Isle. On annonçait une nouvelle invasion de ce côté. Mais les armées chinoises se meuvent lentement. Celle-ci avait un long trajet à accomplir dans un pays difficile et dépeuplé avant de se heurter à nos lignes et n'avait pas les moyens d'amener sur les champs de bataille sa grosse artillerie et ses approvisionnements.

Néanmoins, chacun le sentait, on avait été heureux. Bien des circonstances nous avaient été favorables. Un contretemps aurait pu retarder l'arrivée du général Brière de l'Isle à Thua-Moc et compromettre l'existence de la vaillante garnison de Tuyên-Quan.

A la guerre, le succès final justifie toutes les conceptions, mais les hommes spéciaux ont le droit d'analyser chaque mouvement, chaque opération importante et d'examiner quelles auraient pu être leurs conséquences diverses, selon les événements qui auraient pu advenir et contrecarrer les combinaisons prévues par les généraux.

Le général Brière de l'Isle, grâce à la rapidité de ses mouvements et à la valeur de ses troupes, avait pu frapper l'ennemi simultanément à Lang-Son et à Thua-Moc. Cependant une réflexion était venue à tous les esprits.

Cette armée victorieuse, dont les deux vaillantes brigades donnaient tout leur effort à cinquante lieues l'une de l'autre, pouvait être coupée en deux tronçons par un accident imprévu, par un mouvement hardi de nos adversaires du moment que nos points d'arrêt n'étaient plus à portée des fleuves du Delta sur lesquels notre domination n'a jamais été contestée. — Il pouvait arriver aussi que nos troupes assujetties à des fatigues extraordinaires, à une tension constante, éprouvâssent un de ces moments de lassitude, d'affaiblissement auxquels sont sujets les héros eux-mêmes.

Après des marches pénibles sur un terrain marécageux, sous un soleil de feu, après des nuits d'alarme passées sans sommeil à côté des amis qui souffrent et gémissent dans les étreintes de la fièvre, à quelques pas d'une ennemi redoutable qui ne craint pas la mort et qui nous guette dans l'ombre, les hommes les mieux trempés s'anémient lentement. Ils deviennent alors une proie facile pour la fièvre et pour le choléra, ces deux fléaux implacables, aux influences desquels n'échappent sûrement que ceux bien rares qui dominent de très haut les passions du vulgaire.

Les chefs vigilants de nos troupes ne pouvaient reconnaître que la conduite de nos adversaires leur présentait sans cesse une énigme indéchiffrable et pleine de dangers.

Tantôt des troupes nombreuses se débandaient sous le premier choc de nos braves soldats, tantôt un groupe de Chinois ou d'Annamites se raidissaient avec une énergie désespérée devant toutes nos attaques, comme les défenseurs de Kep ou les derniers assiégeants de Tuyên-Quan, mourant sans regret et sans faiblesse sur les positions qui leur avaient été confiées.

Au milieu de nos succès éclatants, on comprenaît qu'une extrême prudence était nécessaire, car, pour nos faibles effectifs exposés à tant de périls divers, le moindre échec pouvait être transformé, par un simple accident, en un désastre lamentable.

Telle est la guerre en Asie, il faut l'avoir faite, l'avoir pratiquée longtemps pour savoir que la lutte entre deux races qui n'ont ni les mêmes idées, ni les mêmes mobiles, ni les mêmes moyens, peut amener les déceptions les plus imprévues, les plus foudroyantes.

Pendant que le général Brière de l'Isle marchait sur Tuyên-Quan, le général de Négrier, établi à Lang-Son, se préparait à compléter la déroute de l'armée chinoise du Quang-Si

Les Chinois avaient établi à Dong-Dang, à 15 kilomètres de Lang-Son, à la jonction de la route de Cao-Bang avec la route de Chine, une série de redoutes qui protégeaient la route et la porte de Chine ou Cua-Aï.

Le 22 février 1885, le général quitta son quartier général et se porta vers la porte de Chine. A neuf heures du matin, il se trouva en face de l'ennemi et engage l'action immédiatement.

Les Chinois essayèrent d'abord de nous déborder sur nos ailes. Leurs attaques furent toutes repoussées.

Il résolut de leur enlever leurs positions du centre, et après avoir fait taire leur artillerie, il fit enlever successivement toutes leurs positions autour de Dong-Dang qui était en flammes.

Les ouvrages de l'ouest sont enlevés par l'avant-garde, tirailleurs tonkinois, capitaine Geil, le deuxième bataillon de la légion, commandant Diguet, et deux compagnies du troisième bataillon, capitaines Brunet et Michel.

Le lieutenant-colonel Herbinger avec le bataillon du 111°, commandant Faure, et la compagnie Brunet, traverse le village et s'empare des retranchements qui sont au nord sur un massif calcaire escarpé. Le sous-lieutenant Portier est mortellement frappé dans cette attaque.

« Les trois compagnies du 2^me bataillon de la légion, capitaines Ysombard, Dotter, lieutenant Durillon qui venaient de s'emparer des redoutes au sud de Dong-Dang, marchent dans la direction de That-Ké, en chassant l'ennemi de crête en crête.

« Il est trois heures, les Chinois sont séparés en deux fractions ; l'une disparaît par la route de That-Ké, l'autre s'écoule par la route de Chine. » (Extrait du rapport du général de Négrier).

Le général poursuit l'ennemi sur la route de Chine, les bagages et l'ambulance sont laissés à Dong-Dang. A cinq heures et demie, la porte de Chine est occupée.

Quatre canons Krupp, trois mitrailleuses de gros calibres, des approvisionnements considérables sont tombés entre nos mains.

« Dans cette région si difficile, où les combattants ont été forcés de gravir, sous le feu, des pentes abruptes, la fatigue des troupes a été extrême ; cependant elles n'ont jamais montré plus de vigueur ni de dévouement. » (Extrait du rapport.)

Dans cette affaire nous avons eu 9 tués et 42 blessés, dont 25 légèrement.

Le général fit sauter la porte de Chine dite Cua-Haï.

Il laissa à Dong-Lam, au-delà de Dong-Dang, sur la route de That-Ké, un bataillon de la légion étrangère et rentra à Lang-Son qu'il s'occupa de faire mettre en état de défense.

Les Chinois, menacés dans leurs communications, avaient évacué That-Ké. Le 7 mars 1885, un détachement de chasseurs d'Afrique, commandés par M. le capitaine Gachet, y furent envoyés et y arrivèrent le 8. Ils revinrent le 9 et firent sous une pluie battante les 75 kilomètres qui les séparaient de Dong-Dang. Ils furent obligés de traverser trois fois le Song-Ki-Kung débordé, ayant plus d'un mètre d'eau aux gués.

« Le capitaine Gachet et le lieutenant d'Huteaux mettaient pied à terre comme les hommes, au milieu de la rivière, pour créer les rampes nécessaires au passage des chevaux. » (Bouinais et Paulus, p. 412).

Les Chinois attaquèrent Dong-Dang le 21 mars à deux heures du matin.

Le général de Négrier se porta au secours de la petite garnison et voulut menacer Lang-Tcheou, dans le Quan-Si, où nos ennemis établissaient un centre d'approvisionnements couvert par un camp retranché.

Le général de Négrier, laissant des détachements à Lang-Son, Kilua et Dong-Dang, s'avança le 23 avec un millier d'hommes contre les positions de Dong-Bo.

A neuf heures, le feu de notre batterie d'artillerie commence sur les forts de la première ligne et à midi un premier ouvrage fut enlevé à la baïonnette par un bataillon de la légion étrangère; on avait eu en face cinq ou six mille Chinois.

Une seconde ligne de forts était à un kilomètre en arrière. Le général poursuivit les fuyards à la tête de sept cents hommes, délogea l'ennemi vers quatre heures et l'obligea à chercher un refuge vers une troisième ligne.

Le 24 mars, l'attaque commença à neuf heures du matin. Le 143e, mettant les sacs à terre, s'avance par la droite de crête en crête délogeant successivement l'ennemi de toutes ses positions. Le 141e attaque de front les tranchées et s'y établit malgré les retours offensifs des Chinois.

Le 143e enlève trois forts les uns après les autres. Le troisième ouvrage établi, sur un mamelon de trois cents mètres de hauteur, n'est occupé qu'au prix d'un effort désespéré. On l'escalade en se cramponnant aux broussailles sous une grêle de balles.

Dix-huit soldats, parmi les premiers arrivés, tombent morts ou blessés.

La position de Dong-Bo était en notre pouvoir, mais nous étions en face de nouvelles lignes fortifiées et occupées par une armée que l'on estimait à cinquante mille hommes.

A trois heures de l'après-midi, les Chinois reprirent l'offensive pas moins compactes en essayant de nous déborder.

Le 111°, abandonnant ses sacs, se fit jour à la baïonnette emportant ses morts et ses blessés.

Le 143° se retira par échelons, en ramassant aussi ses blessés et ses morts. Le général de Négrier à l'arrière-garde faisait lui-même le coup de feu avec quelques hommes. La retraite se poursuivit ainsi jusqu'à la porte de Chine. On arriva à Dong-Dang à sept heures du soir. Il fallait toute l'énergie et tout l'ascendant du général sur ses hommes pour les soutenir ainsi pendant dix heures d'une lutte effroyable contre des forces écrasantes.

Le 25 mars, le général avec son avant-garde attendit devant la porte de Chine les ennemis qui ne se présentèrent pas.

Il avait déjà évacué ses blessés sur Lang-Son. Le 26 il rentra à Kilua et à Lang-Son.

1700 hommes étaient arrivés de France et avaient été répartis entre les différents corps. «Notre effectif s'élevait à 3.500 hommes.» (Bouinais, p. 414).

Les blessés avaient été évacués sur Chu.

Le 27, on voit les Chinois aux abords de Kilua et on se prépare à les recevoir.

Le 28 mars, au matin, l'ennemi s'avança par la route mandarine sur Kilua, tandis que deux colonnes nous tournaient par la droite et par la gauche en gagnant les hauteurs. L'attaque directe fut repoussée par les feux de notre artillerie et de notre

14

mousqueterie. Mais les ailes de l'armée chinoise occupaient des positions menaçantes pour Kilua. Vers trois heures le général de Négrier venait de repousser les Chinois, ils allaient revenir à la charge et, de son côté, il préparait une contre-attaque, lorsqu'il reçut une balle au côté gauche. Le projectile fort heureusement s'était amorti contre un carnet qu'il traversa. Le coup n'était pas mortel, mais le général fut obligé d'abandonner le commandement entre les mains du lieutenant-colonel Herbinger, commandant le 3e régiment de marche. Le lieutenant Berge, officier d'ordonnance du général, avait été grièvement blessé auprès de son chef.

A cinq heures du soir, le lieutenant-colonel Herbinger ordonna la retraite et évacua Lang-Son.

Nous avions perdu dans les trois journées de combat 15 tués ou disparus et 41 blessés dont 21 légèrement.

« Le mouvement rétrograde se fit sans que l'ennemi osât nous inquiéter. Les blessés, y compris le général de Négrier, furent évacués sur Dong-Song où ils arrivèrent le 29. La brigade, après un engagement, atteignit le 1er avril à Chu et à midi à Kep où, depuis la veille, était parvenu un bataillon de renfort. Elle s'installa dans de fortes positions. De Lang-Son à Than-Moi, à Dang-Song et à Chu, la retraite s'était opérée en bon ordre. Le colonel Borgnis-Desbordes, envoyé par le général en chef, prit le commandement en remplacement du lieutenant-colonel Herbinger. » (Bouinais et Paulus, p. 416).

Le général de Négrier était arrivé à Hanoi le 1er avril. Le général Brière de l'Isle reçut le glorieux blessé avec une profonde émotion :

« Nous reprendrons Lang-Son, lui dit-il, mais la France a encore besoin de vous ». (*Avenir du Tonkin*, du 5 avril 1885).

Le général Brière de l'Isle et le général Giovaninelli arrivèrent le 5 à Chu. — Après avoir reconnu la situation, le général en chef fit réoccuper Deo-Van, Deo-Quan et Nui-Bop, ce qui reportait nos lignes à trente kilomètres au nord du cours supérieur du Loch-Nan. Les Chinois semblaient se concentrer vers Dong-Song et Bac-Lé.

Aucun mouvement sérieux n'avait été signalé dans l'intérieur du Tonkin, malgré les excitations venues de l'extérieur et la complicité de quelques mandarins avec nos ennemis. Les papiers trouvés à Lang-Son ne laissaient aucun doute sur les relations des régents, de Hoang-Kê-Viêm et de Luu-Vinh-Phuoc avec les autorités chinoises.

Ce dernier, toujours infatigable, avait pendant les dernières opérations militaires manœuvré pour créer un nouveau centre de résistance après la chûte de Thua-Moc. Il s'était établi sur la rive gauche du fleuve Rouge au-dessus de l'embouchure de la rivière Claire, à Phu-Lam-Thao, à peu près en face de Hong-Hoa.

Les contingents du Yunnam, si pompeusement annoncés, étaient restés dans le nord et ne firent plus de démonstration sérieuse après la levée du siège de Tuyên-Quan. Comme ceux du Quan-Si, ils n'osèrent plus s'aventurer loin de la frontière.

Cet épisode si émouvant de la guerre du Tonkin eut un grand retentissement en France. Le pays suivait avec une anxiété fébrile les nouvelles de cette pointe hardie tentée avec une poignée d'hommes par l'un de nos plus audacieux généraux sur les frontières de la Chine.

Cette tentative comportait des risques certains que tout le monde pressentait.

On ne se jetait plus, comme Garnier ou Rivière, sur une force armée déterminée occupant un centre commercial populeux et agricole important. Lorsqu'une bataille décisive a été gagnée au milieu d'une population pacifique, industrieuse et organisée, la nécessité de vivre, de ne pas laisser périr des intérêts majeurs, amène une transaction immédiate ; généralement la masse des habitants se soumet aux vainqueurs et tâche de réparer en silence les pertes occasionnées par la guerre.

Mais sur les frontières du Tonkin, du Yunnam et du Quan-Si, ravagées périodiquement par les rebelles et par des bandes appartenant à plusieurs races différentes, les habitants sont toujours prêts à attaquer ou à se défendre. A chaque pas en avant, à chaque position enlevée, à chaque victoire, nous devions voir le nombre de nos adversaires augmenter autour de nous et se réunir en masses profondes, surtout lorsque nous aurions pénétré sur le territoire de la Chine, lorsque le Vice-Roi et les fonctionnaires du Quan-Si, menacés de mort en cas d'échec, réuniraient leurs efforts désespérés à ceux des bandes turbulentes qui dominaient sans contrôle sur les frontières. — Une semblable expédition aurait pu réussir si elle avait eu pour objectif l'occupation d'une grande cité commerçante comme Shangaï, Canton, Ning-Po ou Amoy. Elle ne pouvait conduire qu'à des luttes sans trêve, dans des contrées pauvres et accidentées où l'état normal est le brigandage.

L'impression produite à Hanoi même, dans un milieu parfaitement renseigné, ne saurait être oubliée ; elle confirme notre appréciation :

« Quelque regrettable que soit le retour en arrière, si nous examinons froidement la situation, nous sommes forcés de reconnaître que les circonstances l'ont imposée à nos troupes. La distance considérable qui les séparait de leur lieu de ravitaillement, la difficulté inouïe des voies de communication, à peine ébauchées, et surtout l'insuffisance des moyens de transport n'avaient pas permis d'approvisionner suffisamment cette place si défectueuse des vivres et des munitions qui eussent permis de soutenir un siège quelque peu prolongé.

« Le 28 mars, à 11 heures du matin, l'armée chinoise, en masses profondes, avait pris l'offensive. Le général de Négrier s'était bravement porté au devant d'elles et la bataille durait depuis quatre heures de temps, disproportionnée, mais avec *toutes* les apparences du succès de notre côté, puisque nous avions battu les uns après les autres tous les corps chinois entrés en ligne, lorsque le général a opéré une contre-attaque, qui a pleinement réussi. L'armée chinoise était en déroute et, si l'on apercevait en arrière des corps nouveaux et prêts à rentrer en ligne, du moins étions-nous encore maîtres du champ de bataille et nos soldats étaient-ils prêts à recommencer la lutte avec l'espoir du même succès, lorsque le général de Négrier est tombé frappé d'une balle en pleine poitrine. Il était 3 heures 10 du soir. Le commandement est alors passé entre les mains du lieutenant-colonel Herbinger, du 3ᵐᵉ régiment de marche, et à partir de ce moment a commencé la retraite... » (*Avenir du Tonkin*, 5 avril 1885).

La résolution de battre en retraite, prise sur le champ de bataille par le nouveau commandant de la colonne a été trop vivement commentée. Sa responsabilité était grave, écrasante. En restant dans une position qu'il jugeait dangereuse, il croyait certainement qu'il exposait à un désastre possible une troupe vaillante et éprouvée. Il a voulu la conserver toute entière à son pays, à son chef. Il a dû craindre que, privée du général qui l'entraînait par son impulsion héroïque, elle ne conservât pas le même élan, la même unité d'action sous un nouveau commandant moins connu d'elle, moins élevé en grade. Il a été défiant de lui-même et prudent, non pour lui, mais pour son pays.

Le jugement du général en chef, tout sévère qu'il

fût, ne portait aucune atteinte à son caractère et à ses qualités personnelles. Le lieutenant-colonel dont le général de Négrier citait la belle conduite à l'assaut des forts de Dong-Dang, a pu prendre des résolutions hâtives lorsqu'il s'est trouvé brusquement responsable du salut d'une brigade engagée depuis plusieurs heures contre un ennemi supérieur en nombre. Mais il était courageux et estimé.

Si beaucoup de lieutenants-colonels ont déjà toutes les qualités voulues pour être des généraux consommés, néammoins on ne saurait exiger de chacun d'eux, même des meilleurs, d'avoir les aptitudes nécessaires pour remplacer un général dans les circonstances les plus difficiles où jamais un chef d'expédition se soit trouvé.

Voici l'ordre du jour du général en chef aux troupes de la deuxième brigade :

« Ordre général n° 43.

« Officiers, sous-officiers et soldats de la 2$^{me}$ brigade ;

« La série de vos victoires s'est arrêtée au 24 mars.

« Le même ennemi que vous aviez si vaillamment mis en déroute sur son propre territoire, un mois auparavant, s'est présenté devant vous, décuplé en nombre et retranché dans de formidables positions.

« Pour la première fois vous avez dû vous replier sur la ligne des retranchements que vous aviez enlevés la veille.

« Le 28 mars, alors que l'ennemi, de plus en plus renforcé, osait vous disputer les positions de Ki-Lua, vous infligiez encore à ses masses profondes une défaite sanglante. Mais, par une amère dérision du destin, au moment même où les colonnes chinoises précipitaient leur retraite sous l'effort de votre contre-attaque, vous appreniez que votre vaillant chef, le général de Négrier, ce brave entre les braves, venait d'être grièvement blessé et emporté à l'ambulance.

« Le commandement, du fait de ce malheur, tombait entre des mains insuffisamment préparées.

« Au lieu de vous faire prendre la seule attitude qui convienne à des vainqueurs, à vous, héroïques soldats, qui n'aviez jamais songé à compter, en plein jour, la nuée de vos ennemis, on vous a donné l'ordre de battre en retraite la nuit.

« Vous êtes arrivés à Chu, épuisés par la fatigue, mais sans avoir subi de pertes. Les vaincus du 28 mars ne pouvaient, en effet, songer à vous poursuivre. A peine revenus de leur étonnement, ils montrent encore la plus grande circonspection,

. . . . . . . . . . . . . . . . . . . . . . . . . . . . . . . . . . . . . .

. . . . . . . . . . . . . . . . . . . . . . . . . . . . . . . . . . . . . .

« Comptez sur la valeur et l'expérience du colonel Borgnis-Desbordes que j'ai mis à votre tête en attendant la guérison prochaine du général de Négrier.

« Au quartier général à Chu, le 4 avril 1885.

« BRIÈRE DE L'ISLE. »

Cette appréciation nous parût pleinement confirmée plus tard, lorsque nous eûmes connaissance de la note ci-après :

« Après une enquête minutieuse et approfondie, M. le général commandant en chef le corps du Tonkin a décidé qu'il n'y avait pas lieu de traduire M. le lieutenant-colonel Herbinger devant un Conseil de guerre. M. le lieutenant-colonel Herbinger a quitté le Tonkin pour se rendre en France. » (Extrait de l'*Avenir du Tonkin*, du 14 octobre 1885).

Pendant que le commandant en chef prenait toutes ses dispositions pour atténuer les conséquences d'un événement de guerre malheureux, l'opinion en France cherchait fiévreusement une victime qu'elle pût rendre responsable de ses déceptions.

Une dépêche chiffrée du général avait fait connaître ses appréhensions. On lui annonçait une attaque des troupes du Yunnam par le nord, l'armée du Quan-Si semblait devoir nous assaillir par le nord-est, la population annamite pouvait se soulever. C'est sans doute en présence de ces éventualités redoutables que le général avait télégraphié :

« Hanoi, 28 mars, 11 h. 30 du soir.

« Je vous annonce avec douleur que le général de Négrier, grièvement blessé, a été contraint d'évacuer Lang-Son. Les Chinois débouchant par grandes masses sur trois colonnes, ont attaqué avec impétuosité nos positions en avant de Kilua. Le colonel Herbinger, devant cette grande supériorité numérique et ayant épuisé ses munitions, m'informe qu'il est obligé de rétrograder sur Dong-Song et Than-Moi. Je concentre tous mes moyens d'action sur les débouchés de Chu et de Kep. L'ennemi grossit toujours sur le Song-Koi. Quoiqu'il arrive j'espère pouvoir défendre tout le Delta. Je demande au Gouvernement de m'envoyer le plus tôt possible de nouveaux renforts.

« Brière de l'Isle. »

Le 30 mars, une majorité considérable à la Chambre des députés se montra hostile au ministère et l'obligea à se retirer. M. Jules Ferry, président du Conseil, était directement rendu responsable de l'évacuation de Lang-Son au moment même où son énergie et sa persévérance allaient amener la conclusion de la paix avec la Chine. Et cependant quelle autorité pouvaient avoir vis-à-vis de nos adversaires des négociateurs qui étaient à la merci des impressions fiévreuses de l'opinion publique !

Quelles étaient les véritables fautes commises, quels étaient les véritables coupables ?

Le devoir de ceux qui écrivent sur des sujets aussi importants est de dire avec modération, avec justice, tout ce qu'ils pensent.

Une première erreur a toujours été de vouloir

diriger de la métropole toutes les expéditions dans les moindres détails. Il aurait été plus prudent de s'en rapporter à l'initiative de chefs expérimentés qui, étant en présence des événements, ont souvent besoin de modifier leurs plans de campagne sans en référer à Paris.

On avait adopté dès le principe, avant que M. le général Brière de l'Isle eût pris le commandement, un système d'occupation qui aurait pu convenir à d'autres pays, mais qui entraînait l'immobilisation de forces considérables. On avait établi des garnisons importantes sur divers points très éloignés les uns des autres et très insuffisamment reliés entre eux.

Cette conception, bonne en Europe où chaque partie du territoire doit être rigoureusement défendue, où toute parcelle du sol est solidairement garantie par toutes les forces de la nation, n'était plus applicable au Tonkin où nous poursuivions une lutte à main armée dans laquelle nous ne devions avoir qu'un objectif : être toujours les plus forts sur les champ de bataille où nous rencontrerions nos adversaires.

Au Tonkin, nos postes fixes, nos forts d'arrêt auraient dû être établis rigoureusement dans le Delta et à portée des voies navigables accessibles à nos canonnières, ils n'auraient pas dû être portés au delà de Hong-Hoa, de Bac-Ninh, du cours du Dày, de la partie navigable du Song-Thuong et du Loch-Nam.

Dans le Delta même, l'administration indigène aurait dû être organisée et dirigée par nous, sous la responsabilité des autorités civiles, de manière à rendre toute leur liberté à la majeure partie des troupes du corps expéditionnaire.

Une émeute ou une insurrection partielle, s'il s'en était produit, n'aurait apporté aucune atteinte au prestige de nos armes et nous aurions pu avoir en face des armées chinoises des effectifs plus considérables.

Si nous avions été envahis par des forces sérieuses, capables de nous tenir en échec, il fallait les amener à venir nous livrer bataille sur les limites du Delta, à proximité de nos bases d'opération et de ravitaillement avec tous les désavantages qui peuvent résulter pour une armée de la difficulté des transports et de la privation des moyens d'utiliser les voies navigables.

Avec l'appui de notre flotille, notre position était inexpugnable. Disséminés par garnisons mal reliées entre elles, ayant affaire à un ennemi très nombreux, très mobile, ne pouvant être bien renseignés sur ses mouvements, nous en arrivions à nous heurter avec de faibles effectifs contre des troupes dix fois plus nombreuses et bien retranchées.

C'est ce qui s'est produit à Thua-Moc, à Dong-Dang, à Ki-Lua.

Dans la prochaine guerre européenne, le succès appartiendra à celui qui saura le mieux combiner dans un même effort tous les moyens politiques, militaires et maritimes de son pays.

Les généraux firent tout ce qu'il était humainement possible d'accomplir. Mais ils ne pouvaient modifier spontanément les grandes lignes, les principes suivant lesquels la campagne avait été engagée. Ils étaient enfermés, au point de vue militaire, dans les lignes rigoureuses de la stratégie européenne, et au point de vue politique, dans les conventions étroites d'un traité qui était violé d'un commun accord par les Annamites et les Chinois. Ils avaient les mains liées.

Les Chinois furent plus clairvoyants que nous. Dans notre retraite, ils ne virent que la manœuvre prudente d'un corps de mille hommes qui s'était repliés depuis Dong-Bo et la porte de Chine jusqu'à Lang-Son, devant une armée vingt fois plus forte. Ils comprirent aussi que la garnison de Lang-Son se retirât. Mais ils n'oublièrent pas que jamais en rase campagne ils n'avaient pu tenir devant l'élan irrésistible des Français, et qu'aucune de nos troupes n'avait été sérieusement entamée.

Aussi ils se gardèrent bien de nous poursuivre jusqu'à Chu et de venir nous offrir le combat en face de nos positions. Ils savaient parfaitement que leurs troupes régulières, devenues excellentes pour défendre des positions fortifiées, se débanderaient en faisant un mouvement offensif rapide et laisseraient en route une grande partie de leur matériel. Ils n'ignoraient pas non plus qu'ils seraient inévitablement reconduits à la frontière. Ils ne dépassèrent pas Dong-Son et Bac-Lê.

Le 24 mars, le commandant Simon avec un bataillon de zouaves attaqua à Phu-Lam-Thao, à douze kilomètres au nord de Hong-Hoa, les villages où s'étaient retranchées les bandes de Luu-Vinh-Phuoc. Il rencontra une résistance énergique et eut douze hommes hors de combat.

Cependant les défaites infligées aux troupes chinoises en 1884 et au commencement de l'année 1885, la campagne glorieuse dirigée en même temps par l'amiral Courbet sur les côtes de Chine, l'occupation de Kelung et de Tam-Sui à Formose, puis la destruction de Fou-Chéou le 23 août, l'affaire de Shei-Poo le 15 février 1885, l'interruption des transports des riz décidée le 25 février et la prise des Pescadores effectuée le 31 mars, prouvaient au Gouvernement chinois que cette lutte sanglante était pour lui pleine de périls.

Dès le mois de janvier, un Anglais attaché à l'Administration des douanes chinoises était entré en relations officieuses avec M. Jules Ferry, président du Conseil, ministre des affaires étrangères, et lui avait fait connaître la possibilité d'arriver à un arrangement honorable. Des négociations officieuses s'engagèrent directement entre les deux Gouvernements par l'entremise de M. Robert Hart, directeur des douanes chinoises, et elles étaient sur le point d'aboutir quand survint la nouvelle de l'abandon de Lang-Son.

Le 30 mars 1885, la Chambre des députés, littéralement affolée par une nouvelle douloureuse dont elle s'exagérait la portée, avait retiré sa confiance au ministère; nos négociateurs n'avaient plus l'autorité nécessaire pour faire prévaloir convenablement nos droits et nos intérêts vis-à-vis de la Chine.

Il fallait cependant calmer l'agitation publique et donner à la France une paix dont il aurait été facile de dicter les conditions. On revint simplement à la convention Fournier comme si, depuis cette époque, la lutte glorieusement soutenue sur mer et sur terre, n'avait pas été complètement à notre avantage.

Nous aurions dû au moins garder les Pescadores, comme gage des succès de notre flotte, comme avant-poste et port de ravitaillement et de refuge pour le cas où une nouvelle guerre éclaterait entre nous et la Chine. Nous regretterons toujours ce fatal abandon d'une station militaire et commerciale de la plus haute importance.

Loir, *l'escadre de l'Amiral Courbet*, p. 307 :

« La position géographique des Pescadores est admirable ; elle vaut celle de Hong-Kong et lui est même supérieure. Ce qui donne à ces îles une valeur incomparable, c'est le port superbe de Makung, calme en tous temps et d'un accès facile où les navires du plus gros tonnage peuvent trouver place aisément dans un hâvre de 875 hectares, profond de 10 mètres....

« ..... En temps de paix, pendant la mousson de nord-est, nos navires y auront un refuge des plus commodes, et en temps de guerre, ils pourront s'y ravitailler sûrement, facilement, à proximité, mais en dehors de la côte chinoise. En outre, les abords de la rade se prêtent merveilleusement à des constructions durables de magasins, d'ateliers…

« La petite étendue des îles permettra de les garder avec quelques troupes. La population indigène, qu'on évalue à 30.000 âmes, est paisible et sera facilement tenue en respect. »

La conservation des Pescadores aurait été une juste compensation des sacrifices que nous avait coûtés l'injuste agression de la Chine et ses procédés irréguliers. Avec les peuples de l'Asie, toute guerre doit être suivie d'une annexion de territoire ou du paiement officiel d'une indemnité, ou de la remise d'un gage de la bonne foi de la partie contractante. Si les Pescadores étaient restées entre nos mains, les Chinois, en présence de cette menace et de cette leçon, ne nous auraient fait aucune difficulté pour la délimitation des frontières du Tonkin. — Nous aurions dû les garder au moins jusqu'à ce que le traité eût été exécuté intégralement.

« La plus simple prévoyance ne nous commandait-elle pas de tout faire pour conserver ce groupe d'îles qu'une merveilleuse situation géographique place comme une sentinelle avancée au cœur même du vaste empire de nos voisins ? » (Loir, *L'escadre de l'amiral Courbet*, p. 337).

Comme nous l'avons dit, le Gouvernement chinois avait apprécié à une juste valeur la portée de l'affaire de Lang-Son. Il ne changea rien à ses prétentions antérieures ni à son attitude. Il tenait surtout à faire cesser dans un bref délai le blocus qui empêchait le transport des riz dans les provinces du nord de l'Empire.

Le 9 avril, on apprit que le Gouvernement chinois avait approuvé officiellement les préliminaires de paix arrêtés déjà à Paris le 4 avril. L'armistice fut immédiatement conclu et le traité définitif fut signé à Tien-Tsin, le 9 juin 1885, par M. Patenôtre.

Un événement de guerre, un mouvement de retraite inspiré à un brave officier par un sentiment excessif de sa responsabilité avait fait tomber le ministère.

La France avait perdu à cette attitude incorrecte de ses législateurs une possession importante qu'elle aurait dû conserver, car elle était le prix du sang de ses enfants.

Le brave général qui avait montré tant d'activité, de compétence et de dévouement dans le commandement du corps expéditionnaire, ne pouvait manquer de subir les conséquences de la mauvaise humeur de ses concitoyens.

Il avait cependant télégraphié :

« L'évacuation de Lang-Son à la suite de la blessure du général de Négrier semble avoir été un peu précipitée… On ne s'explique pas non plus sur l'évacuation si rapide de Dong-Song… La situation est, en résumé, meilleure que ne le faisaient supposer les renseignements qui m'étaient parvenus depuis quatre jours. » (Extrait de l'*Affaire du Tonkin*, p. 399).

Et cette dépêche avait été publiée au *Journal officiel* du 3 avril, en même temps que des détails circonstanciés sur la prise de possession des îles Pescadores effectuée le 29 mars.

Nous trouvons dans un ouvrage récent une citation intéressante ; elle prouve que les prévisions des meilleurs généraux peuvent être déjouées par un simple accident.

Si le général de Négrier n'avait pas été blessé, le Ministre et le Commandant en chef auraient été glorifiés.

Pierre Le Hautcour, p. 160.

« L'amiral Peyron lisait à la tribune l'extrait suivant d'une lettre particulière que lui avait adressée le général Brière de l'Isle : Avec les soldats que je commande, avec les officiers qui sont à leur tête, on peut aller partout ; ce ne sont ni 100.000, ni 150.000 Chinois qui m'effraient ; je n'ai pas besoin de renforts ; envoyez-m'en si vous voulez ; mais, avec les troupes que j'ai, nous irons jusqu'aux frontières du Tonkin. »

Le gouvernement français, voulant se mettre en garde contre un retour à la politique belliqueuse de la Cour de Pékin, avait résolu de maintenir l'envoi au Tonkin des renforts qui avaient été demandés par le général Brière de l'Isle.

Le 12 avril, le général de Courcy fut nommé commandant en chef du corps expéditionnaire qui fut porté à trois divisions d'infanterie, deux immédiatement complétées sur les rives du Song-Koï, la troisième réunie dans le midi de la France, prête à s'embarquer.

Le nouveau général en chef quitta Toulon le 30 avril avec son chef d'état-major, M. le général de division Warnet, les généraux de brigade Jamont et Prudhomme, et le 11ᵉ chasseurs à pied.

Les pouvoirs les plus étendus étaient accordés au général de Courcy qui était chargé en même temps de la direction des affaires civiles et politiques en Annam et au Tonkin.

Le général Brière de l'Isle, informé de ces dispositions par le télégraphe, répondit le 13 avril : « Mon patriotisme se réjouit des résolutions prises par le Gouvernement : Ma personnalité n'est rien en face des intérêts du pays. Je prendrai avec plaisir le commandement de la première division, surtout si le commandement de la seconde est donné au général de Négrier. »

Quelques incidents militaires se produisirent au Tonkin après la retraite de Lang-Son.

Le 8 avril, une avant-garde de réguliers attaqua un blockhaus établi au confluent de la rivière Noire et du Song-Koï. L'ennemi qui interceptait nos courriers et coupait nos lignes télégraphiques, fut mis en déroute par notre détachement soutenu par nos canonnières l'*Eclair* et *Henri-Rivière* et par la garnison de Hong-Hoa. Le 14 avril, avant que la nouvelle de la paix fût parvenue aux mandarins chinois, une action peu importante s'engagea dans les environs de Kep. 2.000 réguliers du Quan-Si furent mis en déroute et se retirèrent vers Bac-Lé après avoir essuyé des pertes sensibles. De notre côté nous avions 1 homme tué et 7 blessés. » (Bouinais et Paulus, p. 421).

Le 18 avril, le lieutenant Fayn, des tirailleurs tonkinois, avec 50 hommes dont 6 soldats d'infanterie de marine et 44 tirailleurs tonkinois, met en pleine déroute un parti de 700 pirates (1) aux environs de Phu-Quan-Hoai sur la route de Son-Tày à Hong-Hoa.

Ordre général n° 59 :

. . . . . . . . . . . . . . . . . . . . . . . . . . . . . . . . . . .

« Averti que la bande de l'ex Quan-Bo de Son-Tày, ravageait le Huyên de Thos-Thos, M. Fayn, lieutenant au 1er régiment de tirailleurs tonkinois, commandant le poste de Phu-Quâ-Hoai, se portait à sa rencontre dans la nuit du 17 au 18 avril, à la tête d'un détachement composé de quatre soldats d'infanterie de marine et d'une section de tirailleurs tonkinois, commandée par le sergent Desperles.

« Cette petite troupe, après deux heures de marche forcée, arrivait le 18, au point du jour, près du village de Kun-Quan, où elle trouvait l'ennemi, renforcée de nombreux Chinois et Muongs descendus des montagnes.

« Sans tenir compte de l'énorme supériorité numérique de ses adversaires, M. le lieutenant Fayn les attaquait vaillamment, les acculait à deux reprises à l'arroyo de Son-Tày, et les décimait par ses feux et ses charges à la baïonnette.

(1) Ordre général n° 60.

« Les pertes des rebelles s'élèvent à plus de cent cinquante hommes tués, blessés ou noyés dans l'Arroyo. Le Chanh-Bac, chef bien connu et redouté dans la contrée, a été mortellement frappé dans cette affaire.

« Au quartier général à Hanoi, le 26 avril 1885.

« Brière de l'Isle »

(Extrait de l'*Avenir du Tonkin*, du 5 mai 1885).

La canonnière *Berthe-de-Villers*, capitaine Plazen, était envoyée dans le Song-Cau pour surveiller le nord de Bac-Ninh, où se montraient quelques bandes rebelles.

La *Gazette Officielle de Pékin* avait publié le 13 avril un décret impérial acceptant la convention de Tien-Tsin et ordonnant l'évacuation du Tonkin.

Ces opérations s'effectuèrent sans difficultés.

Le 29 avril, le général Brière de l'Isle pouvait faire réoccuper Than-Moi et Dong-Song.

Le 29, les Chinois évacuèrent Lang-Son et rentrèrent sur le territoire de la Chine le 2 mai.

« ... Afin de surveiller l'exécution, par Luu-Vinh-Phuoc, des engagements pris par les Chinois, à l'occasion de la signature des préliminaires de paix, une commission chinoise s'était rendue dernièrement à Hong-Hoa; puis, pour se rendre à Thuân-Quân, elle remontait le fleuve Rouge et avait pris un canal latéral au fleuve. Un matin, au point du jour, les commissaires chinois virent sur les deux rives une grande affluence de gens ; puis, des sampans chargés de présents se dirigèrent vers les jonques de la Commission.

Le chef du rassemblement harangua la Commission chinoise et sollicita l'appui de la Chine contre la France. Les mandarins chinois ne voulurent pas entendre un discours conçu dans de tels termes et refusèrent les présents.

Les sampans annamites s'éloignèrent alors ; mais

à peine eurent-ils accosté la rive, qu'un feu de mousquetterie fut ouvert contre les jonques. Aussitôt les tirailleurs tonkinois composant l'escorte répondirent bravement et la fusillade continua pendant quatre heures. Deux domestiques de l'ambassade chinoise ont été blessés.

Cet incident semble suscité par la Cour de Hué. » (*Avenir du Tonkin*, 5 juin 1885.)

Le 13 mai, le général de Négrier, complètement remis de sa blessure put se rendre à Chu où il prit le commandement de la deuxième division.

Une commission était venue au nom de la Chine afin de s'entendre avec les autorités françaises pour l'exécution des conditions de l'armistice.

On s'attendait à quelques difficultés de la part de Luu-Vinh-Phuoc et de ses bandes, habitués à vivre sur le Song-Koi avec une grande indépendance d'action. Une canonnière transporta les Commissaires chinois à Phu-Doan, et de là ils se rendirent à Thuan-Quan par la voie de terre.

Le mouvement de nos ennemis vers la frontière était commencé. « La mauvaise saison empêcha seule l'occupation de Lang-Son et de Thuan-Quan, abandonnés par les Célestes. » (Bouinais, p. 45).

« .... M. Woodruff et le mandarin Sun-Yên-Shing ont remonté, en jonque, le Song-Chai jusqu'au camp de Calahu où ils sont immédiatement tombés d'accord avec le général chinois qui le commandait. Puis ils se sont procuré des chevaux et sont allés, par terre, jusqu'à Than-Quan, à la rencontre de Luu-Vinh-Phuoc.

« Le chef des Pavillons noirs est venu à Than-Quan, le lendemain de l'arrivée des représentants de la Chine. Il a accepté les propositions de la Chine qui sont les suivantes :

« Luu-Vinh-Phuoc évacuera le Tonkin avec tous ses partisans ; il entre au service de la Chine qui lui donne un gouvernement dans le Quan-Si. Il

sera distribué des terres à tous ses partisans......
............................................

« Mardi dernier, le Tong-Doi de Hanoï s'est rendu en grande cérémonie chez le général, à cinq heures du soir, pour lui porter une lettre de compliments de la Cour d'Annam et différents présents (Un sabre d'honneur, deux défenses d'éléphants, des décorations annamites devant être distribuées aux officiers du corps expéditionnaire).

« La lettre contient des félicitations relatives à la conclusion de la paix.

« Mais pendant que la Cour d'Annam envoie des lettres et des cadeaux à Hanoi, elle fomente des troubles en Indo-Chine, fait attaquer Preoni-Peuh.

« Quand donc prendra-t-on enfin une mesure énergique et appréciera-t-on ce foyer d'intrigues de toutes sortes qui a nom: la Cour de Hué. » (Extrait de l'*Avenir du Tonkin*, du 15 mai 1885).

« Le général de Courcy arriva au Tonkin le 1ᵉʳ juin 1885 et fut reçu à la baie d'Along par le général Brière de l'Isle qui lui remit le commandement en chef. » (Bouinais, p. 425).

Le nouveau commandant en chef avait des pouvoirs très étendus et des forces considérables placées sous ses ordres. « Nous avons (1ᵉʳ juillet 1885) au Tonkin, près de trente-cinq mille hommes de troupes de toutes armes dans lesquelles les tirailleurs tonkinois entrent pour 1/5. La division navale du Tonkin comprend trente-trois bâtiments, montés par plus de 1.800 marins. » (Bouinais, p. 427 et 428).

En outre nous avions à proximité l'escadre des mers de Chine qui venait de perdre son illustre chef, mais qui, sous la direction de l'amiral Lespès, conservait tout son prestige.

Une autre division militaire était en France prête à embarquer et à venir renforcer notre corps expé_ ditionnaire. Il était certain que devant un pareil déploiement de nos forces, personne n'oserait plus contester ouvertement nos droits, nous pourrions librement organiser dans l'Annam et le Tonkin un régime conforme à nos traités avec la Cour de Hué.

Il peut paraître singulier qu'au moment où la paix venait d'être signée, nos effectifs eûssent été portés à 35.000 hommes, alors qu'ils n'étaient que de 18.000 hommes au moment de la prise de commandement du général Brière de l'Isle.

L'expérience que l'on avait acquise lors de l'incident de Bac-Lé nous obligeait à prendre encore plus de précautions que si nous avions été en état de guerre.

N'avions-nous pas, d'ailleurs, à côté de nous et autour de nous des ennemis irréconciliables, les partisans de l'ancienne monarchie auxquels leurs traditions et leurs études imposaient une lutte sans trêve et sans merci contre les idées nouvelles.

A Hué, les mandarins de la cour ne dissimulaient guère leurs sentiments hostiles, et « le 22 mars, le colonel Pernot avait du faire enclouer 40 des canons de la citadelle pour enlever aux Annamites toute velléité de les employer contre nous. » (Bouinais et Paulus, p. 420.)

Le programme administratif de M. le général de Courcy, paraît indiqué dans ses grandes lignes par l'ordre général n° 4, ainsi conçu :

« Le territoire du Tonkin, divisé administrativement en treize provinces, formera deux grands commandements militaires.

« Le premier, dit de l'Est, exercé par M. le général de Négrier, commandant la 2$^{me}$ division, comprendra les provinces de Quang-Yên, Hai-Dong, Bac-Ninh, Lang-Son, Cao-Bang, Thai-Nguyên.

« Le second, dit de l'Ouest, exercé par M. le général Brière de l'Isle, commandant la 1$^{re}$ division, comprendra les provinces de Ninh-Binh, Nam-

Dinh, Hanoi, avec la marche de Myduc, Son-Tày, Hong-Hoa, avec les Luc-Tap Chau, Tuyên-Quang et Hung-Yên.

« Tous les services militaires sont sous les ordres du général de division.

« En vertu du régime établi de l'état de siège, les autorités civiles et politiques sont soumises à la haute juridiction du général commandant le territoire.

« Celui-ci sera spécialement chargé d'assurer le maintien de l'ordre dans l'étendue de son commandement, d'arrêter les emplacements des troupes, d'après les instructions du Général commandant en chef ; de proposer les travaux militaires de toutes natures à exécuter dans l'étendue de son territoire ; de donner les instructions nécessaires aux généraux et commandants d'armes de sa division, en vue de prévenir ou de réprimer les troubles ou désordres.

« Les résidents et sous-résidents, les gouverneurs de provinces, préfets et sous-préfets, lui signalent directement, en temps utile, tout ce qui intéresse le maintien de l'ordre et de la sécurité publique.

« Les généraux et commandants d'armes sont chargés d'assurer, d'après les instructions qu'ils reçoivent, le maintien de l'ordre dans l'étendue du territoire occupé par les troupes relevant de leur commandement.

« Ils doivent éviter de s'immiscer dans l'administration intérieure des provinces, préfectures, sous-préfectures, etc. et surtout d'apporter des entraves à l'exécution des ordres du commandement transmis aux autorités civiles par le Directeur des affaires civiles et politiques ou par leurs chefs hiérarchiques.

« Ils doivent entretenir de bonnes relations avec ces autorités, s'efforcer de leur inspirer confiance, les appuyer dans l'exercice de leurs fonctions, les seconder enfin, dans le but commun à tous et qui consiste à rétablir l'ordre et la sécurité à l'intérieur.

« Les autorités civiles devront, de leur côté, leur prêter un concours dévoué, leur fournir tous les renseignements pouvant être utiles, déférer à leurs avis ou aux ordres de l'autorité supérieure que les chefs militaires pourront avoir à leur transmettre.

« Au quartier général, à Hanoi, le 11 juin 1885.

« Courcy. »

(Extrait de l'*Avenir du Tonkin*, du 15 mai 1885).

Ainsi c'était bien une administration militaire qui allait être créée. Les autorités civiles, ainsi que le dernier paragraphe le leur prescrivait, devaient déférer aux ordres de l'autorité supérieure qui leur seraient transmis par les chefs militaires.

Ce système ne convenait guère à une population pacifique et agricole, toute disposée à se soumettre si ses coutumes et ses intérêts étaient respectés, mais prête à s'insurger sans craindre la mort, si elle venait à être froissée dans ses sentiments les plus intimes.

Pour la maintenir sous le seul empire de la crainte, il aurait fallu une occupation permanente avec des forces considérables, de grands sacrifices d'hommes et d'argent, et on aurait obtenu une soumission apparente dont le seul résultat économique aurait été l'appauvrissement du pays ! Le commerce, l'agriculture et l'industrie ne sauraient prospérer sous des lois d'exception.

Il faut aux populations une administration civile, équitable, bienveillante, qui laisse aux individus la plus grande liberté compatible avec les droits de la sécurité générale. En Cochinchine spécialement, il faut absolument que les chefs des familles soient maîtres chez eux et que les autorités des villages soient libres de toute entrave dans l'administration de leurs communes.

Il est indispensable aussi de ne pas multiplier les

contacts entre les armées conquérantes et le peuple conqu
is. — Il est inutile de rappeler aux esprits des habitants que la force les a subordonnés aux représentants d'une race étrangère. Il appartient aux administrateurs, par leur tact, par leur bienveillance et par leur équité inébranlables, de faire aimer un nouveau régime protecteur des familles, des biens et des croyances de la population soumise.

La tâche du général de Courcy était délicate dans ce pays si nouveau pour lui. A la guerre ouverte qui nous avait été faite par les Chinois et par ceux des Annamites qui étaient leurs alliés, succédait l'insurrection de quelques chefs incorrigibles soutenus et encouragés clandestinement par un certain nombre de mandarins. Même à ces bandes devaient se joindre un certain nombre de déserteurs chinois et de Pavillons noirs. Voici ce que disait à ce sujet l'*Avenir du Tonkin*, du 25 juin 1885, qui avait publié la nouvelle erronnée de la mort de Luu-Vinh-Phuoc :

« ... Le corps d'armée de l'ouest se composait de deux éléments bien distincts : l'armée du Yunnam, sous les ordres du vice-roi Sam, et les bandes disciplinées des Pavillons noirs, sous les ordres de Luu-Vinh-Phuoc ; bien que concourant au même but, les deux chefs étaient souvent loin de s'entendre.

« Déjà, l'année dernière, après la prise de Hong-Hoa, une violente scission avait eu lieu entre le vice-roi et le chef des bandes, et celui-ci s'était retiré avec ses gens dans le nord-ouest du Tonkin.

« Les vice-rois des frontières chinoises sont fort pacifiques et le principal grief reproché à Luu-Vinh-Phuoc par Sam, était d'avoir donné aux Chinois de faux renseignements sur l'armée française, sur l'esprit des populations annamites, sur ses moyens d'action .................

« Puis, les opérations ayant recommencé et devant obéir aux ordres venus de Pékin, Sam fit avec Lu-Vinh-Phuoc la campagne de l'hiver 1884-1885, dont le principal événement fut à l'ouest le siège de Tuyen-Quan et les combats livrés au sud de cette place.

« Depuis la cessation des hostilités, les bandes des Pavillons noirs se sont divisées; d'un côté ceux qui, avec Luu-Vinh-Phoc, acceptent les conditions des Chinois pour cesser les opérations militaires, de l'autre, ceux qui ne veulent pas traiter et qui sont actuellement réfugiés dans le nord-ouest et assez-loin de Tuyên-Quan, sous les ordres de Hoang-Thu-Trang.

« Luu-Vinh-Phuoc et ses fidèles étaient donc restés avec l'armée du Yunnam et avaient plus ou moins loyalement commencé l'évacuation du Tonkin.... »

Dans le même journal on lisait :

« .... Presque tous les villages sont aujourd'hui gagnés à la cause française et plus nous pourrons multiplier les postes et assurer la sécurité, plus nous verrons les Tonkinois s'abandonner à notre protectorat.

« Dans la province de Son-Tây, des Huyêns, dont les sous-préfectures sont situées sur la rive gauche du fleuve Rouge, entre la Rivière Claire et les limites de la province de Bac-Ninh, viennent de se signaler dans trois rencontres avec des brigands bien armés. Dans une de ces affaires, un des principaux chefs de la résistance dans la province de Thai-Nguyên, Su-Song, a été fait prisonnier et amené à Song-Tày dans une cage. Il a été remis au Tong-doc de la province ainsi que dix-sept de ses partisans faits prisonniers dans la même affaire. Ils seront jugés selon leurs lois nationales. »

« L'accomplissement de la tâche considérable qui incombait à M. le général de Courcy, entraînait pour nos troupes autant de fatigues et de périls qu'une guerre ouverte.

« La plupart des points importants furent occupés par des garnisons chargées de surveiller les environs et de réprimer la piraterie. — Les hommes licenciés des bandes annamites, quelques Pavillons noirs, quelques Chinois qui avaient pris l'habitude du pillage, des cultivateurs et des propriétaires dont les maisons avaient été brûlées et dont les moissons avaient été détruites fournissaient au recrutement de ces troupes de maraudeurs.

Quelques-unes avaient des chefs intelligents et actifs qui nourrissaient la prétention de jouer un rôle politique et de nous faire quitter le pays. Parmi eux se distinguait le Bô-Giap, homme instruit et audacieux qui exerçait une grande influence dans la province de Son-Tây et de Hong Hoa. D'autres bandes circulaient constamment sur les frontières entre Than-Hoa et Ninh-Binh. C'étaient les débris des troupes annamites qui devaient rejoindre celles de Luu-Vinh-Phuoc, si le général Brière de l'Isle ne les avait pas dispersées à Thua-Mac.

D'autres bandes nombreuses, mais moins bien organisées, battaient les rivières et les canaux de la contrée marécageuse qui s'étend entre les provinces de Bac-Ninh, de Hai-Duong et de Hung-Yên sous le nom de Bày-Say.

Ce pays est couvert dans sa partie inférieure par des eaux stagnantes que les digues du fleuve et celles du canal des Bambous ne permettent pas de faire écouler vers la pleine mer. C'est dans les joncs et les broussailles de cette région inculte, mais voisine des cantons les plus fertiles du Delta, que venaient se réfugier des bandes de maraudeurs dont la seule industrie consistait à piller les villages des environs.

Pour combattre les bandits disséminés sur le territoire et pour rassurer les populations paisibles, de nombreux postes furent créés dans l'intérieur du

Delta, des rondes et des expéditions fréquentes furent faites par de simples détachements sur les routes les plus importantes.

On lisait dans l'*Avenir du Tonkin* du 25 juin 1885 :

« Hanoï, 10 juin. La piraterie diminue tous les jours, elle est presque entièrement disparue dans la marche de My-Duc, où les Chinois n'ont plus reparu depuis que la colonne de Maussion les en a chassés ; il n'y a plus que quatre villages à surveiller, mais ils ne tarderont pas à rentrer dans l'ordre... »

« Son-Tây. Il n'y a pas eu d'acte de piraterie sur les cours d'eau pendant la première dizaine de juin... »

« Bac-Ninh, 10 juin. En présence de la paix et de la sécurité qui s'affirment de plus en plus, l'esprit des populations devient de plus en plus sympathique ; les routes sont en bon état, elles sont bien entretenues par les villages, qui sont actuellement occupés à améliorer les chemins d'intérêt purement local... »

« Haï-Duong, 10 juin. L'autorité militaire vient d'établir de nouveaux postes ; la présence de nos soldats a produit le meilleur effet sur l'esprit de la population qui voit toujours arriver les soldats français avec plaisir... Bien qu'il faille encore quelque temps pour que l'ancienne prospérité commerciale de Haï-Duong soit entièrement revenue, on constate actuellement le retour de nouveaux négociants chinois, ceux établis ici depuis quelque temps déjà sont satisfaits des affaires... »

« Nam-Dinh, 10 juin. La récolte est très satisfaisante. On a constaté la présence de quelques jonques venues de la côte d'Annam ; non pour chercher du riz pour la côte de Hué, mais pour commercer pour leur propre compte ; elles sont arrivées avec leur chargement ordinaire, nuoc-mam, poisson salé, sucre, et repartiront avec un chargement de riz... »

Alors qu'on essayait de rétablir l'ordre, la sécurité, la vie industrielle et commerciale parmi les populations des campagnes si troublées naguère, l'existence de la capitale du Tonkin, était menacée dès la fin de juin par la crue périodique du Fleuve Rouge. Cette année-là, il s'éleva à une hauteur exceptionnelle.

Déjà en 1883, les digues qui couvrent la rive droite avaient été rompues au-dessus du Grand-Lac et avaient inondé les plaines supérieures pendant l'expédition du général Bouët contre les Pavillons noirs.

Les mouvements du Fleuve Rouge sont redoutables dans les environs de Hanoi; non seulement à cause de l'énorme débit de ce cours d'eau, et de la hauteur de ses crues qui dépassent quelquefois sept mètres au-dessus de l'étiage, mais aussi en raison de la soudaineté de ses oscillations ; le niveau du fleuve varie souvent de un, deux ou trois mètres en une journée. — Il charrie de grandes quantités de sables et de dépôts argileux qui, surtout à l'époque des grandes eaux, lui donnent une couleur rougeâtre très prononcée. — Les terres, les graviers et les sables emportés par un courant rapide exercent contre les berges une action puissante par leur frottement.

Tantôt, sous leur effort, les digues construites en terres rapportées se creusent avec une rapidité vertigineuse; tantôt d'énormes dépôts s'accumulent brusquement sur certains points créant des îles ou des presqu'îles nouvelles que les indigènes n'hésitent jamais à mettre en culture aussitôt que le fleuve baisse.

Voici ce que disait le *Journal du Tonkin*, le 25 juin :

« La crue annuelle du Fleuve Rouge vient d'avoir

lieu subitement ; en quelques heures, le fleuve a grossi rapidement et aujourd'hui la crue atteint trois mètres.

« Il est à craindre malheureusement, que la concession française n'ait beaucoup à souffrir de cet état de choses. Nous avons parcouru dernièrement les rives du fleuve, depuis la Douane jusqu'à l'ancien hôpital, et nous avons remarqué que la Douane est à l'abri des déprédations fluviales, protégée qu'elle est par un immense banc de sable, qui descend le Fleuve Rouge et qui, heureusement appuyé par un travail de pilotis installé par MM. les ingénieurs des travaux publics, protégera entièrement la ville cette année, et la concession l'année prochaine.

« La violence du courant se fait sentir à l'entrée de la rue des Charpentiers et va crescendo jusqu'au petit ponceau qui se trouve près des bâtiments de la marine, puis se précipite avec furie contre l'angle de la concession.

« C'est là que les ravages ont déjà commencé à se faire sentir, d'énormes masses de terre se sont englouties dans le fleuve, entraînant avec elles les arbres qui bordaient le chemin en face des jardins de l'hôtel du Gouvernement.

« On a déjà dû prendre des mesures préventives. Le terminus Est du bâtiment où se trouvent les bureaux de l'Etat-Major a dû être démoli, on a reculé de six mètres le grillage entourant le jardin de l'hôtel du général en chef. Plus loin, entre les deux épis, un remous considérable tourbillonne en entraînant terre et arbres. Le premier épi en descendant le fleuve est fortement attaqué. On est occupé, en ce moment, à le couper afin de détruire le remous causé par cet obstacle. Grâce à cette heureuse idée, nous espérons bien voir les éboulements s'arrêter. Il était temps. » (*Avenir du Tonkin*, 25 juin, 1885).

Les ravages continuèrent pendant la saison des

grandes eaux; dans le journal du 5 juillet, nous lisons :

« ... Bien qu'il faille s'attendre à voir plusieurs mètres cubes de terre s'engloutir dans les eaux du fleuve, il ne faut pas s'effrayer outre mesure, il est bon de constater que les travaux, rudimentaires faute de moyens d'action suffisants, établis par les ingénieurs des travaux publics, ont déjà produit des résultats et permettent d'espérer la réussite pour l'année 1886, à la condition bien entendu qu'ils soient entièrement terminés.

« Les travaux de défense sont de deux sortes : 1° une digue d'environ 1,300 mètres de longueur suivant une courbe d'un rayon de 2,000 mètres, protège actuellement la ville jusqu'à la rue des Charpentiers. Cette digue, composée de pieux plantés sur le banc de sable en avant et en face de la Douane et supportant des rideaux de bambous a déjà donné des résultats par le produit, en arrière, de dépôts importants qui ont exhaussé le sol de près de deux mètres; de plus, il est facile de constater que le courant se trouve éloigné de la berge rive droite, et devient plus fort le long de la rive gauche, où il produit des éboulements importants, surtout depuis les dernières hautes eaux; le plan incliné qui servait au débarquement sur la route de Bac-Ninh est depuis longtemps emporté, celui que l'on avait établi à l'aval du précédent vient d'être enlevé ces jours derniers et il faudra en établir un autre à l'aval lorsque la baisse des eaux le permettra.

« Le deuxième travail de défense consiste en un perré établi immédiatement en aval du ponceau qui se trouve près des bâtiments de la marine, sur le quai de Phu-Xa. Grâce à ce travail, nous pouvons affirmer que les magasins établis dans les bâtiments protégés n'ont absolument rien à craindre.

« Voilà les travaux qui ont été exécutés. Le dernier est certainement insuffisant et il ne peut protéger la concession qui va certainement subir, cette année, une série de dégâts analogues à ceux produits l'année dernière sur le quai longeant le fleuve, de la Douane à la concession.

« Pour que le perré produise un effet salutaire à la préservation des terrains de la concession, il faudrait qu'il soit prolongé jusqu'au premier épi ; c'est bien, croyons-nous, l'intention des personnes chargées de ce travail, mais l'absence des moyens de transport, causée par les dernières opérations militaires, a empêché de se procurer, en temps utile, l'énorme masse de pierres nécessaire à ce travail qui doit être établi dans des fonds de 8 à 10 mètres au-dessous des basses eaux.

« L'épi qui se trouve presque en face de l'hôtel du Gouvernement est actuellement coupé ; espérons que le remous causé par cet obstacle va disparaître, et diminuera ainsi les affouillements qui ont actuellement lieu sous la berge qui longe le fleuve entre les deux épis.

« Nous croyons savoir qu'il est actuellement question, afin de détourner le cours du fleuve, de pratiquer une ouverture sur la rive gauche et de faire un canal dérivatif et parallèle au fleuve près du village de Co-Xa ; mais pour donner à ce canal une ouverture suffisante qui lui permettra d'avoir un effet certain en détournant le courant, il va falloir enlever une énorme quantité de terre et quelque diligence que l'on fasse, quelque soit le nombre des ouvriers employés à ce travail, nous craignons bien qu'entrepris même dès maintenant, il ne soit terminé après les crues de juillet et août, et, par conséquent, inutile à la préservation de la concession qui se trouvera, en 1886, plus sûrement protégée par le perré que les difficultés signalées plus haut n'ont pas permis d'exécuter entièrement cette année. »

Les dispositions prises pour mettre les quais de

Hanoi à l'abri des dévastations du Fleuve Rouge demeurèrent impuissantes. Le puissant cours d'eau qui descend à travers les montagnes et les vallées profondes du Laos avec l'impétuosité d'un torrent entraîne avec ses ondes des masses considérables de débris et des matériaux, des graviers et des sables qui ont créé des alluvions immenses dans le golfe du Tonkin et qui modifient continuellement le lit supérieur du fleuve.

Tantôt des bancs, tantôt des îles et des presqu'îles se forment, se modifient ou se déplacent, quelquefois en peu de jours, d'autrefois à de longs intervalles. Souvent les territoires des villages sont profondément changés. Les terres des cultivateurs peuvent être enlevées sur une rive tandis que d'autres terres viennent se constituer en face sur la rive opposée. Dans ce cas, la coutume indigène autorisait les cultivateurs dépossédés à entrer en puissance des terrains nouvellement formés. Il arrivait alors que la même commune avait des terres sur les deux rives et qu'une partie de ses champs était par les caprices du fleuves enclavée dans les territoires des communes d'une autre province.

Le Fleuve Rouge devant Hanoi a une section approximative de 1,800 mètres et une vitesse moyenne de 1 mètre et demi à la seconde. Il passe donc en face de la ville 2,400 mètres d'eau à la seconde pendant l'année et les eaux contiennent de 2 à 3 pour cent de dépôts.

Pendant toute l'année le fleuve a un débit total minimum de 75,000 millions de mètres cubes devant les quais de Hanoi et charrie à cet endroit plus de 2,000 millions de mètres cubes de dépôts qu'il abandonne à partir de Hanoi, soit sur ses rives et dans les profondeurs de son lit, soit sur le littoral du golfe du Tonkin.

Les énormes charrois qu'il accomplit sont beaucoup plus considérables. Il dépose des alluvions bien au-dessus de Hanoï. On a constaté qu'il dépose surtout des galets jusqu'à Tan-Quan, des graviers jusqu'à Bac-Hat, vis-à-vis l'entrée de la Rivière Claire, des sables jusqu'aux Bambous, puis des vases jusqu'à la mer.

Les érosions qu'il produit sur son parcours sont d'autant plus considérables que son régime est brusque et irrégulier. Les oscillations de son niveau déjouent toutes les prévisions. Quelquefois il montera d'un seul coup de trois mètres ainsi que celà s'est produit en 1883 et en 1885.

Puis il baissera de un ou deux mètres avant d'avoir atteint son maximum de hauteur pour reprendre ensuite sa marche ascendante. Ces brusques mouvements de son niveau doivent être attribués à l'irrégularité des pluies et des orages pendant la saison chaude sur les hauts plateaux du Laos.

Dans ces régions accidentées où des vallées voisines appartiennent, les unes aux affluents du Song-Coi, les autres à ceux du Mekong, à ceux du Si-Kiang, à ceux du Fleuve Bleu ou à ceux du Song-Ma, il suffit d'un accident atmosphérique pour que les pluies destinées à arroser d'immenses régions soient concentrées dans un seul bassin ; alors au lieu de le fertiliser, elles amènent de prodigieuses dévastations.

La même année, un accident semblable se produisit dans la province voisine de Canton : voici le récit que nous en donnait l'*Avenir du Tonkin* :

« Le 19 juin dernier, une inondation épouvantable et comme il n'y en avait pas eu depuis trente ans a envahi la province de Canton. Le fleuve a rompu ses digues à Tam-Kong, ville située à 14 milles en amont de Canton, et s'est répandu dans les campagnes sur un rayon de 60 à 80 milles anglais, causant la mort de 10,000 personnes, emportant les maisons, détruisant les villages de fond en comble, noyant les rizières et les récoltes de toutes sortes, ruinant les magnaneries et plongeant dans la misère la plus affreuse une population tellement nombreuse qu'on ne peut s'en faire une idée, qui n'a échappé au fléau de l'inondation que pour tomber dans celui plus affreux encore de la famine.

« Les négociants de Hong-Kong ont immédiatement ouvert une souscription. Les commerçants chinois ont envoyé 20,000 piastres aux autorités municipales de la ville de Canton.

« Aux dernières nouvelles, 25 juin, le pays était encore submergé. » (*Avenir du Tonkin*, 15 juillet 1885).

Pendant toute la saison des hautes eaux, les quais de la ville furent menacés et les berges de la concession furent détruites sur une profondeur de plus de cinquante mètres en divers endroits.

*Le Journal de Hanoi* signale les ravages de l'inondation à plusieurs reprises :

« La crue subite qui est survenue vers le milieu du mois et dont nous avons déjà rendu compte, a continué, comme l'année dernière, à ronger les berges ; on a pu craindre un instant que le niveau ne s'élevât au-dessus des quais et que Hanoi ne fût envahi. Dans cette prévision, l'administration de la ville avait prié le service des travaux publics de préparer le nécessaire pour pouvoir boucher rapidement, en cas de besoin, la trouée de la digue, dans la rue des Charpentiers, à l'endroit où une porte a été supprimée vers le commencement de 1884. Les eaux du fleuve en pénétrant dans l'arroyo qui traverse la ville, ont opéré un excellent travail de nettoyage. Une vanne installée dans cet arroyo permet de le fermer, en temps utile, dans le cas où le niveau du fleuve deviendrait trop élevé. » (*Avenir du Tonkin*, 25 juillet 1885).

Le 5 août, le même journal disait :

« Les éboulements de terre se poursuivent d'une manière continue sur la berge de la concession, la partie Nord de la magnifique allée de flamboyants est complétement engloutie ; les jardins entourant les maisons habitées par nos généraux sont fortement entamés. »

Citons quelques-unes des cotes du fleuve au-dessus des plus basses eaux pendant les inondations de 1885 :

| | | | | |
|---|---|---|---|---|
| 1ᵉʳ Juin | 0ᵐ70 | — | 13 Septembre | 5ᵐ |
| 25 — | 5.19 | — | 21 — | 3.43 |
| 30 — | 3.48 | — | 30 — | 3.29 |
| 9 Juillet | 5.63 | — | 5 Octobre | 4.29 |
| 17 — | 3.83 | — | 9 — | 5.57 |
| 25 — | 4.87 | — | 15 — | 4.14 |
| 1ᵉʳ Août | 5.65 | — | 19 — | 5.27 |
| 21 — | 4.29 | — | 24 — | 4.72 |
| 25 — à 6ʰ soir | 7.02 | — | 30 — | 3.31 |
| 26 — | 6.93 | — | 4 Novembre | 4.15 |
| 31 — | 5.33 | — | 15 — | 2.44 |
| 3 Septembre | 7.39 | — | 30 — | 3.15 |
| 9 — | 6.10 | — | 15 Décembre | 1.95 |

Les inondations durèrent plus longtemps que les années précédentes ; voici la remarque faite par le journal du 14 octobre, à ce sujet :

« Il y a, cette année, un fait remarquable à noter, le niveau est actuellement plus élevé de quatre mètres que la hauteur correspondante des eaux à la même époque des autres années. Cela arrive rarement et les autorités annamites, consultées, ont répondu que de mémoire d'homme, on ne se souvenait pas d'un pareil événement. » (*Avenir du Tonkin*).

Le 4 octobre, le niveau des eaux porté au tableau était de 3.78 et le 5, de 4.29.

La salubrité et la sécurité même de la ville de Hanoi sont profondément intéressées au régime du fleuve Rouge. Pendant plusieurs mois et à des époques irrégulières, le niveau moyen de la ville est de cinq, six et sept mètres en contrebas de la surface des eaux. Si les digues en terre de sept à huit mètres de hauteur qui la défendent venaient à céder sous le choc des ondes, d'effroyables malheurs pourraient se produire.

Le lit du fleuve s'élève continuellement par de nouveau apports. Il est déjà en dessus des plaines voisines. Il arrivera un jour où brisant les obstacles qui lui ont été opposés, il descendra reprendre l'un de ses anciens lits vers le sud ou vers le nord pour se réunir à la mer.

— M. le général de Courcy n'avait pas seulement à se préoccuper de préserver la ville de Hanoi contre les menaces du fleuve. — Si la paix était faite avec la Chine, et cette convention ne devait pas lui inspirer une confiance absolue, il était en face des manœuvres de la Cour d'Annam et des lettrés. Il devait supposer que si nos adversaires annamites réussissaient à nous tenir en échec, s'ils obtenaient de nouvelles concessions de notre faiblesse proverbiale, la Chine se présenterait de nouveau menaçante pour profiter de nos fautes,

Le 27 juin, le général quitta Hanoi pour se rendre à Hué.

« M. le général commandant en chef le corps du Tonkin, a quitté Hanoi pour se rendre à Hué le 27 juin au matin : il est accompagné de M. le lieutenant-colonel Ortus, sous-chef d'état-major général et de ses officiers d'ordonnance. Le général en chef a emmené avec lui le 3° bataillon de zouaves, 150 chasseurs du 11° bataillon et la fanfare de ce bataillon. Les zouaves sont, paraît-il, destinés à tenir garnison à Hué.

« La flottille qui mène à Hué le général et sa troupe, a quitté Hai-Phong le 1er juillet, elle se compose de l'aviso le *Pluvier*, sur lequel se trouve le général et son état-major, et des canonnières le *Hugon*, la *Nièvre*, le *Chasseur*, le *Brandon*, et cinq autres bateaux.

« .... M. le capitaine de vaisseau de la Bonninière de Beaumont accompagne à Hué M. le général en chef........ »

« On disait aujourd'hui en ville que la Cour et le régent avaient abandonné la ville de Hué pour se rendre dans une nouvelle capitale située en plein Laos, dans l'intérieur des terres...... » (*Avenir du Tonkin*, 5 juillet 1885).

Il y avait en effet des rapports tendus entre l'administration française et le gouvernement annamite.

On savait que la Cour avait pensé à se retirer dans l'intérieur pour échapper à la pression de nos agents. On n'ignorait pas qu'elle encourageait tous les chefs qui nous faisaient ouvertement la guerre. On pouvait même supposer que les bandes chinoises qui n'étaient pas rentrées en Chine après la conclusion de l'armistice étaient pour le moment à la solde des lettrés.

Voici ce que l'*Avenir du Tonkin* disait des habitants de Son-Tây :

« Son-Tây, 20 juin. Les populations se livrent aux travaux des champs et sont heureuses de prêter leur concours aux autorités pour les aider à détruire les quelques bandes de pirates qui se trouvent encore dans cette province qui forme aujourd'hui la limite de notre occupation.

« Le principal chef de pirates, le Bô-Giap, se fait remarquer par un fait caractéristique. Il lève l'impôt, or quelque soient leurs déprédations, les chefs de bandes ne prélèvent jamais l'impôt à moins d'avoir été directement autorisés par la Cour de Hué....... (?) (*Avenir du Tonkin*, 5 juillet 1885).

Dans le numéro du 26 juillet, nous trouvons la note suivante :

« Nin-Binh, 10 juillet. Le phu de Nho-Quan signale la présence de troupes chinoises à trois journées de Phu-Nho.

« Un négociant chinois venant de Than-Hoa rapporte que ses camarades lui ont appris qu'un corps de deux à trois mille Pavillons noirs occupaient la région montagneuse de ce pays à cinq jours de marche de Than-Hoa.... »

Ainsi les troupes qui venaient de nous combattre dans la région du haut fleuve Rouge et de Tuyên-Quang étaient allées se réfugier après l'armistice sur les frontières du Tonkin et de l'Annam, dans les région où depuis cette convention nous avons toujours rencontré les résistances les plus énergiques.

Aussi on s'attendait à des événements graves pouvant modifier notre situation en Indo-Chine. Voici comment s'exprimait l'*Avenir du Tonkin*, du 15 juillet (qui mentionnait les sentiments des Français de Hanoi) :

« Nous sommes absolument sans nouvelles des opérations militaires et diplomatiques qui doivent avoir lieu à Hué en ce moment, et il nous est absolument impossible de nous en procurer.

................................................

« L'infanterie de marine et le bataillon de chasseurs à pied sont partis pour Hué il y a quelques jours. » (*Avenir du Tonkin*, 15 juillet 1885).

Le secret des opérations accomplies avait été bien gardé.

« Cependant, dans le même journal, un ordre du jour annonçait qu'à la suite d'une agression inqualifiable des troupes des régents de l'Annam, la citadelle de Hué était tombée en notre pouvoir.

« La capitale de l'Annam est au pouvoir de la France.

« Huit cents zouaves et cent chasseurs à pied, venus à Hué avec une mission pacifique, répartis entre le Mang-Ca et la Légation, concuremment avec les deux cent cinquante hommes qui formaient la garnison de Hué, ont été subitement assaillis par l'armée annamite, le 5 juillet, à une heure du matin.

« En un instant, l'incendie dévorait les paillotes qui servaient de casernement à nos troupes et, pendant tout le reste de la nuit, les fusées incendiaires, les balles et les boulets pleuvaient sur elles et sur la *Javeline*, mouillée près du Mang-Ca.

« A la légation, cent cinquante hommes d'infanterie de marine tenaient tête aux attaques répétées de bandes hardies, restaient impassibles sous le feu des batteries de la citadelle qui les criblaient de boulets et de mitraille, tansformant l'hôtel en une véritable ruine.

« Au Mang-Ca, dès le point du jour, deux colonnes débouchaient et se jetaient furieuses et intrépides dans l'immense citadelle. Trois heures plus tard, trente mille hommes, qui formaient la garnison de la place, étaient en déroute, la Cour en fuite, les palais royaux entre nos mains. A huit heures le drapeau français remplaçait les couleurs de l'Annam.

« Jamais une agression aussi odieuse et plus sauvage ne fut si rapidement vengée.

. . . . . . . . . . . . . . . . . . . . . . . . . . . . . . . . . . . . . .

« Au quartier général à Hué, le 7 juillet 1885.

« Courcy »

(*Avenir du Tonkin*, 5 août 1885).

Voici les renseignements que nous trouvons sur ce combat dans l'*Avenir du Tonkin* du 25 juillet 1885 :

« La citadelle de Hué a la forme d'un carré de 2.500 mètres de côté dont les angles sont exactement orientés sur les points cardinaux. La face sud-est est protégée par la rivière de Hué qui la longe entièrement ; à l'angle est, le cours d'eau décrit un arc de cercle vers le nord, dont la face nord-est est la corde ; à la rencontre de la rivière et de l'angle nord se trouve le Mang-Ca. On donne ce nom à un ouvrage extérieur à la citadelle dans lequel sont établis les logements et le mess des officiers ainsi que le casernement pour deux compagnies d'infanterie de marine.

L'angle nord renferme aussi des bâtiments dans lesquels est logée une compagnie ; le coin de la citadelle occupé par nos troupes est séparé du reste de l'enceinte intérieure par un mur laissant néanmoins un passage à chaque extrémité sur le chemin de ronde.

Sur la rive droite de la rivière, en face de l'angle sud-ouest, sont situés les bâtiments de la légation française, où sont installés les services de la résidence générale. C'est à la légation que le général de Courcy avait établi son quartier général ; la garde du commandant en chef était composée de 250 hommes du 11$^e$ bataillon de chasseurs à pied et de l'infanterie de marine. Le bataillon du 3$^e$ zouaves, qui était parti avec le général, comme escorte d'honneur, était caserné avec les troupes de l'infanterie de marine dans le Mang-Ca et le bastion nord de la citadelle.

Dans la soirée du 4 juillet, le général en chef avait reçu les officiers et les fonctionnaires de tous grades ; à minuit chacun était rentré lui, tout était calme et rien ne pouvait faire prévoir le drame qui allait se dérouler quelques instants plus tard.

Vers une heure et demie du matin, la légation, le Mang-Ca et les casernements de l'angle nord sont entourés simultanément par des hordes innombrables d'annamites qui se lancent bravement à l'attaque en poussant des cris sauvages et des hurlements farouches ; au même instant l'incendie éclate de toutes parts, allumé par les torches et les fusées que les agresseurs lancent de tous côtés. Utilisant la lueur de l'incendie, les canons de la citadelle ouvrent un feu violent sur les points occupés par les Français qu'ils espèrent anéantir sous ce bombardement épouvantable.

Réveillées en sursaut, mais non surprises à l'improviste, nos troupes opposent une froide résistance; tant qu'il fait nuit, elles se contentent de répondre par une fusillade bien nourrie dont les effets meurtriers arrêtent tous les efforts des assaillants.

Quelques retours offensifs vigoureusement menés les rejettent en arrière et leur font même perdre trois petits canons qu'ils avaient amenés à bras à une faible distance de la Légation et qui ont été brillamment enlevés par un sous-lieutenant dont nous regrettons de ne pas connaître le nom.

Au point du jour, quand on peut se rendre exactement compte de la situation, nos troupes prennent alors une offensive énergique.

Les troupes du Mang-Ca, commandées par le lieutenant-colonel Pernot, font irruption dans la citadelle et s'en emparent complètement. A onze heures du matin, tout était fini, les trois couleurs nationales flottaient sur tous les miradors de la citadelle royale.....

Nous étions maîtres du palais du roi, qui forme une deuxième citadelle intérieure, entourée d'eau de tous côtés. Dans le palais absolument désert, ce qui dénote une longue préméditation, tout était à peu près en ordre ; nous y avons trouvé un trésor d'une valeur de dix millions de francs environ, plus une grande quantité de richesse artistiques.

Rien n'a été touché. Les magasins à riz étaient dans l'ordre habituel. Le roi, toute sa famille et le ministre de la guerre, le régent Thuyêt, s'étaient enfuis dans la campagne à la tête d'un nombre assez considérable de partisans, 15,000 environ. Le premier régent, Tuong, qui, tout d'abord, avait disparu, est venu se présenter au général en chef qui le garde comme prisonnier...............

A notre avis, ce coup de main était préparé depuis quelque temps déjà, nous en trouvons la preuve dans tous les canons anciens modèles amasssés sur la face commandant la légation et prêts à l'heure fixée ; dans ces quantités innombrables de fusées et de mèches incendiaires distribuées à tous les combattants ; enfin n'est-il pas la suite logique des agissements de la Cour de Hué depuis notre intervention au Tonkin......................................

..................................................

« Aux dernières nouvelles, le roi prisonnier de Thuyêt était emmené vers le Tanh-Hoâ, mais il n'avait plus pour escorte qu'environ 1500 partisans.

« La reine-mère, les princes et les princesses de la famille royale, entièrement rassurés sur la loyauté des intentions du gouvernement du protectorat, sont rentrés dans le palais de Hué où l'ordre est complètement rétabli...................................... »

L'effectif des troupes annamites qui prirent part à l'attaque du 5 juillet, fut, assure-t-on, moins considérable que les chiffres indiqués dans les premiers rapports.

Voici la note que nous trouvons à ce sujet dans un livre récent :

« A Hué, la garde royale devait atteindre le chiffre de 43.200 soldats et pourtant la Cour, qui préparait depuis longtemps une tentative désespérée contre les Français, ne put réunir, dans la nuit du 5 juillet 1885, que 10.000 hommes environs. » (Extrait de l'*Union Indo-Chinoise*, par R. B.)

Il est très probable, en effet, que la plus grande partie des soldats attachés au service de la Cour se cachèrent au lieu de se battre......................

Dans cette affaire nous avions eu 85 hommes hors de combat, 12 tués, dont les capitaines Drouin, du 3ᵉ zouaves et Bruneau, de l'artillerie de marine, et le lieutenant Lacroix, du 3ᵉ zouaves; 73 blessés, dont les sous-lieutenants Pelicot et Heischel, les capitaines Bellemare et Borne. (Bouinais, p. 660)

Le 21 juillet, M. Silvestre, directeur des affaires civiles et politiques, quitta Hanoi avec le haut mandarin Nguyên-Huu-Dô, gouverneur de la province.

M. Silvestre devait, d'accord avec M. de Champeaux, résident à Hué, préparer les bases d'une nouvelle convention avec la Cour d'Annam.

Nguyên-Huu-Dô, sur la fidélité duquel nous pouvions compter, était désigné pour être président du comat ou conseil privé du nouveau Roi, en même temps que vice-roi titulaire du Tonkin.

En attendant, la famille royale avait désigné le prince Tô-Xuân, oncle du Roi, comme régent à la place de Tuong, et M. de Champeaux, résident à Hué, avait été chargé des fonctions de ministre de la guerre.

L'ancienne armée annamite avait été licenciée et devait être reconstituée sur des bases nouvelles sous notre surveillance.

Les circonstances qui avaient précédé ce grave conflit ont été l'objet de nombreux commentaires.

Il est certain que les Régents, encouragés par nos hésitations et par les modifications consenties au traité conclu par M. Harmand, soutenaient toutes les résistances que nous avions rencontrées et se tenaient prêts à nous attaquer ouvertement à la première occasion favorable.

Un conflit était devenu inévitable.

Lorsque le général de Courcy arriva à Hué, les régents Tuong et Tuyêt étaient persuadés que le général voulait les faire arrêter. Ils furent invités à venir saluer le commandant en chef. Thuyêt fit répondre qu'il était malade et se décida à risquer le tout pour le tout. — Le général de Courcy avait accordé une heure pour recevoir les communications des régents. Ce ne fut qu'après avoir laissé passer ce délai qu'une lettre fut remise au résident qui dut refuser de l'ouvrir. Elle annonçait le complot, paraît-il. — C'est ainsi que les Annamites rejettent la responsabilité de cette collision sanglante sur la trop grande rigueur du commandant Français.

M. le général de Courcy, maître de la capitale de l'Annam, avait à réorganiser le pays, à lui constituer une Cour, une administration, un gouvernement.

Il commença par confier l'intérim au prince Tò-Xuan, fils de Minh-Mang, oncle du roi fugitif, assisté du comat ou conseil privé. Il témoigna aussi les plus grands égards à la reine-mère, mère du roi Thuduc, qui avait toujours exercé une grande influence à la Cour après la mort de son mari, le roi Thiêu-Tri (1847).

Cette princesse, née aux environs de Gocong, dans notre colonie de Basse Cochinchine, est très âgée et aveugle. Mais elle est active et courageuse; elle remplit avec énergie et dignité le rôle de chef de famille qui, suivant les coutumes du pays, incombe aux veuves. Elle est secondée par quelques lettrés dévoués qui se sont attachés à elle et dont la plupart appartiennent à la cour depuis longtemps ou descendent des confidents de Giàlong, de Thiêu-Tri et de Thu-Duc. — Elle agit énergiquement pour sauver le patrimoine et l'honneur de ses petits-enfants, si gravement compromis depuis quelques années. Elle a eu à lutter contre les ministres et contre les régents pour défendre le sang de sa race, qui a coulé trop souvent à l'intérieur du palais. Sa personne a toujours été respectée dans ces drames barbares. Elle a certainement été trompée quelquefois, elle a dû ignorer les complots qui menaçaient la vie du prince Hiêp-Hoâ et celles de ses enfants. Mais en Annam aucune main ne serait assez criminelle pour se lever contre une reine que défend le prestige de la vieillesse et qui rappelle aux lettrés la glorieuse époque où leur pays était libre et puissant.

Le général de Courcy avait fait nommer M. de Champeaux ministre de la guerre avec l'intention de réorganiser l'armée annamite sous la direction d'un corps d'officiers français.

Cette conception, utile et pratique en d'autres pays, ne pouvait avoir de résultats en Annam où l'armée n'a jamais eu d'autre rôle depuis longtemps que de combattre les Français. Le royaume est séparé de toutes les autres puissances de la presqu'île indochinoise par des forêts et des montagnes peu habitées.

Les soldats annamites étaient, pour la plupart du temps, des serviteurs et des gardes employés, au service des mandarins. Mariés et pères de famille, en dehors du service des escortes et de l'arrestation des criminels de droit commun, ils menaient une existence sédentaire et se heurtaient rarement aux bandes organisées de pirates et de malfaiteurs qui s'étaient formées au Tonkin et dans le Than-Hoa.

Habituellement ils laissaient les villages se défendre eux-mêmes contre la piraterie.

Cette armée devait théoriquement compter 130,000 hommes sous les armes. En réalité les mandarins provinciaux ne levaient, paraît-il, que le tiers des contingents dûs par les villages. (*L'union Indo-Chinoise*, par R. B., p. 31).

Une mission, comprenant des officiers et des sous-officiers de toutes les armes, infanterie, cavalerie, artillerie et génie, fut formée en France et envoyée à Hué. Lorsque ce personnel nombreux et susceptible de rendre des services se présenta en Annam, rien n'était prêt pour le recevoir. On finit par organiser quelques bataillons dits de miliciens, qui furent, dans le principe, armés de lances et de sabres annamites. (*L'union Indo-Chinoise*, par R. B., p. 35).

Le général en chef, en arrivant à Hué, avait été

frappé à la vue de la plaine fertile et riante qui entoure la capitale. Il avait recueilli au centre de l'administration de l'Annam des renseignements précis qui ne concordaient guère avec les lieux communs adoptés trop facilement parmi nos géographes politiques qui s'obstinaient à diviser le Tonkin en deux régions, celle où l'on mange et celle où l'on ne mange pas ; et à répéter que l'Annam était le bâton en bambou aux deux extrémités duquel sont suspendus, comme deux paniers pleins de riz, le Tonkin et les provinces de Giadinh.

En réalité l'Annam, isolé entre la mer et les montagnes, est divisé en vallées dont plusieurs, fertiles et bien arrosées, nourrissent une population nombreuse. Les provinces de Than-Hoâ, de Vinh, de Hatinh, de Quang-Ngai, de Binh-Dinh, de Khan-Hoa, n'ont pas besoin du Tonkin et de Saigon pour vivre.

Certainement, ces provinces sont exposées, comme le Tonkin lui-même, à des années de disettes causées par les inondations ou par la sécheresse. Mais si la navigation était aussi active et aussi sûre le long des côtes qu'elle le fut à la fin du règne de Giâlong et sous celui de Minh-Mang, le mouvement commercial du pays suffirait pour approvisionner les contrées où le riz aurait manqué.

C'est probablement sous cette impression que le commandant en chef, par une dépêche du 21 juillet 1885, proposait au Gouvernement l'abandon partiel du Tonkin et l'annexion de l'Annam.

Peut-être aussi était-il guidé par la conviction que l'Annam, formé de provinces isolées les unes des autres, serait plus facile à organiser et à défendre contre des agressions extérieures.

Cette proposition souleva de vives appréhensions au Tonkin et en France. Déjà des intérêts considérables étaient engagés dans notre possession nouvelle, on voyait avec inquiétude l'abandon de vastes territoires fertiles et importants tels que les provinces de Quang-Yên, de Cao-Bang, de Lao-Kay, de Tuyên-Quang, de Hong-Hoa, de Lao-Kay, de Lang-Son, que nous n'occupions pas toutes effectivement, mais que nous devions garder si nous voulions rendre au Tonkin son ancienne prospérité commerciale. Livrer à nos ennemis ces régions que nous venions de leur disputer dans une lutte glorieuse, c'était les encourager à venir s'établir sur les limites du Delta, à nous y braver, à y ruiner le commerce et l'agriculture des habitants paisibles. C'était aussi remettre entre des mains étrangères les mines qui existent dans les montagnes.

Certainement la plupart des gisements n'ont pas la valeur qui leur a été attribuée et le Tonkin n'est réellement riche que par son agriculture, par son industrie, par sa population laborieuse. Mais il faut tenir compte en politique de l'échec grave qui aurait résulté pour nous aux yeux des populations de notre renonciation volontaire à des trésors dont nous avions tant parlé et dont la possession avait excité bien des convoitises parmi les Annamites et parmi les Chinois.

Pour tous ces motifs sans doute la combinaison projetée ne fut pas acceptée par le Gouvernement. On s'efforça de constituer des ressources au nouveau Gouvernement et de faire rentrer au trésor les sommes qui avaient été enlevées de Hué par les partisans de Thuyèt.

Plusieurs mois avant le combat du 5 juillet, la cour envoyait à Cam-Lo, puis faisait cacher dans l'intérieur des sommes considérables en lingots d'or et d'argent. M. Sylvestre, directeur des affaires civiles au Tonkin, avait fait restituer par un seul village, plus d'un million et demi de valeurs qui y avaient été cachées. On évaluait à une centaine de millions le trésor ainsi disséminé en divers endroits à la disposition de la cour fugitive. — Cet argent provenait des économies réalisées par les anciens rois de l'Annam qui, sur 39 millions de rentes annuelles en dépensaient tout au plus une vingtaine et enterraient le surplus. — Ces chiffres ont peut-être été exagérés par les Annamites.

En tous cas, ces ressources seraient faciles à reconstituer par une administration intelligente, connaissant le peuple annamite et sachant l'associer sagement à ses entreprises, au lieu de chercher à lui donner une organisation militaire inutile et même dangereuse pour notre domination.

Jamais les rois d'Annam n'ont eu d'armée permanente régulièrement constituée. Ils n'en avaient pas besoin. Lorsqu'ils ont eu des expéditions à faire contre des voisins puissants, par exemple contre les rois de Siam en 1840, ils faisaient des levées dans les provinces voisines du théâtre de la guerre et envoyaient des hommes de confiance pour les commander.

Les soldats ainsi enrégimentés et enlevés à leurs familles étaient la terreur des villages que l'armée avait à traverser. Si la guerre était sérieuse, bien peu revenaient à leurs foyers, beaucoup s'établissaient loin du pays natal ou se livraient au vagabondage. Aussi le Gouvernement avait-il une grande répugnance pour la guerre et pour les expéditions militaires.

Généralement, il laissait aux autorités provinciales le soin de défendre la frontière par leurs propres moyens ; il tolérait souvent pendant des années la présence de bandes armées sur son territoire, attendant leur expulsion des événements ou de la lassitude des populations plutôt que de faire un effort énergique.

Le 6 août, M. le général de Courcy était de retour au Tonkin où il avait télégraphié à la date du 31 juillet :

« Cour Annam reconstituée, Nguyên-Huu-Dô, Tong-Doc de Hanoï, nommé Vo-Biên et premier vice-président du Comat, est envoyé en mission royale au Tonkin où il remplira les fonctions de Kinh-Luoc et en prendra le titre. »

On lisait dans le même journal (*Avenir du Tonkin*, 5 août 1885) :

« Une proclamation du Gouvernement annamite a été envoyée de Hué aux mandarins du Tonkin; elle leur annonce que le prince To-Xuàn remplit les fonctions de la royauté par intérim pendant l'absence de Ham-Nghi; l'ex-régent Tuong est investi des fonctions de président du conseil et ministre de l'intérieur, mais il est prudemment gardé à vue par un officier de l'Etat-Major du général en chef et un employé de la résidence générale assisté de soldats français. »

..........................................

« Le Tong-Doc de Namh-Dinh, Pham-Dinh-Binh, beau-père de l'infortuné roi Tuc-Duc, est nommé ministre des finances et membre du Comat. »

Une convention additionnelle au dernier traité avec la cour d'Annam avait été passée le 30 juillet entre MM. Sylvestre et de Champeaux au nom de la France et les hauts mandarins Tuong et Do, au nom de l'Annam. (*Avenir du Tonkin*, 5 août 1885).

A peine rentré au Tonkin, le général en chef se trouva en présence d'un ennemi plus redoutable encore que les Chinois et les Annamites.

Le choléra se déclara parmi nos troupes à Hai-Phong. M. le général de Courcy, fidèle aux généreuses traditions de notre armée, se rendit immédiatement sur le point le plus menacé par l'épidémie. Un ordre du jour nous rappelle les instructions qu'il fit paraître immédiatement pour encourager les troupes et pour empêcher le fléau de se propager.

« Ordre général n° 28 :

« Une épidémie ayant éclaté à Hai-Phong, le général commandant en chef le corps du Tonkin transporte, jusqu'à nouvel ordre, son quartier général dans cette ville.

« Dans la première comme dans la deuxième division, des dispositions devront être immédiatement prises pour éparpiller les troupes qui paraîtraient trop agglomérées dans les lieux de garnison et casernements, afin de les placer dans de meilleures conditions d'hygiène; le général commandant en chef laisse à MM. les généraux commandant les divisions le soin de prendre les mesures qui leur paraîtront opportunes à cet égard.

« Les garnisons de Dong-Son, Than-Moi et Chu seront diminuées autant que possible.

« L'installation dans les villages devra se faire avec le concours de l'autorité civile. Il sera attribué à chaque habitant deux ligatures par mois pour chaque soldat qu'il logera. Le village touchera cette somme si les hommes occupent des pagodes ou autres établissements municipaux.

« Le Général rappelle les recommandations déjà faites pour que, dans les villages qui vont recevoir des troupes, les habitants ne soient pas molestés et ne soient l'objet d'aucune exaction ; il prescrit aux chefs, à tous les degrés de la hiérarchie, d'exercer une surveillance incessante pour empêcher toute infraction à ces recommandations. Tout soldat signalé pour y avoir manqué serait l'objet des mesures les plus rigoureuses.

« Au quartier général, à Hanoi, le 10 août 1885.

« Courcy »

(*Avenir du Tonkin*, du 22 août 1885).

Dans le même numéro, le *Journal d'Hanoi* disait :

« Le choléra est à Hai-Phong où le mal semble s'être localisé à l'hôpital.

« D'où vient l'épidémie ? de Formose ? ou de Hong-Kong ? Ce que nous savons d'une façon certaine, c'est que plusieurs cas ont été constatés à Hong-

Kong bien avant la déclaration du fléau au Tonkin.

« Dès la première heure, M. le général en chef a transporté son quartier général à Hai-Phong.

« Toutes les mesures de précaution d'usage ont été prises à Hanoï, des quarantaines sont établies et les correspondances sont désinfectées. »

Les événements survenus à Hué avaient eu les plus fâcheuses conséquences dans l'intérieur de l'Annam.

Le gouvernement provisoire présidé par Thuong n'avait aucune influence. Peut-être était-il toujours de connivence avec nos ennemis !

Dans la plupart des provinces, des mouvements insurrectionnels se produisaient sur un grand nombre de points ; les Annamites chrétiens ou soupçonnés d'être favorables à la France, furent assassinés et leurs habitations furent incendiées.

Nous lisons dans l'*Unité Indo-Chinoise*, du 11 août :

« Les nouvelles qui nous arrivent de Hué et de toute la côte annamite s'étendant jusqu'à Baria sont de plus en plus mauvaises.

« C'est bien dans la province de Quang-Ngai que l'insurrection a pris naissance ; le 13 juillet, les lettrés se sont emparés de la citadelle et ont renversé le soi-disant gouvernement régulier établi par *notre ami* Thuong ; le 14, les massacres des chrétiens ont commencé et à l'heure actuelle, 5 missionnaires ont été décapités ainsi que 10.000 Annamites catholiques.

« Tous ceux qui ont pu échapper aux insurgés se sont réfugiés à Qui-Nhon ; ils s'y trouvent au nombre de 8.000 environ, parqués sur la plage, sans vivres, sans rien, et pour ne pas les laisser mourir de faim, il nous faudra leur envoyer du riz de Cochinchine.

« A deux lieues de la Résidence de France, le pays est en feu : les chrétientés sont pillées et incendiées.

« Dans la province de Phuyèn, les passagers du *Saïgon* ont pu, très distinctement voir que les chrétientés avaient été détruites.

« Comme il est facile de le remarquer, l'insurrection gagne le sud des provinces annamites ; après celle de Phu-Yên viennent celles de Thanh-Hoa et du Binh-Thuân et après elles, celles de la Cochinchine.

Les provinces situées au nord de Hué (Quang-Binh et Quang-Tri), sont occupées militairement par nous. La présence de nos troupes a empêché les désordres d'y éclater.

Il est à peu près certain que le ministre de la guerre Thuyêt et le jeune roi, n'ont pas pu pénétrer au Tonkin ; les défilés qui y conduisent ayant été occupés à temps par nos soldats.

Thuyêt serait, paraît-il, dans les environs de la forteresse de Cam-Lô (province de Quang-Binh) » (*Avenir du Tonkin*, 31 août 1885).

Le Général en chef, aussitôt qu'il avait été prévenu de ces désordres, avait fait son possible pour les réprimer.

« C'est à grand peine qu'au premier instant on a pu préserver quelques parties du littoral en jetant à la hâte des forces dans Qui-Nhon, en prenant la citadelle de Binh-Dinh, en occupant les ports de Dong-Hoi et de Quang-Nam. » (Gautier, p. 456 et 457)

On lisait dans le même journal :

« M. le général de Courcy a quitté Hanoi le 26 août, pour se rendre à Qui-Nhon, entouré par les révoltés annamites et où se trouvaient réfugiés un grand nombre de chrétiens indigènes. M. le général en chef a emmené avec lui la 2^me compagnie du 1^er régiment des tirailleurs tonkinois, capitaine Hugot. »

« M. le Directeur des affaires civiles et politiques

doit se rendre prochainement à Hué où il rejoindra le général en chef, afin d'aider à régler plusieurs affaires de service intérieur. »

M. le général de Courcy ne tarda pas à se rendre à Hué, où il dut prendre des résolutions énergiques;

Le roi ne revenait pas et tout démontrait que le régent Tuong ne se prêterait pas à une alliance loyale avec la France.

Ce haut mandarin excitait une méfiance bien justifiée depuis l'assassinat du roi Hiep-Hoa qui avait été empoisonné et qui avait été achevé à coups de poignard parce qu'il ne mourait pas assez vite. La famille de ce malheureux prince qui s'était réfugiée d'abord à Thuan-An, était rentrée à Hué sur la promesse qu'elle serait épargnée, et avait été massacrée sans pitié.

Dans le journal d'Hanoi, du 10 septembre, on lisait :

« M. le général de Courcy est à Hué, le Kinh-Luoc du Tonkin est allé l'y rejoindre.

« Le régent Tuong a été envoyé à Pulo-Condore où il va être interné.

« ....... M. le général Prudhomme est à Qui-Nhon. Les massacres des chrétiens dans le sud de l'Annam continuent.

« D'après les bruits qui circulent ici, le jeune roi de l'Annam, serait toujours escorté par le fidèle Thuyêt, dans l'ouest du Tonkin, au nord de Hong-Hoa, où il aurait rallié les Pavillons noirs.

« On le dit malade et quelques personnes affirment qu'il est empoisonné. » (*Avenir du Tonkin*).

Sur la présentation de la reine-mère et du comat, le général de Courcy se décida à reconnaître pour roi d'Annam sous le nom de Dong-Khanh, l'héritier légitime du trône, le frère ainé du roi fugitif Ham-Nghi.

Voici en quels termes cet événement fut annoncé:

« Hanoi, 19 septembre 1885.

« L'Annam et le Tonkin ont entendu aujourd'hui à neuf heures, dans toutes les villes et postes où il y a de l'artillerie, des salves de neuf coups de canon, tirés en l'honneur du couronnement du nouveau roi.

« Voici le texte de la dépêche adressée de Hué, le 14 septembre dernier, par M. le général commandant en chef le corps du Tonkin :

« Le nouveau roi neveu et fils adoptif de Tu-Duc, prince Chan-Mong, a été installé solennellement le 14, à huit heures du matin, dans son palais où il s'est rendu, suivi par les princes du sang, le comat et la Cour. Les troupes françaises et annamites formaient la haie. Drapeaux arborés sur les miradors. Le roi a protesté fort dignement de sa reconnaissance à la France et de son attachement pour elle. Le prince, âgé de 23 ans, est d'extérieur agréable et a produit auprès des Français la meilleure impression. Le nom qu'il va prendre dans la dynastie va être déterminé suivant le rite annamite.

« Toutes les valeurs artistiques lui ont été remises, recueillies par l'armée française victorieuse, sauvant et gardant ce trésor et se trouvant suffisamment récompensée par la gloire. Le couronnement aura lieu le 19 en séance solennelle. Événements me pressaient trop pour pouvoir différer et faire venir à la cérémonie une députation du Tonkin, représentée d'ailleurs, par le Kinh-Tuoc, et le regrette sincèrement. »

A l'occasion du couronnement du nouveau roi, Ngnyên-Huu-Do, ancien Tòng-Doc de Hanoi, Kinh-Luoc du Tonkin, fut élevé à la dignité de Cam-chanh (première colonne de l'empire) avec délégation des pouvoirs royaux. Ce haut mandarin qui nous était redevable de sa fortune, a rempli depuis cette époque, les fonctions de régent avec dévouement, en s'efforçant de concilier ses devoirs d'administrateur annamite avec ses obligations envers les Français.

Nous donnons d'après l'*Avenir du Tonkin*, (14 octobre) le manifeste du roi au peuple annamite :

« L'empereur adresse les paroles suivantes :

« Le trône ne doit pas rester vacant et le pays ne doit pas rester sans un homme qui le dirige.

« Il faut regarder comme capital le soin du culte des ancêtres des rois.

« Par la volonté céleste, les saints Chua et les rois sages se sont succédés depuis 300 ans dans la capitale fixée du village de Phu-Xuan.

« Il y a donc longtemps que les populations jouissent des grands bienfaits produits par la vertu des rois. Le royaume doit se perpétuer dans les siècles.

« Dernièrement, par la faute de serviteurs rebelles qui ont usurpé le pouvoir, de grands événements ont eu lieu. Le gouvernement a failli être renversé.

« Les pleurs de la mort de Thu-Duc ne sont pas encore séchés, que les poussières se sont soulevées, il y a déjà trois mois que les voitures et les palanquins sont partis sans retour ; les populations étaient indécises, elles ne savaient sur qui s'appuyer; jour et nuit, il n'y avait personne qui rendit hommage aux deux Thanh-Tri (Thai-Hoong-Thai-Hau et Hoang-Thai-Hau). L'encens n'était pas brûlé sur l'autel des ancêtres; celui-ci restait froid.

« En parlant de celà, j'éprouve des douleurs comme si mes entrailles se déchiraient.

« Etant deuxième fils de Duc-Tôn-Anh-Hoang-De, au moment où le royaume est en péril, je suis très peiné de voir le peuple sans maître, c'est pourquoi j'obéis aux volontés de leurs Excellences les reines-mères, je me range au vœu du gouvernement et je tiens à prouver ma grande amitié envers la nation amie, et ce sont là ceux qui m'élèvent au trône. Les supérieurs et les inférieurs ne sont qu'une volonté.

« Après avoir rendu mes devoirs au Ciel et à la terre et aux rois mes ancêtres dans les deux temples et après avoir demandé le consentement de son excellence la grande reine-mère Thai-Hoang-Thai-Han et de son excellence la reine-mère Hoang-Thai-Han, à l'heure fixée gio-ti, (entre 9 et 11 heures du matin), le 11 du huitième mois (19 septembre 1885), je me suis déclaré empereur dans le palais de Thai-Hoa.

« L'année prochaine Binh-Tuât prendra le nom de première année de Dong-Kanh (1).

« La magnificence est revenue sous les yeux.

« La dynastie des Han avait été un moment sur le point d'être renversée, mais le peuple l'aimait encore : c'est pourquoi elle peut se conserver encore longtemps.

« La cloche et les brûle-parfums ne sont pas changés. Ils s'accordent aux chants des Duongs.

« Maintenant que le grand trône est tranquille, les grâces doivent être répandues partout. Le gouvernement est chargé de me faire savoir quelles sont les grandes faveurs à accorder aux différentes provinces afin que je les approuve.

« Tout ceci est beau et nouveau, l'homme l'a fait; mais c'est la volonté du Ciel qui l'a guidé.

« Ces paroles seront publiées partout pour que tout le monde les sache.

« Le 11 du 8ᵐᵉ mois de la 1ʳᵉ année de Ham-Nghi. (19 septembre 1885). »

Le roi compare la situation de sa dynastie à celle dans laquelle s'était trouvée la célèbre famille impériale des Han.

Il rappelle que la cloche et le brûle-parfum fondus lorsque la famille des Nguyên avait commencé

---

(1) Les années portent le nom du souverain régnant.

à régner, n'avaient pas étaient détruits, et il fait allusion aux neufs chants composés du temps des Duongs en Chine pour célébrer les vertus des souverains et le bonheur du peuple.

Deux autres proclamations furent affichées en même temps que le manifeste du roi, dans toutes les villes du Tonkin.

Voici celle de la reine-mère Thai-Hong-Tai-Hau, (mère de Thu-Duc) :

« Le roi est le maître des Than (1) et du peuple, l'autel des ancêtres royaux, tout le peuple et tout ce qui vit ont leurs destinées reposées sur lui.

« Notre gouvernement a traité de la paix avec le gouvernement français, il y a vingt années ; il n'y a ni tromperie ni soupçons d'aucun côté, et depuis cette époque, le gouvernement de l'Annam a joui de la tranquillité. Mais tout a été bouleversé, et le 22 du cinquième mois, (4 juillet 1885), par la faute d'un mandarin rebelle, le Thon-Thàt-Thuyêt. Le culte des ancêtres a été troublé, les voitures et les palanquins ont été déplacés. Pendant la fuite, je versais d'abondantes larmes quand je portais la vue

---

(1) Esprits bienfaisants, honorés dans les villages et dans les familles.
Nous trouvons dans « l'Avenir du Tonkin », du 21 avril 1888, la note suivante, concernant les génies des villages :

« A l'occasion de l'anniversaire de sa naissance, S. M. le Roi d'Annam a remis à S. E. le Kinh-Luoc, 5.000 diplômes pour être décernés aux Génies du Tonkin.

« D'après la religion boudique, telle qu'elle est suivie par les tonkinois, les villages seraient généralement protégés par des génies titulaires qui sont l'objet d'une grande vénération ; ces génies sont ordinairement des philosophes, des guerriers, des savants, des femmes qui ont signalé leur passage sur la terre par de belles actions de grands services ou des hauts faits.

« Ces diplômes sont écrits sur une large et longue bande de papier jaune ornée de dessins symboliques et de dragons en argent. Ils sont remis par le vice-roi aux mandarins qui eux-mêmes les portent aux notables des villages ; ce sont ces derniers qui vont en grande pompe les offrir aux génies, dans les pagodes. Le diplôme roulé dans un bambou laqué, est placé dans une boite spéciale et porté religieusement par un des notables marchant sous un parasol aux couleurs royales.

« C'est cette cérémonie qui nous vaut en ce moment les nombreuses processions qui sillonnent la ville au bruit des pétards et des gongs.

« Lors d'une grande fête ou d'un événement heureux, le roi ne manque pas de décerner ces brevets, appelés lettres, aux génies ; il en est de même lorsqu'un nouveau monarque monte sur le trône ou qu'un gouverneur de province entre en fonctions.

« Voilà une coutume qui, si elle était adoptée par les Français, à chaque changement de ministère ou de résident, nous ferait subir un fameux entraînement pendant le courant de l'année. »

vers la capitale. Il y a deux mois déjà que le Thôn-That-Thuyêt a fait violence à la voiture pour l'entraîner au loin. J'ai envoyé la chercher, mais personne ne peut m'apprendre sûrement où elle se trouve. Moi, vieille femme, plus j'y pense, plus j'éprouve de douleur et plus je m'irrite contre le Thôn-That-Thuyêt.

« Heureusement la France, voulant la paix, a dit que l'Empereur d'Annam gouvernera comme par le passé et que le gouvernement se reconstituera. Combien la France est généreuse envers nous ! Je me plais à le publier afin que, à l'intérieur de l'empire et dans les royaumes extérieurs, tout le monde le sache.

« Le gouvernement français vient d'envoyer un télégramme disant qu'il veut qu'il y ait un roi pour que la citadelle lui soit rendue. Moi, vieille femme, j'ai fait cette réflexion : Si l'on n'agit pas suivant les circonstances, les neuf autels des ancêtres des rois resteront déserts, les populations de l'Annam et du Tonkin ne sauront sur qui s'appuyer ; car elles sont agitées depuis plus de quatre mois. Du reste, le grand trône ne doit pas rester plus longtemps inoccupé.

« Il ne faut pas s'opposer aux bonnes intentions des hommes (Français) qui nous ont donné ce qui a été perdu et qui ont rétabli ce qui a été rompu dans ce moment, si l'on s'oppose aux intentions de la majorité des gens du peuple, on causera du tort aux grandes affaires du gouvernement.

« Il a été écrit que : Il faut regarder le peuple et le pays comme dignes de toute sollicitude.

Le général en chef, résident général de Courcy, le chargé d'affaires de France de Champeaux, le chargé des affaires du Gouvernement provisoire, prince de Tho-Xuân, du nom de Mian-Dinh, les présidents du conseil secret Nguyên-Huu-Do et Phan-Dinh-Binh, les mandarins chefs des branches de la maison royale et tous les mandarins de la cour nous demandent de couronner, comme empereur Ung-Dan, duc de Kien-Gian, deuxième fils de Duc-Tong-Anh-Hoang-De, moi-même j'en suis très satisfaite. C'est pourquoi j'ai choisi le 6 de ce mois (14 septembre 1885) pour l'accompagner dans la citadelle royale ; le 11 (19 septembre 1885) aura lieu la cérémonie du couronnement. La reine Hoang-Thai-Han, retournera dans les palais royaux pour y présider comme étant la mère du Roi et la mère du peuple.

Quant à Ham-Nghi, s'il revient, il recevra le titre de Cong (Duc) et il lui sera permis de continuer le culte de Kiên-Quat-cong, son père.

Un royaume qui possède un souverain parvenu déjà à un certain âge possède le principal élément de son bonheur ; ainsi de nous, d'abord parce qu'il a été satisfait aux volontés des rois défunts, puis parce que nous contentons le vœu des populations, le royaume a désormais son point d'appui, et moi, vieille femme, je pourrai revoir la magnificence des jours passés.

Il n'y a pas un bonheur plus grand. J'adresse cette proclamation aux mandarins et au peuple qui sont invités à en prendre connaissance pour se conformer à tout ce qu'elle renferme.

Respectez ceci.

Le 4 du 8ᵉ mois de la première année de Ham-Nghi (12 septembre 1885). » (*Avenir du Tonkin*, 22 octobre 1885).

« Nguyên-Trang-Hiêp, Hiêp-Bien-Dai-Hoc-Si honoraire, Tong-Doc de Tam-Tuyên et Kinh-Luoc suppléant du Tonkin, adresse la présente proclamation aux mandarins lettrés et gens du peuple :

« J'ai publié avec un profond respect, en les affichant partout, les instructions de la grande reine, mère et le manifeste de l'empereur qui vient de monter sur le trône.

« J'entends dire que les populations écoutent

encore les fourbes qui les trompent ; c'est pourquoi je leur adresse cette nouvelle proclamation.

« Dans ces temps derniers, notre Gouvernement a traversé une période de troubles ; pendant ce temps, certains grands serviteurs ont usurpé les pouvoirs ; ils ont donné la mort aux rois ou les ont abandonnés ; ils ont tué ou envoyé en exil des membres de la famille royale. Ils ont encore commis une foule d'autres crimes.

« Quant au roi Ham-Nghi qui n'est que prince puisqu'il n'est, lui-même, que fils de prince, il n'avait aucun droit au trône impérial, sur lequel deux puissants mandarins, pour servir leurs intérêts personnels, l'ont placé sous le faux prétexte que le feu roi le leur avait ordonné. Où a-t-on trouvé la preuve de tout cela ? Personne n'a osé le contester, mais le ciel s'y est opposé.

« Quant aux événements qui ont eu lieu à la capitale, ils ont été causés par Nguyên-Van-Tuong et le Thon-That-Thuyêt qui, d'abord, avaient été d'accord, puis se sont divisés.

« Ils ont regardé comme rien le souverain et l'empire ; ils les ont pour ainsi dire, jetés comme on jette une chose sans valeur.

« Les neuf autels des ancêtres ont été troublés ; le Gouvernement a été mis en péril manifeste ; il n'était pas plus solide alors que ne l'est un fil de soie.

« A qui incombe la responsabilité de ces malheureux événements ? Celui qui est fidèle serviteur de son gouvernement ne doit pas écouter les mandarins rebelles, au contraire, il doit être très peiné et doit s'irriter contre eux.

« Le devoir d'un souverain est avant tout, de rendre le culte aux ancêtres, tout roi qui abandonne l'autel des ancêtres perd, par ce seul fait, son droit au trône. Les recherches que la cour a faites depuis, dans le but de ramener Ham-Nghi, sont restées infructueuses ; cela prouve que celui que les mandarins rebelles avaient placé sur le trône ne le méritait pas.

« Dans son manifeste, l'empereur Dang-Khanh a dit que si Ham-Nyhi revient, le titre de Cong lui sera donné pour qu'il puisse perpétuer le culte de la mémoire de son père, Kiên-Quoc-Cong.

« En prenant cette décision, la grande reine mère Thanh-Tu a été très juste, et l'empereur a été généreux.

« L'empereur a considéré Ham-Nghi comme innocent de tout ce qui s'est fait, depuis le commencement jusqu'à la fin ; s'il revient, l'empereur l'aimera comme son parent et le traitera selon son rang.

« Quant aux fourbes qui s'attribuent des titres pour tromper le peuple ; quant aux pirates qui les suivent en quantités, tous ces gens-là n'échapperont pas aux punitions de la loi.

« La France, dans sa générosité, nous a rendu un empire qui était perdu ; elle a voulu démontrer au monde entier la grandeur de son caractère.

« L'empereur a été dès sa plus tendre enfance, fils adoptif préféré de Thu-Duc, c'est lui le véritable enfant de feu notre empereur.

« Conformément aux volontés de son excellence Thai-Hoang-Thai-Hau, il est monté sur le trône, grâce à la protection du Gouvernement français.

« Justice a été rendue à ses grands mérites. Tout le monde se soumet à lui et nous le reconnaissons comme notre empereur.

« Le ciel a voulu que le royaume, qui avait été perdu par la faute des mandarins rebelles, fût retrouvé.

« Maintenant que nous avons eu l'avènement du souverain légitime, les habitants qui écouteraient encore les mauvais conseils les excitant à commettre des actes de rebellion, ne seront pas seulement coupables envers l'empereur, mais le seront envers les nations. Ils seront hors la loi et tout le monde a le droit de leur courir sus et de les tuer.

« J'enverrai, à la connaissance du Comat, cette proclamation qui a reçu l'approbation de l'autorité française.

« Partout où elle sera affichée, les habitants devront demeurer dans la tranquillité et s'occuper de moyens honnêtes, pour gagner leur vie ; ils ne doivent pas prêter l'oreille aux excitations des émissaires des rebelles. Ceux qui, par erreur, se sont réunis en bandes doivent se disperser et retourner dans leurs foyers ; le Gouvernement ne les poursuivra pas, il leur pardonnera par une amnistie générale.

« Les notables des villages arrêteront les gens qui ont été rebelles et qui n'auront pas fait leur soumission : ils les livreront aux mandarins.

« Ceux qui auront livré leurs complices seront absous et même récompensés, afin que le peuple se tranquillise et jouisse de la paix. Tels sont les plus grands de nos vœux. » (*Avenir du Tonkin*, 22 octobre 1885).

Ces déclarations, très précises et très explicites, tombaient dans un milieu agité, inquiet, passionné, où les intérêts personnels et les sentiments nationaux avaient provoqué des divisions profondes. La plupart des mandarins et des lettrés avaient servi sous Tuong et sous Thuyêt. Ils admiraient le premier et craignaient le second.

Les circulaires des ennemis des Français, tout aussi éloquentes et tout aussi persuasives que les proclamations de nos alliés, maintinrent dans la rébellion tous les Annamites qui s'étaient déjà prononcés contre nous. Nguyên-Huu-Dò et Nguyên-Trang-Hiêp, les deux principaux soutiens du nouveau souverain, furent maudits et qualifiés de traîtres au pays par les chefs rebelles et notamment par le Bô-Giap, le principal agent de Luu-Vinh-Phuoc dans les provinces de Hong-Hoa et de Son-Tây.

Les rebelles continuèrent à s'organiser en troupes nombreuses en face de Son-Tây, sur la rive gauche du Fleuve Rouge, dans les plaines marécageuses situées entres les provinces de Huong-Yên, de Bac-Ninh et de Hai-Duong désignées sous le nom de Bay-Say ; dans les provinces de Thanh-Hoâ et de Ninh-Binh, frontière actuelle du Tonkin et de l'Annam; dans les provinces de l'Annam, du Rhanh-Hoâ, du Binh-Dinh et du Quang-nam. Partout les chrétiens et les partisans des Français étaient menacés de mort; les vagabonds et les pillards profitaient de ces désordres pour dévaster les récoltes et rançonner les propriétaires.

C'est dans ces circonstances difficiles qu'une administration connaissant bien les Annamites, ayant des agents capables et expérimentés, aurait pu rallier à notre cause les gens aisés et les notables, c'est à dire la partie vitale de la population en laissant agir pour réprimer l'insurrection naissante quelques indigènes dévoués, dirigés par des fonctionnaires français. La pacification aurait été rapide au moins dans le centre du Tonkin, et nous aurions créé comme en Cochinchine, sous l'administration de M. de la Grandière, un grand parti d'individus attachés à notre cause autant par leurs convictions que par leurs intérêts.

Mais qu'importaient aux Annamites les arguments de la reine-mère, ceux du Kinh-Luoc, où les répliques du Bô-Giap !

Ils admettaient bien que le culte des ancêtres du souverain ne devait pas être négligé, mais chacun d'eux tenait aussi à ce que le culte rendu à ses propres morts ne fût pas interrompu, à ce que sa maison ne fût pas brûlée, à ce que sa famille ne fût pas dispersée !

L'Annamite est le plus tendre des pères de famille, le meilleur des citoyens dans son village.

Il est toujours prêt à mourir pour défendre son foyer, l'autel modeste sur lequel il a pieusement déposé les noms de ceux qu'il a perdus, la pagode où il vénère les images et les noms des esprits qui protègent sa commune.

Les rebelles détruisaient les villages qui ne se déclaraient pas contre nous et contre l'empereur Dong-Khanh; les Français menaçaient les rebelles d'un traitement tout aussi rigoureux. L'empire allait être exposé à une dévastation générale et inutile, sans qu'aucun des partis pût acquérir un adhérent de plus.

La première expédition qui fut entreprise contre nos ennemis eut lieu en octobre, aussitôt que les grosses chaleurs eurent cessé.

Le changement de mousson avait eu lieu le 15 octobre : voici en quels termes en parle le *Journal de Hanoi* :

« Le changement de mousson s'est produit, cette année, à la même époque que l'année dernière; mais en 1884, il avait eu lieu par un vigoureux coup de vent et une baisse d'environ 10 degrés centigrades en deux heures ; cette année, il s'est effectué par une pluie torrentielle de deux jours dont on aura une idée lorsqu'on saura qu'il est tombé le 15, 113 millimètres d'eau ; le 16, 43 millimètres, puis enfin le 17, 5 millimètres, et le 18, 4 milimètres, 2. Pendant cette période, le thermomètre centigrade est descendu à 19 degrés, 5. (1).

« Les débouchés du Lac ayant été comblés ou interceptés, les eaux ont monté d'environ 30 centimètres et ont inondé les environs...

« Nous espérons que le changement de temps va être le signal de la fin de l'épidémie que nous subissons depuis trop longtemps déjà. Quoiqu'il en soit, nous avons encore eu plusieurs décès... » (*Avenir du Tonkin*, 22 octobre 1885).

---

(1) Le 14 et le 15 octobre, le thermomètre maxima indiquait 30°, et le thermomètre minima, 25°. En avril les maxima avaient varié de 29° à 34° les minima de 24° à 26°.

Le 4 octobre, le général Brière de l'Isle avait quitté Hanoi pour entrer en France. Il reçut avant de partir, les témoignages désintéressés des plus vives sympathies. Dans l'adieu qu'il adressait à la première division il disait :

« Les circonstances qui m'avaient tout d'abord retenu au Tonkin, n'ont plus existé dès la signature du traité de paix avec la Chine. Aujourd'hui la mauvaise saison est terminée, Je suis autorisé, sur ma demande, à rentrer en France. Je vous dis adieu. »

. . . . . . . . . . . . . . . . . . . . . . . . . . . . . . . . . . . .

(Extrait de l'*Avenir du Tonkin*, du 14 octobre 1885).

M. le général Jamont, commandant l'artillerie, avait été, par ordre général en date du 29 septembre, désigné pour succéder à M. le général Brière de l'Isle, dans le commandement de la première division. (*Avenir du Tonkin*, 14 octobre 1885).

La première expédition dirigée contre les rebelles fut effectuée dans la presqu'île de Than-Moï, où s'étaient fortifiées une partie des bandes échappées de Thua-Moc. De là, les pirates parcouraient la rive gauche du fleuve, attaquaient les embarcations et tiraient sur nos canonnières.

Le 9 septembre, la canonnière le *Revolver* s'échoua sur la rive gauche du fleuve à une quarantaine de mètres de la berge, en face du principal poste des pirates de la presqu'île de Than-Moï (presqu'île formée par le fleuve Rouge et la rivière Claire). (Baudens, *Deux années au Tonkin*, p. 17). Abrités par un massif d'arbres, les pirates dirigeaient leurs feux contre le navire.

M. Baudens, lieutenant de vaisseau, commandant le *Henri-Rivière*, prévenu de la position difficile de son collègue, vint immédiatement mouiller au large du *Revolver* et par le concours de son artillerie parvint à faire cesser le feu des pirates. Il resta auprès du *Revolver*, jusqu'au 5 octobre. Ce jour-là, une crue de la rivière permit au *Revolver* de se déséchouer et de retourner à Hanoï.

« Pendant ce temps de garde, les deux bâtiments furent en alertes continuelles de jour comme de nuit. » (Baudens, p. 19).

L'échouage du *Revolver* avait fait décider l'attaque de la presqu'île de Than-Moï ; cette presqu'île était occupée depuis une année, par une nombreuse bande de pirates dont l'audace avait été singulièrement exaltée par une longue impunité. (Baudens, p. 19).

Le 28 du mois de septembre, une colonne de 1.500 hommes s'était établie en face du mouillage des canonnières sur la rive droite du fleuve Rouge. Cette colonne devait traverser le fleuve en même temps que deux autres colonnes qui partiraient, l'une de Hong-Hoa, l'autre de la rivière Claire pour occuper la presqu'île, en l'abordant par trois directions différentes.

Le passage fut décidé pour le 21 octobre.

En attendant cette date, le *Henri-Rivière*, croisait dans le fleuve en inquiétant la rive gauche occupée par les pirates et en interceptant leurs communications avec la rive droite.

Le 21, à 4 heures 45 du matin, le passage fut effectué par les moyens de la canonnière avec l'aide de jonques et de bacs installés spécialement pour le transport des chevaux et des canons.

A 7 h. 40, l'opération était terminée sans accident sous nos feux, malgré une vive résistance de l'ennemi.

A 10 heures, le convoi des jonques de vivres et de munitions traversa le fleuve à son tour.

Les opérations furent entreprises par la première division, sous les ordres de M. le général Jamont, et furent continuées sous la direction de M. le général commandant en chef.

Nous lisons dans le *Journal d'Hanoi*, 22 octobre :

« A l'heure où nous écrivons ces lignes, les opérations militaires sur Than-Moi doivent être en cours d'exécution, M. le général de Courcy a quitté Hanoi aujourd'hui à quatre heures et demie, sur le *Mousqueton*, il va prendre le commandement des troupes, il emmène avec lui son fils, sous-lieutenant de hussards, arrivé la veille. »

Nous trouvons dans le journal illustré le *Drapeau*, la dépêche ci-après :

« Than-Moi, 24 octobre 1885.

« Les trois colonnes du général Jamont entrent à Than-Moi après trois jours d'opérations.

« La résistance, vigoureuse le premier jour au passage du fleuve Rouge en amont de Hong-Hoa et combattue avec grand succès par le colonel Mourlan, a molli ensuite chaque nuit.

« Les rebelles ont cherché à se frayer un passage laissant beaucoup de cadavres sur le terrain.

« Than-Moi, entouré de six forts, était lui-même formidablement retranché. Trois chefs commandant les Pavillons noirs ont été tués.

« Nous n'avons perdu que huit hommes, grâce à un grand déploiement de forces et aux mesures fort habiles et fort sages prises par le général Jamont; en outre cinq sont grièvement blessés.

« De nombreux rebelles cachés dans les hautes et épaisses broussailles sont ramassés par nos troupes. Nous avons trouvé de grands approvisionnements en vivres et en munitions.

. . . . . . . . . . . . . . . . . . . . . . . . . . . . . . .

« Je quitte Than-Moi et vais à la colonne de Négrier qui poursuit les pirates dans la partie du territoire comprise entre le canal des Bambous et le canal des Rapides.

« DE COURCY »

Autre dépêche publiée par le même journal :

« Les troupes du général Jamont, après la prise de Than-Moï, ont occupé plusieurs points entre le fleuve Rouge et la rivière Claire.

« Elles descendent maintenant le Dày, pour chasser des deux rives de ce fleuve les pirates qui s'y étaient établis.

« D'autre part, le général de Négrier mène vigoureusement les opérations militaires en vue de la complète pacification du Delta.

« Les partis rebelles sont traqués simultanément par de nombreuses colonnes ; chaque jour de petits engagements ont lieu. Tous les points attaqués sont préalablement entourés et réduits par le feu ; les attaques de front sont ainsi évitées, et grâce à cette précaution, nos pertes sont insignifiantes, tandis que celles des pirates sont au contraire très considérables. Aussi une grande panique règne-t-elle parmi eux. De nombreuses offres de soumission m'arrivent et les indigènes du pays se joignent d'eux-mêmes à nous, leur font des prisonniers et nous les livrent.

« Nos troupes sont pleines d'entrain, bien que ces opérations soient très pénibles pour elles, les digues ayant été rompues en plusieurs endroits par les rebelles pour inonder le pays.

« DE COURCY »

Une autre dépêche disait :

« Les opérations dirigées par le général de Négrier dans les montagnes de marbre, au nord de Hai-Duong, sont terminées. Des cavernes défendues par les rebelles ont été prises. Dans l'une d'elles, cent pirates ont été tués et une grande quantité d'armes et de munitions ont été capturées.

« La pacification de la région comprise entre le canal des Rapides et le canal des Bambous est également achevée. Du canal des Bambous à la mer, le général Munier, aidé par une partie de la flotille, poursuit la répression des désordres causés par les pirates de mer.

« Deux villages retranchés par eux ont été vigoureusement enlevés et sept jonques de mer ont été coulées.

« Au nord du Delta, le commandant de Mibielle a remonté le Song-Chai, affluent de la rivière Claire et le Song-Thuong.

« Les colonels Mourlan et Dugenne ont rejeté les bandes rebelles dans les montagnes, après leur avoir fait subir des pertes sérieuses.

« En Annam, le lieutenant-colonel Mignot, parti de Ninh-Binh, a fait sa jonction à Vinh avec le lieutenant-colonel Chaumont. Tout le monde montre le plus grand entrain.

« Nos croiseurs et notamment le *Léopard* ont donné la chasse aux pirates et coulé ou pris un grand nombre de jonques de guerre.

« ....... La mission de Saint-Chaffrey est partie de Lam et continue sa route sur Lang-Tcheou par Lang-Son.

« DE COURCY »

Dans cette expédition brillamment conduite, nos troupes montrèrent encore leur activité, leur courage et leur bonne tenue. Elles eurent d'autant plus de mérite qu'elles ne rencontrèrent plus l'ennemi organisé et fortement retranché qui nous avait disputé Son-Tây, Bac-Ninh, Kêp et Thua-Moc.

L'*Avenir du Tonkin* disait, à la date du 31 octobre :

« Les opérations sur Than-Moi sont terminées, mais nous n'avons aucun renseignement sur les faits accomplis ; nous publierons, aussitôt que nous en aurons connaissance, l'ordre du jour qui suit naturellement les opérations de ce genre.

« M. le général de Courcy est rentré à Hanoi en revenant de Thanh-Moi, puis il est immédiatement reparti pour aller diriger les opérations de la colonne de Négrier, du côté de Haï-Duong. »

Ainsi la deuxième division, à son tour, parcourait les villages suspects de la région située entre le canal des Bambous, le canal des Rapides, le grand fleuve et le Thaï-Binh, obligeant les indigènes à se soumettre et détruisant les retranchements que les bandes avaient essayé d'élever. Cette expédition fut excessivement pénible.

Ceux qui ont vécu dans les contrées voisines de l'équateur connaissent seuls le terrible climat des plaines inondées du Delta, coupées par des champs de joncs, par des rizières et par des marais, où une chaleur intense provoque des exhalaisons mortelles. Là encore nos soldats affrontèrent courageusement la fatigue et les fièvres paludéennes, ces ennemis redoutables.

Les pirates se dispersèrent en désordre ; mais ils continuèrent leurs brigandages. Nous voyons dans le *Journal d'Hanoi*, du 31 octobre, qu'une jonque appartenant à M. Delabry, négociant, partie de Haï-Phong pour aller porter des vivres de cantine à Phu-Lang-Tuong, avait été pillée par les pirates. Le français qui conduisait cette embarcation avait été tué après avoir fait une vigoureuse défense.

« Quelques jours plus tard, deux jonques appartenant à la maison Leroy d'Hanoi, furent attaquées et coulées dans le bas du canal des Rapides. »

Dans les provinces éloignées régnait une grande anarchie. Les autorités annamites semblaient indécises. Les habitants tâchaient de se garder par leurs propres moyens. On avait quelquefois de leurs nouvelles par des agents qui venaient renseigner les autorités annamites du chef-lieu au péril de leur vie.

Nous lisons dans le *Journal d'Hanoi*, du 14 octobre 1885 :

« Aux dernières nouvelles, le sud de l'Annam semblait entrer dans la voie de la pacification.

« Dans la province de Lang-Son, les habitants ont fait eux-mêmes la police chez eux ; ils ont chassé les pirates, ils se sont organisés et ils ne nous demandent plus aujourd'hui à cor et à cri comme ils le faisaient précédemment. Tout est tranquille dans cette région. »

Nous trouvons dans l'*Avenir du Tonkin*, du 10 décembre 1885, des instructions indiquant la tâche importante et pénible que nos troupes eurent à remplir pendant cette période :

« Par une lettre n° 735, du 18 octobre, je vous ai fait connaître sommairement mes intentions au sujet de la dispersion des troupes sur votre territoire jusqu'au 1er avril environ.

« Les opérations que vous venez de diriger dans la région de Than-Moi, (1e division) et dans la région comprise entre le canal des Rapides et le canal des Bambous, (2e division), et celles qui s'exécutent actuellement entre le Day et le fleuve Rouge, vous permettront de me soumettre, avec une connaissance plus approfondie de la question, les propositions que je vous demandais dans la lettre précitée et qui ne me sont pas encore parvenues.

« Je tiens d'ailleurs à développer mes intentions. Nous avons vu la plupart des bandes rebelles se dérober devant nos colonnes et, dans la plupart des cas, les habitants plus ou moins paisibles les ont suivies. Ces fugitifs sans ressources pourraient fournir de nouveaux éléments à la piraterie. Il est certain cependant que les groupes les plus importants des rebelles se sont dissous.

« Pour les empêcher de se reformer et pour rendre confiance aux habitants, l'unique moyen est évidemment de disperser nos troupes et de leur faire sillonner constamment le pays tout autour de leur cantonnement.

« En principe, la demi-compagnie sera l'unité de fractionnement la plus généralement employée. En supposant donc que vous utilisiez trois bataillons à la garde de vos postes principaux, où vous laisserez également les malingres qui ne pourraient suivre leur compagnie, il vous resterait environ dix bataillons à éparpiller, soit quatre-vingt postes à installer. Je comprends, bien entendu, dans cette évaluation les trois bataillons de tirailleurs tonkinois.

« Trois considérations doivent nous guider dans le choix des cantonnements : la salubrité, la situation stratégique, les facilités de ravitaillement.

« Ces dernières sont simplifiées en choisissant sur les cours d'eau abordables par les chaloupes et les jonques les cantonnements destinés aux Européens, et en poussant plus avant dans l'intérieur les compagnies tonkinoises.

« Les sous-intendants divisionnaires s'efforceront de parer à tous les besoins : la flotille des pontonniers coopérera au service des transports de vivres. Elle augmentera, s'il est nécessaire, le nombre de ses embarcations, de manière à constituer un service fluvial suffisant.

« Les indemnités prescrites par l'ordre général n° 31, du 28 août dernier, seront payées aux habitants restés ou rentrés dans leurs villages. Il pourra être alloué, en outre, sur votre demande, aux chefs de détachements certains fonds d'avance pour améliorer les locaux qui auront été choisis pour servir de logements aux troupes.

« Dès que les habitants auront réintégré leurs demeures et que des relations seront établies entre les chefs de détachement et les autorités annamites, il sera procédé à l'amélioration des voies de communication déjà existantes et à la construction de chemins nouveaux, suivant un plan d'ensemble que vous aurez à me soumettre. Il est absolument indispensable de nous ouvrir l'accès de tout le pays, par des routes d'un parcours facile en toute saison, pénétrant surtout dans les régions suspectes et d'autant plus nombreuses que ces régions sont plus sujettes à caution.

« Ces voies doivent avoir, dans le début, une largeur maxima de deux mètres, de manière à permettre le transit des pièces et caissons de 80 de montagne, sur roues.

« Dès que vous m'aurez soumis votre projet de vicinalité, je ferai donner les ordres et instructions nécessaires par les soins de M. le Directeur des affaires civiles et politiques, aux autorités municipales, en vue des corvées à fournir par les villages.

« Les troupes devront concourir à ces travaux comme elles l'ont fait de tout temps en Algérie, mais sans être jamais soumises à un labeur fatiguant. Des hommes seront choisis dans chaque détachement pour surveiller les travailleurs annamites, vérifier la largeur de la route, la bonne exécution du travail et enfin l'exécution des travaux d'art.

« Cette surveillance, qui constituera le concours le plus ordinaire des troupes européennes, ne devra pas empêcher les détachements de parcourir en tous sens la région voisine de leur cantonnement, de façon à habituer les habitants à nos soldats, à leur faire perdre l'habitude de prendre la fuite dès qu'une troupe française est en vue, tout en leur démontrant qu'aucun village ne sera exempt à l'avenir de la visite inopinée de nos troupes.

« Je vous serais obligé de me faire parvenir vos propositions pour le premier décembre au plus tard. »

« P. O. le chef d'Etat-major,

« WARNET »

Cette circulaire, publiée dans le seul journal de la colonie, renferme un programme très précis, très bien étudié, mais dont l'exécution paraît comporter de nombreux inconvénients.

Il se produit toujours des froissements et des malentendus dans le contact fréquent des troupes avec les populations de la campagne, surtout le lendemain de la conquête.

Si les Annamites avaient été, comme les habitants de l'Algérie, une population belliqueuse, la présence de nos soldats en armes leur aurait inspiré le respect de la force. Mais ce sont des gens pacifiques, des agriculteurs et des artisans habitués à faire eux-mêmes la police entre eux ; le passage de nos détachements portait le trouble et l'effroi dans les villages, il enlevait toute autorité aux notables.

Le grand fractionnement et la mobilité de nos postes étaient une cause de fatigue pour nos hommes qui étaient moins bien installés que s'ils avaient été casernés dans des centres importants, dans des garnisons définitives.

Dans le cas où une concentration aurait été rendue nécessaire par les événements, le rappel d'un certain nombre de postes détachés aurait probablement inquiété le pays et occasionné des mouvements insurrectionnels.

En tous cas, pour que ce système, dont nous mentionnons sommairement les côtés défectueux, eût pu donner des résultats utiles et durables, ce que nous ne pensons pas, il aurait été nécessaire de maintenir au Tonkin, pendant deux ou trois années, peut-être davantage, un corps d'occupation considérable.

Mais le Gouvernement français ne voulait à aucun prix perpétuer de fortes dépenses en hommes et en argent que le pays se refusait à supporter plus longtemps.

Ceux qui, parmi les membres du parlement, avaient le sentiment de la sage économie qui doit être apportée à la gestion de nos finances, se rappelaient combien nous avait coûté la création de notre colonie militaire de l'Algérie. Ils ne voulaient pas renouveler cette expérience au Tonkin.

Une série de mesures administratives de la plus grande importance furent prises à la fin de l'année 1885 ; en même temps, des travaux importants de voirie et de terrassement étaient exécutés à Hanoi et dans la plupart des centres populeux.

Il s'agissait de créer des ressources à la nouvelle administration et de les employer à propos.

Déjà un arrêté de M. Lemaire, ancien résident général à Hué, avait réglementé le service des ports dans le Protectorat conformément aux principes adoptés dans nos principaux centres maritimes français.

Une décision du 12 décembre réglementa les tarifs des patentes qui furent réparties en huit classes; la plus élevée de 1000 francs par an, la plus faible de 12 fr. 50.

Une autre décision, à la même date, prescrivit le classement des terrains urbains et ruraux possédés par les Européens et les étrangers en fixant les taxes auxquelles ces propriétés seraient assujetties.

Une troisième établit les droits à percevoir sur les navires et les barques appartenant à des Européens ou à des étrangers.

Une quatrième décision astreignit les Asiatiques étrangers établis en Annam et au Tonkin à un droit de capitation qui pouvait varier de 160 francs à 30 francs par an, selon leurs ressources.

Ces impôts ne concernaient pas les indigènes sur lesquels des taxes moins élevées étaient régulièrement perçues, aux mêmes titres, par l'administration annamite, selon les anciens tarifs.

Une décision du 15 novembre (*Avenir du Tonkin*, du 30 décembre) transféra la sous-résidence de Ninh-Binh à Than-Hoâ ; cette dernière province fut placée sous le régime des lois, décrets, règlements et arrêtés en vigueur au Tonkin et en Annam.

La province de Ninh-Binh fut placée sous la juridiction du résident de Nan-Dinh.

La province de Hung-Yên sous la juridiction du résident d'Hanoi.

Ces dispositions, conformes aux nouvelles conventions conclues avec la Cour de l'Annam, étaient un acheminement naturel vers l'organisation du protectorat, lequel, dans la pratique, devait se rapprocher singulièrement de l'administration directe du pays par les représentants de notre gouvernement.

Nous ne pouvions agir autrement et remettre entre les mains de nos adversaires de la veille des armes dont ils avaient usé souvent contre nous. Ceux d'entre eux qui s'étaient soumis de bonne foi, désiraient eux-mêmes ne pas accepter la responsabilité des mesures qui seraient prises dans l'intérêt du nouveau régime.

Ils consentaient à être nos intermédiaires, à agir selon nos ordres et nos réquisitions, à louer et à diriger des corvées de travailleurs selon nos indications bien précises. Mais dès que l'administration française cessait d'intervenir, les fonctionnaires annamites se taisaient et attendaient des directions, à l'exception de ceux qui, décidés à nous être hostiles, encourageaient secrètement nos ennemis, à l'exemple de l'ancien régent Tuong.

Telle était la situation, telles étaient les idées que rien ne pouvait modifier.

# CHAPITRE VI.

Discussion sur les événements du Tonkin, décembre 1885. M. Paul Bert est nommé résident général en Annam et au Tonkin. Ses pouvoirs. Ses intentions. Il part le 14 février 1886. Il s'arrête à Saigon où il est reçu par M. le général Bégin. Il arrive au Tonkin le 6 avril 1886. Il est reçu le 8 avril à Hanoi. Entreprises, concessions et projets divers. Exposition. Comité agricole et industriel. Réunion du conseil consultatif des notables indigènes. Armée coloniale. Voyage de M. Paul Bert à Hué. La commission de délimitation, va à Lao-Kay. Traité de commerce avec la Chine. Le 14 juillet à Hanoi. Evénements à Lao-Kay et à Phu-Nho. Occupation de Cao-Bang. Voyage de M. Paul Bert à Keso. Sa maladie. Sa mort. Ses funérailles.

La situation extraordinaire dans laquelle on avait été entraîné au Tonkin devait provoquer une nouvelle crise politique.

La paix était faite avec la Chine.

Cependant le corps d'occupation avait été augmenté, les expéditions, les démonstrations belliqueuses se succédaient comme au temps de la guerre. Personne n'osait prévoir un dénouement pacifique aux complications imprévues qui se manifestaient si rapidement et si inopinément dans notre nouvelle conquête.

L'opinion publique était inquiète, les chambres étaient divisées, fiévreuses. Une grande lutte oratoire fut le prélude d'une décision grave qui rendit quelque espoir aux personnes trop peu nombreuses qui s'intéressent sincèrement à nos colonies.

Nos principaux hommes politiques donnèrent la mesure de leurs connaissances en colonisation.

Trois discours surtout furent empreints d'un sentiment véritablement éclairé de nos grands intérêts extérieurs. Les autres furent inspirés certainement par un patriotisme sincère, mais la plupart dénotaient des préoccupations exclusives, aveugles ; ils étaient étroitement dominés par des conceptions parlementaires ou électorales que l'on ne comprendra plus dans quelques années. Ces conceptions que nous n'avons pas à analyser, nous paraissent correspondre à cette incompréhensible raison d'état qui permit autrefois de sacrifier Dupleix, d'abandonner Mont-Calme et l'évêque d'Adran.

Mgr Freppel, évêque d'Angers, défendit éloquemment les intérêts des missions et ceux de nos chrétiens annamites et français de l'Orient qu'un abandon injusticiable aurait livrés aux bourreaux. Pouvait-on les rendre responsables et victimes de nos actes de faiblesse, de nos erreurs, et de notre gaspillage !

M. de Lanessan rappela en termes précis les lois de la sagesse et de l'humanité, celles du simple bon sens qui avait assuré à notre pays la possession incontestée de la Basse-Cochinchine. Il eut seul le bon goût de payer un juste tribut d'éloges au souvenir de M. de la Grandière, le fondateur de notre grande colonie, qui sut la défendre et la constituer, alors qu'elle était exposée à être abandonnée.

M. Paul Bert, dans un discours étendu, traita la question à un point de vue élevé ; il signala les dangers d'une politique d'hésitation et d'abandon ; il affirma la nécessité d'exécuter les traités qui venaient d'être conclus. Il engagea le Gouvernement à adopter une ligne de conduite ferme et définitive.

Il disait :

« ... Je demande exactement à savoir où je vais. Ce dont nous avons le plus souffert depuis 1858, c'est de l'incohérence et de l'incertitude. L'amiral Dupré, en 1873, envoie Garnier au Tonkin ; en 1874, il détruit l'œuvre de Garnier, toujours par ordre du Gouvernement.

« M. l'amiral Dompierre d'Hornoy — je proteste!

« M. Raoul Duval. — L'amiral Dompierre d'Hornoy avait donné les instructions les plus formelles pour interdire l'expédition Garnier.

« M. Paul Bert. — Soit. Laissons à l'amiral Dupré la charge du consentement donné à la politique que Garnier a suivie dans le Delta du Fleuve Rouge.

« Tout ce que je retiens de cette thèse de laquelle je voudrais éliminer tout ce qui touche aux personnalités, c'est que nous avons continuellement manqué là-bas de stabilité, d'esprit de suite, que nous avons tantôt montré le désir d'aller en avant, tantôt de rétrograder, que nous avons voulu tantôt aller en Annam, tantôt en Chine, que la direction supérieure a toujours fait défaut.

« Qu'en est-il résulté ? C'est que nos amis là-bas se sont successivement découragés, et qu'on y doute de nous.

« Eh bien, il importe, pour la pacification du pays, qu'il devienne un pays d'amis sous notre direction morale, et très légèrement administrative. Je vais m'expliquer là-dessus dans un instant ; ce qu'il faut, c'est que l'on sache très nettement, très clairement aujourd'hui, quelle est la volonté du Parlement, qu'il n'y ait plus d'à-coups, que nos amis ne risquent plus leurs têtes à manifester leur dévouement. » (Extrait du *Journal Officiel* du 23 décembre 1885).

A la suite de cette discussion au cours de laquelle M. de Freycinet, ministre des affaires étrangères, président du conseil, exposa avec énergie les principes très sages qui devaient nous guider dans l'application des récents traités conclus avec l'Annam, avec la Chine et avec les Hovas, la Chambre adopta le vote des crédits destinés à subvenir à la dépense de nos protectorats en Indo-Chine et à Madagascar.

Les raisons d'ordre général qui avaient amené nos représentants à sanctionner par un même vote les résultats de deux expéditions si différentes nous font supposer qu'un très petit nombre d'entre eux étaient à même de prévoir les conséquences de leurs déterminations.

Combien de Français se disent qu'une colonie, quelque fertile et quelque bien située qu'elle puisse être, est pour une nation ce qu'une ferme ou une usine est pour un propriétaire.

Si elle est bien administrée, si elle produit tout ce qu'elle doit produire, si elle n'est pas épuisée par des mesures hâtives, si elle n'est point confiée à des mains frivoles ou inexpérimentées, elle contribue dans une mesure proportionnnelle à sa valeur intrinsèque à la prospérité de la métropole.

Si au contraire, elle est livrée à l'arbitraire, à l'utopie, aux folles expériences, elle devient une lourde charge, une cause de ruine pour ceux qui en ont accepté la responsabilité.

Bien peu savent que la situation prospère de la Cochinchine est due à une action sage et persévérante qui a toujours su faire concourir tous les habitants de la colonie à la prospérité générale du pays. Les traditions de cette administration prudente et éclairée ont été résumées en quelques mots par l'un de ceux qui la connaissaient le mieux :

« Aujourd'hui bien des révélations sont venues, les unes après les autres, porter la lumière dans les machinations ténébreuses que nos ennemis entreprirent afin de nous faire évacuer l'Indo-Chine. Si, malgré l'habileté de leurs trames, elles ont échoué au moment où le succès leur semblait assuré, on peut bien le dire, ce résultat est dû à la Providence qui a voulu ouvrir des destinées meilleures aux peuples de la Cochinchine. Elle a voulu leur donner, dans l'ordre moral, la liberté de conscience, et dans l'ordre matériel, la liberté de commerce, deux immenses bienfaits que la France a eu la glorieuse mission de leur apporter et sans lesquels une nation tombe fatalement dans le désordre et la misère. »

(Les premières années de la Cochinchine, 1ᵉʳ v. p. 161).
Challamel libraire-éditeur.

Ces lignes avaient été écrites en 1873. Depuis lors, la liberté de conscience et la liberté du commerce ont reçu de telles atteintes, même en Europe, que l'on doit craindre que toutes les espérances données aux Annamites ne puissent être largement réalisées comme nous l'avions désiré.

M. Paul Bert fut chargé d'appliquer le régime qui devait donner la sécurité et la stabilité aux nouveaux sujets de la France.

Son énergie, son dévouement éclairé et sa grande autorité au Parlement donnaient lieu d'espérer qu'il réussirait dans son importante mission.

Les pouvoirs qui lui avaient été confiés étaient très étendus. L'Etat renonçait à toute ingérence dans son administration financière. Le ministre des affaires étrangères, président du conseil, s'était engagé à fournir la première année une subvention de trente millions au Protectorat afin de pourvoir à toutes ses dépenses militaires et civiles. Le complément des ressources de ce nouvel Etat devait être fourni par les recettes locales, non encore constituées.

La plupart des spécialistes autorisés, M. M. Vial, Rheinart, Harmand,..., affirmaient que les Annamites, sagement dirigés et encouragés, fourniraient rapidement au Tonkin des revenus suffisants pour équilibrer le budget et pour permettre de diminuer rapidement les dépenses de la métropole.

M. Vial, ancien directeur de l'intérieur en Cochinchine où pendant onze ans, il avait organisé la transformation des impôts indigènes avec prudence et économie, avait offert son concours au nouveau résident général et avait affirmé que sous une administration civile, indépendante, régulière et bienveillante envers tous, la population indigène se rallierait promptement, paierait ses impôts et nous permettrait de réduire considérablement nos dépenses.

Le ministre de la marine, l'amiral Aube, dans le but de permettre la réduction de nos effectifs militaires, avait proposé d'accorder au résident général le droit de requérir, en cas de besoin, le concours des forces armées placées sous les ordres du gouverneur de la Cochinchine. Cette combinaison si sage et si prudente aurait réalisé les avantages pratiques de l'union Indo-Chinoise sans nous en donner les graves inconvénients.

Il était équitable en effet de laisser la Cochinchine développer librement ses ressources, et le Tonkin constituer les siennes, sans créer des rivalités et des conflits inutiles entre des pays faits pour grandir parallèlement.

Fatalement ils sont destinés à êtres unis plus tard avec l'Annam sous un régime commun ; mais on remarquera toujours avec raison le défaut de logique d'une administration qui s'est efforcée de créer l'unité Indo-Chinoise, entre le Cambodge, le Tonkin, l'Annam et la Cochinchine, alors qu'elle n'a pas encore pensé à créer l'unité Africaine entre l'Algérie, la Tunisie et le Sénégal.

En fait, l'unité dans le commandement militaire est souvent utile, elle est nécessaire dans les moments de crise.

Au contraire, la division ou décentralisation administrative par provinces et même par communes est favorable au développement pacifique des sociétés civiles et des colonies. Les républiques italiennes du moyen-âge ont été plus riches et plus prospères par leurs efforts individuels que ne l'aurait jamais été un royaume d'Italie.

Chacune de leurs capitales, Rome, Venise, Florence, Pise, Naples, Palerme, Gênes, était jadis plus belle et plus civilisée que les capitales des grands états centralisés, Paris, Vienne, Madrid ou Londres.

Si, à une époque de danger public, Rome centralisait tous les pouvoirs entre les mains d'un général digne de sa confiance, en temps de paix, chaque commune, chaque province, chaque colonie avait une administration spéciale.

En Angleterre, les colonies se divisent en grandissant ; elles s'unissent par confédérations, par des unions postales et militaires, mais elles n'opèrent aucuns mélanges dangereux de leurs finances et de leur administration intérieure.

Entre la Cochinchine, le Cambodge, l'Annam et le Tonkin on aurait pu convenir que chaque état prêterait à l'autre des troupes, des navires, son personnel ou ses fonctionnaires disponibles, sur demande ou réquisition; on aurait dû leur imposer des réglements identiques pour les postes, les télégraphes, les ports et les douanes extérieures. — Mais il était sage de laisser à chacun de ces états une administration indépendante quant à ses finances et à sa politique intérieure.

Il sera toujours dangereux de confier à un homme, quel qu'il soit, le soin de diriger le Tonkin du Cambodge, ou de Hué, ou de Saigon. Il est vrai que l'on a souvent cru administrer nos colonies de Paris.

On doit se contenter d'exercer un contrôle intelligent et discret de la capitale. On doit veiller à ce que les représentants du Gouvernement agissent avec honnêteté, intelligence et activité, à ce qu'ils respectent les principes sur lesquels sont basées notre civilisation et notre nationalité.

Mais il faut que nos possessions lointaines soient mises à l'abri des aberrations de quelques politiciens de hasard.

Lorsqu'un parti arrive au pouvoir, il est de son devoir et de sa dignité de ne point sacrifier la tranquillité de nos colonies aux entraînements et aux rivalités qui bouleversent la métropole.

Chacun des gouverneurs ou des résidents généraux ou supérieurs doit être un homme de valeur et d'expérience qui risque sa vie, sa réputation et son honneur dans une entreprise pleine de périls ; il a droit à la même confiance, au même respect de la part de ceux pour les intérêts desquels il s'est engagé dans la lutte, que nos généraux lorsqu'ils sont en face de l'ennemi sur le champ de bataille.

M. Paul Bert avait déjà, par ses paroles et par ses écrits, manifesté son opinion sur le régime administratif à appliquer au Tonkin. Le *Journal de Saigon* avait reproduit, en le recommandant à ses lecteurs, un article remarquable qu'il avait publié dans le *Voltaire*.

Quelques passages que nous citerons sont la préface de son œuvre :

. . . . . . . . . . . . . . . . . . . . . . . . . . . . . . . . . . . . . . . .

« Cependant, suivant la manière dont nous administrerons le Tonkin, l'affaire, déjà lourde, sera bonne ou mauvaise.

« Il faut que rapidement, non-seulement elle ne nous coûte plus rien, mais qu'elle amortisse ses frais de premier établissement : l'état de nos finances l'exige, et aussi le respect du sang français versé.

« Voici la guerre finie, officiellement du moins. Mais n'est-il pas à craindre que si l'on conserve des hommes d'épée à la tête de l'administration tonkinoise, elle ne renaisse pour s'éterniser ? Les prétextes qui se transforment aisément en raison aux yeux des militaires et celà de très bonne foi, ne manqueront pas. Déserteurs chinois dans les zônes montagneuses, pirates dans le Delta, il y aura là de quoi justifier, en apparence, le maintien du chef militaire. Et nous risquerons d'avoir au Tonkin une deuxième édition de l'Algérie.

« Est-ce à dire qu'il faille rapatrier tous les soldats, renoncer à l'action armée, et s'en fier à l'alliance du code civil avec les lois de Kong-Fu-Tsé ? (aliâs : Confucius).

« Quelques personnes ont feint de croire que je prêchais ainsi, l'abandon de cette énergique politique sans laquelle on est méprisé et joué dans l'Extrême-Orient, — comme partout ailleurs du reste. Il n'en est rien.

............................................
............................................

« Ce que je réclame avec insistance, c'est la direction civile, mettant en jeu, quand il est nécessaire, l'action guerrière.

« A ce prix seulement, nous reprendrons, aux yeux des orientaux, le véritable prestige moral ; la force leur fait peur, — comme à bien d'autres,— mais ne leur impose pas le respect.

« L'établissement de l'autorité civile, d'une autorité qui dispose des moyens de se faire obéir, sera seule à leurs yeux le signe de l'établissement définitif.

« A ce prix seulement encore, nous ramènerons la paix dans le pays, nous reconquerrons la confiance ébranlée dans ses populations, nous attirerons les commerçants et les industriels.

« Le civil appelle le civil, le militaire l'éloigne, systématiquement parfois, instinctivement toujours.

............................................
............................................

« Paul Bert »

(*Saigonnais*, 13 août 1885.)

Dans la première entrevue qui eut lieu entre M. Paul Bert et M. Vial, ce dernier, pour lui faire connaître ses appréciations, au sujet de l'administration des colonies, lui dit : « Par exemple, j'estime qu'en Algérie, notre seul gouverneur a été l'amiral de Gueydon. »

« Notre seul gouverneur civil » répliqua M. Paul Bert.

Le nouveau résident général partait avec la résolution bien arrêtée de protéger tous les intérêts de nos nationaux dans l'Extrême-Orient.

Il dit encore à M. Vial : « On a dit à tort que je suis intolérant, je suis tolérant, je n'emporte pas l'article 7 dans ma malle. »

Il était bien convaincu que le devoir d'un chef est de protéger également tous ses administrés, tous ceux qui sont placés sous sa haute protection.

Un accord parfait exista donc, pendant sa mission, entre lui et le premier de ses collaborateurs. Quelques esprits inquiets crurent discerner des germes de division entre ces deux hommes éclairés, indépendants et autoritaires, également dévoués à leur pays, mais absolument incapables l'un et l'autre de sacrifier par faiblesse leurs convictions et leurs croyances intimes.

La vérité est qu'ils vécurent l'un auprès de l'autre dans les relations les meilleures, chacun faisant son devoir dans sa position et pour concourir loyalement à l'accomplissement de l'œuvre commune. Le chef commandait et ses décisions étaient fidèlement exécutées par son second, lorsqu'elles lui étaient transmises.

Ce bon accord entre deux hauts fonctionnaires que les circonstances isolèrent souvent l'un de l'autre, ne saurait être passé sous silence. Il fit honneur à l'administration de notre pays.

Le décret qui organisait les protectorats de l'Indo-Chine, parut le 27 janvier 1886.

M. le général de Courcy fut rappelé et remit l'intérim du commandement à M. le général Warnet, chef d'Etat-major général du corps expéditionnaire, qui devait transmettre les pouvoirs au nouveau Résident général.

On occupa Lang-Son et Lao-Kai. Sur ce dernier point, le drapeau français fut arboré le 29 mars 1886.

Une commission spéciale, présidée par M. Saint-Chaffray, délimitait, de concert avec une commission chinoise, nos frontières entre le Quang-Si et la province de Lang-Son.

Des corvées nombreuses, fournies par les habitants, réparèrent les routes principales du Tonkin.

Le nouveau général en chef, fit livrer par les autorités des villages, les hommes nécessaires pour former trois nouveaux régiments de tirailleurs indigènes, ce qui porta à 16.000 hommes l'effectif des troupes indigènes employées au Tonkin.

Par une singulière méprise, il semblait à plusieurs personnes que le sort de l'administration militaire fut lié à l'existence des troupes indigènes régulières et que l'emploi des milices, préconisé par M. Vial, dût avoir pour conséquence forcée la réduction exagérée de nos effectifs militaires.

En arrivant à Port-Saïd, le 20 février, à midi, sur le *Melbourne*, M. Paul Bert se croisa avec M. le le général de Courcy, qui rentrait en France par le *Yang-Tsé*.

Pendant la traversée, M. Paul Bert avait préparé, avec ses collaborateurs, les arrêtés et les instructions qui, à son arrivée au Tonkin, devaient régir l'administration nouvelle.

Ses premières décisions, conformes aux idées qui avaient inspiré les décrets du 27 janvier, furent, sur plusieurs points, modifiées par la suite. Comme les hommes intelligents, passionnés, actifs, ayant peu d'expérience de la pratique administrative, M. Paul Bert avait une tendance à tout entreprendre lui-même, à centraliser dans ses services tous les travaux, toutes les opérations. Sa grande instruction, ses connaissances variées, son excellente mémoire, lui permettaient de traiter tour à tour, avec compétence, les questions les plus diverses avec les ingénieurs, avec les architectes, avec les économistes, avec les financiers, avec les militaires ; mais souvent le temps lui fit défaut pour conduire à bien ses conceptions les meilleures. Non-seulement le temps lui manqua, mais sa santé robuste ne put résister aux émotions et aux fatigues d'une tension d'esprit perpétuelle, aux ardeurs d'un travail sans repos.

Il ne put réaliser aucun de ses projets les plus chers, mais il lui fut donné de succomber en pleine lutte pour le triomphe de l'influence de notre civilisation française.

A Saïgon, il avait trouvé un accueil empressé auprès du général Bégin, gouverneur par intérim, qui lui avait fait visiter la capitale du Cambodge et quelques-uns des points les plus intéressants de la colonie.

Il avait passé quinze jours en Cochinchine, écoutant et voyant les hommes et les choses de cette colonie récente où il y avait tant à apprendre, où des fautes graves n'avaient pu compromettre la prospérité de l'un des pays des plus riches du globe.

C'est là qu'à son retour du Cambodge, il reçut en audience le mandarin Phan-Tòn, second fils de Phan-Tan-Giang, chargé d'une mission confidentielle de quelques-unes des personnalités les plus hautes de la Cour de Hué.

Ce mandarin avait demandé à être présenté par M. P. Vial qu'il avait connu personnellement autrefois.

La famille de Phan-Tan-Giang, nombreuse et alliée à quelques-uns des hommes les plus puissants de l'Annam, avait besoin de nous pour sortir de la situation difficile où elle se trouvait placée. Elle pouvait nous aider beaucoup dans une œuvre d'apaisement et de conciliation.

Phan-Tan-Giang, avait eu des relations fréquentes et absolument intimes avec M. de la Grandière, et avec M. Paulin Vial. Il leur avait, à maintes reprises, exprimé la conviction que leur administration avait su enlever au roi d'Annam les cœurs des habitants de la Cochinchine. Il s'était opposé à leur œuvre autant qu'il l'avait pu ; mais il n'avait pu leur cacher son découragement.

Quoiqu'il eût suivi, par devoir, les instructions de son gouvernement, il sentait que l'Annam finirait par subir la domination française et qu'un jour ses petits-fils pourraient avec honneur servir la France.

Il s'était laissé sacrifier aux traditions de son pays avec la conviction profonde que sa mémoire serait honorée comme celle d'un homme qui a contribué à sauver les intérêts et les croyances de sa race. Ces idées qui, en 1867, étaient partagées par un très petit nombre d'Annamites lettrés, sont actuellement répandues parmi les classes les plus élevées du royaume ; elles sont acceptées, dit-on, par quelques membres de la famille royale.

Phan-Tôn est aveugle ; il a néanmoins une physionomie expressive et distinguée. Il se présenta devant M. Paul Bert en pleurant sur les malheurs de l'Annam, en déplorant la position lamentable à laquelle était réduite la famille royale à Hué, cette famille qui avait été si fière de son autorité et du prestige de ses glorieux fondateurs.

Il raconta en termes pathétiques à quelles humiliations le souverain, les princes et les plus hauts mandarins avaient été exposés. Il dit combien les Annamites tenaient à être libres et honorés dans leur vie de famille, dans leur culte si touchant pour la mémoire de leurs ancêtres, dans le respect des anciennes traditions. Ils avaient été certainement égarés en s'obstinant à lutter opinément contre les Français.

Ils avaient succombé, ils espéraient qu'on ne voudrait ni les détruire, ni les humilier. — Ils étaient disposés à nous abandonner leurs droits sur le Tonkin, si nous consentions à les laisser vivre librement dans l'Annam selon leurs rites et leurs lois et selon leurs croyances.

Ils promettaient même de s'engager à suivre nos conseils pour réformer leur administration intérieure et à renoncer sincèrement à l'isolement funeste qui les avait perdus.

Ces déclarations étaient répétées par un interprète français, M. Potteaux, qui, pendant de longues années, avait été employé aux communications les plus confidentielles avec les mandarins annamites. Elles rendaient exactement les sentiments les plus vrais, les plus raisonnables des indigènes éclairés, de ceux qui sont disposés à subir loyalement la nouvelle situation qui leur a été faite. — Elles furent accueillies avec toute l'attention qui leur était dûe.

L'envoyé annamite sortit de cette conférence avec la conviction que les destinées de l'Annam dépendait d'un homme généreux et bienveillant.

M. Paul Bert s'embarqua le 1ᵉʳ avril, à Saigon, sur le *Hai-Phong*, pour se rendre au Tonkin.

M. Rolland, agent général des Messageries maritimes avait tenu à l'accompagner et à se mettre complètement à sa disposition.

Le gouverneur général Begin, le directeur de l'intérieur, M. Nouët, M. Carabelli, maire de Saigon, M. Blanchy, président du Conseil général, vinrent à bord lui faire leurs adieux. Sur le même navire, 6.000 piculs de riz avaient été embarqués pour les chrétiens de Qui-Nhon, campés sur la plage, au nombre de 5.000, autour de leur digne évêque Monseigneur Van-Camelbeck.

Pendant que l'on débarquait le riz destiné aux chrétiens, M. Paul Bert descendit à terre et passa la nuit chez le résident, M. Hamelin.

La population de la province était complètement insurgée. Une garnison de 500 hommes environ occupait la citadelle de Binh-Dinh, à 16 kilomètres dans l'intérieur, dans une vallée fertile.

Le Tong-Doc, ou gouverneur, parent de la famille royale, vivait sous notre protection et ne pouvait sortir sans danger.

A bord du *Hai-Phong* se trouvaient avec le résident général les deux anciens tuân-phus (gouverneurs) de Hai-Duong et de Quan-Yèn, Nguyên-van-Phong et Hung-Vi, qui avait été exilés à Pulo-Condore pour nous avoir été hostiles les années précédentes. Ils venaient d'être graciés sur la demande de la Cour de Hué, qui reconnaissait ainsi que ces mandarins s'étaient conformés aux instructions des anciens régents.

Il y avait aussi l'annamite Nguyên-Ba-Trinh, Huyên de Khanh-Hoà, qui allait à Hué demander des secours contre les rebelles qui s'étaient rendus maîtres de sa province.

Un chef d'insurgés nommé Bui-Da était descendu du Nord pour soulever le sud de l'Annam ; il parcourait les villages de Binh-Dinh et devait aller jusqu'au Binh-Tuân menacer les frontières de la Cochinchine.

Ces menaces étaient près de se réaliser. Une sage entente intervenue entre M. Paul Bert et M. le général Bégin devait permettre d'enlever à la rébellion le Binh-Tuân et le Khanh-Hoa. Plus tard, une convention semblable permit de chasser du Phuyên les révoltés qui s'y étaient établis.

C'est par un appui réciproque que les représentants de la France au Tonkin, en Annam et en Cochinchine pouvaient lutter contre nos ennemis. Sinon les rebelles auraient pu s'organiser librement sur toutes les frontières et porter alternativement le désordre dans chacune de nos possessions.

C'est au moment de son départ de Saigon que le Résident général apprit l'occupation de Lao-Kay effectuée sans difficulté par M. le général Jamont.

Le 6 avril 1886, le résident général arriva à Hai-Phong.

Cette ville, destinée à un avenir considérable, rappelait ce que furent les quartiers commerçants de Saïgon et de Cholon en 1861.

Par des apontements provisoires en bois, on accédait à des quais à peine ébauchés, derrière lesquels s'étendaient, à travers des mares croupissantes et des marécages, quelques rues étroites. Des maisons espacées, les unes en briques et couvertes en tuiles, les autres en bambous, en torchis et en paillotes, abritaient une population active, nombreuse, affairée, et des approvisionnements déjà considérables. Le long du Song-Tam-Bac, canal qui conduit vers l'Ouest au Lach-Tray et au canal des bambous, une rue plus commerçante et mieux bâtie que les autres était presque complètement bordée, sur une longueur de 1 kilomètre, de maisons et de magasins appartenant aux principaux commerçants européens et chinois.

Hai-Phong représentait le mouvement et les ressources d'une ville qui a de l'avenir et qui grandira malgré les circonstances contraires.

Sur le Cua-Cam, bras du Fleuve Rouge qui longe Hai-Phong, s'élevaient quelques maisons très simples, la résidence, la direction du port, les hôpitaux.

M. le général de Négrier qui avait son quartier général à Hai-Phong vint visiter à bord le résident Général et le conduisit à terre. A 10 heures, M. Paul Bert fut reçu au débarcadère par toutes les autorités civiles et militaires, par les troupes et par la population accourue au devant de lui.

Jamais accueil ne fut plus sympathique, plus affectueux, plus digne des représentants d'un grand pays.

Tandis que le résident général exprimait à l'un des chefs les plus populaires de notre armée les sentiments que sa valeur et son dévouement avaient fait naître dans tous les cœurs, le général de Négrier, disait au chef de la nouvelle colonie avec son langage ardent et expressif toute l'admiration que lui causait le Tonkin, toutes les ressources que l'on pouvait trouver dans ce pays si riche et si peuplé.

Envisageant involontairement les questions au point de vue de la domination directe, du prestige des armes, il sut exprimer sous la forme la plus séduisante des idées très justes qui étaient basées sur un déploiement considérable de nos forces militaires et sur l'occupation permanente par nos troupes d'Afrique des frontières de la colonie. L'objectif de M. Paul Bert était certainement bien différent, mais la loyauté, la haute intelligence de son éminent interlocuteur donnaient à de telles appréciations une valeur exceptionnelle. Le général de Négrier, vivant simplement, exerçant une hospitalité très large, n'était servi que par des Annamites.

Travailleur infatigable, plus exigeant pour luimême que pour ses hommes, il s'occupait sans relâche de connaître le pays et ses habitants. Il était en même temps redouté et estimé des indigènes.

Avant d'arriver au Tonkin, M. Paul Bert avait préparé le programme de son administration. Il la voulait simple, active, équitable, bienveillante à tous. Il avouait hautement ses préférences pour deux hommes illustres dont il citait souvent les actes, Dupleix et de la Grandière.

Il avait étudié avec soin les besoins des vastes contrées dont les destinées étaient confiées à son initiative, à son patriotisme. Jamais, depuis la réorganisation du Gouvernement de Java, des pouvoirs aussi considérables n'avaient été remis à un homme.

Dupleix et M. de la Grandière étaient arrivés progressivement par des efforts persévérants, par une lutte journalière, à rendre d'éminents services et à obtenir, pour un temps du moins, la confiance de leurs Gouvernements. Paul Bert arrivait d'emblée investi de pleins pouvoirs; il était parti accompagné par les vœux ardents de la plupart des Français.

Au Tonkin, où les traités nous concédaient une intervention directe, une surveillance générale sur toutes les branches de l'administration, il devait être secondé par un résident supérieur et par des résidents détachés dans tous les chefs lieux. C'était un corps administratif complet qui était chargé de l'application des règlements divers sur la police, sur la justice, sur les finances, sur les travaux publics, tout en étant investi des fonctions consulaires vis-à-vis des commerçants étrangers et des Européens.

Les auxiliaires des résidents devaient être les mandarins annamites maintenus à leur poste, mais étroitement contrôlés, surveillés et conseillés, afin de prévenir de leur part toute tentative hostile. Ils gardaient leurs grades et leurs honneurs. Ils devaient s'efforcer de mériter la confiance de leurs collaborateurs français afin de reconquérir le prestige et l'autorité qu-ils avaient perdus.

En Annam, un résident supérieur devait résider à Hué auprès du Roi et avait sous ses ordres tous les services civils du royaume, depuis le Binh-Tuân jusqu'au Than-Hoâ. Ses attributions étaient plus spécialement consulaires et politiques. Son intervention directe dans l'administration de l'Annam était limitée par les traités à un simple contrôle.

Secondé par ces deux fonctionnaires, le résident général pouvait, suivant les circonstances, se déplacer, résider alternativement à Hué ou à Hanoi, et se montrer dans les localités importantes sans que son œuvre courût le risque d'être interrompue.

Au Tonkin, le poste de résident supérieur avait été confié à M. Vial, ancien directeur de l'intérieur en Cochinchine ; à Hué, il avait été donné à M. Dillon, consul général, l'un de nos diplomates les plus instruits sur les questions de l'Extrême-Orient.

Voulant renouveler au Tonkin ce qui avait été accompli en Cochinchine, M. Paul Bert était résolu à faire aux populations toutes les concessions compatibles avec notre sécurité ; à les ramener à nous par une affectueuse bienveillance. Il aurait ensuite, appuyé sur les sympathies et le concours des Tonkinois, entraîné facilement les autres habitants de l'Annam dans la voie du progrès et de l'émancipation.

A l'égard des Européens, il tenait à ce qu'ils fûssent largement rémunérés de leurs efforts et de leurs travaux pour concourir au développement de la colonie. Il comptait encourager largement leur initiative, en leur concédant à des conditions avantageuses les diverses entreprises d'utilité publique qui sont indispensables dès les premiers jours d'une colonie. Son ambition était d'attacher étroitement à la prospérité du Tonkin quelques-unes de nos plus importantes sociétés industrielles par des travaux utiles, désirés depuis longtemps. Tous les travaux publics, toutes les constructions devaient être confiés à l'industrie privée ; la régie n'aurait été qu'une exception. C'était une innovation considérable, avantageuse pour l'avenir, pleine d'inconvénients dans le présent.

A son départ de France, des offres de service lui avaient été adressées par plusieurs de nos principaux entrepreneurs qui tenaient à honneur de contribuer à une grande création.

La plupart offraient d'exécuter à leurs frais les travaux qui leur seraient commandés en consentant de longs délais pour le remboursement de leurs avances.

Ils pouvaient, par cette combinaison, faire d'excellentes affaires, tout en rendant à la nouvelle administration un immense service, celui d'engager au Tonkin des capitaux importants sans que le budget local eût à contribuer aux premières dépenses.

Cette conception simple et logique supprimait une de nos premières difficultés, le manque d'argent.

Il fallait au moins deux années d'un travail persérant et soutenu pour rétablir la confiance parmi les indigènes, pour régulariser les impôts et pour constituer des ressources puissantes qui fussent en rapport avec le chiffre de la population, avec la grandeur du pays, avec l'importance de nos besoins immédiats.

Dans cette œuvre si considérable, tout le monde avait donc sa part faite; des risques à courir et des bénéfices certains en perspective.

Les indigènes pouvaient compter sur notre justice, sur notre bienveillance, sur le respect de leurs biens et de leurs coutumes. Ils devaient rapidement arriver à la sécurité et au bien-être.

Les Européens qui auraient confiance dans l'avenir de la colonie avaient l'emploi immédiat de leur travail et des capitaux dont ils pouvaient disposer. Ils pouvaient faire des avances à ce nouvel état qui manquait de tout, construire des casernes, des hôpitaux, des magasins, des apontements, créer des lignes de bateaux à vapeur subventionnés, des tramways, des chemins de fer.

Ils auraient été substitués à l'administration pour toutes les entreprises de transport et de construction qui nous coutaient si cher, qui étaient si imparfaites et dont nous ne pouvions fournir les dépenses de premier établissement.

En facilitant la circulation à bon marché pour tout le monde, on augmentait la sécurité publique, on favorisait le commerce et on dirigeait les idées de tous vers les entreprises industrielles, vers les questions pratiques, vers le développement matériel de nos richesses. La piraterie et les passions politiques qui l'avaient fait naître et se développer ne pouvaient que recevoir le coup de grâce de ce nouveau courant qui aurait certainement agi sur les Annamites et sur les Chinois, tout autant que sur les Européens. — Plusieurs annamites influents, même parmi les mandarins, sollicitèrent des concessions minières, et des chefs de bandes chinoises proposèrent plus tard de déposer les armes pour se livrer avec leurs hommes à l'industrie et à l'agriculture.

En outre, pour réaliser des économies de service et pour obtenir, le cas échéant, le concours financier d'un établissement sérieux, M. Vial avait proposé de confier à une banque spéciale l'encaissement des impôts et le paiement des dépenses de la colonie. Cette banque aurait eu en compensation le droit d'émettre des billets au porteur pour une valeur déterminée d'un commun accord, mais qui devait atteindre une vingtaine de millions. Déjà la banque de l'Indo-Chine avait plus de 2 millions de billets en circulation en Annam et au Tonkin.

Ce plan était simple et grandiose; il était exécutable. Dans la pratique il devait se heurter à de nombreuses difficultés.

M. Paul Bert arriva à Hanoi le 8 avril et fut reçu solennellement à trois heures du soir.

M. le général Warnet qui avait remplacé par intérim M. le général de Courcy, lui remit tous les pouvoirs civils et politiques et resta à Hanoi en qualité de commandant en chef du corps expéditionnaire jusqu'au 22 avril.

La tâche la plus rude du nouveau résident général fut certainement cette entrée en fonctions dans un pays où il était nouveau, en présence, il faut bien le dire des regrets et des doutes de la plupart de ceux qui avaient appartenu aux administrations précédentes.

Jusqu'alors les circonstances périlleuses au milieu desquelles notre influence s'était établie en

Indo-Chine leur avait fait penser qu'une administration militaire seule pourrait contenir le pays.

Vouloir réduire les troupes, diminuer les dépenses, leur semblait une imprudence, une critique inopportune des actes des éminents prédécesseurs de M. Paul Bert. Beaucoup de personnes répétaient : le régime civil arrive trop tôt ; six mois plus tard, le pays aurait été complétement pacifié.

Au moment même où le nouveau résident général arrivait, on faisait les levées des indigènes destinés à compléter à 16,000 hommes les effectifs des quatre régiments de tirailleurs tonkinois afin de remplacer numériquement les troupes qui allaient être rappelées en Europe. — Les recrues, conduites par les notables de leurs villages, étaient surveillées avec soin et arrivaient en bandes nombreuses à Hanoï. Quelques-uns de ces hommes étaient attachés avec des cordes par surcroît de précaution.

Par une méprise singulière, quelques personnes croyaient qu'il y aurait double emploi entre les troupes indigènes et les milices que le nouveau résident général voulait organiser pour assurer la police intérieure du pays. De leur côté, les hauts mandarins annamites, désireux de reconstituer leur autorité et leur autonomie, disposés au besoin à se soustraire à notre autorité, offraient de lever des miliciens et de les payer au compte du gouvernement annamite, tout en les mettant à nos ordres lorsque nous les aurions requis. Cette manœuvre fut déjouée facilement.

Le personnel de l'administration était à compléter.

La plupart de ses auxiliaires les plus importants vinrent rejoindre leurs postes plus tard, les uns après les autres.

Les résidences des provinces du Tonkin ne furent occupées par leurs titulaires que deux ou trois mois après l'entrée en fonctions du résident général.

Les uns venaient de la Cochinchine, les autres de France. Tous, quoique plusieurs possédassent les connaissances spéciales nécessaires, avaient, comme leurs chefs, à étudier le pays, à se familiariser avec les individus dont l'administration leur était confiée.

Ainsi l'administration civile à ses débuts, n'ayant point tous ses agents et tous ses auxiliaires sous la main, devait tout créer elle-même, agir et réussir pour ne point succomber sous le poids des défiances et des hostilités diverses qui s'attachent toujours à un nouveau pouvoir.

Les inquiétudes qu'on manifestait autour d'elle n'étaient point sans fondement. La mission de délimitation présidée par Monsieur Saint-Chaffrey, consul général, venait de rentrer des frontières de Lang-Son et du Quan-Si après avoir rencontré bien des obstacles et bien des mauvais vouloirs dans ces régions éloignées. Un évènement fortuit pouvait rouvrir les hostilités et supprimer de fait le rôle des autorités civiles. Près de cinq mille Chinois ou Pavillons noirs licenciés avec leurs armes couraient le pays en bandes, attaquaient nos détachements et pillaient les simples particuliers.

Toutes ces circonstances défavorables n'avaient pas échappé à l'attention de M. Paul Bert, elles ne l'empêchèrent point d'agir.

Il tenait d'abord à manifester tout l'intérêt que méritaient notre commerce et notre industrie.

Il fit préparer immédiatement des cahiers des charges pour l'adjudication des transports fluviaux entre les divers postes du Tonkin. Ce service était fait pour le compte de l'Etat par les chaloupes de la marine affectées plus spécialement au ravitaillement des postes militaires et au renouvellement des garnisons. Quelques embarcations du commerce faisaient des voyages irréguliers de Hai-Phong à Hanoi et à Nam-Dinh. Mais la plupart des localités secondaires n'étaient pas desservies régulièrement et sûrement. Les négociants n'y pouvaient aller qu'en louant des jonques, en perdant beaucoup de temps et en courant de réels dangers.

La circulation continue de bateaux à vapeur rapides et bien aménagés devait puissamment contribuer à la sécurité générale en décourageant la piraterie.

Il fit établir aussi un projet de cahier des charges pour la ferme de l'opium. Cette branche de revenus constitue une des ressources les plus importantes des colonies européennes de l'Extrême-Orient. — La consommation de l'opium n'est point encouragée par la création de cet impôt indirect qui est prélevé sur l'un des vices les plus dangereux des populations asiatiques.

L'opium s'est introduit en Indo-Chine et s'y est maintenu malgré les efforts du gouvernement annamite pour le proscrire. — Il n'y avait aucun inconvénient à l'imposer lourdement.

Il fit également rédiger des cahiers des charges pour affermer le jeu dans les principales localités. Les conditions imposées aux fermiers étaient les mêmes que celles qui avaient été exigées en Cochinchine autrefois. Le jeu des trente six animaux était interdit. L'entrée des femmes et des enfants dans les maisons de jeu était prohibée. Plusieurs fois les fermiers sollicitèrent la levée de ces interdictions qui sur la proposition de M. Vial, résident supérieur, furent maintenues rigoureusement. — Ajoutons que M. Paul Bert, en affermant les jeux dans les villes du Tonkin, voulut faire un essai financier dans le but d'augmenter ses ressources la première année. Mais après avoir reconnu les désordres provoqués par le jeu, après avoir entendu les plaintes des Annamites les plus intelligents entre autre celles du vice-roi du Tonkin, Nguyên-Trong-Hiêp, il avait manifesté l'intention de les supprimer l'année suivante.

En Cochinchine, les jeux avaient été établis, puis supprimés à diverses reprises. Ils étaient l'objet d'une surveillance rigoureuse. Ils furent supprimés à la fin de 1870 dans l'intérieur de la Cochinchine.

Nous trouvons dans le rapport du directeur de l'intérieur sur le projet de budget pour 1871 :

« ... Dans les prévisions de 1871, n'est point compris le produit des jeux qu'un arrêté récent vient d'interdire dans l'intérieur de la Cochinchine.

« L'affermage des jeux dans l'intérieur rapportait plus de 500,000 francs. »

« Saigon, 12 Décembre 1870.

P. VIAL. »

Le résident général fit publier un projet d'appel d'offres pour la construction d'un chemin de fer de Hanoi à Dap-Cau, près Bac-Ninh, avec prolongation sur Quang-Yen d'une part et sur Lao-Kay de l'autre.

Ce projet, dont l'exécution a toujours été reconnue nécessaire, devait avoir pour résultat de relier les deux principales régions du Tonkin habité, s'étendant, l'une de Hanoi à Hung-Yen, à Nam-Dinh et à Nin-Binh jusqu'à la mer, l'autre de Bac-Ninh à Hai-Duong, Quang-Yen et Hai-Phong. — Ces deux régions sont reliées actuellement par des canaux d'un parcours difficile ou par des routes qui ne sont que des chaussées de terre battue, à travers des rizières ou des marais souvent couverts par les inondations. La sécurité du pays et ses relations commerciales devaient y gagner un développement rapide.

Il fit également commencer des constructions importantes pour loger le personnel administratif, la trésorerie, les tribunaux. Jusqu'alors, la plupart des services étaient campés dans des logements provisoires établis à la hâte, souvent en torchis, et couverts en paillottes.

Il fit étudier un plan de rectification de Hanoï, grande ville de cent mille âmes environ, comptant plus de huit mille maisons perdues au milieu des broussailles et des mares, aux rues tortueuses et inextricables, où l'on voyait côte à côte des cabanes en bambou couvertes en feuilles, des pagodes pittoresques, des maisons en maçonnerie, des magasins importants, des constructions européennes élégantes. C'était un travail gigantesque que cette rénovation d'une cité ancienne qu'il fallait refondre, assainir, livrer à l'air et à la lumière, sans détruire les débris les plus intéressants de son passé, sans éloigner la population industrieuse et commerçante qui fait sa richesse.

Hanoï, située sur la rive droite du fleuve Rouge, un peu au-dessous des confluents du Dây, du canal des Rapides et de la rivière Claire, est bien le centre de commandement, le chef-lieu naturel du Tonkin. La ville proprement dite, située entre la Citadelle, le Grand Lac et la concession européenne, couvre une superficie approximative de deux cents hectares. Elle est bordée du côté de l'Est par les digues du fleuve Rouge, du côté de l'ouest par des chaussées et des remparts en terre coupés par plusieurs voies, entre autres par la route de Hué passant par Phu-ly et par celle de Son-Tây passant par Phu-hoai. Au sud de la ville et près de la concession est le Petit-Lac, vaste étang de huit cents mètres de long, sur lequel s'élève au centre d'un îlot une vieille pagode entourée d'eau et reliée à la terre par un pont en bois. A l'ouest et au nord est la citadelle qui a 1,000 mètres de côté ; elle renferme dans sa vieille enceinte de murailles en briques, les casernes, les hôpitaux, les magasins, la pagode royale. Au nord, le long du fleuve, est le Grand-Lac qui a 5 kilomètres de longueur et est bordé de pagodes et de grands arbres. C'est au nord de ce lac dont les eaux bleues contrastent avec la couleur fauve des ondes du fleuve, que se trouve le village de Yên-Tày, où sont plusieurs fabriques de papier.

Hanoi est une ville industrielle. Autrefois, chaque profession était cantonnée dans une rue spéciale. Il y avait la rue des incrusteurs, celle des brodeurs, celle des charpentiers, celle de la soie, celle du chanvre, celle du cuivre, celle du sucre... Aujourd'hui les règlements et les usages anciens sont moins bien observés. Néanmoins, la plupart des métiers sont groupés ensemble. On voit dans les mêmes parages les habiles incrusteurs dont les travaux sont toujours admirablement exécutés avec une patience et un art inimitables. Des familles entières, hommes, femmes et enfants exécutent avec un soin extrême ces minutieux ouvrages qui consistent à représenter les sujets les plus divers sur des bois précieux avec de la nacre et de l'ivoire découpés en lames et en fragments minuscules. En Chine, au Japon et à Siam, on fait aussi des incrustations remarquables, mais jamais elles n'ont pu atteindre la légèreté et le fini qu'ont su réaliser les artistes tonkinois depuis des siècles.

Dans la rue des Brodeurs et dans les rues voisines, des mains patientes représentent sur des étoffes de soie, de laine et de coton les dessins les plus variés, des animaux, des oiseaux, des fleurs et des feuillages. De riches étoffes pour les mandarins et pour les dames, des ornements de pagodes, des tentures pour les maisons sont suspendues aux parois des boutiques.

A côté, d'autres artistes non moins habiles peignent rapidement sur des papiers et sur des bambous des croquis lestement enlevés, puis les repassent en couleurs vives et en font des paravents, des tentures, des ornements divers, des couvertures d'ombrelles et de parasols.

Il en est qui fabriquent des lanternes avec du papier ou un léger treillis recouvert de colle de poisson richement coloriée.

Des fabricants de jouets imitent tous les animaux, tous les outils et les instruments de la civilisation, des bateaux, des maisons, des chars, des pagodes, des moulins, et livrent aux petits enfants de l'Annam les plus ravissantes et les plus fragiles amusettes que l'on puisse voir.

Plusieurs artisans confectionnent des tamtams peints, dorés et laqués en quantités innombrables. Tous les villages en ont plusieurs, toutes les maisons en possèdent. On en exporte en Chine et en Annam.

Les fondeurs de cuivre font des gongs remarquables, des cloches, des marmites, des vases en bronze pour les pagodes. Des ciseleurs habiles sèment de fleurs, d'oiseaux et d'inscriptions des vases et des plateaux merveilleux.

Les meubles sculptés, les boiseries, les colonnes des maisons et des pagodes, les ustensiles les plus plus simples sont revêtus d'une laque éblouissante généralement rouge relevée de dessins en or et en argent.

Les forgerons fabriquent avec des moyens primitifs des lances, des sabres, des faux, des couteaux et des couperets à un bas prix extraordinaire.

Nous citerons pour mémoire les charpentiers, les tanneurs, les fabricants de cercueils, les blanchisseurs, les tailleurs, les rôtisseurs, les tisserands, les orfèvres, les pâtissiers, les confiseurs, et les auautres artisans divers, qui sont tous représentés dans l'ancienne métropole du Tonkin.

C'est une vaste ruche très gaie, très animée, très intéressante que les étrangers ne sauraient se lasser de visiter depuis la pointe du jour jusqu'au coucher du soleil.

Il est incroyable que l'on puisse faire aussi bien tant de belles choses avec des moyens aussi primitifs, dans d'affreuses maisons étroites, malsaines, humides et mal éclairées.

L'activité de ce peuple est admirable. On ne voit rien de pareil ni à Hué, ni à Saigon.

Dès la pointe du jour, les routes qui conduisent à Hanoi sont encombrées par les populations des villages voisins qui viennent de trois ou quatre lieues apporter leurs fruits, leurs volailles, des porcs, des noix d'arec, des fleurs, du bois, des rotins, des bambous, du riz, des haricots, du coton, de la soie, des racines sur les marchés de la ville.

Près de vingt mille individus entrent ainsi dans la cité et se dispersent tous les soirs dans la campagne.

Sur les quais, plusieurs centaines de bateaux et de jonques arrivent chargés de légumes, de riz, de fruits, de porcs et de volailles. Des radeaux de bois, de bambous, et de lataniers sont débarqués le long du fleuve et remplissent la rue des Bambous qui a près d'un kilomètre de long. Beaucoup de ces radeaux et de ces barques viennent de vingt ou trente lieues et ont été expédiées de la Rivière Noire où les Muongs les ont chargés de bois, de bambous et de rotins, ou bien des vallées de la Rivière Claire où l'on cultive des bananes, des ananas, des kakis, des lechis et des fruits recherchés. Sur des bacs faisant le va-et-vient entre la rive gauche et la rive droite, près de trois mille individus de la province de Bac-Ninh venaient vendre leurs produits ou acheter leurs provisions.

Au moment même où M. Paul Bert venait d'arriver à Hanoi, une vingtaine de jonques chargées de divers produits du Yunnam et de minerais d'étain redescendaient de Lao-Kay où elles avaient été retenues depuis deux ans par les événements de la guerre.

Ce mouvement, cette animation témoignaient des aptitudes agricoles, industrielles et commerciales des Annamites. Dans la campagne, surtout dans le Delta et aux environs des villes, toute la terre est soigneusement et habilement cultivée. Les hommes, les femmes, les enfants sont tous aux champs. Les récoltes succèdent les unes aux autres. Le riz, les haricots, la canne à sucre, les patates, le maïs, les mûriers couvrent d'immenses espaces verdoyants, à travers desquels s'élèvent des bosquets de palmiers, d'orangers, de lechis, de goyaviers, couverts de fruits et de fleurs. De distance en distance un grand arbre, un buisson sacré abrite une pagode ou un autel élevé à la mémoire d'un homme célèbre. Puis des temples plus considérables entourés de massifs d'une verdure sombre, élèvent à travers les arbres leurs toitures bizarres. Des familles ou des congrégations de bonzes vivent dans les dépendances de ces édifices religieux autour desquels on cultive des arbres et des fleurs; des nénuphars aux fleurs éclatantes s'étalent dans de grands bassins consacrés aux ablutions des fidèles. Le matin et le soir les cloches et les gongs de ces pagodes, les tamtams des villages annoncent aux habitants les heures du travail et celles du repos. Dans Hanoi même il y a une centaine de pagodes dont plusieurs sont très anciennes et tombent en ruines. La plupart sont remarquables par leur construction bizarre et par leur ornementation élégante. Elles sont l'objet d'un culte superstitieux qui n'existe au même degré ni en Cochinchine, ni en Chine, ni dans l'Annam.

Cette grande ville dans laquelle se réunissaient tous les intérêts, toutes les industries, toutes les idées qui animent une population de dix millions d'âmes, était menacée tous les ans par les inondations du Fleuve Rouge. Elle est protégée contre les crues de la rivière par une digue de huit mètres d'élévation qui a été souvent entamée par les courants rapides qui se portent tantôt vers une rive, tantôt vers l'autre avec une puissance irrésistible. Pendant les grandes crues, Hanoi est à cinq ou six mètres au-dessous du niveau du Song-Coi. Une rupture de ces digues pourrait entraîner des désastres incalculables. Il était sage de les prévenir.

Ayant remarqué que les maçonneries des épis

destinés à défendre la Concession avaient seuls résisté à la violence des eaux, M. Paul Bert conçut le projet de garantir le rivage de Hanoi par un quai en maçonnerie, en arrière duquel une promenade et un jardin public dominant la ville auraient servi de centre au quartier européen.

Il avait aussi projeté de faire éclairer la ville, de la doter de tramways publics, de régulariser ses principales avenues.

Tout créer, tout faire, en agissant bien et vite, rattraper le temps perdu par un peuple qui pendant deux siècles s'est isolé de toutes les autres nations, quel travail considérable et minutieux, que de soucis, que de préoccupations, mais aussi quelles satisfactions pour un esprit ardent et éclairé lorsqu'il entrevoyait le succès de l'une de ses conceptions, lorsqu'il venait à être compris !

M. Paul Bert avait les mêmes ambitions pour Hai-Phong, pour Nam-Dinh, pour les autres cités du Tonkin.

Il voulait assurer partout le bien-être, la sécurité, une circulation facile et rapide.

Il s'était occupé aussi de l'organisation d'un service de douanes pratique, tolérant, ne mettant aucune entrave inutile à l'entrée et à la sortie des marchandises. Encouragé à prendre une grande initiative, il voulut créer toute une administration douanière dont les règlements auraient été à peu près identiques à ceux des douanes chinoises. Peut-être alla-t-il trop loin en attribuant l'administration et la police des ports de mer au directeur des douanes. En Chine, il est utile de placer les marins étrangers sous l'autorité des Européens qui dirigent les douanes. C'est un moyen de les soustraire aux ordres des mandarins et de prévenir de nombreux conflits. Mais sur une terre devenue française, la police des ports, selon notre législation et nos usages européens, devait relever d'une autorité purement maritime.

D'après ses instructions, le résident supérieur,

d'accord avec le vice-roi annamite, fit établir un état des recettes du Tonkin en établissant leur valeur en monnaies françaises. La plupart des impôts annamites se paient en nature, en riz, en étoffes, en bois, en matières premières. Les employés de l'Etat étaient soldés, partie en argent, partie en riz. Il fallait arriver à une évaluation régulière de toutes les recettes et de toutes les dépenses du protectorat. Ce travail considérable fut rédigé par un employé de l'administration de la Cochinchine, M. Neyret, ancien chef de bureau à la direction de l'Intérieur à Saigon. Il fut puissamment aidé par les notes de MM. Sylvestre et Parreau, anciens chefs des services civils à Hanoi, et par les renseignements du vice-roi du Tonkin, Nguyên-Trong-Hiêp.

En y comprenant les recettes des douanes évaluées à trois millions pour le Tonkin et l'Annam, on évaluait à quatorze millions les sommes dont le Protectorat pourrait disposer la première année de son existence en 1887. La subvention accordée par la métropole ayant été fixée à 30 millions, l'administration nouvelle pourrait ainsi disposer de 47 millions à son premier exercice. C'était peu, mais en réduisant les effectifs du corps expéditionnaire dans une mesure prudente, en se réservant la faculté de négocier un emprunt ou d'accepter des avances pour faire face à une dépense imprévue, en faisant faire par de grandes maisons françaises les avances des travaux publics, on était en mesure de faire face à toutes les éventualités sans compromettre l'avenir.

Le chef qui organise une administration ne peut divulguer toutes ses ressources, faire connaître au public tous ses secrets. Il est exposé aux critiques les plus injustes, aux soupçons les plus cruels.

Les plans du nouveau résident général furent l'objet de nombreuses attaques.

On ne trouva aucun soumissionnaire pour la ferme de l'opium. Cette entreprise très considérable comportait de grands risques. Elle fut demandée de gré à gré à un prix trop réduit pour une durée assez longue. Elle ne put être concédée en adjudication publique le 17 août.

Les services fluviaux furent concédés moyennant une subvention de 350,000 francs. Mais tandis qu'au Tonkin l'on se plaignait des lenteurs de l'administration ; en France, on trouvait que l'on était allé trop vite, que l'on n'avait pas donné le temps à tous les concurrents de se présenter. Cette entreprise est en pleine activité aujourd'hui.

Un agent de la maison Eiffel vint au Tonkin et étudia dans quelles conditions elle pouvait établir des ponts en fer sur la route de Lang-Son afin d'assurer les mouvements de nos troupes dans cette direction.

La concession de magasins généraux à Hai-Phong fut également accordée. Elle fut critiquée vivement. Aux plaignants l'administration répondait toujours : « Il y a du travail pour tout le monde. Apportez des capitaux, envoyez des ingénieurs habiles, il y a beaucoup à construire dans le pays. » — Les uns lui reprochaient toujours d'aller trop doucement, de ne rien faire, les autres d'agir avec précipitation, de tout compromettre.

Une autre difficulté grave se présenta et fut résolue par le gouvernement. Nos relations commerciales avec la Chine et surtout avec le Yunnam devaient être nécessairement l'objet de la sollicitude du gouvernement du Tonkin.

Notre ministre à Pékin négociait un traité de commerce. Par un fatal désaccord avec le résident général qui probablement ne fut pas consulté, la première convention stipulait l'interdiction de l'introduction du sel du Tonkin au Yunnam, la prohibition de l'entrée de l'opium de Chine au Tonkin et la création de consuls chinois à Hanoï et à Hai-Phong.

C'était supprimer entre les deux pays les échanges les plus importants et introduire sur notre territoire des agents dangereux, toujours prêts à grouper contre notre domination les efforts des Chinois établis dans nos possessions.

Une protestation fort vive fut adressée par les négociants français du Tonkin à M. Paul Bert, qui dut user de toute son influence pour empêcher de ratifier un acte déplorable, dangereux au point de vue de notre sécurité, ruineux au point de vue de nos intérêts.

Citons quelques extraits de cette réclamation qui fut publiée par l'*Avenir du Tonkin*, du 18 septembre 1886 :

« A Monsieur Paul Bert, député, résident géné-
« ral au Tonkin et en Annam,

« Monsieur le Résident général,

« Les négociants français établis au Tonkin ont
« ressenti une vive émotion en apprenant que la
« commission de députés nommés à l'effet d'exami-
« ner le traité de commerce avec la Chine est favo-
« rable à sa ratification. Déjà nous avions chargé
« officieusement plusieurs d'entre nous de vous ex-
« primer notre pénible surprise à la lecture des
« principales clauses de ce traité, reproduites par
« les journaux de Hong-Kong. Sachant, toutefois,
« que vous alliez prendre la défense des intérêts
« commerciaux, nous espérions que votre haute
« intervention aurait pour résultat de faire ressortir
« l'incorrection de cette œuvre diplomatique et d'en
« détruire les effets.

..................................................

« Sans avoir la prétention d'entreprendre la cri-
« tique détaillée de cette convention néfaste, nous
« analyserons à grands traits ses principaux arti-
« cles, en suivant l'ordre dans lequel ils ont été
« donnés par les journaux.

« L'article 2 prévoit l'installation de consuls chi-
« nois à Hanoï et à Hai-Phong et même dans d'au-

« tres centres. Il appartient peut-être à l'administra-
« tion du Protectorat, plutôt qu'à nous, de faire
« ressortir les inconvénients de cette mesure. » Tou-
« tefois, devant l'accaparement progressif du trafic
« par les Chinois, nous avons le droit, nous com-
« merçants, de déplorer cette concession bénévole.

..............................................

« Nous arrivons aux articles XIV et XV visés
« surtout par la présente protestation. Il est de no-
« toriété publique que les deux grands articles d'é-
« change entre la Chine méridionale et le Tonkin
« sont l'*opium* et le *sel*..............................

..............................................

« Quant au sel, le besoin en est si grand qu'en
« dépit de la prohibition, il s'en fera un
« grand commerce à la frontière sous forme de
« contrebande. Or, dans ces régions si peu sûres,
« la contrebande amènera des conflits, partant des
« complications diplomatiques qui constitueront
« des menaces perpétuelles contre la sécurité du
« pays.
« Nous mettons aussi sous vos yeux, monsieur
« le Résident général, la clause autorisant à modi-
« fier le traité le jour où une convention sera inter-
« venue avec une autre puissance. On reconnaît là
« la main d'un agent anglais, directeur des douanes
« chinoises. Cette clause est pleine de dangers. En
« effet, on nous permettra de demander la liberté
« du négoce sur le sel et l'opium le jour où une
« pareille faculté aura été accordée à l'Angleterre
« pour la Birmanie.....

..............................................

« Le maintien du *statu quo ante* serait mille fois
« préférable à cette convention si contraire aux
« intérêts du commerce franco-tonkinois. »

..............................................

« *Les membres de la Chambre consultative
de commerce,*

« (Suivent les signatures). »

M. Paul Bert rendit un grand service à son pays en faisant rejeter cette convention.

Plus tard, lorsque des règlements douaniers abusifs ont été si légèrement imposés à l'Indo-Chine, combien ceux qui connaissent nos véritables intérêts dans ce pays ont dû regretter la perte irréparable d'un défenseur énergique et puissant !

Si M. Paul Bert se heurtait à des difficultés de toutes natures et de toutes provenances lorsqu'il essayait de constituer les finances, le commerce et l'outillage matériel du Tonkin, il était accueilli avec espoir et sympathie par les Annamites, même par les mandarins de la Cour.

Les lettrés annamites ne pouvaient croire qu'un savant, un homme versé dans les hautes spéculatisns des connaissances humaines, fût systématiquement hostile à leurs institutions.

Ils ne connaissaient guère de l'Occident que les représentants de l'armée, de la marine et de la diplomatie, ils étaient désireux de voir un de ces hommes instruits dont le savoir extraordinaire avait créé ces moyens puissants de s'enrichir et de dominer le monde dont ils avaient subi les effets terribles.

En leur envoyant l'un de ses principaux lettrés, la France voulait-elle sincèrement leur rendre la paix et le richesse ?

Telle était la question que les lettrés se posaient anxieusement.

A l'arrivée du résident général s'était trouvé le président du Comat Nguyên-huu-do, Kinh-Luoc ou vice-roi titulaire du Tonkin, beau-père du Roi. Ce haut personnage était un mandarin de second rang lors de l'arrivée des Français dans le pays. Son intelligence, son courage et sa droiture relative, au milieu des complications les plus imprévues, lui avaient assuré une position exceptionnelle à la Cour. Il était peu sympathique aux anciens lettrés habitués aux finesses et aux habiletés de l'entourage de Thu-Duc. Il avait été imposé comme président du Comat (Conseil secret), après la chute de Tuong. Mais l'esprit de cet astucieux diplomate planait encore au milieu des conseillers officiels du Roi ; on se rappelait que Nguyên-Huu-Dô avait été engagé à s'empoisonner et n'avait échappé à la mort qu'en refusant d'exécuter cet ordre barbare. Il avait ainsi porté un coup fatal aux traditions de la vieille obéissance passive qui semblaient être la sauvegarde de l'autorité centrale. Beaucoup d'Annamites lettrés ne pouvaient le lui pardonner. Si l'on n'avait craint la colère des Français, il aurait bien vite été sacrifié.

Nguyên-Huu-Dô n'ignorait pas ces dispositions malveillantes. Il était un parvenu exposé aux plus basses jalousies dans cette Cour dont il semblait ignorer, dit-on, la minutieuse étiquette, et où sa présence rappelait la domination française.

Il fut très digne et très empressé auprès du nouveau représentant de la France et il retourna immédiatement à Hué avec M. Dillon, résident supérieur pour l'Annam.

Le 24 avril, le prince Xuyên-Cong, fils de Minhmang, oncle du Roi, vint saluer le Résident général de la part du Roi. Il était accompagné de deux membres du conseil : l'un, le ministre de la justice, vieillard usé et formaliste, l'autre, jeune et alerte lettré, attaché aux finances.

Ces personnages furent reçus avec de grands honneurs ; c'étaient les représentants de la famille royale, les dépositaires des grandes traditions d'autrefois.

Ils appartenaient à un parti considérable, dont l'influence était à ménager, bien qu'elle fût très réduite depuis la paix de Hué et l'exil du régent Thuong.

M. Paul Bert, soucieux de pacifier les indigènes et de conquérir leurs sympathies, avait dû prévoir l'éventualité où les anciens mandarins se montreraient irréconciliables.

Pour contrebalancer leur influence, il avait résolu, sur la proposition de M. Vial, de s'appuyer résolument sur la classe moyenne, sur les propriétaires et sur les notables des villages, hommes actifs, ambitieux, habitués à commander, qui, à certaines époques, avaient mis en échec l'autorité royale. C'est avec leur concours que, malgré l'hostilité active du roi Tu-Duc, la Cochinchine avait pu s'organiser.

Le nouveau résident général fit appel aux notables en les invitant à nommer à l'élection un délégué par préfecture. Ces délégués devaient se réunir à Hanoï sur sa convocation pour donner leurs avis sur l'administration du pays, sur les mesures que la population croirait devoir solliciter de l'autorité supérieure.

Cet appel aux classes inférieures, causa une profonde émotion parmi les anciens lettrés. Le prince annamite, ses deux compagnons et le vice-roi du Tonkin par intérim, Nguyên-Trong-Hiệp, redoublèrent d'attentions et de prévenances auprès du résident général afin de lui inspirer confiance dans leur bonne foi, dans leur désir sincère de nous aider. La principale attention des Annamites qui discutaient les affaires publiques ne se portait plus vers la direction donnée à nos entreprises militaires. Ils se préoccupaient des dispositions administratives qui seraient adoptées, de la part qui leur serait laissée dans la gestion des affaires de leur pays, de l'impulsion qui avait été imprimée à l'esprit public en Indo-Chine; c'était une révolution dans les idées que nous allions préparer en appelant la classe moyenne à délibérer sur les intérêts généraux de l'Annam.

Le prince Xuyên-Cong n'avait jamais quitté Hué. Sa figure triste, ses beaux traits, sa tenue très digne prévenaient en sa faveur. Ceux qui ont assisté à la revue des troupes qui fut donnée en son honneur n'oublieront pas l'expression résignée de son visage lorsqu'il vit défiler à quelques pas de lui un régiment de tirailleurs indigènes où ses compatriotes marchaient crânement, commandés par leurs cadres français.

Une pagode appartenant aux Chinois cantonnais avait été aménagée pour le recevoir.

Lorsqu'il voulut offrir une fête aux autorités françaises pour les remercier de la brillante réception qui lui avait été faite par le Résident général, il leur donna un grand dîner dans une pagode neuve, élevée hors des murs de Hanoi par une souscription publique en l'honneur du Nguyên-Huu-Dô, « bienfaiteur du Tonkin. » Tels sont les termes de la légende commémorative placée dans le sanctuaire de l'édifice. — Il y reçut, le premier mai, la visite de tous les fonctionnaires et officiers présents à Hanoi.

Selon l'usage, un ballet fut dansé par quatre-vingt jeunes danseuses ; il fut suivi d'une comédie annamite et de divertissements variés. Tous les fonctionnaires et tous les officiers présents à Hanoi assistèrent à cette soirée qui dura une grande partie de la nuit. Les invités du prince étaient placés autour de lui sur une vaste estrade dominant la scène. Les mandarins les plus élevés en grade étaient mêlés aux français. Des deux côtés de la cour d'honneur de la pagode, une foule nombreuse d'indigènes assistait librement au spectacle et prenait un intérêt passionné aux chants des acteurs.

En face de la pagode élevée à Nguyên-Huu-Do, le premier des grands fonctionnaires annamites qui ait sincèrement adhéré à l'alliance française, est un édifice à peu près semblable, mais plus petit, élevé récemment à la mémoire de Nguyên-Tri-Phuong, de Huynh-Diêu, qui avait défendu la citadelle contre Henri Rivière, et à celles de trois autres Annamites notables qui s'étaient tués pendant la guerre contre nous. Cette fondation pieuse est l'objet d'un culte général de la part des lettrés du Tonkin qui tiennent à honorer le souvenir de tous les hommes qui ont montré du courage et du dévouement.

Parmi les mandarins qui nous semblaient le plus dévoués à la France, bien peu négligeaient de s'y rendre. — Plusieurs monuments votifs dans les villages sont dédiés à des hommes célèbres qui furent les adversaires de la dynastie actuelle. — Le souvenir des morts illustres est pratiqué au Tonkin avec une tolérance qui n'existe pas au même degré dans les autres régions de l'Indo-Chine.

Le Résident général et le Prince s'embarquèrent le 3 mai pour se rendre ensemble à Hué.

Pendant son séjour dans la capitale, il eut avec le jeune souverain qui l'attendait avec anxiété, les rapports les plus affectueux et les plus courtois. Il l'entoura d'égards et fit son possible pour lui rendre une partie du prestige des anciens rois. — Il fit mettre à sa disposition une partie du trésor du royaume qui avait été séquestré après l'attaque du 5 juillet et il autorisa le Prince à visiter solennellement quelques-unes des provinces insurgées à la tête d'une escorte de Français et d'Annamites pour se faire reconnaître par ses sujets.

La tournée du Roi pouvait produire une bonne impression sur un peuple qui ne connaissait pas son souverain et qui était porté à craindre qu'il ne fût prisonnier des Français.

Les insurgés de leur côté se remuaient beaucoup aux noms de Ham-Nghi et de Tuyêt. — La province du Than-Hoa était en insurrection, celle de Quang-Nam également. Tourane avait été menacée par plusieurs bandes. Aux environs de Qui-Nhon et dans le Binh-Tuan, nos ennemis prétendaient qu'ils allaient franchir la frontière de la Cochinchine. — De nombreuses barques de pirates parcouraient les côtes de la province de Quang-Yên et le cours du Thai-Binh; des Chinois organisés circulaient aux environs de Dang-Triêu sur la rive gauche du fleuve Thay-Binh et menaçaient nos postes. Sur le haut Fleuve Rouge, les Pavillons noirs se montraient par petits groupes, assassinaient les Européens isolés et rançonnaient les marchands asiatiques. Le Bôgiap, leur allié, appelait à l'insurrection tous les Annamites, dénonçait Nguyên-Huu-Dô et Nguyên-Trong-Hiêp comme deux traîtres qui avaient vendu leur pays; il annonçait la prochaine expulsion des Français.

Tout en nous menaçant, il se dérobait sans cesse aux recherches de nos détachements et de nos canonnières.

Un autre ennemi plus redoutable encore nous portait des coups douloureux. Le choléra, endémique parmi les populations asiatiques du Tonkin, surtout dans les centres populeux où les Annamites vivent entassés en négligeant les précautions hygiéniques les plus élémentaires, atteignit plusieurs Européens, et parmi eux M. Romanowsky, jeune médecin plein d'avenir qui venait d'occuper le poste de Résident à Thai-Nguyên.

Tant que nos fonctionnaires et nos soldats ne seront pas logés convenablement, isolés des indigènes et de toutes les causes auxquelles on attribue le développement du fléau, ils seront exposés à ces coups foudroyants qui nous coûtent beaucoup plus cher que ne valent les mesquines économies faites en retardant l'exécution de constructions indispensables qui contribueraient à la prospérité matérielle de la colonie.

Les Européens sont d'autant plus accessibles aux maladies des pays chauds que l'inquiétude d'esprit, le manque de confortable, l'incertitude des positions précaires faites aux employés de nos nouvelles administrations provoquent chez eux une fatigue morale qui peu à peu engendre l'anémie; ils perdent leurs forces et deviennent incapables de résister à la moindre indisposition.

Pour être bien portants dans ces contrées si nouvelles pour nous, il faut que nos compatriotes y soient bien installés, aient confiance dans leurs positions et dans l'avenir du pays. Ils doivent être, au physique et au moral, dans des conditions parfaitement satisfaisantes.

Le 20 mai, la commission de délimitation était repartie de Hanoï pour Lao-Kay, sur la canonnière le *Levrard*. M. Saint-Chaffrey, président, était rentré en France malade à la suite des fatigues qu'il avait eu à supporter pendant la reconnaissance de nos frontières de la province de Lang-Son. Elle fut présidée, pendant cette nouvelle campagne, par M. Dillon, résident supérieur à Hué qui dut revenir de l'Annam pour remplir cette mission difficile et dangereuse. Avec elle partait M. Martin-Dupont, médecin principal de la marine, résident à Lao-Kay.

Le résident général rentra le 22 mai de Hué satisfait de ce qu'il avait vu, décidé à poursuivre activement son entreprise de réorganisation.

Quoique l'insurrection fût à peu près générale en Annam, dans le Thanh-Hoa; le Nghe-An, le Binh-Dinh, le Quang-Nam et le Binh-Tuàn, il suffisait que le centre du Tonkin, les provinces de Hanoi, Nam-Dinh, Hai-Duong, Hung-Yên, Bac-Ninh, Son-Tây, restâssent tranquilles, pour que la grande majorité des Annamites fûssent décidés à se rallier au protectorat.

Le résident général s'occupait tour à tour de la création des écoles, de la règlementation des travaux publics, de la fondation d'établissements sanitaires sur les hauteurs, de l'organisation des services judiciaires, de la composition d'une armée coloniale, du commerce, de la navigation.

Dès son arrivée, il avait écrit au résident supérieur qu'il voulait, comme l'amiral de la Grandière l'avait fait en 1865, organiser une exposition publique afin d'activer le développement du commerce et de l'industrie de notre colonie naissante; sur la proposition de M. Vial, il créa, par une décision en date du 10 juin, un comité permanent chargé d'étudier les questions intéressant l'agriculture, le commerce et l'industrie du pays. Les personnalités les plus considérables de l'administration, de l'armée, de la marine, de la colonie civile, quelques annamites notables et des négociants chinois, figurèrent au nombre des membres de cette importante réunion. Dans une circulaire du 9 juillet, le résident général indiquait les questions principales qu'il recommandait aux études du comité; elles étaient réparties en sept catégories : 1°. Les richesses naturelles du pays ; 2° les importations agricoles ; 3° les industries qui utilisent immédiatement les produits du sol; 4° les industries du second degré ; 5° le commerce d'exportation ; 6° le commerce d'importation ; 7° les études de météorologie, d'hydrologie et d'hydrographie.

La première séance du comité eut lieu le 24 août. Etaient présent : MM. Aymès, Baratier, Bourgouin-Meiffre, Chailley, Dauphin, Deleschamps, du Crouzet, Dujardin-Baumetz, Dumoutier, Grall, Heintz, Jacquet, Laurent, Larouche, Luce, Mauget, Nguyên-Van-Dê, Nguyên-Van-Huan, Nguyên-Van-Than, Palle, monseigneur Puginier, Granade, Tahinh, Thoumazou, Voinier, Vial, Wehrung, Trémoulet.

Etaient absents : MM. Ayan, le R. P. Bareille, de Beaumont, le R. P. Bon, Bonnal, Bouchet, Boulloche, Brière, Getten, Gouin, Hector, Lemblé, Martin-Dupont, Messier, Morel, Pelletier, Quan-Sing, Reynaud, Rocher, Schillemans, Servière, Villiers.

M. P. Vial, résident supérieur, président du comité, ouvrit la séance par l'allocution suivante :

« M. le résident général m'a confié une tâche

périlleuse en me faisant l'honneur de me désigner pour vous présider. »

J'ai accepté ce rôle difficile avec l'espoir d'être soutenu par votre bienveillance éclairée, par votre dévouement aux grands intérêts du pays. Nous avons beaucoup à faire, un grand travail à accomplir en peu de temps ; mais nous comptons parmi nous, permettez-moi de le dire sans vous flatter, des hommes de haute valeur, animés de cet amour du bien qui permet d'affronter sans pâlir tous les obstacles. Je crois, je suis certain que nous réussirons à faire connaître le Tonkin, c'est-à-dire à le faire aimer et à le faire apprécier.

Ici, sur cette terre qui devient française sans cesser d'être annamite, avec cette initiative généreuse qui caractérise la France, nous appelons tous les habitants, même ceux qui étaient hier nos adversaires déterminés, à venir à côté de nous, préparer le champ fertile que nous voulons exploiter, et prendre une part fraternelle à la moisson ; oui, les Annamites et les Chinois qui sont représentés à côté de nous, serons non-seulement nos auxiliaires, mais encore nos amis.

Mais je ne veux pas m'attarder à vous exposer des idées générales que chacun de nous retrouve au fond de son cœur. Je viens vous demander de réaliser, sans retard, le programme très large, grandiose, qui nous a été tracé à grands traits par M. le résident général.

Nous avons trois mois devant nous, quatre au plus, pour préparer une étude générale du Tonkin, en traitant simultanément toutes les principales questions économiques, agricoles, industrielles et commerciales qui le concernent.

Certes, nous laisserons beaucoup à faire à nos successeurs, mais le sujet que nous avons à traiter est tellement intéressant, que nous trouverons dans ces études un intérêt puissant.

Permettez-moi, pour éviter toute perte de temps,

dé vous proposer un programme pour les premières opérations de votre comité.

Il nous appartiendra ensuite de le modifier à mesure que l'expérience et la pratique seront venus à notre aide. Pour le moment, je ne fais que vous indiquer la voie que nous avons suivie en Cochinchine dans des circonstances semblables.

Il importe d'abord de nous constituer en nommant nous-mêmes les membres actifs et les membres correspondants sur le concours desquels nous tenons à nous appuyer. Secrétaires, MM. Voinnier, Dumoutier et Chailley.

Avec ce bureau, Messieurs, je crois que l'élaboration de notre réglement et les compte-rendus de nos délibérations ne laisseront rien à désirer.

Il faudra ensuite, je crois, répartir le comité en trois sections principales qui se diviseront ensuite en commissions, s'il est nécessaire, pour étudier chacune des questions qui nous ont été indiquées par M. le résident général.

L'une de ces sections comprendrait tous les membres que leurs études spéciales appellent à juger des questions agricoles et de ceux qui se rattachent à l'histoire naturelle.

MM. Aymès, P. Bareille, P. Bon, Dauphin, Dujardin-Baumetz, Grall, Jacquet, Martin-Dupont, Reynaud, Villiers, Mauget et Nogier sont appelés à en faire partie.

Une autre section comprendra ceux de nos collègues qui se sont adonnés principalement au commerce, aux finances, et à l'économie politique. Cette branche des sciences humaines est brillamment représentée au sein du comité.

MM. Ayan, Bancal, Boulloche, Bourgoin-Meiffre, Brière, Nguyên-Van-Dô, du Crouzet, Hector, Nguyên-Van-Huan, Laurent, Messier, Quan-Sing, Rocher, Schillemans, Servière, Tahinh, Nguyên-Van-Than, Thoumazan, Wehrung, Trémoulet, doivent la composer, et leurs travaux, j'en suis convaincu, seront les plus recherchés des lecteurs de nos compte-rendus.

Enfin, une autre section aura un rôle bien important et bien délicat à remplir; c'est celle qui s'occupera spécialement des questions industrielles, qui mettra en parallèle les procédés primitifs et cependant si ingénieux des indigènes avec les machines perfectionnées de notre outillage moderne. C'est un travail qui nous parait revenir à MM. de Beaumont, Bouchet, Deleschamps, Gouin, Granade, Heintz, Larouche, Luce, Morel, Palle, Pelletier, Joffre, Roques, Robert.

Pour centraliser toutes les études, pour les faire entrer dans un cadre modeste et cependant suffisant, je crois que nous devons, dans chaque section, nommer un membre chargé de faire partie d'un comité de rédaction qui sera chargé, sous la direction du président, de la publication des bulletins.

Je vous ai cité là, de mémoire, messieurs, la plupart des dispositions qui avaient assuré le succès du premier comité fondé à Saigon en 1865. Il vous appartiendra de les adopter lorsque nous discuterons le projet de réglement que le bureau doit préparer.

Si vous le voulez bien, je vais mettre successivement aux voix les propositions que je vous ai soumises. Nous préparerons ensuite pendant cette semaine le réglement et les projets d'organisation les plus urgents, le budget du comité, la forme et le nombre de ses publications, les mesures matérielles à adopter en vue de l'exposition prochaine ; et nous nous réunirons mardi prochain à la même heure pour les examiner. »

Toutes ces propositions furent votées à l'unanimité ; monseigneur Puginier ayant refusé, malgré les instances de ses collègues de faire partie du bureau, M. le colonel d'artillerie Heintz fut nommé vice-président.

Sur la proposition de M. Vial, M. le vice-amiral de Jonquière, membre de l'institut, premier président du comité de Saigon, fut élu en tête des membres d'honneur.

Dans la même séance, MM. Roye, les capitaines Joffre et Roques, le lieutenant d'artillerie Robert, Nogier, directeur de l'hôpital de Hanoi, furent élus membres titulaires.

A la séance suivante, le 31 août, M. Paul Bert, vint présider lui-même le comité, en qualité de président d'honneur et fit voter le réglement préparé par le bureau.

Il proposa de nommer six commissions spéciales ; 1° La commission de l'exposition ; 2° celle de l'industrie de la soie ; 3° celle de la production du cheval ; 4° celles des digues et des inondations ; 5° celle de l'élevage du bétail ; 6° celle de la création d'un jardin d'essai.

« Au cours de la discussion, M. l'intendant Baratier souleva la question de l'élevage du bétail, monseigneur Puginier parla de régulariser les inondations en abattant les digues, non pas complétement, mais en les abaissant de telles façon qu'elles soient suffisantes pour protéger le pays des crues du mois de juin qui est l'époque de la récolte du cinquième mois ; quant aux grandes crues du mois de juillet et d'août, monseigneur Puginier croit que l'eau en se déversant sur tout le pays par dessus les digues ainsi abaissées, y apportera un limon fertilisant et sans aucune dévastation, semblable à celui que le Nil dépose chaque année sur l'Egypte »...... les digues n'ont jamais préservé le pays contre les grandes inondations ; elles ont pu soustraire une contrée, une province, mais c'est au détriment des autres qui sont alors ravagées, car toujours elles se rompent en plusieurs endroits ».....« ce moyen a été discuté autrefois par les autorités annamites ».....« monseigneur Puginier explique la destruction des digues par le travail des fourmis blanches qui, creusant des galeries sous des étendues considérables, permettent les affaissements et la rupture des chaussées. » Monseigneur propose également le creusement d'un canal de dérivation de Ba-Tang à Hai-Duong, pour préserver le bas Delta ; et il s'appuie sur l'ensablement des bouches du fleuve Rouge et l'insuffisance des canaux de Phuly, de Nam-Dinh et du Traly. » Une commission dont font partie MM. de Beaumont, Bonnal, Bouchet, Brière, Deleschamps, Gouin, Granade, Heintz, Luce, Morel, Pelletier, monseigneur Puginier, Schillemans et Servière fut chargée de l'étude de cette question vitale. »

« Dans la même séance, furent nommés membres honoraires MM. Pierre, botaniste, Amy, organisateur du Musée du Trocadéro, le Kinh-Luoc, vice-roi du Tonkin, président d'honneur, MM. Clayton, Kloluckowsky, Amelin, O. Connor, Riallan, Chapplain, Blanc, Balansa, de Vésine-Larue, membres du comité. » (*Extraits du Bulletin du Comité.*)

Le comité continua à étudier sans interruption les questions si importantes qui lui avaient été soumises, et ses travaux serviront de point de départ à la plupart des entreprises utiles qui seront exécutées dans le pays. C'est à ses efforts que l'on doit attribuer le succès de l'exposition au milieu des circonstances les plus défavorables. Les discussions auxquelles le vice-roi Nguyên-Trong-Hiêp et plusieurs annamites notables prenaient une part active, intéressaient vivement la population. Ses intérêts, sa prospérité, son existence même étaient en jeu. Ce n'était plus la force de nos armes seulement qui se manifestait au Tonkin. Nous intervenions entièrement et avec dévouement dans tous les actes, dans toutes les questions qui concernaient l'existence des indigènes ; ils étaient attentifs à nos discussions et reconnaissants de notre bon vouloir.

C'est le 27 juillet, que se réunirent pour la première fois à Hanoi, dans la pagode des Chinois cantonnais, les délégués des notables du Tonkin.

La séance fut ouverte par le résident supérieur qui était accompagné du vice-roi Nguyên-Trong-Hiêp. M. Vial déclara aux délégués que le résident général, ayant déjà le concours dévoué des hauts mandarins annamites, voulait avoir celui de toute la population des campagnes. Il désirait connaître par eux-mêmes leurs besoins, leurs idées, leurs aspirations. Tous les habitants du Tonkin, depuis les plus élevés jusqu'aux plus humbles, ne devaient avoir qu'un seul but, une seule volonté pour relever leur pays, le rendre prospère et puissant comme autrefois (Extrait des notes d'un témoin oculaire.)

Ces réunions des notables du pays se passèrent avec beaucoup d'ordre et beaucoup de dignité. Sur les indications du résident supérieur, les délégués organisèrent leur bureau et discutèrent entre eux toutes les questions qui leur avaient été soumises par ordre de M. le résident général. Ils votèrent à l'unanimité les réponses et firent ensuite connaître par un rapport écrit les vœux de leurs compatriotes. Leurs délibérations furent un modèle de clarté et d'indépendance.

Les principaux mandarins et les lettrés avaient essayé vainement de les influencer et de leur dicter leurs réponses. Des discussions très vives avaient eu lieu entre eux avant la première séance. Il s'agissait de savoir si l'on parlerait librement ou si l'on se contenterait de répondre par quelques phrases respectueuses aux communications émanant du résident général. Le résident supérieur s'étant arrêté avant d'entrer sous le péristyle de la pagode put entendre deux des notables qui élevaient la voix. L'un, doyen des délégués, disait : « Mais qu'a ordonné le Kinh-Luoc, nous n'avons pas ses instructions ? » « Et l'autre, habitant près de Hai-Phong, plus jeune et déjà émancipé, répondait : « Le Kinh-Luoc n'est plus rien, » tenez, le voici, c'est le Français, vous pourrez dire ce que vous pensez. »

La première question posée aux notables concernait la perception des impôts. Ils déclarèrent que les contribuables accueillaient avec reconnaissance, la décision par laquelle le résident général accordait aux habitants l'autorisation de payer en argent l'impôt prélevé jusqu'alors en paddy. Ils faisaient connaître en même temps les abus de l'ancien mode de perception qui coûtait au moins vingt pour cent des versements exigés des habitants.

La seconde question était relative aux mesures à prendre pour la prompte reconstitution des villages dévastés pendant la guerre.

La troisième au service de la police dans les villages.

Les délégués firent connaître avec beaucoup de détails les règles suivies autrefois, les récompenses à promettre et à accorder aux habitants qui se signaleraient par leur activité et leur dévouement. Ils indiquèrent les exemptions d'impôt qui devaient être accordées.

Ils déclarèrent que, par un abus grave, quelques anciens chefs de pirates s'étaient fait nommer aux fonctions municipales dans divers villages.

Ils firent un rapport complet au sujet des mesures à adopter pour l'entretien et la réparation des routes, des lignes télégraphiques, des digues, des édifices publics, pour la création de plantations sur les terrains de l'Etat. Ils se mirent d'accord avec l'administration sur les règles à adopter pour les constructions de postes de tram sur les routes les plus suivies où les voyageurs pourraient trouver du secours et un abri par les soins des villages voisins, ainsi que cela se pratiquait autrefois en Annam, en Cochichine et dans l'Inde.

Ils donnèrent la nomenclature des principales mines exploitées ou connues dans le Tonkin.

Ils terminèrent leurs délibérations en faisant connaître, par des vœux spéciaux, les besoins de leurs localités, les canaux qu'il serait nécessaire d'ouvrir, les abus et les exactions dont leurs compatriotes avaient à souffrir.

Leurs déclarations et leurs plaintes furent exprimées avec dignité et franchise ; elles étaient inspirées par un dévouement éclairé aux intérêts de leurs compatriotes et par une véritable confiance dans les intentions des représentants de la France. Ils n'hésitèrent pas à faire connaître quels étaient les employés inutiles de l'administration locale et ceux qui commettaient les exactions les plus cruelles. — Leurs délibérations eurent un grand retentissement parmi les populations indigènes auxquelles elles rendirent l'espoir d'un temps meilleur. Trois des délégués furent assassinés après leur retour chez eux. C'était un indice sérieux de l'importance de la mission qu'ils avaient remplie.

M. Paul Bert fut touché de la sincérité de leurs déclarations et tint à les féliciter lui-même à la clôture de leurs délibérations. Le lendemain, il leur fit donner une grande fête avant leur départ de Hanoi.

Les égards prodigués aux représentants des notables du Tonkin, les mesures prises pour favoriser le développement du commerce européen, et les excellentes dispositions témoignées envers les chrétiens par le résident général auraient certainement mécontenté les lettrés et les hauts mandarins si M. Paul Bert ne leur avait témoigné des sympathies sincères.

Non seulement il aimait à les entretenir de leurs études et de leurs croyances philosophiques, mais encore il leur avait manifesté hautement le désir de les associer à son œuvre politique.

Il avait créé une académie tonkinoise dont il devait être le président et il avait autorisé un grand concours des lettrés du Tonkin à Nam-Dinh.

Depuis huit années, les malheurs de la guerre avaient empêché le renouvellement de ces grandes solennités littéraires, dans lesquelles, au milieu d'un immense concours de peuple, les plus hauts mandarins, les écrivains et les philosophes les plus éminents venaient assister aux examens des étudiants des treize provinces du Tonkin. Le souverain portait un vif intérêt à ce concours dans lequel on discutait respectueusement les principes sociaux et politiques des anciennes dynasties de l'Annam. Les examinateurs étaient rigoureux et sur plusieurs milliers de candidats, quelques uns seulement étaient admis à passer du grade de bachelier (Cu-Nhon) à celui de licencié (Tu-Tày). Les docteurs (Tan-si) sont très rares. Il n'y en avait que cinq au Tonkin et c'étaient des hommes d'une haute intelligence, d'une véritable distinction.

Le plus éminent d'entre eux était le vice-roi par intérim, Nguyen-Trong-Hiêp, ancien secrétaire du roi Thu-Duc, originaire d'un petit village des environs de Hanoï, descendant d'une famille ancienne et respectée à laquelle appartenait, dit la tradition, l'un des premiers propagateurs des belles-lettres au Tonkin. Ce fut pour cet homme remarquable un grand succès que la réouverture, sous son administration, des grands concours régionaux qui autrefois faisaient époque dans les annales de l'Empire.

Sur la proposition de M. Paul Bert, le roi avait pris une mesure exceptionnelle en faveur de ce haut mandarin en lui déléguant les pouvoirs administratifs les plus étendus. Les mesures jugées utiles par le vice-roi pouvaient êtres rendues exécutoires immédiatement avec la sanction du résident général français, avant même d'avoir été approuvées par le souverain.

Ainsi, une véritable autonomie administrative était rendue au Tonkin et les lenteurs qu'entraînait fréquemment le contrôle du conseil privé se trouvaient supprimées.

Les Annamites avaient été vivement impressionnés en constatant le rôle considérable attribué au plus éminent des lettrés, sa participation évidente aux études qui avaient pour objet la réorganisation du pays, et son développement commercial, sa présence dans des réunions où il discutait avec les plus hauts représentants de l'armée, de l'administration et du clergé français toutes les questions qui concernaient la sécurité et la prospérité du Tonkin, la reconstruction des digues, la création des lignes de chemins de fer et des compagnies de bateaux à vapeur, la rédaction de nos lois commerciales, les règlements concernant la protection de l'agriculture et de l'industrie.

Les indigènes se préoccupent généralement des choses élevées, des spéculations qui ont pour objet la meilleure organisation de la société; ils aimaient à savoir que leurs mandarins défendaient leurs intérêts et ils trouvaient grand le rôle de ceux qui travaillaient constamment à préparer l'avenir, surtout en le comparant à l'œuvre de colère et de dévastation que poursuivaient les mandarins rebelles dans quelques localités isolées au détriment d'une population pauvre et inoffensive.

Dès ce moment, les indigènes et même les Chinois suivirent avec une attention passionnée les actes et les projets de l'administration civile. Les mouvements des rebelles et des pirates devinrent dans leurs esprits des événements douloureux, accidentels, mais ne pouvant avoir des conséquences graves.

A leurs yeux, un succès obtenu les armes à la main est une manifestation de la force qui ne peut avoir d'importance qu'autant qu'il est corroboré, complété par un ensemble de mesures administrative destinées à améliorer le sort des habitants. — S'il n'est point suivi d'une action pacifique réellement efficace et bienfaisante, il demeure à l'état de simple incident historique et laisse rarement après lui des regrets et des désirs de vengeance.

Toute l'attention des lettrés et des notables était donc portée vers Hanoi. Les enfants de l'Annam attendaient avec anxiété des mesures sages et généreuses qui leurs rendissent la pleine jouissance de leurs biens et de leurs droits séculaires. Ils ne désiraient rien de plus. Leur amour propre national n'était pas engagé dans la lutte ardente que poursuivaient contre nous les bandes isolées qu'avait soulevées les haines de l'ancien régent Tuyêt.

Au milieu de ces préoccupations, M. Paul Bert étudiait un grave problème, celui de la réduction du corps expéditionnaire qui devait être remplacé par une armée coloniale recrutée spécialement pour l'Indo-Chine.

Les troupes qui viennent de la Métropole ne sont pas organisées en vue des conditions particulières dans lesquelles elles sont obligées de servir.

Nos officiers et nos hommes arrivaient en Indo-Chine bien peu préparés à vivre et à combattre dans un milieu absolument nouveau pour eux. Ni leurs vêtements ni leur installation, ni leurs réglements ne se prêtaient aux exigences du climat. — La population leur semblait étrange et leur inspirait une défiance profonde. Il en résultait des malentendus nombreux. Leur courage, leur dévouement, leur abnégation n'obtenaient pas tous les résultats utiles que nous devions en attendre.

L'infanterie de marine, plus familiarisée avec les peuples de l'Asie, avait moins de peine à s'accoutumer au séjour du Tonkin.

Il était de toute nécessité de créer des troupes spéciales dont les cadres fûssent accoutumés au terrain de l'Indo-Chine, dont les hommes fussent recrutés par la voie d'engagements volontaires et reçussent, en échange d'un service pénible et d'un exil lointain, de sérieux avantages de solde et de traitement, qui fussent assurés d'une retraite honorable à la fin de leur séjour.

Dans ces contrées si différentes des nôtres, les jeunes soldats ne résistent pas longtemps au climat. Les effectifs sont vite réduits de moitié et des trois quarts, alors que les hommes faits, acclimatés, bronzés par le soleil des tropiques, résolus à vivre dans la colonie, circulent sans appréhension et sans péril à travers les plaines marécageuses du Delta et au milieu des populations asiatiques périodiquement décimées par le choléra.

D'après ses projets, l'armée coloniale devait comprendre 10.000 soldats européens et 16.000 indigènes. — 12.000 miliciens chargés de la police des populations auraient été placés sous les ordres des autorités civiles.

Les forces militaires, cantonnées dans quelques centres principaux, auraient été toujours prêtes à se porter par granges masses au devant des ennemis sérieux, mais elles n'auraient jamais été engagées dans la répression du brigandage.

Ce projet, exécuté rigoureusement, nous aurait rendus plus forts dans toutes les éventualités que les vingt ou trente mille hommes de troupes d'élite qui, à certains moments, ont été dispersés sur l'immense territoire de l'Indo-Chine, parcourant sans cesse les régions fréquentées par les rebelles et dispersant des rassemblements qui se reconstituaient immédiatement après le passage de nos colonnes.

La plupart de ceux qui portaient les armes contre nous étaient des cultivateurs qui ne nous comprenaient pas et qui, à la voix de leurs chefs, s'efforçaient de reconstituer une administration régulière avant de reprendre leurs travaux en paix. La présence temporaire de nos troupes ne pouvait les rassurer autant que l'action permanente de l'autorité civile appuyée sur les chefs des villages et sur les milices locales.

Ainsi il était de toute nécessité de rendre à la société civile toute son activité, toute son autonomie, toute sa sécurité en transformant l'armée conquérante, en lui substituant une force régulière permanente qui pût être intercalée sans froissements dans le pays, qui fût accoutumée à ses institutions, aux usages de la population. Ce n'est qu'à ce prix, en rendant aux industriels, aux commerçants et aux agriculteurs de toutes races leur initiative et leur liberté d'action, que l'on pouvait reconstituer les richesses et les forces vives d'une contrée dont la prospérité à venir est étroitement liée à l'existence d'une administration libérale et tolérante.

Ces principes tutélaires ne pouvaient être imposés par la force. Il fallait les faire accepter par la persuasion, d'abord à un grand nombre de Français qui voyaient dans les Annamites des rebelles incorrigibles à dominer par la terreur, ensuite aux indigènes pour lesquels nous étions des oppresseurs venus dans l'intention de les dépouiller. — Aux uns comme aux autres, il fallait faire prendre en considération les grands intérêts moraux et matériels qui devaient nous rapprocher, qui allaient unir étroitement l'avenir de l'Annam à celui de la France.

La nouvelle administration saisissait toutes les occasions de faire prévaloir ce programme de transaction et de concorde, elle faisait appel à toutes les bonnes volontés.

Parmi ses manifestations pacifiques, nous citerons les discours prononcés à la fête du 14 Juillet en présence du Résident Général, du général Jamont, commandant en chef du corps expéditionnaire, du vice-roi du Tonkin, des autorités civiles et militaires et de la plupart des notables de Hanoi.

« A 9 heures, au milieu d'une population sympathique et nombreuse, dans des rues toutes pavoisées, MM. le Résident Général le général de division commandant les troupes et la marine, le résident supérieur au Tonkin, un grand nombre de fonctionnaires, d'officiers, de négociants français se sont rendus avec une nombreuse escorte au banquet offert, dans la pagode des Cantonnais, aux principaux Annamites de la province.

« S. E. le Kinh-Luoc, qui était monté dans la même voiture que le résident général, était accompagné de tous les hauts fonctionnaires indigènes.

« La vaste cour de la pagode, couverte de tentures tricolores et ornées de drapeaux français, annamites et tonkinois, était transformée en une magnifique salle de banquet.

« Plus de quatre cents personnes étaient réunies autour des représentants officiels des deux nations amies.

« Le résident supérieur a alors pris la parole et a prononcé un discours que nous nous empressons de publier, il sera compris de tous :

« Monsieur le Résident Général,
« Messieurs,

« Aujourd'hui, dans le monde entier, les Français célèbrent les vieilles gloires de leur pays. Ils font des vœux pour la prospérité et pour le succès du gouvernement de la République.

« Nous avons confiance dans l'avenir, car nous comptons sur notre vaillante armée qui est si noblement représentée au milieu de nous. Mais les enfants de la France pensent aussi à leurs alliés fidèles, à ceux qui se sont associés à sa fortune et à sa grandeur future. Ils pensent à vous, Messieurs les Annamites, ils désirent du fond du cœur que vous occupiez en paix les magnifiques régions qui ont été le domaine de vos pères.

« C'est par l'union, par la concorde entre vous et avec nous que vous pourrez reconquérir la sécurité et la richesse que vous avez perdues à la suite de querelles sanglantes.

« Pour vous donner une marque éclatante de ses

sympathies, notre Gouvernement a chargé de le représenter parmi vous un de nos concitoyens les plus éminents qui fut toujours votre défenseur dévoué. La Cour de Hué, quand elle a pu apprécier les intentions généreuses du représentant de la France, s'est empressée de donner des pleins pouvoirs à S. E. le vice-roi chargé d'administrer le Tonkin, afin que ce haut fonctionnaire, dont nous ne saurions trop louer la haute capacité, la courtoisie et le patriotisme éclairé, pût, d'accord avec l'administration du Protectorat, prendre sans retard et d'urgence toutes les mesures utiles et efficaces que demande la réorganisation du pays.

« Ainsi, c'est la main dans la main, *anh em*, selon l'expression annamite, que nous marcherons ensemble en nous aidant loyalement, vers une situation meilleure et plus grande.

« Vous pouvez nous en croire, car jamais la France n'a exploité la faiblesse ou l'inexpérience de ses anciens adversaires. Elle veut élever à elle et avec elle des amis sincères, elle veut les couvrir de son épée, elle veut les éclairer sur leurs véritables intérêts avec le concours de ses ingénieurs, de ses industriels, de ses négociants. Mais elle tient avant tout à mériter leur reconnaissance.

Ainsi c'est donc bien cordialement que ma voix, faible écho des sentiments de tous les Français, unit dans un même toast les noms du magistrat vénéré qui préside aux destinées de notre pays et du souverain de l'Annam !

« Messieurs,

« A M. Jules Grévy, président de la République Française,

« A S. M. Dong-Khanh, empereur de l'Annam ! »

Le Kinh-Luoc, s'est levé à son tour et a remercié en ces termes :

« Nous, Nguyên-Trong-Hiêp, Kinh-Luoc p-i du

Tonkin, de concert avec tous les gouverneurs de provinces du Tonkin et au nom de tous les dignitaires, des notables et des populations tonkinoises, avons l'honneur de prendre la parole et de remercier en ces termes :

« Aujourd'hui le grand Empire de la France et l'Annam sont liés d'une ferme amitié. Grâce au concours bienfaisant de M. le Résident Général qui, dans les rapports et affaires de toute nature, a toujours montré de la sincérité et de la confiance, qui a rassuré le peuple et pacifié notre petit Etat, en employant en premier lieu la sincérité et la force afin d'exterminer les rebelles et les pillards, mais dont toutes les occupation actuelles consistent à introduire la science et la vertu, les populations sont maintenant paisibles, satisfaites et joyeuses.

« En présence de ces considérations, toutes les populations de notre petit Etat étant touchées de la vertu et des gracieux bienfaits du Grand Empire, remercient son excellence le Résident général. A l'occasion de la Fête nationale du 14 Juillet, tous les Tonkinois présentent leurs hommages à Son Excellence et la remercient du magnifique discours par lequel Son Excellence souhaite et exprime ses vœux pour nous.

« En conséquence, chacun de nous prie le ciel de protéger la France et de la conserver durable et prospère, puis de faire jouir notre pays de la protection de la France et des avantages d'une paix profonde et éternelle, ce sont là tous nos vœux... »

(Extrait de l'*Avenir du Tonkin*, compte-rendu, n° du 17 juillet 1886.)

Combien ces discours diffèrent des provocations et des violences de nos orateurs habituels. Le Résident supérieur unissait dans ses paroles les glorieux souvenirs du passé aux généreuses résolutions du présent et aux espérances de l'avenir en invitant les Annamites à confondre leurs destinées et leurs aspirations avec celles de la nation française.

Lorsque l'on a dépassé les frontières de la patrie, lorsque l'on est loin de ses rivages, tous les Français sont unis par les liens puissants du patriotisme. Ils sentent la nécessité de grouper leurs efforts, ils oublient les divisions qui déchirent la terre natale. Ils comprennent alors qu'un gouvernement a pour premier devoir d'être équitable et bienfaisant envers tous ses administrés. Souhaitons qu'un jour ces sentiments viennent inspirer les actes de nos gouvernants ! Nous serions alors meilleurs et plus forts. —

Les études et les travaux concernant l'organisation de l'Indo-Chine, la création de son armée, de son administration et de sa police auraient suffi pour absorber tous les moments du Résident Général et de ses collaborateurs. Mais à chaque instant des évènements imprévus, des démonstrations des rebelles, des communications de la Cour, des nouvelles plus ou moins exactes du sonverain fugitif, des conflits administratifs ou de simples accidents venaient ajouter de nouvelles préoccupations à ses travaux utiles et productifs, à ceux qui avaient pour but l'organisation définitive du pays.

Parmi les nouvelles qui parvenaient à Hanoi de tous les points du Tonkin et de l'Annam, quelques-unes étaient satisfaisantes, la plupart signalaient des conflits, des menaces, des causes de troubles ou d'inquiétudes.

L'une de celles qui fut le mieux accueillie annonçait l'occupation du Binh-Tuàn par une expédition partie de Saigon dans le but d'installer M. Aymonnier à son poste dans le Thanh-Hoa.

Les insurgés annamites avaient chassé les autorités régulières de la citadelle. D'un moment à l'autre, ils pouvaient franchir la frontière et entrer en Cochinchine. Les forces existant au Tonkin et en Annam ne permettaient pas de faire une expédion aussi loin de nos principaux centres militaires.

Au contraire la Cochinchine avait des ressources suffisantes pour occuper les provinces voisines et les soumettre au protectorat.

La Cour de Hué voyait avec peine cette occupation d'une partie de son territoire par des troupes de l'infanterie de marine accompagnées de partisans indigènes sujets de la France. Elle craignait une annexion définitive.

Mais il n'était pas possible de laisser créer et se développer à côté de notre colonie un centre de résistance dangereux. Une fois l'impuissance des autorités annamites à se maintenir dans dans leurs postes bien constatée, le résident général accepta le concours dévoué du gouverneur de la Cochinchine, au Binh-Tuân. Les opérations rapidement conduites obtinrent le succès le plus complet et firent honneur à la bonne entente des deux administrations.

Le 3 juillet, l'expédition placée sous les ordres du commandant de Lorme partit de Saïgon sur les avisos le Scorpion et l'Alouette, qui portait en même temps M. Aymonnier. (Saigonnais, 4 juillet.)

C'est en remplissant sa mission que M. Feyzeau, lieutenant de vaisseau, commandant l'Alouette, périt avec trois de ses matelots dans la rade de Phanri, le 12 juillet.

« Cet officier distingué était allé dans une embarcation avec son collègue le commandant du Scorpion et six matelots à la recherche d'un mouillage. Une lame de fond les jeta sur un récif. M. Feyzeau et trois hommes disparurent emportés par la mer. » (Saigonnais, 18 juillet.)

Grâce aux habiles dispositions prises par le commandant de Lorme, avec le concours dévoué du résident M. Aymonnier et des milices annamites commandées par Tran-Ba-Loc, l'un de nos partisans les plus expérimentés et les plus fidèles, les chefs insurgés se dispersèrent et la province toute entière fut rapidement soumise.

Du côté du nord, des nouvelles plus tristes nous étaient parvenues. — Après s'être fait attendre, les membres chinois de la commission de délimitation s'étaient rapprochés de Lao-Kay et avaient arrêté, de concert avec leurs collègues français présidés par M. Dillon, le programme de leurs travaux.

Le 19 août la commission française remontait dans deux jonques le cours de la rivière qui sert de frontière au deux pays, lorsque la première embarcation qui était à quelque distance en avant, aborda la rive française pour faire une halte. — A peine quelques hommes furent-il à terre que la jonque fut assaillie par un feu terrible à travers les broussailles. Deux officiers, MM. Geil et Henry, six légionnaires et sept tirailleurs annamites furent tués.

Après avoir rallié avec la seconde jonque et recueilli tous les survivants, M. le commandant Daru qui commandait l'escorte dut se retirer avec les quelques hommes dont il disposait.

Ce guet-apens, identique à ceux qui ont déjà fait tant de victimes parmi les Européens sur les frontières de la Chine, obligea la commission à suspendre ses travaux.

Il finit par être convenu que les commissaires des deux puissances s'entendraient pour établir une délimitation sur cartes, et que les opérations seraient reprises d'un commun accord sur les frontières maritimes de la province de Quang-Yên. Les commissaires chinois étaient loin de leurs collègues au moment de cette odieuse agression. — M. Haïtce, plus tard (le 15 septembre), déclarait au résident supérieur du Tonkin qu'il ne les regardait ni comme complices ni comme instigateurs de ces assassinats, car ils avaient été obligés de se réfugier dans les forts qui dominent la rivière. Ces mandarins ne se croyaient pas en sûreté dans les villages chinois de la frontière où ils étaient insultés par les anciens débris de l'armée chinoise et des bandes des Pavillons noirs. — Hélas! des faits semblables devaient se reproduire encore et prouver que le gouvernement Chinois est loin d'avoir renoncé à ses anciennes traditions diplomatiques et internationales !

Dans cette rude campagne de Laokay, la plupart des membres de la mission tombèrent gravement malades, et rentrèrent à Hanoi dans l'état le plus déplorable.

Sur ces points éloignés où l'on est dépourvu de la plupart des choses nécessaires à la vie, des Européens ne peuvent séjourner qu'à la condition d'être bien installés dans des logements sains et confortables et d'être ravitaillés régulièrement.

En 1886, les crues du fleuve furent très considérables dès les premiers jours du mois d'août. Elles atteignirent la hauteur de 7 mètres et dépassèrent de 0,50 celle de l'année précédente. Les quais de Hanoi furent entamés sur plusieurs points. En face de la ville, sur la rive gauche, les digues cédèrent dans la nuit du 10 août par cinq grandes brèches, et les eaux se répandirent dans la plaine en détruisant sur leur passage les récoltes, les arbres et les maisons. Plusieurs indigènes furent noyés.

Le Résident Général s'occupa activement en personne de faire consolider les travaux de défense de la ville. Il reconnut que la plupart des obstacles en terre et en pilotis étaient impuissants contre la violence des eaux qui délayaient le sol et l'entraînaient dans le tourbillon de leurs vagues rougeâtres. De temps en temps une bande des quais glissait lentement, puis s'effondrait dans le fleuve, entraînant avec elle les maisons et les arbres. Les seuls points qui ne furent pas entamés étaient ceux où un revêtement en maçonnerie abritait les terrains inférieurs contre les infiltrations. La ville ne sera défendue sérieusement contre les menaces du Fleuve

Rouge que le jour où un quai en maçonnerie l'abritera complétement. Cette dépense nécessaire, qui certainement sera faite un jour, avait été décidée par le Résident Général.

Sur plusieurs autres points, les digues ne purent résister à la crue du fleuve, notamment sur la rive droite du canal des Rapides. Le 15 août, les eaux commencèrent à baisser.

Ces crues rapides du Fleuve Rouge à Hanoi qui s'élève ou s'abaisse quelquefois de 1 à 2 mètres dans la même journée, sont beaucoup moins terribles que celles du Song-Khi-Kong, rivière de Langson, qui vont fréquemment à 8 et 10 mètres et qui ont atteint exceptionnellement il y a quelques années, 30 mètres, disent les gens du pays. Les habitants de la ville sont alors obligés de se réfugier sur les montagnes des environs.

Des nouvelles contradictoires arrivaient de l'intérieur de l'Annam.

L'un des mandarins qui avait accompagné l'ancien roi Ham-Nghi dans sa fuite était rentré dans le Quang-Binh, son pays, en annonçant que le jeune prince, accablé de fatigues et de misères, demandait à rentrer à Hué. Mais il ne pouvait s'y risquer qu'autant qu'il aurait un sauf conduit en règle de son frère ou de la vieille reine, sa grandmère. Le Ton-Thât-Tuyêt, disait-il, aurait fait ses adieux au roi en février, et était parti sans que l'on sût où il allait.

Au même moment, l'on annonçait des bandes de pirates en mouvement sur le haut Fleuve Rouge, dans la province du Cao-Bang et sur les bords du Dây.

Les rebelles prévoyaient qu'à la fin de la saison chaude, une expédition irait occuper Cao-Bang où un mandarin annamite à peu près sans escorte, habitait la citadelle au nom du roi Dong-Khanh. Nos ennemis voulaient sans doute nous détourner d'entrer dans cette province que les Français n'avaient pas encore visitée. Ils racontaient que

Tuyèt s'était montré sur divers points dans le Laos, dans les provinces de Hung-Hoa et dans celles de Cao-Bang et qu'il s'était ensuite rendu vers la frontière de Chine. Ces récits, très habilement combinés, ne laissaient aucun doute sur la bonne entente qui n'a jamais cessé d'exister entre les rebelles de tous les territoires et les pillards des frontières de Chine, avec la connivence et sous la direction de personnages considérables, couverts probablement par la complicité des gouvernements de l'Annam et du Céleste Empire.

A cette époque, un agent officieux de la Cour de Hué venu à Hanoi, n'hésita pas à faire connaître combien les lettrés étaient inquiets de savoir que les Français occupaient le Binh-Tuàn et avaient nommé le Phu-loc, Annamite de la Cochinchine, Tong-Doc (gouverneur) de la province.

Le Résident Général dut faire un second voyage à Hué le 12 septembre. Dans cet immense pays qui s'étend depuis le Binh-Tuàn, par 10° de latitude, jusqu'au Yunnam par 22°, qui est découpé par des montagnes, par des rivières profondes et par des forêts presque infranchissables, on ne peut guère communiquer du Tonkin avec les diverses provinces de l'Annam que par la voie de mer. — Jusqu'à ce que l'autorité centrale fût parvenue à inspirer à la Cour de Hué, aux gouverneurs des provinces et à tous les agents principaux des deux gouvernements, un même esprit d'union et des idées conformes sur la plupart des grandes questions qui étaient à résoudre, le chef devait, par sa présence et par ses paroles, agir successivement dans les grands centres du pays, rassurer les uns, calmer les autres, encourager et faire naître toutes les bonnes volontés.

Le second voyage de M. Paul Bert à Hué fut pour lui l'occasion de grandes fatigues. Les chaleurs étaient encore excessives, mais il avait à rassurer la Cour, à la maintenir dans ses bonnes dispositions, à organiser notre installation dans la capitale tout en rendant au Roi la libre disposition de son palais. — Ces questions furent traitées avec soin, avec grand tact et à la satisfaction de tous les intéressés.

Au moment même où il s'embarquait à Hanoï, un bien douloureux événement survenait dans la province de Ninh-Binh.

Un détachement de trente tirailleurs tonkinois, commandé par un lieutenant, fut surpris par des insurgés, dans les environs de Phu-Nho au moment où il passait une petite rivière dans de mauvaises embarcations en bambou. Avant d'avoir pu se mettre en défense, nos malheureux soldats indigènes tombèrent presque tous sous les balles des pirates qui étaient embusqués dans les broussailles. Leur commandant M. Fougère fut tué un des premiers.

Des reconnaissances furent poussées rapidement dans les environs. les mandarins de la province furent arrêtés, l'un d'eux fut reconnu coupable de négligence et exécuté pour ne pas avoir surveillé son territoire. Dans cette région, située sur les frontières du Tonkin et de l'Annam, circulaient constamment, des émissaires de nos ennemis tâchant de maintenir l'entente des insurgés du Sud avec ceux de la frontière de Chine. — Des deux côtés il y avait plusieurs milliers d'hommes toujours prêts à se battre contre nous, mais ils étaient dispersés par petites troupes et n'aimaient pas à séjourner dans les cantons populeux et paisibles où leur présence aurait été promptement signalée. Ils se cantonnaient de préférence sur la limite des régions cultivées à portée des forêts et des montagnes où ils se réfugiaient en cas d'alerte.

Le 21 septembre, les bandits chinois qui menaçaient depuis longtemps la citadelle de Cao-Bang, s'en emparèrent et mirent à mort le Quàn-Bô annamite qui la gardait. Il y avait longtemps que cet infortuné fonctionnaire avait fait connaître sa situation critique.

On lui avait fait parvenir de l'argent à diverses reprises, mais la saison des orages n'avait pas permis de lui envoyer d'autres secours. Perdu au milieu d'un pays infesté par des bandes chinoises, n'ayant que quelques indigènes désarmés pour le servir, il avait refusé de livrer son poste aux chefs rebelles et était tombé victime de son devoir.

Dans ces événements du Tonkin dont la plupart ne nous sont qu'imparfaitement connus, on a pu constater fréquemment le courage et la résolution des indigènes. — On rencontre parmi eux des âmes bien trempées, capables des sacrifices les plus héroïques.

Le gouverneur de Cao-Bang excitait les plus vives sympathies parmi les lettrés du Tonkin qui l'avaient recommandé plusieurs fois à la sollicitude des autorités françaises en les engageant à occuper Cao-Bang de bonne heure. Ils affirmaient que cette province était très saine, agréable à habiter, que les habitants désiraient notre présence et seraient très soumis. Elle passe pour posséder un grand nombre de mines de métaux précieux.

Le 3 octobre, une tentative hardie fut faite par une bande de rebelles sur la ville de Ninh-Binh dans le but de délivrer des prisonniers. Ils pénétrèrent dans les rues et se retirèrent en désordre devant un détachement de miliciens qui leur tirèrent quelques coups de fusils.

Dans le voisinage de Lao-Kay et dans le haut Fleuve Rouge, les bandes du Bogiap et des pillards chinois se montrèrent fréquemment, attaquèrent les jonques, les voyageurs et les maisons isolées. Nos ennemis annonçaient qu'ils allaient provoquer un soulèvement général contre nous et parlaient d'attaquer la commission de délimitation aussitôt qu'elle quitterait Lao-Kay pour rentrer à Hanoi.

Le 16 octobre, une colonne commandée par le

commandant Servière quitta Lang-Son pour Cao-Bang. M. le général Mensier alla prendre le commandement de l'expédition et put entrer en possession de Cao-Bang le 5 novembre. La citadelle, dominée par des hauteurs, ne fit pas de résistance. Les habitants des environs, dispersés par les pirates, vinrent se soumettre et rentrèrent les uns après les autres dans leurs villages.

Le Résident Général était revenu de Hué le 5 octobre. Le 10, il avait remis au Kinh-Luoc par intérim, Nguyên-Trong-Hiêp, la croix de commandeur de la Légion d'honneur. Cette haute distinction accordée au lettré le plus instruit et le plus délié de la Cour d'Annam, produisit une grande impression sur les indigènes. Elle montrait que notre Gouvernement voulait sincèrement rallier à notre cause nos anciens adversaires, ceux qui, parmi les plus éminents, comprendraient que le temps était venu de renoncer à une lutte inutile.

Nguyên-Trong-Hiêp, qui autrefois comme signataire avec Tuong du traité conclu par M. Pâtenôtre, avait refusé la décoration de grand officier de la Légion d'honneur, accepta avec une vive reconnaissance la croix de commandeur. Il s'informa auprès de l'un de ses amis européens des réjouissances qui pourraient être innovées à Hanoi, dans une circonstance aussi mémorable, et sur les renseignements qui lui furent donnés concernant les usages français, il se décida à donner un grand bal. — Ce fut probablement le premier qui eut lieu au Tonkin avec autant de magnificence. Il fit lui-même décorer avec luxe la grande pagode de Canton, située dans l'une des rues les plus fréquentées de la ville. Le bâtiment est très vaste, les murailles et les plafonds étaient ornées de peintures éclatantes, de riches tentures furent suspendues devant les autels et les idoles. Il aurait été difficile de danser sur les pavés et les dalles irrégulières de la pagode. Pendant plusieurs jours, le plus haut et le plus savant mandarin de l'Annam alla lui-même faire niveler les pavés et coudre ensemble d'immense nattes en jonc qui dissimulèrent habilement les inégalités du sol.

Le 21 octobre, une réunion brillante où quelques dames élégantes représentaient déjà la société française, comprenait la plupart des fonctionnaires, des officiers et des colons résidant à Hanoi. Près de trois cents personnes y assistaient. M. Paul Bert et sa famille; M. le général Jamont et son état-major; M. Paulin Vial, résident supérieur, étaient entourés des attentions et des prévenances les plus délicates par l'aimable amphytrion et par les Annamites les plus considérables du Tonkin. On put constater une fois de plus l'intelligence souple et gracieuse d'une race qu'il serait facile de nous concilier.

Cette charmante soirée qui précéda de si peu de jours une catastrophe douloureuse, ne sera jamais oubliée par ceux auxqnels il a été donné d'y assister.

Le 23 octobre, M. Paul Bert se rendit à Ke-So, dans le sud de la province de Nam-Dinh, centre des missions françaises, pour assister au sacre de Mgr Pinaud, désigné pour succéder à Mgr Croc, ancien collaborateur et ami de Mgr Gautier au Tonkin et en Cochinchine. Mgr Croc, simple missionnaire en 1861, en même temps que Mgr Puginier, était alors à Saigon et avait rempli avec dévouement les fonctions d'interprète auprès de M. l'amiral Charner. Cette touchante cérémonie qui nous rappelait tant de précieux souvenirs, eut lieu le 24 en présence du résident général, d'un grand nombre de fonctionnaires et d'officiers français. Mgr Puginier procéda à l'ordination assisté d'un nombreux clergé parmi lesquels figuraient Mgrs Colomer et Terez, évêques de la mission espagnole.

Les indigènes et surtout les chrétiens furent vivement impressionnés par cette belle cérémonie dans laquelle les représentants de la France et de son armée témoignaient hautement de leurs sympathies pour les chrétiens si souvent abandonnés à d'indignes persécutions.

En revenant de cette visite dans laquelle M. Paul Bert avait tenu à manifester hautement son esprit libéral et tolérant, sa bienveillance sincère pour nos courageux missionnaires, il rentra à Hanoi sans avoir pu, comme il en avait l'intention, descendre à terre à Nam-Dinh où il était invité à assister à l'ouverture du concours des lettrés indigènes.

Le 26, à une heure du matin, ses aides de camp allèrent en son nom voir l'entrée des 8.000 candidats dans l'enceinte du camp où ils devaient se renfermer pendant un mois pour préparer leurs compositions.

M. Paul Bert rentra le 19 octobre à Hanoi à 4 heures du soir. Il ne voulut voir personne à son débarquement et se rendit à la résidence général où il fut entouré de soins assidus par une famille dévouée, étroitement unie, qui avait inspiré à tous l'affection et le respect.

Une dyssenterie grave, négligée peut-être à ses débuts, se développait rapidement chez cet homme énergique, si brillamment doué, qui tenta vainement de résister à la maladie.

Le 11 novembre à quatre heures du soir, il s'éteignit au milieu des siens, laissant d'unanimes regrets. Avant de mourir, il avait eu la satisfaction d'apprendre l'occupation de Cao-Bang par M. le général Mensier.

Le 8 octobre, M. le général Jamont s'était embarqué pour rentrer en France après avoir remis le service à M. le général Munier.

La mort de M. Paul Bert, à laquelle on était si loin de s'attendre, causa une émotion profonde. Il avait succombé avant d'avoir pu accomplir son œuvre.

Organiser un pays aussi grand que le Tonkin et l'Annam, développer ses ressources, rendre la sécurité et l'espérance aux habitants, c'est une tâche immense qui veut non-seulement un chef capable, mais encore des collaborateurs nombreux, dévoués, obéissants, animés des mêmes inspirations, faisant prévaloir ses idées loin de lui avec une abnégation sincère. Et à ce chef il faut l'appui et la confiance de son gouvernement, car si le temps lui manque pour réaliser ses conceptions, s'il n'est pas soutenu, ses idées les plus justes, les plus généreuses peuvent être méconnues et dénaturées.

M. Paul Bert, parti hâtivement de France, n'avait reçu que tardivement quelques-uns de ses collaborateurs les plus utiles, il avait rencontré bien des oppositions, bien des contradicteurs et en sept mois de séjour, il n'avait pu qu'indiquer les principes du programme qu'il avait adopté.

Il avait paru convaincu de l'utilité d'un gouvernement civil s'occupant activement de l'administration et de la police intérieure du pays, avec l'aide des mandarins s'il était possible de nous les concilier, malgré eux et contre eux s'ils continuaient à se montrer nos ennemis.

Il était persuadé que l'autorité civile n'aurait aucune action efficace sur la prospérité du pays si elle n'avait pas en mains les moyens de se faire respecter.

Actif, entreprenant, logicien rigoureux, il sut faire à l'occasion tous les sacrifices voulus de forme et de convenances dans l'intérêt du service. Mais il tint absolument à ce qu'aucune intervention de la force envers les indigènes ne dût se produire sans qu'elle fut réclamée par les autorités civiles compétentes. En un mot il savait que la modération et la bienveillance étaient les moyens les plus efficaces que nous puissions employer pour dominer les Annamites.

Aux colons européens, il voulait confier de grandes entreprises, des travaux utiles; il tenait à les faire travailler et à les rendre riches, à les indemniser de leurs travaux et des risques encourus.

Il avait des appréhensions au sujet des ressources financières dont il pouvait disposer. Il comptait, non sans raison, qu'il pourrait être aidé, non de l'argent, mais du crédit de la Métropole si le Tonkin donnait des garanties, des preuves de sa vitalité. L'exposition de Hanoi qu'il avait décidée, ne devait-elle pas montrer à la France que ce pays possédait dix millions de sujets laborieux, pratiquant avec succès de nombreuses industries, pouvant fournir les éléments d'un budget considérable.

Dans une première entrevue qu'il eut avant son départ avec les directeurs d'un établissement financier important, M. Vial avait acquis la conviction qu'une administration sage et régulière pourrait s'assurer, sans compromettre l'avenir et sans faire d'emprunt, les moyens de subvenir à toutes les charges du protectorat.

M. Paul Bert avait déjà prouvé que l'on pouvait réduire considérablement les dépenses de l'Indo-Chine et avait fait ramener à 12.500 hommes l'effectif des troupes européennes. Il pensait que leur chiffre normal pourrait être fixé à 10.000 hommes en 1887.

Il avait diminué dans une large mesure les dépenses de la flottille en la remplaçant, pour les services de transports à l'intérieur, par une compagnie fluviale effectuant des voyages réguliers et fréquents entre les principales villes du Tonkin.

Ce service devait être complété par un service maritime desservant à grande vitesse toutes les stations de la côte. — Dans un pays où nos adversaires n'ont plus des fortifications sérieuses à nous opposer le long des côtes ou sur le bord des fleuves navigables, le passage fréquent de bateaux à vapeur devait contribuer à faire disparaître la piraterie, en mettant les marchandises les plus précieuses à l'abri des attaques des voleurs.

Les obsèques de M. Paul Bert eurent lieu avec une grande solennité. Pendant trois jours, sur l'ordre du Résident Général par intérim, les drapeaux et pavillons de tous les édifices publics furent mis en berne.

Le cercueil fut exposé dans une chapelle ardente entouré de drapeaux et de fleurs.

Le 16 août, il fut embarqué solennellement sur le Henri Rivière en présence de tous les habitants de Hanoi. Toutes les troupes de la garnison lui rendirent les honneurs funèbres.

M. Paulin Vial, qui avait pris les fonctions de Résident Général par intérim, M. le général Munier, commandant en chef le corps expéditionnaire, M. Klobukowski, chef du cabinet, M. Bourgoin, président de la chambre de commerce, M. Jeanning, au nom de la commission municipale, prononcèrent avec une émotion profonde l'éloge du chef regretté de la colonie.

M. Paulin Vial voulut accompagner jusqu'à Hai-Phong la dépouille mortelle de son ancien chef. Il présida à la dernière cérémonie qui eut lieu en présence de tous les habitants de cette ville, accourus pour saluer un glorieux cercueil.

Tous les Annamites, respectueux devant la mort, s'inclinèrent avec une sympathie profonde en face de ce grand deuil. — Ils comprenaient les idées généreuses que M. Paul Bert avait voulu faire prévaloir, leur reconnaissance fut sincère.

## CHAPITRE VII

Intérim de M. Paulin Vial, difficultés de sa situation. Retour de la Commission de délimitation de Lao-Kay. Police du Bay-Say. Concours des lettrés à Nam-Dinh. Assassinat de M. Haïtce à Moncây. La division de Chine, commandée par l'amiral Rieunier, vient au Tonkin. Visite du Résident Général et du général Munier sur les côtes du nord. Troubles dans le Than-Hoa. Le 1ᵉʳ janvier 1887 à Hanoi. Le Résident Général et l'amiral Rieunier vont à Hué. Visite à l'Empereur Dong-Chanh. Prise de Ba-Dinh. Arrivé de M. Bihourd au Tonkin. Expédition du Phu-Yên. Exposition.

Le pouvoir qu'un grand malheur avait remis entre les mains de M. Paulin Vial entraînait pour lui de lourdes responsabilités personnelles.

Il n'avait point les appuis parlementaires sur lequel pouvait compter son éminent prédécesseur.

Il représentait aux yeux de tous le régime civil, tel qu'il avait été appliqué en Cochinchine par M. de la Grandière; la police du pays faite par les milices, l'intervention des autorités militaires supprimée à l'intérieur; une sage réduction des effectifs européens; une économie rigoureuse apportée dans toutes les branches de l'anministration.

Les idées qu'on lui attribuait déplaisaient également aux partisans du régime militaire et à une partie des négociants qui jusqu'alors s'étaient occupés principalement des approvisionnements de l'armée.

On sentait bien qu'une transition était inévitable, qu'aux bénéfices résultant de l'entretien d'une force armée considérable, le commerce européen arriverait à substituer les profits d'une exploitation commerciale, agricole et industrielle beaucoup plus rémunératrice.

On voyait avec un sentiment hostile à peine dissimulé celui qui le premier avait affirmé hautement la nécessité de réduire les dépenses et d'organiser une administration civile capable et énergique, ayant en mains les moyens de commander aux indigènes.

Ajouterons-nous que dans la métropole beaucoup d'ambitions et de jalousies furent soulevées à la nouvelle du malheur qui venait de nous frapper au Tonkin. — Avant que M. Paulin Vial eût pris le pouvoir, ses actes étaient déjà attaqués avec habileté et persévérance dans un certain nombre de journaux.

Ces attaques eurent d'autant plus de poids auprès de la foule, que l'esprit humain est naturellement mal disposé envers l'homme qu'un évènement imprévu fait parvenir à une situation importante.

Celui qui était l'objet de cette malveillance instinctive n'ignorait pas ces sentiments peu bienveillants.

Il n'avait point recherché, en allant au Tonkin, une position avantageuse, il avait voulu faire accepter des idées qu'il trouvait conformes à la grandeur du Pays et aux intérêts de l'humanité.

Il poursuivit résolument l'œuvre de Paul Bert dans ses lignes essentielles et n'hésita pas à engager, sans jamais outrepasser ses pouvoirs, les dépenses qu'il crut nécessaires.

Il savait que dans une vaste entreprise dont il possédait tous les éléments étudiés depuis de longues années, tout arrêt serait un malheur et pourrait entraîner un désastre.

L'ennemi était vaincu ; il fallait constituer nos alliés, les Annamites, les enrichir, établir sur des bases inébranlables les ressources du protectorat en argent et en hommes.

Nous pouvions faire exécuter tous les grands travaux et toutes les entreprises d'utilité publique par des entrepreneurs européens à leurs risques et périls, moyennant certaines garanties. Ce principe avait été adopté par Paul Bert qui avait commencé à l'appliquer par diverses concessions, telles que les services fluviaux, les magasins généraux et les ateliers de Hai-Phong, le projet des chemins de fer, des ponts Eiffel, etc...

Nos fonds disponibles devaient être affectés aux travaux d'installation et de logements, à l'achèvement des hôpitaux, des casernes et aux logements des fonctionnaires.

Une banque d'Etat, autorisée à faire une émission de papier, pour une valeur de 20 millions, aurait été chargée des encaissements et des paiements pour le compte du nouvel Etat. En retour de son privilège, elle aurait consenti des avances sagement calculées d'après les recettes prévues.

Dans ces conditions, en établissant peu à peu des impôts bien pondérés, en supprimant certaines taxes abusives et improductives ainsi qu'on l'avait fait lors de l'organisation de la colonie de Cochinchine, il était hors de doute que le Tonkin, livré à lui-même, aurait rapidement suffi à toutes ses dépenses, peut-être dès la fin du premier exercice.

Mais M. Vial ne comptait pas sur l'administration de la métropole, sur la fièvre de destruction et de changement qui allait interrompre brutalement des entreprises commencées pour les remplacer par de nouvelles expériences, par des sujétions bizarres qui, en liant la Cochinchine au Tonkin, risquaient d'épuiser nos anciennes possessions tout en paralysant l'essor des nouvelles.

C'était en vain qu'il avait voulu faire partager sa confiance dans l'avenir financier du Tonkin. Il avait affirmé que ce pays, avec ses dix millions d'âmes, avec son agriculture déjà très développée, avec ses industries nombreuses, avec ses voies navigables, dépensait déjà en contributions diverses, impôts directs et indirects, contributions municipales, réquisitions, cadeaux, corvées et autres charges publiques, une somme égale, peut être supérieure aux 50 millions qu'il était nécessaire d'affecter à ses frais d'administration. Il avait rappelé que c'était en supprimant les réquisitions, les cadeaux et la plupart des contributions irrégulières et abusives, en règlementant les corvées et en les tarifant, que l'on avait en Cochinchine, lors de la création de la direction de l'Intérieur, doublé les revenus de la colonie.

La colonie qui donnait 1 franc à 1 fr. 50 par tête d'habitant en 1862, soit 2 millions, avait un budget de 4 millions en 1865, et la prospérité des habitants avait grandi parallèlement avec l'accroissement des recettes publiques.

Pour arriver à créer les finances d'un pays, il faut donner une vive impulsion à toutes les industries, à toutes les entreprises utiles. Il faut savoir faire quelques sacrifices.

Au Tonkin, il y avait de l'argent qui se cachait faute d'emploi sûr et avantageux. Nous y avions introduit nous-mêmes plus de 50 millions en piastres. Il fallait les appeler au plein jour, inspirer la confiance aux capitalistes français ou indigènes. On a invoqué bien souvent le souvenir de l'amiral de la Grandière et plus nous irons, plus nous deviendrons sages, plus nous penserons à lui.

---

(1) Aux Indes et en Cochinchine, il a été défendu aux fonctionnaires de recevoir des cadeaux des indigènes.

Non seulement il fut un modèle d'ordre et d'économie intelligente, mais il sut être à l'occasion généreux et même prodigue.

Il voulait faire travailler, mettre en mouvement toutes les forces vives de la colonie.

Alors que les plans, les projets et les devis de nos casernes et de nos hôpitaux dépendant de l'administration centrale voyageaient sans cesse de Paris à Saigon sans résultats pratiques, il dotait largement l'administration locale qui construisait sans désemparer des bâtiments confortables auxquels beaucoup de Français ont été redevables de la santé et de l'existence.

Il ne suffit pas en effet de bien construire, il est indispensable de construire à temps. Les belles casernes et les beaux hôpitaux de Saigon étaient à peine commencés en 1872 et il y avait dix ans que le traité de 1862 nous avait concédé le pays.

Pendant ces dix années, combien d'hommes avaient souffert ou étaient morts, parce qu'ils avaient campé dans les cases annamites du camp des lettrés ou bien dans les baraques manillaises de la rue d'Espagne.

On a été plus expéditif, moins formaliste au Tonkin. Quelques belles casernes existent dans la citadelle d'Hanoi. Un bel hôpital est en voie d'exécution à Quang-Yên. Mais combien c'est insuffisant ! L'hôpital de Hanoi est à construire et à assainir sans retard. La plupart de nos ambulances et de nos casernements de l'intérieur sont insalubres ou au moins très incommodes.

En y mettant hardiment de l'argent sans compter, on fera un travail devant lequel on ne peut reculer, on sauvera bien des existences, on aura des effectifs prêts à se battre et on donnera une impulsion salutaire à notre commerce naissant.

Citons à ce sujet un article récent du *Temps* :

« Cent fois, nous avons signalé l'état désastreux

du casernement au Tonkin, en Annam et au Cambodge. Cent fois nous avons rappelé que, grâce aux soins donnés à nos hommes en Cochinchine, à l'excellente installation de leurs logements, on est parvenu dans cette colonie à réduire la mortalité à tel point qu'elle ne dépasse pas celle de nos troupes en Algérie. Mais tous ces avertissements n'ont servi de rien.

« Aujourd'hui, nos soldats couchent dans la boue au Tonkin et en Annam, au Cambodge, ils sont installés dans de misérables paillottes. »

Certes, M. Vial n'avait pas la prétention de faire sortir 50 millions des mains des habitants du jour au lendemain, mais il savait qu'ils avaient les moyens de les donner lorsqu'ils auraient confiance en nous, lorsque cet argent serait dépensé dans leur pays en œuvres utiles, avantageuses pour le commerce et l'industrie.

C'était une valeur à peu près improductive à mettre en circulation. Il s'agissait de recueillir et de diriger suivant une même voie une foule de ressources précieuses qui jusqu'à ce jour avaient été ignorées ou dépensées en efforts divergents.

Dans cet ordre d'idées, il était assuré du concours dévoué de la plupart des hauts fonctionnaires annamites, las d'agitations inutiles, désireux d'avoir un objectif qui fût digne de leur patriotisme. L'inauguration de grands travaux et d'entreprises considérables aurait été la fin des insurrections perpétuelles des habitants. — En Annam comme en France, lorsque les hommes sont occupés, lorsqu'ils sont payés régulièrement, lorsqu'ils envisagent un avenir meilleur, lorsque l'administration sait prévoir leurs besoins et leurs aspirations, ils ne songent point à se révolter.

Le devoir des administrateurs est de savoir ce que désirent les administrés et de leur donner les moyens de réaliser leurs espérances légitimes.

Tout en s'occupant de ces questions administratives si importantes, il fallait faire face à une situation tendue, à la reprise des mouvements insurrectionnels sur plusieurs points, notamment dans le Tan-Hoâ, dans le Bay-Say, entre les provinces de Hai-Duong et de Hung-Yên, et sur les bords du haut Fleuve Rouge. La saison des grandes chaleurs était terminée, les rebelles annamites et les pillards chinois allaient se remuer.

Une escorte convenable fut détachée auprès de la commission de délimitation qui put rentrer sans accident de Lao-Kày, à Hanoi le 25 novembre.

Le gouverneur (Tuân-Phu) de Hung-Yên, Hoang-Cao-Kai qui s'était signalé par son activité et son dévouement à notre cause, fut chargé avec 500 hommes de milices de parcourir tous les villages du Bày-Say, de leur faire faire leur soumission et de se faire livrer les agents des rebelles.

En chargeant un Annamite de cette mission délicate, au milieu du Tonkin, dans les centres les plus dangereux, on était certain de couper les relations des rebelles de l'Annam avec ceux de nos provinces frontières et d'arrêter leurs mouvements d'ensemble. On réservait les troupes européennes pour les véritables opérations de guerre. Un Annamite seulement pouvait discerner nos véritables ennemis, les arrêter ou au moins les tenir en échec sans risquer d'indisposer les populations paisibles.

Il n'y avait aucun danger à placer sous les ordres d'un indigène un fort contingent de miliciens. Ceux-ci n'étaient point de simples volontaires sans famille et sans liens avec la population ; payés régulièrement par les Français, ils nous appartenaient complétement.

Pendant tout le mois de décembre et le commencement de janvier, le gouverneur de Hung-Yên parcourut les plaines marécageuses du Bày-Say, entre le canal des Bambous et le canal des Rapides, fit déposer les armes à la plupart des bandes rebelles et fit refluer vers l'extérieur les émissaires étrangers au pays.

En même temps, les troupes de la province de Than-Hoa poursuivaient sans relâches les bandes qui remontaient de l'Annam pour agiter la frontière du Tonkin.

Le Résident Général par intérim avait à remplir vis-à-vis des lettrés un devoir de courtoisie et de surveillance en assistant à la clôture solennelle des examens généraux que M. Paul Bert avait autorisés à Nam-Dinh. Le 28 novembre, il quitta Hanoi sur le canonnière l'Arquebuse, accompagné de M. le général Munier avec lequel il put le même jour visiter les installations de la citadelle, les casernes et les ambulances.

Le lendemain, sur une vaste esplanade qui s'étend au sud de la citadelle, aux portes de la ville, il assista à la proclamation des lettrés admis au diplôme supérieur.

Le Résident Général, M. le général Munier, le vice-roi du Tonkin Nguyên-Trong-Hiêp, M. le capitaine Brière, résident à Nam-Dinh, plusieurs officiers et fonctionnaires français, les gouverneurs des provinces voisines et les examinateurs étaient placés sur des estrades élevées dominant une foule de près de 30,000 personnes. Les 7,000 candidats attendaient avec anxiété et dans un profond silence la proclamation des noms des lauréats que des hérauts revêtus de costumes éclatants, criaient dans des porte-voix gigantesques. A chaque nom répondaient des cris et des acclamations bruyantes.

Les compatriotes des lettrés admis au concours manifestaient une joie fiévreuse de cet honneur auquel ils prenaient une part sincère.

Sur 7,000 concurrents, il y eut 72 lettrés reçus. Les fils du vice-roi et du gouverneur qui étaient au nombre des élèves examinés furent refusés.

Au milieu de cette foule agitée dans laquelle il

n'y avait aucun de nos soldats, nos fonctionnaires et nos officiers furent entourés de témoignages de sympathie et de respect.

Il y avait huit années que les malheurs de la guerre n'avaient pas permis la tenue des examens provinciaux au Tonkin. — Les mandarins, les lettrés et les étudiants qui appartenaient à la partie la plus active et la plus ambitieuse de la population, manifestaient hautement leur reconnaissance de la concession qui leur avait été faite. Ils comprenaient que nous ne voulions pas, comme on le leur avait dit, leur interdire l'accès des fonctions publiques, mais que nous tenions à ce qu'elles fûssent exercées par des hommes instruits, honnêtes, connaissant la législation annamite et apprenant en même temps les sciences de l'occident sans lesquelles, comme le leur déclara le Résident Général, ils seraient impuissants à régénérer leur pays.

Le lendemain 30 novembre, le Résident Général par intérim et M. le général commandant les troupes, assistèrent aux salutations des 72 lettrés nouvellement promus devant la tablette du Roi dans la pagode royale.

Cette pagode était construite en terre et couvertes en chaume à l'extrémité du camp des lettrés qui avait été établi provisoirement dans une enceinte entourée de bambous. Elle avait été richement ornée de devises, de tentures et de banderolles en soie.

Précédés du vice-roi et des principaux mandarins en grand costume, les 72 lauréats, revêtus d'un vêtement de soie envoyé par le souverain, se prosternèrent trois fois jusqu'à terre devant la tablette sur laquelle brillaient en lettres dorées les noms et les titres de sa majesté Dong-Khanh.

Ils se réunirent ensuite autour du Résident Général qui leur fit boire un verre de champagne en l'honneur de la France qui voulait, selon les préceptes des sages de tous les pays, donner la paix et la prospérité aux nations placées sous sa protection.

Le même jour, en rentrant à Hanoi à 9 heures du soir, le Résident Général par intérim reçut la nouvelle de la mort de M. Haïtce, assassiné à Moncay le 27 au matin.

Ce membre distingué de la commission de délimitation était revenu gravement malade de Lao-Kay, un mois avant ses collègues. Il avait été envoyé à Doson, dans la maison de convalescence créée sur ce point par M. Paul Bert. Puis, lorsqu'il avait été rétabli, il était allé à Moncay pour préparer les travaux que les deux commissions devaient poursuivre sur la frontière des provinces de Quang-Yên au Tonkin, et de Canton en Chine.

Les Chinois, toujours remuants, toujours surexcités par nos adversaires, voulaient garder une épave de l'empire annamite. Ils n'avaient pu nous enlever le Tonkin, mais le bruit circulait chez eux qu'ils ne se tiendraient tranquilles que lorsque nous leur concéderions définitivement la côte de la province du Quang-Yên, depuis Paklung jusqu'au nord de la baie d'Along, en y comprenant la position du Tan-Yên.

Alors, leurs pirates et leurs bateaux de mer, toujours à l'entrée de nos fleuves, auraient pu constamment menacer nos communications et faire chez nous une contrebande active au profit du commerce des nations étrangères. De Paklung, bon port de relâche situé à l'extrémité nord du Tonkin, un chemin de fer aurait pu remonter parallèlement aux frontières et pénétrer dans l'intérieur du continent pour détourner sur le territoire chinois tout le trafic de ces contrées encore peu connues.

Suivant toujours la même méthode, nos ennemis excitèrent secrètement contre nous les marchands Chinois établis à Moncây. Cette petite ville fut envahie peu à peu par des émissaires venus de Chine. Parmi eux se trouvaient, assure-t-on, un certain nombre de soldats réguliers en uniforme avec leurs armes.

Malgré l'attitude froide et cauteleuse du commissaire chinois établi en face de Moncay, de l'autre côté d'un ruisseau qui sépare cette ville d'une bourgade chinoise, M. Haïtce avait confiance dans l'esprit pacifique des habitants. Il parlait très bien leur langue, et avait d'excellents rapports avec eux. Il ne pouvait deviner le complot habilement tramé contre sa personne dans le but de faire croire que les habitants rejetaient notre domination avec horreur.

En effet, pour qui connait les négociants chinois, il était impossible de supposer que ceux de Moncay, établis dans de grandes maisons solidement construires en pierres et en briques, couvertes en tuiles, ayant des dépôts de marchandises considérables, se gardant eux-mêmes dans une enceinte murée dont les portes étaient soigneusement fermées tous les soirs, avaient d'autre objectif que la conservation de leurs richesses. Il fallut des menées très actives, soutenues probablement par les autorités chinoises elles-mêmes, pour les déterminer à laisser accomplir sous leur responsabilité le plus odieux des assassinats.

Voici une appréciation que nous trouvons dans le *Saigonnais* du 30 décembre 1886 et qui avait paru dans le *Courrier* de Hai-Phong :

« Le but de la Chine est aujourd'hui évident.

« Elle a voulu nous contester le territoire du Cap Paklung. Pour celà, il fallait qu'au moment de l'arrivée des membres français de la commission de délimitation, le territoire fût occupé complètement par la Chine, et que les habitants, renonçant au costume annamite, revêtissent le costume chinois.

« Et cette importance d'une occupation effective du territoire était si grande, qu'à son passage à Hai-Phong, M. Haïtce nous disait à nous-mêmes : « Je vais sur le point contesté pour prendre les devants et m'y établir. Cette région est annnamite, il faut éviter que les commissaires chinois, venant s'y établir, ne nous reçoivent comme chez-eux »

M. Haïtce, obéissant à cette pensée, s'était rendu à Haï-Ninh, envoyant M. le lieutenant Bohin faire la reconnaissance du territoire contesté.

« Aujourd'hui, ce n'est plus douteux, il est mort en accomplissant cette mission périlleuse qui devait exciter contre lui la haine des mandarins chinois... »

Voici le récit des événements que nous trouvons dans le *Saigonnais* du 16 décembre 1886.

« Moncai est un marché important, situé au confluent du Song-Thach-Mang et du canal de Haï-Ninh (1). Les deux cours d'eau forment la frontière entre la Chine et le Tonkin vis à vis du village chinois de Thunng-Hin. Les deux points communiquent entre eux à mer basse, à marée haute la profondeur de l'eau est assez grande.

Au sud de Moncay et à 700 mètres se trouve le village de Haï-Ninh. La citadelle est située à l'est de ce village et à environ 100 mètres. L'angle sud-ouest de la citadelle est relié par un chemin couvert à un mamelon de 28 mètres d'altitude dominant toute la région. Au sommet de ce mamelon un blockhaus était en construction et devait servir à loger le chancelier et le chef de poste.

C'est à Moncay que devait se réunir la commission de délimitation de la frontière Franco-Chinoise.

M. Haïtce, membre de la commission, avait été délégué par le président pour attendre à Moncay Son Excellence Teng, président de la commission chinoise. Il était accompagné de M. le lieutenant Bohin, détaché à la commission comme officier topographe.

---

(1) Hai-Ninh est un village annamite où réside le phu ou préfet indigène.

« M. Haïtce et M. Bohice ne redoutaient rien des habitants, tant la tranquillité de la région était complète. Ils étaient venus s'installer à Monkaï dans une des maisons réservées à la commission.

« Le 20, M. le lieutenant Bohin partit avec quelques hommes pour faire une reconnaissance topographique de la région frontière de Packlung.

« La citadelle de Hai-Ninh était en ce moment occupée par MM. Perrin, commis de résidence, Ferlay, surveillant des travaux du génie avec une vingtaine de chasseurs et miliciens; à Monkaï restait toujours M. Haïtce avec 7 à 8 hommes.

« Dans la nuit du 24 au 25, la citadelle est attaquée par les pirates chinois; peu après, la maison de M. Haïtce est assaillie, et vers le matin M. Haïtce doit en sortir pour chercher un refuge dans la citadelle.

« Il rencontre M. Perrin qui venait pour le dégager.

« Pendant le 25, le 26 et la nuit du 26 au 27, les attaques continuent. L'attaque du 26 dure jusqu'au matin 7 heures. On remarque la présence de Chinois portant l'uniforme de réguliers. Déjà les vivres sont épuisés, l'eau manque et les munitions diminuent rapidement.

« La nuit du 26 au 27, l'attaque continue plus vive et les assauts se multiplient. A 7 heures du matin, les assaillants deviennent plus nombreux, les uniformes de réguliers chinois apparaissent en grand nombre.

« Les assaillant sont en ce moment environ 1.500. Les attaques de la nuit ont épuisé les munitions et il ne reste plus aux hommes que quelques cartouches.

« Une sortie est décidée. A 7 heures et demie elle a lieu, et les défenseurs de la citadelle, 23 hommes en tout, se dirigent vers le sud de la citadelle.

« Arrivée au confluent du Song-Thack-Mang et

d'un canal faisant communiquer cet arroyo avec la mer, au poste de l'ancienne douane, la petite troupe se disperse, serrée de près par les Chinois, et se jette à la nage pour traverser un de ces arroyos.

« M. Ferlay se noie pendant la traversée.

« Ceux qui veulent se diriger sur Ha-Koi, et parmi eux MM. Haïtce et Perrin, à peine sortis de l'eau, tombent en partie sur une bande de pirates qui avaient déjà traversé l'arroyo : ils sont entourés.

« M. Perrin tombe percé de coups de lance et a la tête coupée. M. Haïtce disparait au milieu des Chinois.

. . . . . . . . . . . . . . . . . . . . . . . . . . . . . .

« Pendant les derniers jours, plusieurs « trams » (courriers indigènes) avaient été envoyés par M. Haïtce à M. le lieutenant Bohin dont la mission topographique se poursuivait.

« Des lettres du père Grandpierre, dont le dévouement a été admirable pendant tous ces événements, apprennent à M. Bohin la gravité de la situation au moment où il était attaqué lui-même par des Chinois portant l'uniforme des réguliers. Le combat retarde le départ de M. Bohin. Enfin à Coum-Ping, il trouve une lettre plus pressante du père Grandpierre, s'embarque le 27 au matin et arrive le 28 à l'entrée de la rivière de Hai-Ninh.

« 8 chasseurs à pied et cinq miliciens ont échappé au massacre.

« Ha-Koi et Hai-Ninh sont incendiés. (Ce sont deux villages annamites.)

« M. le lieutenant de Mac-Mahon, enfermé avec 200 hommes dans un blockhaus à Hakoi, est attaqué chaque jour. Il a des vivres et des munitions en quantité suffisante et peut attendre qu'on vienne le dégager. »

Immédiatement des renforts avaient été envoyés à Hai-Koi sous les ordres du commandant Poncet, et une compagnie de cent miliciens commandés par M. de Goy avait rejoint M. de Mac-Mahon.

Les points disputés étant sur le bord de la mer, il était à craindre que les Chinois ne fissent envahir la côte par les nombreux pirates qui la parcourent constamment, faisant alternativement du commerce, de la contrebande et du brigandage.

Certainement les autorités chinoises étaient les complices et les instigatrices de ces déplorables événements si conformes à leurs pratiques habituelles.

Après le guet-apens de Lao-Kay, celui de Mon-Cai ; et jamais on ne reçut de la part des autorités chinoises, des membres de la commission de délimitation, la protestation indignée des honnêtes gens qui réprouvent l'assassinat comme moyen politique, qui veulent franchement sauvegarder la sécurité de leurs collaborateurs. L'attitude froide et prudente de ces singuliers diplomates donnait à penser que si nous manifestions la moindre faiblesse, le gouvernement chinois n'hésiterait pas à renouveler ouvertement contre nous les hostilités officieuses qui avaient suffi précédemment pour nous tenir en échec.

Mais il rencontra de la part des autorités du Tonkin une attitude énergique.

Le commandant Poncet réoccupa Moncai sans coup férir. Les bandits chinois et les habitants de Moncai se sauvèrent de l'autre côté de la frontière, emportant avec eux toutes les marchandises et toutes les valeurs qui existaient dans cette malheureuse ville. — Les troupes stationnées dans le phu de Hai-Ninh furent portées à 1.800 hommes, sous le commandement du brave colonel Dugenne, qui fit arrêter et exécuter tout les pillards chinois trouvés sur notre territoire.

Le Résident Général demanda l'envoi à Paklung d'un navire de la division de Chine pour surveiller les mouvements des canonnières chinoises qui stationnaient fréquemment au port voisin de Pak-Hoi et dont l'attitude était fort suspecte.

L'amiral Aube, ministre de la marine, autorisa de suite l'amiral Rieunier à se rendre immédiatement avec sa division dans les eaux du Tonkin.

Dès les premiers jours de décembre, l'amiral Rieunier arrivait en rade de Along sur le cuirassé le Turenne. La Vipère, commandant de Marolles, mouillée à Paklung avec le croiseur la Clocheterie, étaient déjà venus renforcer la flottille du Protectorat.

L'amiral Rieunier, digne successeur des amiraux Courbet et Lespès, avait pris autrefois une part brillante aux guerres de l'Indo-Chine. Il savait combien les Asiatiques avaient peu changé dans leurs procédés à notre égard et il avait su inspirer aux Chinois des appréhensions salutaires.

On racontait qu'il avait dit amicalement à Ly-Hung-Chang : « Si vous laissez vos soldats traverser la frontière et se mêler aux pirates du Tonkin, un de ces jours, j'enverrai mes matelots se promener avec leurs armes dans vos cités du littoral ; et nous verrons jusqu'à quel point leurs distractions seront agréables à vos compatriotes ! »

La rondeur et la bonhomie de nos vieux loups de mer valent la plus habile diplomatie auprès des asiatiques de l'Extrême-Orient.

Quand on a pour soi le droit et les avantages matériels d'une supériorité militaire incontestable, on doit savoir leur dicter ses conditions.

M. Paulin Vial savait qu'il ne pourrait faire exercer des représailles sur le territoire chinois; mais il était résolu, d'accord avec M. le général Munier, à occuper rigoureusement les limites du territoire appartenant à l'empire d'Annam, notre protégé.

Des instructions précises furent données dans ce sens et tandis que la présence de l'amiral et de sa flotte sur la côte faisait évanouir dans l'esprit des autorités chinoises toute velléité de démonstration navale au cap Paklung, le Résident Général et le général Munier s'embarquaient à Hanoi le 20 décembre sur la canonnière la Mutine, capitaine Clément, pour visiter les territoires mis en contestation par la duplicité de nos voisins.

Ils visitèrent Hung-Yên où le gouverneur annamite se préparait à faire campagne contre les pirates du Bây-Say et Hai-Phong où M. de Beaumont, commandant de la marine venait de rentrer d'une reconnaissance sur les côtes de Ac-Koi à Moncây. — A Hai-Phong, les commerçants se préoccupaient de la conservation de Paklung, ce poste avancé de notre frontière maritime.

Le 22 décembre, la Mutine était au mouillage de l'Aréquier en face l'entrée du canal qui conduit à Moncây. Après avoir visité le poste établi provisoirement sur la côte pour assurer les communications avec l'intérieur, le Résident Général et le général prirent passage le 23 au matin sur le transport la Nièvre, commandant de Coffinières de Nordeck, qui les conduisit au cap Packlung. — La Vipère, capitaine de Marolles, et le croiseur la Clocheterie, commandant Barbeyrac de Saint-Maurice, occupaient ce mouillage que l'amiral Ricunier avait quitté le matin même pour rentrer à Along.

Dans la baie ouverte au sud et parfaitement abritée contre la plupart des vents du large par le cap Paklung, promontoire peu élevé, couvert de broussailles, on ne voyait que les deux bâtiments de guerre. Les nombreuses jonques de pêcheurs, de commerçants et même de pirates qui venaient habituellement y jeter l'ancre quand la brise et les courants leur étaient contraires, avaient dû tenir le large.

A terre on voyait quelques filets de fumée par dessus les arbres. Le Résident Général et le général y trouvèrent deux ou trois cases isolées, mal tenues, couvertes en paillotes, auprès desquelles étaient quelques cultures négligées et de maigres rizières ;

sur la plage, auprès d'un ruisseau, pourrissait la carène d'un bateau abandonné depuis longtemps.

On fit appeler deux ou trois hommes qui se cachaient à l'approche des Français et vinrent en tremblant. Ils étaient pauvrement vêtus de quelques haillons sans forme et sans couleur. Ils firent semblant de ne pas comprendre l'annamite. On leur donna une pièce d'argent et on les laissa s'éloigner. — On ne pouvait avoir qu'une profonde commisération pour ces pauvres gens, seuls propriétaires légitimes d'un domaine splendide, situé dans une position exceptionnelle, sur un bon port destiné à un bel avenir, mais qui pouvait être l'objet d'un conflit sanglant, pendant lequel leurs droits et leurs personnes étaient également exposés à disparaître.

Et pendant qu'ils gardaient les champs de leurs pères, on disait qu'une société anglo-chinoise se fondait à un capital de vingt millions de piastres pour créer le port de Paklung, qu'elle destinait à être la tête de ligne de la voie ferrée qui irait, en concurrence de nos routes du Tonkin, chercher par les territoires chinois les produits du Quang-si et du Yunnam.

Le 24 décembre, le Résident Général et M. le général Munier allèrent à Moncay par un arroyo sinueux dans lequel on ne peut passer en barque qu'aux fortes marées. Il faut trois heures pour le remonter dans une bonne embarcation. — On commence par s'engager entre deux rives basses et marécageuses, puis on arrive en vue de Moncày au pied d'un mamelon escarpé qui commande le cours de la petite rivière. Sur ce point élevé on avait établi un poste optique qui nous reliait au moyen d'un poste intermédiaire, avec la baie d'Along. — A partir de cet endroit, la plaine était sèche, parfaitement cultivée et on trouvait à cinq ou six kilomètres le village annamite de Van-Ninh, faubourg de

Moncày. — Les maisons des indigènes, assez nombreuses et assez bien tenues, étaient entourées de beaux arbres. Quelques pagodes assez élégantes se détachaient sur le feuillage des banians. — La ville de Moncày était une véritable cité chinoise fermée par deux portes, n'ayant qu'une rue centrale bien dallée, montueuse, entre deux rangées de maisons de négociants bâties en pierres, couvertes en tuiles, ayant presque toutes un étage et une terrasse.

Les maisons avaient été abandonnées par leurs habitants et complétement déménagées. Le corps expéditionnaire s'était caserné dans les maisons vides.

M. le colonel Dugenne qui les commandait était en reconnaissance dans l'ouest du territoire avec une partie de ses troupes. — Le Résident Général fit donner quelques secours à ceux des habitants annamites qui avaient le plus souffert du pillage des bandes chinoises.

Rien ne peut donner une idée de la désolation des environs de Moncây. Les Chinois avaient tout pillé et avaient massacré ceux des habitants qui n'avaient pu se cacher. Puis ils s'étaient réfugiés en face de Moncây sur le territoire de la Chine, à quelques pas de nous, de l'autre côté du petit cours d'eau qui sert de limite aux deux pays. De là une foule anxieuse et irritée suivait avec de grandes clameurs et une inquiétude manifeste tous les mouvements de nos troupes. — Sur un monticule qui s'élève sur la frontière au nord de la ville, on construisait une petite batterie d'où l'on avait une vue étendue sur la campagne.

De ce point, élevé d'une vingtaine de mètres, le Résident Général put apercevoir des soldats chinois isolés qui, à trois ou quatre cents mètres de nos lignes, traversaient la rivière en barque pour venir piller sur notre territoire et incendier les maisons annamites.

Lorsque nous prenions ces bandits, ils étaient fusillés.

En arrière de la frontière, sur une ligne de collines peu élevées, était campé un corps de réguliers chinois assez nombreux, si l'on s'en rapportait à la quantité de drapeaux et de pavillons de toutes les couleurs qui flottaient sur leurs lignes.

On racontait que les anciens habitants de Moncày pressaient les mandarins de les ramener dans leurs foyers, soit par des négociations, soit par la force.

De leur côté, nos troupes auraient volontiers franchi le ruisseau qui les séparait du rassemblement bizarre de bandits, de fugitifs et de fonctionnaires campés en face de nous.

Dans cette circonstance délicate, la sagesse des chefs et la discipline de nos hommes surent prévenir un conflit qui aurait pu produire des inquiétudes sérieuses en Europe, mais dont les résultats n'étaient pas douteux.

Ç'aurait été un simple nettoyage justifié par des provocations sans nombre.

Le 25, la *Mutine* rentrait en rade de Along où le Résident Général se rencontrait avec l'amiral Ricunier et pouvait le remercier de son précieux concours.

Après cet examen rapide de la situation sur la côte de Moncày où la commission de délimitation arrivait le 25, on pouvait être assuré qu'aucune complication sérieuse ne se produirait vers la frontière où nos ennemis, ayant massé leurs troupes se trouvaient tenus en échec par nos forces de terre et de mer.

Dans l'intérieur du Tonkin et dans le Bày-Say, les mécontents étaient vigoureusement poursuivis par les miliciens du gouverneur de Hong-Yên.

Mais dans le Than-Hoâ, les rebelles, qui avaient voulu entrer dans la province de Ninh-Binh pour agiter le Tonkin, n'avaient pas osé franchir la frontière. Ils s'étaient concentrés dans un village entouré de bambous nommé Badinh, à deux journées au nord du chef-lieu, et ils résistaient énergiquement aux efforts des colonnes envoyées contre eux.

Deux fois nos détachements n'avaient pu franchir les obstacles formidables accumulés autour de leurs positions.

On s'était décidé à les bloquer étroitement dans leurs réduits et à ne les attaquer qu'après les avoir éprouvés par une longue attente pendant laquelle le manque de vivres, l'épuisement des munitions et la menace d'un assaut imprévu devaient user le moral et les forces d'une troupe sans organisation et sans discipline.

Cette tâche difficile fut confiée à M. le colonel Brissaud qui sut immobiliser sur ce point la plupart de nos ennemis du nord de l'Annam.

Dans le sud de Hué, les insurgés occupaient la citadelle de Phuyên d'où ils bravaient les mandarins du roi et les troupes françaises trop occupées dans le Binh-Dinh pour pouvoir détacher aussi loin une colonne capable de balayer tous les obstacles.

M. Paul Bert avait déjà proposé à M. Filipini, gouverneur de la Cochinchine, de faire occuper le Phuyên par les troupes de la Cochinchine dont un simple détachement aurait appuyé une reconnaissance de miliciens conduite par le brave Tràn-Ba-Loc gouverneur du Tuân-Khanh.

M. Vial avait arrêté avec M. Filippini toutes les conditions dans lesquelles devait s'effectuer cette rapide expédition et, malgré les susceptibilités diverses que ce projet avait suscitées, il avait été convenu que l'on passerait outre.

La Cochinchine avait de suite fait enrôler des volontaires annamites qui, sous les ordres d'hommes sûrs et dévoués, allaient démontrer une fois de plus que la Cochinchine appartiendra aux Français toutes les fois que ceux-ci sauront s'appuyer sur les indigènes au lieu de les inquiéter.

Ces mouvements divers au Tonkin, dans le Bay-Say, dans le Tan-Hoa et dans le Phu-Yên, causaient une émotion profonde à la cour de Hué.

M. Vial avait été averti que les Lettrés les plus considérables et les plus ambitieux avaient vu avec douleur la nomination au Tuàn-Khuanh (on nomme ainsi les deux provinces de Binh-Tuàn et de Khanh-Hoa, voisines de la Cochinchine), d'un gouverneur annamite n'appartenant pas à la hiérarchie mandarine. Ils craignaient que petit à petit, toutes les provinces du sud ne fussent enlevées à l'empire, et les anciens administrateurs remplacés par de simples agents indigènes.

Le roi lui-même pouvait craindre pour le maintien de son autorité déjà bien ébranlée par cette lutte dans laquelle ses sujets semblaient le considérer comme un simple prête-nom de la France. Il était nécessaire que le Résident Général pût rassurer le prince et faire connaître aux partisans plus ou moins avoués des rebelles, que le seul moyen pour un mandarin de parvenir à de hautes fonctions, c'était de se rallier franchement.

Le Résident Général résolut de se rendre à Hué après avoir passé la fête du 1er janvier à Hanoi où il put recevoir à l'occasion de cette solennité tous les fonctionnaires, tous les officiers et tous les résidents européens. Il s'entretint longuement avec les gouverneurs des provinces du Tonkin qui étaient parfaitement renseignés sur la situation des esprits en Cochinchine et il put les rassurer pleinement sur les intentions du Gouvernement.

La confiance justifiée qu'il accordait à la plupart d'entre eux, notamment au vice-roi Nguyên-Trong-Hiêp, au gouverneur Lê-Dinh, au jeune gouverneur de Hung-Yên, Hoang-Cao-Khai, sous les ordres duquel il plaçait des forces importantes, produisirent chez la plupart de ces hauts représentants de la classe lettrée une impression de confiance absolue. Plusieurs déclarèrent hautement que c'était ainsi qu'ils voulaient être gouvernés dans l'intérêt de leurs nationaux, qu'ils ne pouvaient honorablement nous donner leur concours que dans ces conditions.

Le soir du premier janvier, dans une grande fête à laquelle assistèrent les fonctionnaires, les officiers et les principaux habitants de la ville, plus de cinq cents personnes en toilettes élégantes, en costumes et en uniformes brillants, inaugurèrent avec entrain et gaîté une année au début de laquelle toutes avaient conçu les plus brillantes espérances pour la prospérité du Tonkin.

L'exposition de Hanoi allait s'ouvrir, de nombreux et intéressants envois étaient annoncés ; des constructions et des entreprises considérables étaient prévues. Le chemin de fer de Hanoi à Bac-Ninh et à la mer d'une part, et vers Lao-Kày d'autre part devait être commencé. Les messageries fluviales marchaient avec un matériel provisoire et faisaient construire des navires confortables pour desservir les voies intérieures.

Le service côtier devait être prochainement mis en adjudication et mettre en communications fréquentes, par des navires rapides, tous les ports depuis Saigon jusqu'au cap Pakl-Lung, en permettant d'économiser une partie des dépenses de notre flottille dont la plupart des navires étaient incapables de remonter contre la mousson de nord-est.

— Des projets de construction étaient acceptés en principe pour tous nos principaux casernements et pour nos grands hôpitaux.

Il y avait du travail pour toutes les bonnes volontés ; les capitalistes et les entrepreneurs qui avaient vaillamment offert leur concours à M. Paul Bert voyaient l'emploi de leurs capitaux et de leur intelligence assuré.

A ce moment il n'y avait dans les esprits aucune inquiétude sur l'avenir. Personne ne prévoyait un retard dans l'exécution d'un programme dont les détails ne pouvaient être parfaits, mais dont la conception était large, sage et extrêmement prudente.

Parmi les concessions qui furent l'objet de critiques vives et injustes, nous citerons la construction des quais de Hanoi et celle des magasins généraux et centraux à Hai-Phong.

La première de ces entreprises, promise par M. Paul Bert et concédée par M. Paulin Vial, ne put être exécutée, la compagnie concessionnaire n'ayant pu réunir les fonds nécessaires.

Les magasins généraux, concédés par M. Paul Bert à une compagnie considérable de capitalistes français, devaient être organisés d'après les mêmes principes que les docks existant dans la plupart des ports où sont perçus des droits de douane. Leur existence devait faciliter la perception des taxes d'entrée, la mise à terre et le magasinage à prix réduits de marchandises.

Dans les conditions de pénurie où se trouvait momentanément le Protectorat, il était utile de faire faire par des capitalistes français les avances de nos grands travaux d'utilité publique et de réserver nos ressources pour la création de nos hôpitaux, de nos casernes, pour l'entretien de nos employés et de nos troupes, en un mot, pour les dépenses urgentes d'administration et de protection du pays.

C'est dans le même esprit que les magasins centraux du corps expéditionnaire furent concédés à la même compagnie, sur la proposition de M. l'intendant Boulanger, chef du service compétent.

Pendant longtemps, le protectorat ne pouvait disposer des fonds nécessaires pour construire les apontements et les magasins qui lui étaient indispensables. Les vivres et les denrées périssaient dans des paillotes et des hangars en ruines.

Le contrat ne concernait pas les approvisionnements de la marine dont l'administration devait rester indépendante.

Elle pouvait facilement ravitailler, soit à Saigon,

soit même à Hai-Phong ou plus tard à Hòngây, si un arsenal y était construit, ses navires dont le nombre était destiné à être considérablement réduit lorsque les services de transport sur les côtes et dans les fleuves seraient effectués par des compagnies subventionnées.

Il était d'un grand intérêt pour le Tonkin de rattacher à sa prospérité future les maisons considérables qui avaient pris part à cette entreprise, non dans le but de spéculation, mais dans l'intention de favoriser le succès d'une grande œuvre nationale.

M. Paul Bert et M. Paulin Vial avaient voulu associer à la conquête pacifique du Tonkin tous les hommes intelligents et d'initiative qui sont à la tête de notre commerce et de notre industrie.

Dans tous les projets d'ensemble, on est amené à faire de nombreuses modifications en cours d'exécution. M. Paul Bert avait décidé de réduire au premier janvier 1887 les effectifs du corps expéditionnaire à 10.000 hommes de troupes européennes. — Sur la proposition de M. le général Munier, en considération des complications qui pouvaient surgir sur nos frontières, à Moncây, à Lao-Kay, à Cao-Bang, dans le Thanh-Hoa et dans l'Annam, le Résident Général consentit à demander le maintien provisoire de 12.500 hommes sur le territoire du Protectorat. Cette mesure de prudence devait augmenter nos dépenses et retarder l'organisation si désirable de la surveillance directe des populations de l'intérieur par les autorités civiles. — Mais il fallait absolument éviter un retrait brusque de nos troupes en présence de l'attitude des autorités chinoises.

Toute fausse manœuvre aurait pu devenir le signal d'une collision sanglante.

Le 4 janvier, le Résident Général quitta Hanoi sur le Moulun, capitaine Surcouf, pour se rendre en baie d'Along où il rejoignit l'amiral Ricunier le lendemain à 2 heures du soir.

Nous l'avons dit, pendant la mousson du nordest, la plupart des bâtiments de la flottille étaient impuissants à remonter du sud au nord contre le vent et la mer. L'amiral avait gracieusement consenti à conduire le Résident Général devant la capitale de l'Annam sur le *Turenne*.

La présence du chef de notre division navale et de son vaisseau cuirassé dans les eaux de l'Annam ne pouvait que produire une impression salutaire sur les esprits des Annamites auxquels nos ennemis annonçaient périodiquement le rappel de nos troupes et de la flotte.

Le 7 au matin, le *Turenne* était en vue de Thuân-An par un temps couvert et une houle très forte. La barre brisait avec violence.

Un petit vapeur de commerce, le *Quang-Nam*, commandé par un capitaine français et monté par un équipage chinois, vint immédiatement le long du *Turenne*.

Le Résident Général et l'amiral passèrent à bord malgré la houle. Ils furent reçus par M. Hector, résident à Hué, et le petit bâtiment, salué par les canons du *Turenne*, se mit en marche pour franchir la barre sous la direction d'un pilote expérimenté. Une ligne circulaire de brisants entoure d'une barrière d'écume toute l'embouchure du fleuve à un mille de la côte; les lames de fond se succèdent et se heurtent avec une irrégularité effrayante à travers les bancs de sable qui défendent le passage et qui se déplacent fréquemment. Un chenal très variable permet aux navires d'un faible tirant d'eau de franchir, non sans danger, cette ceinture de récifs.

Le pilote chinois, debout sur la passerelle, suit d'un œil anxieux le mouvement capricieux des vagues qui se déroulent capricieusement autour du navire en lui imprimant des mouvements désordonnés ; à l'avant, un matelot chinois est au bossoir ; il interroge la surface des flots, pousse des cris bizarres, s'incline profondément à chaque ondulation qui passe et jette successivement par dessus les écubiers, quelques poignées de riz et de sel, et des papiers dorés et argentés. Ce sont des offrandes aux divinités de l'abîme.

On arrive au moment critique, on fait route à toute vitesse, on est sur le haut fond, une grosse vague embarque par l'avant et couvre le navire jusqu'à la passerelle, le veilleur du bossoir s'est rejeté en arrière tardivement, il se relève pâle et inondé, le navire reçoit une forte secousse, s'incline avec une rapidité vertigineuse, puis se relève couvert d'écume. Il a passé heureusement, il est en eau calme ; et on voit déjà loin au large par dessus la ligne blanche des brisants la haute mâture du *Turenne*. On entre en rivière et les forts saluent. A dix heures, le Résident Général et l'amiral étaient reçus à terre par le colonel Boilière, commandant des forts de Thuân-An, rendus célèbres par le premier fait d'armes de l'amiral Courbet sur les plages de l'Indo-Chine.

Le Résident Général et l'amiral passèrent sur la canonnière la *Raffale*, capitaine Meunier, chargé du service intérieur du fleuve, qui les conduisit immédiatement à Hué. Ils débarquèrent à la Résidence à 11 h. 15 du matin ils furent reçus par M. le colonel Callet, commandant les troupes et salués par le canon de la place. — Les ministres du Roi les attendaient à la Résidence.

Les anciens mandarins de l'Annam qui connaissaient le long séjour de M. Vial et de M. l'amiral Ricunier dans les pays de l'Annam, les accueillirent avec une satisfaction évidente. Ils étaient heureux d'être en relations avec de hauts fonctionnaires qui connaissaient leur pays et qui parlaient leur langue.

Le soir même à 4 heures, le Résident Général et l'amiral furent reçus solennellement par Sa Majesté

Dong-Khanh ; accompagnés d'une escorte nombreuse et brillante, ils traversèrent entre deux rangs de fonctionnaires et de soldats annamites, le dédale de cours et de bâtiments qui précèdent la résidence royale. — Les ministres et les princes du sang assistaient à l'entrevue.

Partout on voyait les magnifiques débris de la splendeur ancienne de la Cour de Gialong au milieu des ruines amoncelées lors de la prise du palais le 5 juillet 1886.

Dans les vastes Cours entourées de bâtiments et de galeries aux toits bizarres, aux charpentes sculptées, peintes et dorées, on remarquait de grandes vasques en bronze ciselé provenant du Tonkin, des portiques en bronze doré, des colonnes et des soubassements en marbre, des tablettes en marbres précieux, portant des inscriptions en lettres d'or.

Le jeune prince vint recevoir le Résident Général et l'amiral à l'entrée de son palais. Il leur offrit gracieusement la main et les conduisit dans la salle d'audience où il les fit asseoir à côté de lui — S. M. Dong-Khanh a la physionnomie fine, douce et expressive.

Il exerce une véritable séduction. On ne saurait, en le voyant, ne pas être touché de sa dignité et de sa tristesse.

Au bout de quelques instants, il comprit bien vite les sentiments de sympathie sincère qui animaient ses interlocuteurs, ses grands yeux s'éclairèrent d'une lueur joyeuse. Il écouta avec satisfaction les paroles d'affectueux encouragement qui lui furent adressées.

Le lendemain il voulut présenter lui-même le Résident Général et l'amiral à la reine-mère.

La vieille princesse, entourée d'honneurs et de respects par le souverain, réside dans un palais isolé, voisin de celui du roi. — Rien ne se fait d'important sans qu'elle ait été consultée.

Le Résident Général et l'amiral furent conduits

dans une vaste salle d'audience où un rideau brodé les séparait de la reine-mère. On les pria de la saluer et le rideau se leva lentement. Ils purent apercevoir la mère de Thu-Duc pâle, livide, les yeux éteints, vêtue de soie jaune comme l'empereur.

Elle fit asseoir les visiteurs et leur offrit du thé. Le rideau retomba. Aux compliments qui lui furent adressés, on entendait sa voix claire et frêle qui répondait lentement. Son petit-fils se levait de son siège, s'inclinait respectueusement et répétait en les commentant les paroles de la reine.

Il serait difficile de rendre l'impression que produisait sur les assistants cette scène extraordinaire dans laquelle un souverain absolu donnait l'exemple du profond respect des Asiatiques pour leurs vieux parents.

Le même jour, le Résident Général alla rendre visite à Mgr Gaspar, évêque à Hué, digne successeur du vénérable Mgr Charbonnier qui avait vécu de longues années dans la capitale de l'empire annamite dans les circonstances les plus difficiles, alors que nous prenions possession des provinces de l'ouest; puis, à l'époque où Francis Garnier s'emparait de Hanoi et plus tard, lorsque l'amiral Courbet enlevait les forts de Thuân-An. — Le nouveau prélat, qui avait assisté à toutes ces épreuves et qui venait de voir massacrer une partie de ses chrétientés, espérait des jours meilleurs. Il avait rassemblé autour de sa modeste demeure les chrétiens qui avaient échappé à la fureur des lettrés, et il leur distribuait les quelques ressources dont il pouvait disposer. Il leur enseignait par son exemple le courage et la résignation. Le lendemain, 9 janvier, le Résident Général visitait avec M. le colonel Callet les logements des troupes et les hôpitaux placés dans le Mang-Ca, ouvrage fortifié qui termine à l'Est, du côté de la mer, les remparts de la citadelle. Là, comme dans la plupart de nos établissements militaires, nos hommes étaient logés sous de misérables hangars tombant en ruines ; l'emplacement était splendide, mais il fallait construire sans retard.

Le soir, le Résident Général et l'amiral allèrent prendre congé du roi qui se montra plein d'expansion et de reconnaissance.

Le même jour, tous les ministres, et les deux oncles du Roi, membres du conseil secret, dînèrent à la résidence avec le Résident Général.

Pendant ces entrevues avec le Prince et avec ses ministres, de nombreuses explications furent échangées, des conseils bienveillants furent donnés et écoutés avec respect. Le Résident Général partait de la capitale avec la certitude que de ce côté, aucune excitation, aucun encouragement ne seraient donnés aux rebelles. Le Roi avait été engagé à être ferme avec ses ministres, à n'admettre autour de lui que des hommes honnêtes, dévoués, respectueux, à ne pas permettre aux fonctionnaires d'exploiter le peuple, à être généreux envers ses sujets, à leur donner beaucoup afin d'en recevoir beaucoup à son tour. Il ne devait pas renfermer ses trésors dans ses coffres comme l'avaient fait ses prédécesseurs, mais les employer sans retard à exécuter des travaux utiles, des routes, des chemins de fer, des bâtiments, à améliorer les ports, les canaux. L'argent qui lui était attribué sur les recettes du Tonkin devait être bien employé. — Les recettes ne devaient plus être immobilisées par le trésor, mais être utilisées au développement de la richesse publique par un perpétuel va et vient entre les coffres de l'État et les mains des sujets du Roi.

La France était dévouée au Roi, elle tenait à ce qu'il devint riche et puissant comme ses ancêtres. C'était elle qui avait fait la grandeur de Gialong, elle voulait la grandeur de Dong-Kanh.

Le Résident Général avait recommandé aux ministres de veiller attentivement sur le Roi et sur sa santé, leur donnant à entendre que la France voulait exercer sur sa personne une protection toute spéciale, et que nous ne pardonnerions pas la moindre négligence commise lorsqu'il s'agissait du salut de notre royal protégé. Nous voulions être aimés et respectés en Annam et au Tonkin où nous n'étions pas venus pour exploiter la population, où nous dépensions plus d'argent que le pays ne rapportait d'impôts, mais où nous voulions assurer la prospérité des Annamites par la création d'un puissant empire placé sous notre pavillon. C'était avec leur argent que nous allions faire la route de Hué à Tourane et de nombreuses constructions utiles à leur pays. Ainsi tous nos actes étaient accomplis dans l'intérêt des deux nations.

Il déclara que l'expédition de Phuyên comme celle du Binh-Tuàn étaient nécessaires. Il n'aurait pas fait intervenir les troupes de la Cochinchine dans ces provinces si les autorités royales avaient pu s'y maintenir. Mais elles avaient été dépossédées par les rebelles qui bravaient en même temps les Français et leur protégé, le roi d'Annam. — Ces territoires se trouvaient momentanément hors la loi, il était urgent de les soumettre d'abord. Ensuite on examinerait si plus tard on pourrait, sans danger pour la sécurité publique, les replacer sous leur ancienne administration. Actuellement le Résident Général ne pouvait accepter de réclamations concernant des pays qui avaient cessé toutes relations avec leur souverain légitime reconnu par la France. Ce programme fut accepté sans récrimination.

Le 10 janvier, le Résident Général et l'amiral Rieunier, favorisés par une belle journée, purent facilement traverser les brisants de l'entrée du fleuve sur le *Quang-Nam* et embarquer sur le *Turenne*. Le soir ils appareillaient pour Tourane où ils arrivaient à 7 heures du soir.

Le lendemain 11, le Résident Général put visiter l'entrée de la rivière de Tourane et l'ambulance de dépôt qui y est établie sur l'emplacement d'un ancien fort annamite. Elle est destinée à recevoir les malades qui sont envoyés des différents postes de la région pour opérer leur embarquement sur les paquebots ou sur les transports qui viennent les prendre dans la baie. Il y a quelquefois une centaine de convalescents alités sur ce point où ils ne sont qu'imparfaitement logés en attendant leur rapatriement.

Tourane est le véritable port de Hué. Lorsqu'il sera réuni à la capitale par une bonne route ou par une voie ferrée, nous serons réellement les maîtres du pays qui se transformera bien vite au contact du commerce extérieur.

Actuellement toutes les relations des habitants entre eux et avec nous sont difficiles, irrégulières et coûteuses. Lorsque la violence de la mousson interdit l'entrée de la rivière de Hué, on ne communique avec la capitale que par des chemins difficiles terminés par des sentiers escarpés dans la traversée des hautes montagnes qui entourent la baie de Tourane.

C'est par là qu'était revenu M. Paul Bert lors de son dernier voyage à Hué; ce trajet pénible sous une pluie diluvienne avait beaucoup contribué à aggraver l'état de sa santé.

Dans l'Annam comme au Tonkin, certains travaux immédiats s'imposent. Les retarder serait agir comme le propriétaire d'un domaine fertile qui, par une économie mal entendue, se refuserait à faire les premières dépenses de défrîchement et de semences.

Le 12 au soir, le Résident Général prenait congé à Along de l'amiral Rieunier et le remerciait chaleureusement de son concours si utile. — Grâce à la présence de la division des mers de Chine, les Chinois s'étaient tenus tranquilles du côté de Mon-Cày et les Annamites de la côte de l'Annam savaient qu'à toute heure, nos puissants cuirassés pouvaient être appelés à visiter leurs ports.

L'amiral Rieunier mit en outre ses compagnies de débarquement à la disposition de M. le général commandant le corps expéditionnaire pour renforcer les troupes qui opéraient dans le Thanh-Hoa. Mais au moment où elles arrivaient, les positions de Badinh tombèrent au pouvoir de M. le colonel Brissaud, promu peu après au grade de général de brigade.

Le 21 janvier 1887, les principaux rebelles, au nombre d'un millier environ, qui étaient cantonnés dans les villages de Thuong-Tho et de Mi-Ke, essayèrent une sortie contre nos lignes d'investissement. Ils furent repoussés, perdirent plus de 500 hommes, leurs meilleurs soldats, et se dispersèrent découragés laissant la place libre. Nous n'avions perdu personne. Mais nos troupes avaient beaucoup souffert pendant les travaux de ce blocus qui fut plus pénible pour elles que le plus sanglant combat.

A Hanoi, on avait poursuivi activement les travaux préparatoires de l'Exposition décidée par M. Paul Bert. — Un grand nombre de maisons françaises avaient répondu à l'appel de la colonie nouvelle et leurs envois annoncés représentaient près de 2,000 tonnes que les transports de l'Etat n'auraient pu embarquer. Sur la demande de M. Vial, un navire du commerce, nommé le *Galatz*, fut frêté pour ce service. — Cette dépense ne devait pas être improductive, car une grande partie des marchandises apportées au Tonkin furent vendues aux indigènes et contribuèrent à leur faire connaître nos produits, à établir des rapports fructueux entre nos commerçants et nos possessions nouvelles.

Le 27 janvier, M. Paulin Vial était allé en rade d'Along pour remettre le service à M. Bihourd, Résident Général attendu de Hong-Kong par le croiseur le *Primauguet*, commandé par M. le capitaine de vaisseau Véron. — Il alla visiter les mines de charbon de Hon-Gây, situées en face du mouillage de nos vaisseaux et put constater la richesse des gisements qui couvrent une étendue considérable.

Une trentaine de galeries avaient été ouvertes et avaient pour la plupart rencontré des filons épais de combustible d'une belle apparence. Trois cents mètres de charbon extraits par quelques ouvriers indigènes étaient prêts à embarquer en face de la splendide baie d'Along.

Il est rare de trouver des mines mieux situées, plus faciles à exploiter, donnant plus de garanties d'une exploitation avantageuse. Elles ont été reconnues par M. Fuchs, ingénieur en chef des mines, dont les études sur les gisements du Tonkin et sur leur exploitation doivent être consultées par toutes les personnes qui ont à s'occuper de cette question importante.

Le 28 janvier à 11 heures du matin, le *Primauguet* arrivait sur rade d'Along avec le nouveau Résident Général à bord.

M. Paulin Vial alla immédiatement saluer M. Bihourd et lui remettre le service.

Quelques minutes après, le Résident Général descendait dans la baleinière du *Primauguet* qui le saluait de 15 coups de canon et il passait à bord de la canonnière le *Henri-Rivière*, capitaine Normand, pour se rendre à Hanoi.

Le dimanche 30 janvier, à 2 heures de l'après-midi, il débarquait solennellement à Hanoi où il était reçu, en présence des troupes, par tous les fonctionnaires, les officiers et les résidents européens, avec les honneurs dus à sa haute position.

A partir de ce moment, de profondes modifications que nous n'avons pas à apprécier, furent apportées à l'œuvre inaugurée par M. Paul Bert et poursuivie par M. Paulin Vial.

Nous nous bornerons à souhaiter à leurs successeurs le succès d'une grande entreprise à laquelle tous les Français doivent leurs concours dévoué.

Le Tonkin dont nous donnerons une description rapide dans notre dernier chapitre a été souvent décrit par des hommes éminents dont la bonne foi ne saurait être mise en doute.

Cependant il est peu connu. Pour les uns, c'est une contrée malsaine, dangereuse pour nos hommes, sans ressources dans le présent ni dans l'avenir. Pour d'autres, c'est une terre fortunée dont les habitants sont prêts à nous servir, où nous n'avons qu'à nous présenter pour nous enrichir sans peine des produits les plus variés et les plus rares du sol, de l'industrie et du commerce des indigènes.

La vérité est entre ces deux termes extrêmes.

Le Tonkin est un pays sain parfaitement agréable à habiter pourvu que nous sachions nous y installer.

Il est riche et produira beaucoup entre nos mains si nous sommes laborieux, économes, persévérants comme nous l'avons été en Cochinchine avec l'amiral de la Grandière.

Avant son retour en France, M. Paulin Vial eut la satisfaction de constater la réussite de deux entreprises décidées par M. Paul Bert et continuées par son collaborateur.

La province du Phuyên fut rapidement occupée par les troupes de la Cochinchine soutenant le Phu-Loc et ses volontaires annamites.

Les rebelles se dispersèrent presque sans résistance devant ces auxiliaires dont l'action efficace pouvait seule mettre fin à une agitation contre laquelle des expéditions militaires sont impuissantes.

C'est avec l'aide des Annamites qui nous sont dévoués, en leur laissant une grande initiative, que l'administration obtiendra la soumission définitive des populations indigènes.

L'exposition de Hanoi, qui avait été l'objet de beaucoup d'appréciations malveillantes, montra tout ce que l'on pouvait attendre du Tonkin et de l'esprit d'initiative du commerçant français. Elle fut réellement très belle et très intéressante. Elle aurait pu donner des résultats plus utiles, mais elle fit honneur à ceux qui l'avait ordonnée et à ceux qui l'avaient organisée (1).

On lisait dans le *Saigonnais*, 13 mars 1887 :

« On nous écrit de Nung-Lam le 15 février 1887 :

« Le débarquement des troupes s'est effectué dans les meilleures conditions. Le commandant du *Mei-Nam* et ses dix-huit marins ont fait des prodiges en mettant à terre en une nuit et une demi-journée 1.400 hommes, le navire étant mouillé à 2 kilomètres et demi de la côte. La colonne n'est partie que deux jours après le débarquement, car les rebelles s'étant retirés, il y avait intérêt à s'organiser d'abord.

« Le commandant Chevreux est parti précédé du Phu-Loc et a pris les vestiges de la citadelle de Phuyên.

« Le 8 la colonne a été accueillie dans la plaine de Cai-Dra par une assez forte canonnade de rebelles fortifiés sur les hauteurs. On leur a répondu par des feux de salve et 70 coups de canon. Un obus a éclaté au milieu d'une poudrière des rebelles dont les pertes ont été évaluées à 150 hommes.

« La citadelle du Phuyên a été occupée, les troupes du Phu-Loc et du commandant ayant opéré un mouvement tournant autour de cette ex-place forte, dont il ne reste plus rien.

« Le Phu-Loc a dû ces jours derniers pousser

---

(1) Elle est décrite dans une note spéciale à la fin de ce livre.

jusqu'à la frontière nord de Khanh-Hoa et voir M. Aymonnier...

« Les habitants du canton de Xuan-Day, en proie aux continuels pillages des rebelles, se sont précipités dans nos bras, tout étonnés de voir que loin de leur prendre leurs récoltes et leurs marchandises, nous payons largement tout ce dont nous avons besoin...

« Il est probable que l'on marchera prochainement sur Tra-Ke et Dinh Son, où les rebelles qui n'ont pas passé chez les Moïs, se sont, dit-on, retirés.

Au point de vue du pittoresque, le pays est idéal, le rivage couvert de cocotiers et les collines qui l'entourent parsemées de cultures... Derrière les montagnes sont de nombreuses rizières. Le climat est des plus sains... »

« Nung-Lam, le 23 février 1887.

« Aussi loin que peut s'étendre la vue sur les campagnes du Phu-yên, elle ne rencontre que les drapeaux tricolores flottant sur les Cai-Nhas.

« Le dimanche 20, Phang, général des rebelles et un Chinois fournisseur d'armes ont été exécutés devant plus de 3.000 notables et anciens chefs des rebelles accourus de tous les coins de la province apportant leurs canons, leurs fusils, leurs lances et leurs étendards.

« La campagne a repris son aspect habituel et est couverte de travailleurs : les villages conservent leurs habitants qui, loin d'être effrayés par la vue des Français, viennent à leur rencontre. Les rebelles qui se sont soumis du côté de Tra-Ke, sont poursuivis par le commandant Chevreux et le Tong-Doc, marchant parallèlement.

« La pacification est donc un fait accompli dont il faut féliciter hautement ceux qui ont été chargés de cette expédition, chacun ayant concouru au succès final qui ne s'est pas fait attendre.

« Le combat du 8 contre les rebelles installés

dans des positions formidables, leur a donné une preuve de notre suprématie. Il ont renoncé à la lutte, sont venus faire leur soumission, reconnaissant qu'elle était impossible pour eux. »

Ces récits nous montrent combien il est facile, avec des troupes habituées aux Annamites et avec le concours d'indigènes dévoués, de mettre fin aux troubles de l'Annam.

# CHAPITRE VIII

Description du Tonkin. Ses fleuves. Ses montagnes. Ses ports. Son commerce. Ses productions. Son climat. Mesures à prendre pour préserver la santé de nos soldats et de nos colons, pour assurer sa prospérité.

Le Tonkin est un immense trapèze irrégulier qui s'appuie par une base de 300 kilomètres environ sur le golfe du Tonkin, depuis le cap Pak-Lung jusqu'à l'embouchure du Dày. Il s'enfonce dans le continent sur une profondeur de plus de 400 kilomètres du sud-est au nord-ouest en longeant au nord les frontières des provinces chinoises de Canton, du Quang-Si et du Yunnam.

Au sud, il touche la province annamite du Thanh-Hoà ; à l'ouest et au nord-ouest, les contrées peu connues et mal déterminées du Laos.

Sa superficie totale est évaluée à 200,000 kilomètres carrés, celle de l'Annam à 100,000 kilomètres carrés (Bouinais et Paulus, p. 432).

Il est situé entre 17° 30' et 23° 20' de latitude nord, entre 101° et 105° 40' de longitude orientale du méridien de Paris (M. O., p. 431.)

Si on lui retranche ses provinces anciennes du Than-Hoa, de Nghe-An et de Vinh, actuellement réunies à l'Annam, il s'étend seulement du 20° parallèle à 23° 20' de latitude.

Alors, d'après M. le colonel Laurent, sa superficie serait d'environ 130,000 kilomètres carrés.

« Au nord du Thanh-Hoa, jusqu'aux frontières de la Chine, s'étend, sur une étendue de 150 lieues de longueur, sur 100 de largeur, la partie la plus importante du royaume annamite, le Tonkin. »

(*Le Tonkin*, M. le docteur Rey, p. 3.)

Il comprend l'espace déterminé par deux lignes de montagnes et de plateaux élevés partant toutes les deux des hauteurs du Yunnam.

L'une court au sud-est en nous séparant des provinces chinoises et aboutit aux îles montagneuses qui terminent notre côte depuis le cap Pak-Lung jusqu'à la Cat-Ba, en face la baie d'Along et l'entrée du port de Hai-Phong.

L'autre chaîne de montagnes descend du nord au sud à peu près parallèlement aux côtes de la Cochinchine et sert d'extrême limite aux établissements des Annamites qui ne vivent généralement que dans le voisinage de la mer ou des cours d'eau, car ils redoutent le séjour des régions montagneuses de l'intérieur.

Les fleuves et les rivières qui descendent vers la mer en entraînant avec eux des débris et des alluvions de toutes natures ont peu à peu constitué le Delta du Tonkin qui s'étend depuis Sontày jusqu'à l'embouchure du Dày d'une part, et jusqu'au Song-Tam-Bac près d'Haï-Phong de l'autre, représentant une superficie de 14,000 kilomètres carrés environ (d'après M. Gouin.)

C'est dans cette région, qui est d'une grande fertilité, qu'est groupée la presque totalité de la population annamite, organisée par villages, rangée, laborieuse, ne s'occupant que de culture, de commerce et d'industrie.

Cette partie du Tonkin est la mieux desservie pour ses transports par des canaux transversaux qui mettent en communications faciles à peu près parallèlement aux rivages de la mer, les importantes provinces de Ninh-Binh, de Nam-Dinh, de Hung-Yên, de Haï-Duong, de Bac-Ninh et de Hanoï.

Les rivières qui arrosent le Tonkin au sud et à l'ouest sont tributaires du Fleuve Rouge ou Song-Coï qui descend du Yunnam, entre sur notre territoire à Lao-Kay, après l'avoir limité depuis Lang-Po, reçoit successivement la rivière Noire et la rivière Claire, passe à Hanoi, à Yung-Yên, à Nam-Dinh et se jette à la mer par plusieurs embouchures, le Traly, le Balat, le Cua-Lat et le Day. Aucune de ces embouchures n'est praticable pour les grands navires.

Le volume du Song-Coï est énorme et il empiète continuellement par ses apports sur les rivages de la mer. A partir de Hanoi, il a à peu près un kilomètre de largeur, une vitesse de un mètre et demi par seconde et une profondeur très variable.

Son débit moyen a été évalué à 2,400 mètres par seconde à la hauteur de Hanoi.

Ses eaux rougeâtres contiennent à peu près 3 o/o de dépôts composés en grande partie d'argile, il entraînerait sur son parcours annuellement près de 2,000 millions de mètres cubes d'alluvions au-delà de Hanoi.

Il dépose des galets jusqu'à Tan-Quan, des graviers jusqu'à Bac-Hat, des sables jusqu'à l'entrée du canal des Bambous, et des vases depuis ce point jusqu'à la mer.

« D'après des documents chinois, en l'an 600 de notre ère, Hanoi était un port de mer, ce qui indiquerait une conquête progressive annuelle de 48 mètres de la terre sur les eaux. » (Rey, p. 6). Cette ville est actuellement à plus de 100 kilomètres du rivage de la mer.

A la saison des pluies, le niveau du fleuve s'élève

à plus de 7 mètres au-dessus de son étiage le plus bas à Hanoi.

On ne sent l'influence des marées à Hanoi que pendant la saison des basses eaux. A l'époque des crues du fleuve, leur influence ne dépasse guère l'entrée du canal des Bambous.

La crue du fleuve commence vers le mois de mai, elle atteint quelquefois 7 mètres en juillet et en août. Ses eaux commencent à décroître en août jusqu'en novembre. Les oscillations du niveau sont très irrégulières. Il s'élève ou s'abaisse quelquefois de 2 à 3 mètres en 24 heures.

Les crues sont provoquées par la fonte des neiges et surtout par les orages et les pluies diluviennes qui, à certaines époques, se produisent sur les hauts plateaux du Laos, transformant le fond des vallées en torrents impétueux.

Dans la région du nord-est, les rivières qui descendent des plateaux de la frontière chinoise sont tributaires du Thai-Binh.

Elles ont un volume bien moins considérable que le Fleuve Rouge et ses affluents.

Les uns se jettent dans le Song-Cau, provenant des régions au nord de Thai-Nguyên. Ce sont le Loch-Nam, le Song-Thuong, qui est longé par l'une des routes de Lang-Son, et le Song-Ki, qui arrive à Dong-Triêu du Nord de Quang-Yên. Le Song-Cau qui avait reçu déjà deux petits affluents, le Song-Calo et le canal des Rapides provenant du Fleuve Rouge, se partage en deux branches principales, le Kinh-Tày et le Thai-Binh. Elles se jettent à la mer par plusieurs embouchures, le Song-Chang, le Cua-Nam-Triêu, le Cua-Cam, le Cua-Lach-Trây, le Cua-Van-Uc, et le Cua-Thai-Binh.

Les eaux du Thai-Binh, du Kinh-Tày et du Song-Cau sont moins rapides et surtout moins chargées d'alluvions que celles du Fleuve Rouge. Aussi les embouchures du nord-est, surtout le Song-Chang, le Cua-Nam-Triêu, le Cua-Cam, et le Lach-Tray, soumises au régime régulier des marées, n'ont pas subi les modifications rapides qui ont interdit aux grands navires de mer l'accès des anciens ports de Hanoi et de Hong-Yên. Les bâtiments qui ne calent pas plus de 6 mètres d'eau entrent facilement à Hai-Phong et à Quang-Yên.

Le bassin du Thai-Binh, depuis Bac-Ninh jusqu'à la mer, est plus bas de deux, trois et quatre mètres que les plaines qui avoisinent le Fleuve Rouge depuis Hanoi jusqu'aux Bambous. Les eaux qui alimentent le canal des Rapides se déversent avec une grande vitesse, surtout pendant la saison des pluies, de l'ouest à l'est, en diminuant d'autant le volume et le débit du Song-Coi. Il y a trente ans environ, ce canal fut élargi et rectifié par ordre de l'administration annamite, pour diminuer la violence des courants du grand fleuve.

Le long du Fleuve Rouge et sur les bords des rivières qui arrosent les plaines basses du Tonkin, les Annamites ont cherché à préserver leurs champs cultivés par un immense réseau de digues qui longent les deux rives et s'élèvent à la hauteur des plus fortes crues, variant de trois à sept mètres, selon les localités.

Souvent, en arrière des digues principales, d'autres digues moins considérables ont été élevées pour mettre l'intérieur des terres à l'abri des inondations dans le cas où les premières viendraient à être rompues.

Cet accident arrive fréquemment. Aussitôt que les eaux ont baissé, les habitants des régions voisines sont convoqués pour réparer les brèches qui se sont produites. En un ou deux mois, un second rempart de terre s'élève en arrière de l'ancien sur les indications qui sont données par les mandarins de la province.

L'administration annamite possède tout un ensemble de documents et d'études concernant le régime des eaux duquel dépend la prospérité de leur pays. Certainement leur science ne repose point sur des principes bien définis, mais leur grande expérience leur a permis de dominer jusqu'à ce jour les écarts terribles du Fleuve Rouge.

On craint cependant que cette situation ne puisse se prolonger bien longtemps. Les apports du fleuve sont très considérables et très irréguliers. Sur plusieurs points, le fond de son lit est arrivé à dépasser le niveau des plaines voisines lesquelles vont, paraît-il, en déclinant, au nord-est, vers le bassin du Thaï-Binh, au sud, vers la vallée du Dày.

Il peut arriver un jour que le fleuve, rompant l'une des digues que l'on surélève constamment à mesure que son lit s'exhausse, se jette tout entier à droite ou à gauche et se creuse une nouvelle issue à travers des terres plus basses, bouleversant ainsi tout le régime des eaux du Tonkin, et abandonnant ses riverains actuels qui sont établis sur l'arête supérieure du Delta.

On ne peut prévoir quelles modifications physiques apportera dans la constitution du Delta ce déplacement fatal du fleuve.

Mais on peut être certain que le trouble apporté par cet événement dans les cultures et dans les habitudes des indigènes sera de peu de durée. Ils auront bien vite rétabli des deux côtés du nouveau cours du fleuve des digues puissantes. A l'abri de ces défenses, une population nombreuse et pacifique continuera à se livrer à la culture du riz, des mûriers, de la canne sucre, des légumes, des fruits divers, des nombreux produits qui constituent la principale richesse du Tonkin.

La partie montagneuse du Tonkin comprend deux régions distinctes, celle du nord ou des plateaux; celle du sud-ouest ou des forêts (Bouinais et Paulus).

Dans la région des plateaux sont comprises les provinces de Quang-Yên, Lang-Son, Caobang,

Tuyên-Quang, Hong-Hoa, et quelques parties de la province Thaï-Nguyên.

La région des forêts se rattache à la précédente dans le bassin supérieur de la rivière noire et couvre de ses ramifications la province tonkinoise de Ninh-Binh et les trois provinces septentrionales de l'Annam : Thanh-Hoa, Nghe-An, et Hatinh (Rey, p. 8).

Au nord-est, le Delta est nettement délimité par des chaînes de montagnes dérivées du plateau du Kouang-Si. Elles déterminent le cours des affluents du Thaï-Binh et se prolongent jusqu'à la côte de la partie nord du Tonkin; l'une d'elles se termine près du littoral par un massif dont le sommet le plus élevé, visible de Quang-Yên, a 1400 mètres d'altitude.

Les vallées situées entre ces montagnes ont été habitées et cultivées, surtout dans le voisinage des rivières et près de la côte.

Mais la guerre et la piraterie ont ruiné la plupart des villages de cette région désolée. Il faudrait quelques années de tranquillité pour leur permettre de se reconstituer.

A l'ouest de la vallée du Fleuve Rouge, une chaîne de montagnes se détache du plateau du Yunnam et atteint une hauteur moyenne de 1500 mètres (H. Rey, p. 8). Elle se dirige vers le sud-est et paraît être la ligne de partage des eaux entre le bassin du Mekong et le Tonkin. Des collines détachées de cette chaîne courent de l'ouest à l'est jusqu'au rivage. Elles marquent les limites d'un certain nombre de vallées, arrosées par des fleuves à petit parcours.

L'un des plus importants de ces contreforts est la chaîne de Nho-Quan, située au sud du Dày, qui commence au sud-ouest de Son-Tây et finit à la Grande-Dent (400 mètres) près de la mission catholique de Ke-So, non loin de Nam-Dinh.

Une autre chaîne à peu près parallèle à la précédente, sépare le Laos annamite du bassin de la rivière noire et du Delta. Il est dominé par la montagne de Tang-Viên, haute de 1,800 mètres.

Dans le sud-ouest de Hong-Hoa, à 15 ou 20 kilomètres, s'élève le mont Lev-Hac (1,320 mètres). Dans la même direction par rapport à Son-Tày, se trouve à 20 kilomètres le Bavi, dont les trois pics, élevés de 1870 mètres, se voient très distinctement de Hanoi (Rey, p. 9.)

« Le sol de la région des plateaux, de 40,000 kilomètres carrés environ, imprégné d'oxydes et de sulfures, est moins favorable à la culture que les riches plaines du Delta, mais il paraît devoir fournir des gisements abondants et des bois de toutes natures.

« Celui de la région des forêts est peu fertile en général, parce que les bienfaisantes inondations ne peuvent y couvrir qu'un espace restreint du territoire. » (Bouinais et Paulus.)

Cependant on peut espérer que lorsque la paix règnera dans ces vastes contrées, la population du Delta refluera naturellement vers les vallées du haut pays et mettra en valeur tous les versants des collines où elle trouvera de la terre végétale. Dans l'Inde et en Chine, sur toutes les hauteurs où les cultivateurs peuvent amener de l'eau, des rizières sont établies sur une série de gradins entretenus par la main des hommes et reçoivent successivement l'arrosage qui leur est nécessaire.

Sur la surface du Delta émergent un certain nombre de collines qui furent autrefois des îlots, le groupe de Dong-Triêu, le groupe Pagode (260 m.), le Nui-Deo (145 m.), la montagne de l'Éléphant (160 m.), près Hai-Phong, les Pins-Parasols, près du canal des Rapides. (Rey, p. 9.)

Des îlots pareils forment la baie d'Along et s'étendent le long de la côte, jusqu'en face de Moncây. La plupart sont des rochers escarpés, couverts d'arbres et de verdure. Ils affectent les formes les plus pittoresques et les plus bizarres. Il y en a plusieurs milliers, vrais nids de pirates, semés en apparence selon les dispositions les plus capricieuses.

Quelques-uns sont de véritables îles d'une certaine étendue couvertes de forêts.

La Cat-Ba, qui limite au sud la baie d'Along, a 3o kilomètres de longueur.

C'est à l'abri de ces îles que se trouvent les meilleurs mouillages pour les grands navires, et c'est au fond et au nord de la baie d'Along qu'est située la baie de Hôn-Gây ou port Courbet, où l'on propose d'établir le futur port de guerre du Tonkin.

Ce point est en effet admirablement choisi, et le nouveau port aurait l'avantage d'être à portée des mines de charbon de Hôn-Gây, gisements considérables qui existent sur son littoral.

Cette création ne saurait empêcher l'entrepôt déjà établi à Haï-Phong de continuer à être le rendez-vous des navires de commerce ayant un tirant d'eau inférieur à 6 mètres.

La plupart des navires fréquentant les mers de Chine peuvent y entrer facilement et de ce point, beaucoup plus central que la baie d'Along, leurs cargaisons sont plus facilement réexpédiées par des jonques dans l'intérieur du Delta.

Les Annamites sont les anciens possesseurs du Tonkin et forment la partie la plus considérable de la population. La plupart des auteurs évaluent leur nombre à dix millions d'âmes au moins, sur lesquels 5oo,ooo à peu près sont chrétiens.

Organisés par villages et par cantons, ayant un cadastre ou liste officielle, des champs cultivés qui sont leurs propriétés personnelles, protégés par une législation régulière dans leurs droits de chef de famille et de citoyens, élisant eux-mêmes les notables chargés d'administrer leurs communes et leurs cantons, ils sont parvenus à une civilisation déjà avancée, très favorable au développement de leurs familles et de leurs intérêts matériels.

Les cantons sont répartis entre un certain nombre de préfectures et de provinces qui sont administrées par des mandarins nommés par le Gouvernement, chargés de maintenir l'ordre, de faire rentrer les impôts, de rendre la justice.

Ces hauts fontionnaires sont choisis parmi les lettrés qui, ayant obtenu aux concours publics, les brevets de docteurs ou de licenciés, ont fait un long stage dans les bureaux de l'administration. Tous sont instruits des lois et des coutumes du pays ; beaucoup sont honnêtes, tous désirent la grandeur de leur nation.

Ils ont un grand désir de s'illustrer, de mériter le respect de leurs concitoyens pendant leur vie, d'être honorés après leur mort.

Ils nous ont fait pendant les dernières années une opposition violente et ils ont cherché à intimider nos partisans par le meurtre et l'incendie.

Aujourd'hui, les meilleurs d'entre eux reconnaissent que leurs agissements ont amené la perte de la dynastie et la ruine des populations. Il est probable qu'ils nous prêteraient un concours sincère si les représentants de la France manifestaient envers les Annamites des sympathies éclairées et bienveillantes.

Citons les promesses qui leur furent faites aux premiers jours de la conquête, ce peuple ne les a pas oubliées.

« Les proclamations qui furent adressées aux
« Annamites dans les mois de mars et d'avril 1861,
« leur garantirent leurs lois, leurs usages et leurs
« mœurs. — Moins pressés de leur appliquer des
« recettes merveilleuses venues d'Occident que de
« conserver le bien qui existait, on chercha à les
« éloigner des vices qui leur étaient inconnus et à
« les conserver tels qu'ils étaient, c'est-à-dire, se-

« meurs de riz et pêcheurs. » (Pallu de la Barrière, *Expédition de la Cochinchine*, *1861*, p. 157.)

Les lettrés et la plupart des Annamites instruits suivent étroitement les préceptes de Confucius. Ils honorent leurs ancêtres et leur rendent un culte familial. Ils respectent profondément la vieillesse. Les grands parents, ces témoins imposants des choses d'autrefois, qui ont pu connaître les rois et les héros, glorieux fondateurs de l'Empire annamite, sont pour eux et pour leurs enfants des êtres revêtus d'un caractère sacré, chargés par les aïeux de leur transmettre les traditions et les enseignements du passé.

Ils croient à une autre existence dans laquelle les hommes qui ont été sages et vertueux sont réunis ensemble et jouissent des honneurs que les vivants rendent à leur mémoire. Dans chaque maison, un autel placé dans la pièce principale, contient les noms des morts et ceux des fondateurs de la famille. A certains anniversaires, ces autels sont décorés de fleurs et de tentures, on brûle des bougies parfumées et des baguettes d'encens devant les tablettes des ancêtres, et le chef de la famille, entouré de ses enfants, se prosterne en leur adressant des invocations pieuses.

Souvent ces cérémonies religieuses ont lieu devant la maison, en pleine rue, au milieu des allées et venues des passants. Chacun respecte ces démonstrations particulières qui sont conformes aux croyances de tous les indigènes.

On comprend combien il est naturel de ménager chez les Annamites des sentiments qui se rapprochent tant de nos usages et de nos convictions intimes. On comprend aussi combien on a pu les froisser, soit en déplaçant des tombeaux de famille, soit en traitant légèrement des pratiques respectables.

Cette population est répartie entre treize provinces divisées en quarante-trois préfectures (phus), cent trente-six sous-préfectures (huyêns), comprenant mille quatre cent soixante-deux cantons et onze mille huit cent quarante-six communes.

Ces provinces sont celles de Hanoï, Ninh-Binh, Nam-Dinh, Hung-Yên, Hai-Duong, Quang-Yên, Son-Tây, Hong-Hoa, Tuyân-Quang, Bac-Ninh, Thai-Nguyên, Lang-Son, Cao-Bang.

Il y a en outre le Dao ou marche de My-Duc, actuellement annexé à la province de Hanoï.

Un Dao était une région récemment colonisée par les Annamites, dont la population ne comportait pas un gouverneur du rang de Tong-Doc, ni même du rang de Tuàn-Phu.

Lorsque le Dao prospérait, on l'élevait au rang de province. Phuyên et Hatinh ont été autrefois des Daos.

Il y a aussi les régions habitées par les Muongs qui sont divisées en *Chaus* gouvernés par des chefs héréditaires sous la surveillance des autorités annamites. Ces *Chaus* ont une véritable organisation féodale. Quelques-uns confinent à la frontière chinoise et ont été souvent l'objet de la convoitise des mandarins du Céleste Empire. De ce côté, les Annamites et les Muongs s'estiment heureux que notre intervention soit venue les protéger contre les bandes de pillards que la Chine laisse s'organiser chez elle pour dévaster les territoires voisins.

Nous trouvons dans l'*Avenir du Tonkin*, du 27 avril 1889, les renseignements suivants sur les Muongs, recueillis par M. le capitaine Cupet, du 3ᵉ zouaves, dans son voyage de Luang-Prabang à Vinh :

« Le pays traversé est habité par des populations
« vigoureuses comme toutes celles qui vivent dans
« les montagnes, douces, hospitalières, sympathi-
« ques à tous égards. Les unes, comme les Lao-
« tiens et les Pouthais (ou Muongs), habitent les

« vallées, construisent leurs villages sur les bords
« des cours d'eau de quelque importance, et culti-
« vent généralement des rizières. Les autres, con-
« sidérés comme sauvages (Kas, Méos, Yaos) se
« tiennent exclusivement sur les montagnes, aux
« sources des ruisseaux, débroussaillent le terrain
« par le feu pour y planter le riz.

« Toute la région a été récemment ravagée par les
« Hos ou pirates chinois qui s'y sont installés, il y
« a quinze ou seize ans. Ils en ont fait fuir la po-
« pulation paisible et travailleuse qui a cherché un
« refuge, soit dans les coins les plus reculés des
« montagnes, soit dans les provinces éloignées de
« leur centre d'action.

« Grâce aux négociations entamées par M. Pa-
« vie, la plupart des chefs avaient fait leur soumis-
« sion vers la fin de l'année dernière.

« M. le commandant Pennequin, vice-résident mi-
« litaire à Son-La, a dignement couronné cette œuvre
« de pacification, en décidant les bandes à quitter
« définitivement le pays. 1,160 hommes armés
« (pavillons noirs, jaunes et rouges), 1,200 femmes
« et enfants ont été reconduits en Chine par Lao-
« Kay.

« Cet exode a débarrassé le pays de la presque
« totalité des bandits qui en avaient fait un dé-
« sert.... »

Les registres de population des villages du Tonkin comptent 406,435 inscrits, hommes valides, fixés régulièrement dans les communes, astreints à la capitation, à la corvée et au service de l'Etat.

Il est certain que ces registres (Dinh-Bô) n'ont pas été rigoureusement tenus comme ils l'étaient en Cochinchine en 1865.

A cette époque, pour obtenir un recensement approximatif de la population de notre nouvelle colonie, on fit le dénombrement complet des habitants de trois villages par inspection. Ce travail fut renouvelé plusieurs fois et pour 300 villages, donna une moyenne variant entre dix et onze habitants par tête d'inscrit porté sur les rôles d'impôt. On arriva ainsi à trouver pour les six provinces de la Cochinchine 1,600,000 habitants répartis entre 2,000 villages.

Comme les communes du Tonkin sont généralement beaucoup plus considérables que celles de la Cochinchine, on peut admettre, avec la plupart des auteurs, que le chiffre de sa population est au moins proportionnel à celui de ses villages quand on le compare à celui de la Cochinchine et qu'il doit dépasser 10 millions d'âmes (1).

Les personnes qui connaissent les habitudes de l'Indo-Chine savent que pendant les temps de troubles, les chefs des villages ne portent pas sur leurs registres les individus qui viennent s'établir temporairement sur leurs territoires, quoiqu'ils les fassent participer aux impôts et aux corvées. Cette irrégularité a été tolérée de tous temps par les administrateurs indigènes. En se montrant trop rigoureux, ils auraient empêché les Annamites chassés de leurs foyers par les malheurs de la guerre, de se fixer dans d'autres villages et les auraient fatalement amenés à vivre dans le vagabondage et la piraterie.

En les laissant s'établir et vivre ignorés au centre de populations paisibles, sans leur réclamer les impôts réglementaires pendant quelque temps, on était certain qu'ils s'attacheraient à une nouvelle commune dont ils augmenteraient naturellement l'importance et les revenus.

Plus tard, lorsqu'ils seraient liés par leurs intérêts et par leurs affections, par les tombeaux de quelques-uns de leurs parents, au sol de leur nouvelle patrie, ils pourraient sans inconvénients être

---

(1) Voir aux notes le Tableau de la Population extrait de l'ouvrage de M. Silvestre.

portés sur la liste des contribuables de la commune.

En Cochinchine, plusieurs villages furent détruits par nos ennemis pour s'être soumis à la France. Les habitants émigrèrent dans des communes placées sous la protection de nos principaux établissements. Un grand nombre vinrent aux environs de Saigon où certains villages qui n'avaient pas cent inscrits sur leurs registres, pouvaient facilement fournir un millier de travailleurs. Si nous avions exigé qu'ils se fissent inscrire régulièrement, ils se seraient immédiatement dispersés.

Les productions du Tonkin sont connues, elles sont appréciées depuis des siècles par les négociants chinois, par les Japonais et même par les Européens.

Il fournit d'abord une abondante récolte de riz, l'élément le plus considérable et le plus précieux du commerce de l'Extrême-Orient, en Chine, en Indo-Chine, en Malaisie et dans l'Inde.

Il produit beaucoup de soie. Plusieurs Européens évaluent sa production annuelle à 25 millions.

Il produit des bois de teintures, des gommes, de la laque, des arachides, du sucre, des fruits en abondance.

Sur ses côtes et dans ses rivières, le poisson abonde. Des pêcheries admirablement installées et exploitées par des cantons entiers, emploient des milliers d'hommes et font vivre une population nombreuse.

Sur le bord de la mer, mais plus particulièrement dans les anciennes provinces de Thanh-Hoà, de Nghe-An et de Hatinh, ainsi que sur la côte de Quang-Yên, des salines importantes sont l'objet d'une exploitation fructueuse. Le sel est importé dans l'intérieur par toutes les embouchures des fleuves. Il est transporté jusqu'aux frontières du Yunnam et du Quang-Si où il est le principal objet d'échange avec les Laotiens, les Muongs et les Chinois.

En retour, on rapporte au Tonkin de l'opium, des bois, des minerais, des nattes, des bambous, des rotins, de la cire, des saumons de zinc et de cuivre.

Le commerce de l'intérieur du Tonkin avec Lao-Kai et les frontières de la Chine était très ancien. Il se faisait avec des jonques montées par des équipages annamites pour le compte de maisons chinoises dont plusieurs étaient établies à Hanoi.

Malgré la présence des Pavillons noirs, il avait continué sur le haut Fleuve Rouge. Il n'avait cessé que lorsque les hostilités contre la Chine avait été ouvertement déclarées en 1884.

Lorsque Lao-Kay fut occupé par M. le général Jamont en 1886, une douzaine de jonques qui avaient été retenues dans cette ville pendant deux années, redescendirent immédiatement à Hanoi chargées de marchandises provenant du Yunnam.

Il serait difficile d'évaluer exactement l'importance réelle du commerce du Tonkin d'après les mouvements qui ont été constatés par notre douane.

Dans ce pays qui a plus de dix millions d'âmes et qui, avant notre arrivée, ne pouvait trafiquer librement avec l'extérieur, tous les habitants, à peu d'exceptions près, vivent au jour le jour, redoutant la guerre, redoutant les pirates, et n'ayant qu'une confiance limitée dans les institutions incertaines que nous leur avons données jusqu'à présent.

Personne n'a confiance dans son voisin. — Beaucoup d'individus se réunissent la nuit pour piller les propriétaires qui passent pour avoir de l'aisance. Ceux qui ont quelque argent le cachent dans la terre, ceux qui ont des récoltes ne savent à qui vendre leurs excédants.

Quelques négociants chinois parcourent les campagnes avec leurs bateaux et achètent à vil prix les produits du sol ; mais ils ne font point un commerce régulier et profitable aux cultivateurs. Actuellement, le surplus des récoltes est gaspillé, perdu ou détruit.

Lorsque cette situation lamentable se sera modifiée, lorsque les commerçants pourront circuler en sécurité, lorsque la police sera faite régulièrement dans les villages, par les autorités des villages, la population du Tonkin produira facilement, comme celle de la Cochinchine, le double au moins de ce qui est nécessaire pour la nourrir ; le surplus sera l'objet d'un commerce actif, prospère, qui provoquera l'augmentation rapide de la production.

Avec ses bénéfices, l'Annamite, qui n'est nullement rebelle aux innovations, augmentera son bien-être et achètera les produits qui lui seront apportés de l'extérieur.

C'est à ce moment que le commerce français devra être prêt à lutter contre la concurrence étrangère, à se faire connaître, à se faire préférer.

Les mesures prohibitrices qui ont arrêté l'essor commercial dans toute l'Indo-Chine en y introduisant hâtivement nos tarifs généraux de douane ont eu des résultats déplorables.

Certes, on ne pouvait, comme en Cochinchine autrefois, admettre toutes les marchandises étrangères en franchise, puisqu'il fallait, dès les premiers jours, créer des ressources pour le budget du Protectorat.

Mais il aurait été sage de se borner à établir, pendant les premières années, des taxes très modérées et faciles à percevoir sur les principaux articles d'importation.

Plus tard, lorsque les besoins de la population auraient été dûment constatés, lorsqu'elle aurait contracté l'habitude et le besoin de certains produits, lorsqu'un courant commercial régulier aurait existé, il aurait été facile de taxer raisonnablement des articles dont le mouvement aurait été assuré, de ceux qui auraient été indispensables aux habitants.

On aurait obtenu ainsi des sommes considérables, proportionnées à la consommation normale, sans porter le trouble dans la situation économique du pays.

Actuellement, on n'a abouti qu'à priver les indigènes de quelques-unes des marchandises qu'ils recevaient de l'extérieur et à restreindre l'emploi des capitaux dont ils pouvaient disposer. Nous avons contribué à ralentir la production au lieu de la stimuler, ce qui serait le devoir des gouvernants. Ces réflexions faites, citons quelques chiffres à titre de simples renseignements.

Dans le *Saigonnais* du 18 août 1887, nous trouvons l'indication suivante :

« Le premier rapport annuel sur les opérations des douanes de l'Annam et du Tonkin en 1886 contient des détails intéressants sur le commerce du Protectorat.

« Les importations et les exportations en 1885 et 1886 ont atteint les chiffres suivants :

|  | 1885 | 1886 |
|---|---|---|
| Importations | 21,679,878 fr. | 28,808,505 fr. |
| Exportations | 7,860,296 | 9,112,433 |

Le total des importations et des exportations a donc été, en 1885, de 29,140,175 fr.

en 1886, de 39,920,939 »

« L'augmentation de 1886 a donc été de 8,387,764

« Cet excédant en faveur de 1886 est assez considérable ; il est dû non seulement à l'accroissement du commerce, mais encore au plus grand soin apporté dans le service de la vérification. »

On trouvera dans les notes insérées à la fin de ce livre, un extrait du tableau du mouvement commercial en 1887 qui a atteint le chiffre de 48,420,526 fr. 36 cent.

Peu importent d'ailleurs les chiffres du mouvement commercial au Tonkin, constatés par la douane au moment où ce service est en voie d'organisation et alors que le pays est encore sous l'impression des troubles et des désordres qui sont inséparables d'une situation anormale.

Ce qui nous intéresse surtout, ce sont les éléments réels de son commerce futur.

Si à Saigon, en 1864, nous n'avions pas eu confiance dans les ressources de la Cochinchine, dans sa production, dans l'énergie de sa population agricole, si nous n'avions consulté que le mouvement du port, nous n'aurions jamais osé prévoir un mouvement commercial de 100 millions qui est dépassé aujourd'hui, et un budget des recettes de 20 millions qui atteint 25 millions à l'heure actuelle.

« Etat général du mouvement commercial maritime de la Cochinchine française :

En 1886        en 1885
31,391,171 piastres.    28,876.988 piastres.

Recettes : 6,674,887 piastres 27. — Recouvrements effectués : 6,645,028 piastres 45.

(*Extrait de l'Etat de la Cochinchine française en 1886, Saigon, imprimerie Rey-Curiol, 1888.*)

Voici quels étaient autrefois les principaux articles de commerce avec le Tonkin :

« Les Hollandais demeurèrent dans le pays jus-
« qu'en 1700. Ils furent suivis par les Anglais et
« les Français. Les exactions du gouvernement
« royal et l'hostilité de la population firent aban-
« donner ces relations commerciales.

« A l'époque de sa prospérité, le comptoir hol-
« landais faisait 450,000 florins d'exportation, sur-
« tout de soies grèges et de tissus de soie. Les
« importations comprenaient le thé, les draps, le
« coton, l'opium, le plomb, le salpêtre, les porce-

« laines communes et les armes. » (Bouinais, p. 583.)

« Importations. Les importations pour le Tonkin portent principalement sur le thé de Chine pour les classes supérieures, le thé du Yunnam pour les classes inférieures, les cotonnades et les fils de coton anglais, les soieries de la Chine, les flanelles, les draps légers, les couvertures, les velours de soie unis, la mercerie, la parfumerie, la verrerie commune d'Europe, la porcelaine de Chine, la quincaillerie, l'horlogerie, la miroiterie, les articles de Paris, les couleurs pour la teinture (vermillon et couleurs d'aniline), le tabac, l'opium de l'Inde, du Yunnam et du Quang-Si, les médecines chinoises (orpiment, écorces, racines, plantes, quelques produits animaux), le papier chinois, les objets destinés au culte (papier doré, baguettes de cire, parfums à brûler en l'honneur de Boudha ou des ancêtres), le cuivre, l'alun, les sacs en paille pour le riz d'exportation, et de petits lots d'allumettes suédoises, de bougie, de fer blanc, de fer en barres, de cuivre en feuilles (du Japon), de parapluies en coton, en soie, etc., etc. » (Bouinais, p. 587 et 588.)

Quelques-uns des produits indiqués comme provenant de Chine sont également fabriqués au Tonkin même, par exemple le papier, la porcelaine commune, les objets destinés au culte, le papier doré, les baguettes de cire, les bronzes, les ornements divers, peints et laqués, les étoffes brodées, etc.

Aux articles d'importation que nous venons de citer, nous ajouterons les conserves, les fruits séchés et sucrés, les confiseries de Chine, du Japon et d'Europe, les liqueurs, les vins, le sel de l'Annam, les poissons séchés et salés, etc., etc...

« La plus grande partie du commerce d'importation est alimentée par les marchandises chinoises (pour les deux tiers) et par les marchandises anglaises. Parmi les premières, les soieries de Chine, très supérieures aux soieries indigènes, ne sont achetées que par les mandarins et les personnes riches... » (Bouinais, p. 588).

Une partie des soieries réexportées de Chine sont de fabrique française.

« Le tabac chinois vient surtout de Canton et de Swatow. Il est très fin, préparé d'une manière particulière, spécialement pour la pipe à eau; il est réexpédié en grande partie sur le Yunnam et dans les provinces du nord, de Langson, Cao-Bang et Lao-Kay, limitrophes de la Chine. Le tabac constitue le principal article de transit à destination du Yunnam... » (Bouinais).

« Les cotonnades anglaises sont très demandées à cause de leur bas prix... » (Bouinais, p. 589).

« La consommation des cotonnades, qui s'élève actuellement à 3 ou 4 millions de francs, se développera rapidement... » (Bouinais, p. 589).

Il a été admis à l'exposition de Hanoi que les cotonnades, les draps légers et les flanelles de provenances françaises pouvaient rivaliser comme qualité et comme bon marché avec les produits anglais. De même nos foulards et nos tissus de soie envoyés par diverses maisons de Lyon ou de Paris ont été très appréciés par les indigènes.

« La France fournit du vin, des liqueurs, de l'eau-de-vie, des conserves alimentaires, des farines, des articles de Paris, de la quincaillerie et des confections. » (Bouinais, p. 589 et 590).

« L'exportation comprend les métaux du Yunnam (étain, cuivre, mercure), le cristal de roche, les plantes médicinales, les plantes tinctoriales, le thé aggloméré en forme de brique, le cunao ou faux gambier, le stiklac, les cardamomes sauvages, l'amidon de riz, l'huile ou vernis à laquer, et les marchandises laquées, les étoffes ou tapis brodés, les meubles incrustés, le papier d'écorce de mûrier, le sel, les soies brutes, les arachides, l'huile de badiane, le papier, les cornes de cerf, les comestibles desséchés (crustacés, poissons, ailerons de requin, viande de porc fumée ou salée, œufs, champignons), les porcs, les volailles, les peaux de bœufs et de buffles.

« Le riz, la soie, l'étain et l'huile à laquer constituent plus des quatre cinquièmes de l'exportation. » (Bouinais, p. 590).

« Les produits du Delta seront longtemps consommés par le Kouang-Toun et le Kouang-Si, car ces produits sont appropriés aux besoins de ces vastes provinces.

« Les quantités d'étain du Yunnam déclarées à la douane de Haï-Phong, ont été de près de 2 millions de francs en 1878, et de 1.173.637 francs en 1880, ces chiffres sont inférieurs à la réalité... » (Bouinais et Paulus, p. 590).

« Haï-Phong envoie dans l'Annam des noix d'arec, des bambous, des rotins et une certaine quantité de cannelle.

« Les soies grèges, d'une assez bonne qualité, mais d'un travail médiocre, constituent l'un des principaux articles d'exportation du Tonkin ; une certaine quantité se dirige sur la Chine pour être mélangée à des soies de qualité supérieure avant d'être réexportée sur l'Europe ; la plus grande partie est destinée à la Cochinchine française... La passementerie, les objets brodés, les boîtes laquées et les incrustations prennent également la route de Saigon...

« Les porcs vivants sont dirigés sur Hong-Kong.

« Le vernis à laquer et les marchandises laquées sont envoyés à Saigon et au Japon.

« L'huile de badiane se paie de 1000 à 1200 fr. le picul à Hanoi. Quand le pays sera pacifié, cette marchandise qui sert à la fabrication de l'anisette et qui est employée en médecine, dans les pays européens comme en Chine, sera un des objets les plus demandés pour l'exportation.

« Les bois des contrées montagneuses pourront être exportés à Hong-Kong, qui est obligé de s'approvisionner en Chine.

« Nous ferons remarquer l'importance, au point de vue commercial, de la province de Thanh-Hoa, malheureusement rétrocédée à l'Annam. Elle fournit des bœufs, des buffles, de l'indigo, de la cannelle et de fort beaux bois.

« Le coton de Thanh-Hoa, exporté sur Pack-Hoi ou sur Haïnam, est réexporté comme produit chinois. » (Bouinais, p. 591).

« Pour l'année 1883 toute entière, sur un total de 4.169.983 francs, la part de la France et des colonies françaises était de 829.216 fr. de marchandises importées.

.....................................

« Les marchandises envoyées à Hong-Kong représentaient 19 pour cent, celles envoyées à Saigon, 16 pour cent de l'exportation. Le cabotage enlève 5 pour cent. Les produits du Yunnam entrent pour 16 pour cent dans l'exportation...

« Les jonques qui fréquentent Haï-Phong arrivent généralement du port chinois de Packhoï; elles ont un tonnage moyen de 45 à 50 tonneaux...

« Leur nombre diminue devant la concurrence des vapeurs. En laissant de côté les approvisionnements faits pour le compte de l'Etat, les marchandises venant de Hong-Kong, opium compris, entrent pour 97 pour cent dans les importations du port de Haï-Phong; le cabotage avec les ports annamites de la côte pour 2 pour cent, les envois de Saigon pour 1/2 pour cent seulement du mouvement total...

.....................................

« Il est urgent de faire des travaux pour améliorer le port. De l'avis de personnes compétentes, une estacade établie à l'embouchure vers le banc de sable, arrêterait le mouvement des terres dont l'accumulation a produit la barre. Il faudra construire des quais et des magasins.

« Haï-Phong, malgré son importance, n'est qu'un port de transbordement, où les marchandises amenées par des bâtiments de mer, sont chargées sur des bateaux de rivière pour remonter sur les véritables entrepôts de Hanoi et de Nam-Dinh... » (Bouinais, p. 595).

« Les transports sur le Fleuve Rouge se font au moyen de jonques de rivière et de petits vapeurs dont le mouvement en 1880 a été de 45.000 tonnes pour les premières, et de 15.000 tonnes pour les secondes... » (Bouinais, p. 597).

« Avant l'établissement de services réguliers entre Saigon et le Tonkin, les Chinois étaient, depuis des siècles, les maîtres absolus du trafic de l'Annam et du Tonkin. Au moment de la mousson du nord-est, des marchands de Canton se transportaient avec leurs agents et un assortiment de marchandises communes (thé, papier, porcelaine, etc.) vers le Viêt-Nam. Les chefs de maison restaient au port et écoulaient la pacotille, pendant que les employés parcouraient l'intérieur, pénétraient jusque dans les régions montagneuses et la région frontière, achetant aux indigènes les récoltes sur pied, livrables au moment de la moisson, d'avril en juin.

« Quand les achats étaient réunis, la mousson du sud ramenait vers les rives du Céleste Empire les négociants et leur personnel.

« Les fils de Han avaient le monopole du commerce, ils en profitaient pour acheter à bas prix et réaliser de grands bénéfices... » (Bouinais, p. 601).

Citons en outre quelques extraits du rapport de M. Alcide Bléton, négociant à Haï-Phong, au ministre de la marine (*Journal Officiel* de la Cochinchine, 22 octobre 1885) :

« Ce qui frappe le plus en entrant dans Haï-Phong, c'est de voir la grande pénurie de logements et de magasins, ainsi que la façon par trop primitive avec laquelle les constructions sont faites. Pour la très grande part, ce ne sont que des maisonnettes bâties en torchis et couvertes en latanier ou palmier.....

. . . . . . . . . . . . . . . . . . . . . . . .

« En effet, presque tous les terrains de la ville européenne en dehors de la concession du gouvernement, appartiennent à quinze ou vingt Européens qui les ont achetés pour quelques francs en 1883. Ces Européens, pour la plupart employés ou anciens employés de l'administration, n'ont pas les moyens de faire de grandes ni de solides bâtisses et préfèrent élever des maisonnettes en torchis dont la location très facile et avantageuse les rembourse, en moins d'une année, des frais de construction. Ce système leur permet également d'attendre la plus-value des terrains, plus-value qu'ils escomptent cependant largement, puisqu'ils ne craignent pas de demander de dix à vingt francs le mètre carré d'un terrain sur lequel il y a généralement un remblai de deux à trois mètres à faire.....

. . . . . . . . . . . . . . . . . . . . . . . .

« Le jour où commencera la construction des maisons habitables, la France verra son chiffre d'importation au Tonkin augmenter rapidement, car il faudra alors ciment, chaux hydraulique, poutrelles en fer, serrureries, verres à vitres, et ensuite la literie, les meubles, la lingerie, les tapis, les rideaux, les glaces, la vaisselle, les cristaux, la batterie de cuisine et tout ce superflu indispensable dans un appartement, surtout lorsqu'on est loin de son pays.

« De plus, nos négociants français, certains de pouvoir se loger, eux, leurs familles et leurs marchandises, se décideront beaucoup plus facilement à venir profiter du grand mouvement que ne peut manquer d'amener la construction prochaine de quais, hôpitaux, casernes, écoles, tribunal, port, chemins de fer, maisons particulières, etc.....

« ..... La chaux ordinaire, la tuile, la brique et le carrelage se fabriquent dans le pays, mais dans de si mauvaises conditions que ces industries, entre les mains d'Européens du métier, gagneraient certainement de l'argent...... »

« Malgré leur abondance et leur qualité, les bois de charpente du Tonkin ne devraient pas être employés dans une construction sérieuse, à cause de certains insectes et de fourmis blanches qui dévorent tout. L'emploi de poutrelles en fer paraît devoir être préféré. .....

. . . . . . . . . . . . . . . . . . . . . . . . . . . . . .

« Les habitations actuelles manquent absolument de confortable et même du strict nécessaire ; mal construites et humides, fermant mal et plutôt faites en vue de la saison chaude, elles ne vous garantissent ni du chaud, ni du froid, ni du vent, ni de la pluie. Le mobilier est on ne peut plus sommaire.... On se sert généralement de lits annamites se composant simplement d'un cadre en bois sur lequel on étend des nattes en paille de riz ou en bambous. Ce n'est également que dans quelques chambres de l'administration que j'ai vu des cheminées dont le besoin se fait vivement sentir cependant pendant l'hiver.....

. . . . . . . . . . . . . . . . . . . . . . . . . . . . . .

« Déjà le Résident de Hai-Phong a commencé de grands travaux pour remblayer toutes les mares, tracer les rues principales et assainir les quartiers chinois et annamites.....

. . . . . . . . . . . . . . . . . . . . . . . . . . . . . .

« Il serait bien à désirer que l'administration, par une combinaison quelconque, pût mettre à la disposition des colons des terrains à bâtir dans le prix maximum de trois à quatre francs le mètre carré...

. . . . . . . . . . . . . . . . . . . . . . . . . . . . . .

« Il conviendrait certainement à des capitalistes de créer une société immobilière pour la construction de maisons spacieuses et confortables. La main-d'œuvre et les matériaux étant fort bon marché, ce serait un capital qui rendrait de gros intérêts......

« Peut-être aussi le Gouvernement ferait-il bien, pour ne pas retarder la prospérité de Hai-Phong et empêcher le découragement des nouveaux arrivants, de faire construire lui-même quelques maisons. Il en aurait certainement l'emploi......

« Quoiqu'il en soit, d'une manière ou d'une autre, des constructions nombreuses devront se faire, ce qui procurera passablement de travail aux entrepreneurs et sera une source de bénéfices pour les négociants qui s'occuperont des articles nécessaires à la construction et à l'ameublement des maisons.

« La main-d'œuvre étant fort bon marché, il serait difficile aux artisans européens de pouvoir lutter contre les indigènes qui possèdent du reste une grande aptitude d'imitation et font d'excellents maçons, menuisiers et charpentiers.

« Quelques bons contre-maîtres français trouveraient cependant à s'employer dans les travaux se rattachant aux constructions.

« Le travail de la terre doit être laissé exclusivement aux indigènes, car l'Européen ne pourrait supporter de travailler constamment dans l'eau avec le soleil brûlant du Tonkin sur la tête. La culture maraîchère est la seule qui conviendrait aux Européens, ce travail ne nécessitant pas les fatigues de la grosse agriculture, et le sol étant très favorable au jardinage. Ce sera du reste une source de grands profits pour les jardiniers intelligents qui s'établiront dans les environs de Hai-Phong et d'Hanoi, car presque tous les légumes et les fruits d'Europe viennent parfaitement dans ces terrains humides et ne manquant de soleil que de décembre à la fin de février.

« Tous les produits du pays sont bon marché et suffisamment variés pour suffire à une table bien tenue. C'est ainsi que le poulet et le canard ne valent que 50 centimes, la viande de porc se vend 40 centimes le kilo, tandis qu'il faut payer 1 franc la viande de bœuf. Le gibier d'eau est abondant et par conséquent, bon marché, et il est facile de se procurer maintenant tous les légumes européens.

« On trouve également une variété de fruits, dont beaucoup sont trouvés excellents par les Européens.

« Le lait est peu abondant, car la vache zébue en a très peu..... Le mouton manque entièrement. Par contre, les chèvres sont abondantes. Le pays ne produisant pas de céréales, ou du moins de blé, le pain vaut environ 1 franc le kilo, car la farine doit venir de France ou d'Amérique..... » (1885.)

Ces indications, très précises, seraient encore utiles aujourd'hui.

Le premier soin d'un Européen qui arrive au Tonkin doit être de s'installer confortablement, lui et sa famille. Pour faire un bon travail, il faut être à l'abri des maladies qui frappent impitoyablement les colons lorsqu'ils ne sont pas bien logés et nourris convenablement.

Les principales occupations des Européens, lors de la création d'une colonie comme le Tonkin, doivent avoir pour objet les grandes entreprises utiles dans lesquelles ils ont une supériorité incontestée sur les indigènes ; les transports, les constructions de maisons, de quais, de ponts, de chemins de fer, le commerce avec l'extérieur.

Ils ne peuvent s'occuper des entreprises agricoles et de l'élevage que dans des conditions exceptionnelles et comme conducteurs de travaux ou directeurs de grands établissements.

Leur tempérament ne leur permet pas de se livrer à un travail manuel en concurrence avec les indigènes.

L'accaparement des terrains, l'insuffisance des maisons, la cherté des loyers sont des inconvénients graves, ils se produisent toutes les fois que des centres commerciaux sont en voie de création ou d'accroissement rapide.

Il n'est pas possible à une administration de les prévenir complètement. Elle est obligée, sous peine d'être accusée de partialité envers certains particuliers, de laisser une certaine initiative aux spéculations privées (tout en les interdisant à ses agents), et de permettre aux premiers colons établis de recueillir les bénéfices des risques auxquels ils se sont exposés.

Son rôle direct se borne habituellement à assurer le nécessaire à ses employés et à accorder des secours aux colons malades ou malheureux.

Elle vient forcément en aide aux commerçants et aux industriels en leur donnant ses fournitures, ses travaux et ses principales entreprises et en ne les confiant qu'à ses nationaux.

Pour compléter les renseignements que nous donnons sur le Tonkin, nous emprunterons quelques passages au livre de M. le docteur Rey, médecin en chef de la marine en retraite (1888, Paris). — Cet ouvrage peut être consulté avec confiance par les personnes qui sont appelées à habiter nos nouvelles possessions.

« Le Tonkin offre à l'Européen des ressources alimentaires suffisantes et variées. Les bœufs de Thanh-Hoa sont petits, mais donnent une chair de bonne qualité. Le porc est commun et sa chair se digère plus facilement que celle du porc d'Europe. Le mouton est rare, (on en peut faire venir du Yunnam où il est assez abondant); mais les villages regorgent de volailles (poules, canards, dindons, oies); les œufs sont à bas prix ; le gibier d'eau et le poisson abondent. Les légumes manquent quelquefois, cependant on pourra trouver sur le marché, suivant la saison, des choux, des patates douces, des petites raves blanches, du pourpier, une petite tomate ronde, des piments, des petits pois, des haricots verts, des aubergines. Mais tous ces produits de la culture maraîchère indigène sont de médiocre qualité et ne sauraient être comparés à ceux d'Europe.

Lorsque les Annamites seront devenus plus experts en cette matière, ils feront produire aux jardins tous les légumes de France. A Hanoi, le d$^r$ Hamon a obtenu des résultats qui auraient, dit-il, excité l'envie de plus d'un maraîcher. Il a récolté des carottes, des choux-fleurs, des salades de belles dimensions, ainsi que des asperges, des artichauts et des pommes de terre (1).

. . . . . . . . . . . . . . . . . . . . . . . . . . . . . . .

« Les fruits manquent souvent. Il vient de Chine quelques pommes, des marrons, des noix. Le Tonkinois récolte des prunes de médiocre qualité. La goyave est excellente, quand on la mange à maturité. Le fruit indigène le plus abondant est la banane, c'est une précieuse ressource; on ne s'en lasse jamais; une espèce, dite musquée, est particulièrement appréciée. On trouve sur place des oranges, des mandarines inférieures à celles d'Algérie et d'Espagne, des grenades, des ananas. Nous avons vu aussi figurer sur notre table le letchi, dont la pulpe nacrée n'est pas à dédaigner. » (Rey, pages 163 et 164.)

Beaucoup d'autres fruits existent encore au Tonkin; la carambole, le mango, la pomme cannelle et surtout le kaki qui est très sain et très abondant.

Le climat n'est pas absolument le même dans toutes les parties du Tonkin. Les observations les plus suivies ont été faites dans le Delta, particuliè-

---

(1) Un beau jardin potager a été récemment créé à Hanoï, par les soins de M. Voinnier, vétérinaire, chef du service du corps expéditionnaire.

rement à Hanoi, à Hai-Phong et à Nam-Dinh, dans les centres destinés à être habités par les Européens.

A Hanoi et dans les parties du Delta qui sont éloignées de la côte, la température est, assure-t-on, un peu plus chaude l'été et un peu plus froide l'hiver que dans les régions maritimes de Hai-Phong et Quang-Yên.

Dans les régions montagneuses du haut Fleuve Rouge et du Song-Thuong, la température est plus fraîche l'été et devient froide l'hiver dans les localités convenablement ventilées.

Voici ce qu'en dit M. le docteur Villedary :

« C'est un climat excessif, très chaud, souvent rigoureux en hiver. Le maximum pendant la saison chaude, oscille entre 37 et 39° et atteint rarement 40 degrés.....

« La vallée du Song-Thuong est particulièrement chaude.

« L'époque la plus froide de l'année, à Than-Moi, correspond au mois de février. Le minimum thermométrique est alors de + 4° environ et l'ascension maxima du milieu du jour n'élève guère le mercure au-dessus de + 9°. Les matinées et les soirées sont excessivement fraîches. » (Rey, pages 62 et 63.)

« Pluies. La quantité d'eau qui tombe annuellement dans le Delta est considérable ; elle est, à Hanoi, de plus de 2 mètres (2.0922). A Hai-Phong, elle serait un peu moindre, près de 1 mètre 610 (Nantes, une des villes les plus humides de France, reçoit chaque année 1356 millimètres d'eau ; Brest, 904 millimètres, il en tombe à Paris 600 millimètres, année moyenne). » (Rey, p. 66).

« Le Tonkin est situé dans la zône géographique où règnent les vents alternatifs réguliers du sud-ouest et du nord-est qu'on appelle les moussons. Le golfe et le Delta sont ouverts tout larges à la mousson du nord-est, vent frais d'hiver. Au contraire, la mousson de sud-ouest, vent d'été violent dans la mer des Indes, souffle mollement dans la mer de Chine.

« Arrêtée par la presqu'île indochinoise et ses montagnes, elle se dévie et, dans le golfe du Tonkin, prend la direction du sud-est. Le régime des vents est donc une alternance des vents alisées nord-est et sud-est plutôt que des moussons. — A certains jours exceptionnels, le vent souffle du nord et de l'ouest. Ce sont les vents froids, plus fréquents en hiver et qui font descendre le thermomètre jusqu'à 9, 8 et 7 degrés. Le ciel est alors clair et bleu, comme dans nos beaux jours de l'été. Au cœur de l'été, ces vents sont péniblement ressentis.

« Le docteur Aube nous racontait avoir vu en plein mois d'Août, le thermomètre descendre à 16 degrés par un vent du nord, et chacun de se plaindre et de doubler ses vêtements.

« Ces courants atmosphériques descendent des montagnes qui bordent le bassin du Fleuve Rouge; au contact de leurs hautes cîmes, ils se sont refroidis. » (D$^r$ Bourru. Rey, p. 69).

« Ces vents du nord, le D$^r$ Villedary les a particulièrement observés dans le Haut Tonkin.

« Il note l'heureuse influence de ces courants froids sur les organismes alanguis par les chaleurs de l'été. Le vent d'hiver ne laisse pas, dit-il, que d'offrir sur certains points de la région montagneuse, dans les vallées en corridor, par exemple, comme celle du Song-Thuong, une grande impétuosité.

« Il souffle généralement du nord, est très piquant, très froid, et fort désagréable à subir. Cependant on peut dire que ces grands courants atmosphériques qui balaient le pays, sont généralement pour lui une cause de salubrité, car ils sèchent les herbes détrempées par les brouillards, emportant avec eux les miasmes du marécage, renouvellent l'air, et, par leur mouvement et leur température, impriment à la surface cutanée et aux organes respiratoires une excitation qui retentit avantageusement sur tout l'organisme.

« Au changement de saison, en septembre notamment, les vents de nord-est en inclinant vers le sud et en variant brusquement d'une direction à une autre, occasionnent des orages et des bourrasques qui durent quelques heures seulement.... » (Rey, p. 69).

Le Tonkin, tout en étant situé dans le voisinage des tropiques, est bien ventilé et jouit d'un climat très supportable pour les Européens.

Rarement, comme en Basse-Cochinchine, on y subit des chaleurs constantes et presque invariables pendant plusieurs journées et plusieurs nuits consécutives. Le soir, le matin ou dans la nuit, même pendant le gros de l'été, quelques courants d'air frais viennent tempérer la chaleur et activer la respiration.

A partir du mois d'octobre jusqu'aux premiers jours d'avril, l'hiver est fréquemment très agréable et rappelle le climat des côtes de la Gascogne en automne. Le séjour de ce pays nous a paru préférable à celui de plusieurs contrées situées sous le tropique et habitées par de nombreuses colonies européennes. Il nous semble plus agréable que celui de Rio-Janeiro, de Bahia, de Ceylan, de Singapore et de Saigon.

Lorsque nous aurons créé des établissements de convalescence sur les hauteurs, sur la côte et sur les îles du golfe du Tonkin, les colons pourront alternativement, et selon les conseils de leurs médecins, aller se reposer pendant la saison chaude sur les plateaux élevés ou au bord de la mer.

« Du mois de mai à la fin de septembre, le Tonkin est un pays tropical, chaud entre les plus chauds, pluvieux entre tous (Bourru). Mai et juin sont les mois les plus pénibles ; le soleil est au Zénith et les grandes pluies ne sont pas venues rafraîchir l'atmosphère... Tout l'été, l'exercice physique est impossible, le travail intellectuel difficile... Il ne faut pas songer à sortir, si ce n'est de 5 à 7 heures du soir ou dans les premières heures de la matinée.

« Je garderai longtemps le souvenir des nuits brûlantes de juillet et des avalanches d'eau qui tombaient, sans beaucoup rafraîchir l'atmosphère. — Pendant la période des grandes chaleurs, entre le jour et la nuit le thermomètre accuse une différence de trois ou quatre degrés à peine. A Nam-Dinh, dit le docteur A. Lejeune, pendant les mois de juillet et août 1884, j'ai constaté chaque soir, à 11 heures, 33 et 34 degrés.

« Pendant la première quizaine d'août, la température est encore très élevée (maximum $33°5$, minimum, $24°5$). A la fin du mois, les matinées sont relativement fraîches et les nuits supportables. » (Rey, p. 73).

En mentionnant plusieurs opinions dont quelques-unes diffèrent entre elles, je tiens à établir que, suivant les époques, suivant les personnes, et suivant les localités où les observations ont été recueillies, on a obtenu des informations qui sont loin de concorder mathématiquement.

Généralement les établissements militaires dans lesquels vivaient la plupart des observateurs étaient entourés de murailles, de fortifications ou de haies de bambous.

A l'intérieur de ces ouvrages, l'air circulait difficilement et, dans la saison chaude l'atmosphère, embrasé par le soleil de la journée, ne se rafraîchissait pas pendant la nuit.

Les casernes et les hôpitaux de Hanoi et de Nam-Dinh étaient dans ces conditions défavorables.

Lorsque toutes les habitations des Européens, nos casernes et nos hôpitaux seront parfaitement dégagés et ouverts à la brise, les différences de température entre la journée et la nuit seront plus accentuées à l'époque des grandes chaleurs.

En arrivant à Hanoi, M. Paul Bert fit abattre les haies de bambous et les ouvrages en terre qui entouraient la concession dans laquelle habitaient les administrateurs et une partie des états-majors.

Les logements qui s'y trouvaient, étant à la hauteur des digues et le long du fleuve, se trouvèrent alors dans des conditions excellentes au point de vue de l'aération.

« En général, dans le courant de septembre un coup de vent tournant annonce la fin de la saison chaude. Les matinées dès lors se rafraîchissent de un degré, différence minime, sans doute, mais agréablement appréciée par celui qui vient de supporter les chaleurs de l'été. En octobre, le nord et le nord-est donnent de véritables journées d'automne ; température tonique, ciel ensoleillé, d'un bleu sévère, montagnes d'un violet foncé...

« Aux derniers jours du mois, il est possible de reprendre les exercices physiques interrompus par l'été.

« Dès novembre l'hiver se dessine ; on chasse, on monte à cheval et l'on fait de longues courses ; les nuits sont fraîches ; la température baisse jusqu'à 16 degrés ; un beau soleil réjouit les yeux.

« Les averses ont fait leur temps ; ce qui caractérise ce mois, c'est la sécheresse ; il n'y a plus en effet que des pluies fines et quelques brumes qui flottent à mi-hauteur des collines.

« Comme les vents de nord et de nord-est dominent en décembre et les jours toniques avec eux, l'économie reprend sa vigueur et l'estomac son appétit d'Europe.

Vers le milieu du mois, par 14 degrés, on commence à voir son haleine (Maget), surprise agréable en pays tropical. On peut alors aller à la chasse et courir la campagne au beau milieu du jour. Vers la fin du mois, par des journées de ciel couvert et de pluie fine, on voit la température descendre à 10° et l'on fait volontiers du feu dans les appartements.

« Janvier est le mois le plus froid de l'année : on allume du feu presque tous les jours ; les vêtements de drap sont nécessaires, car, au milieu des jours froids, les vents du sud se montrent rares. Ils soufflent quelquefois cependant et il se produit alors des écarts très étendus de température contre lesquels il importe de se prémunir. « J'arrive au brumaire tonkinois, dit Maget avec pleine raison en parlant du mois de février. Ce mois est en effet caractérisé par une brume constante et une humidité pénétrante.

« En mars, la température ne varie plus d'une heure à l'autre comme en janvier, d'un jour à l'autre comme en février, mais donne deux séries froides de cinq à six jours, intercalés dans des jours relativement chauds (Maget). Le soleil commence à reparaître à certains jours du mois, un exercice un peu violent devient pénible et amène la sueur. Le mois d'avril est aussi très humide, la chaleur s'annonce déjà, bien que le soleil paraisse peu souvent. Au commencement du mois, on peut sortir encore pendant les heures méridiennes ; mais à la fin les journées deviennent étouffantes et l'on reporte sa promenade aux heures qui précèdent le coucher du soleil. A partir du 25, le vent du sud-est est parfaitement établi et l'on retombe dans les brûlantes monotonies tropicales (Bourru)..... » (Rey, pages 73 et 74.)

« Ce qui vient d'être dit ne se rapporte qu'au Delta et, pour être plus exact, à deux localités seulement, Hai-Phong, près de la mer, et Hanoi, plus profondément situé. Pour le reste du Tonkin, on n'a encore que de rares observations, nul doute cependant que les conditions climatériques deviennent meilleures à mesure qu'on gagne en altitude et qu'on remonte le cours des fleuves. A Mang-Hao, ville chinoise sur le Fleuve Rouge, non loin de la frontière, il neige et gèle l'hiver, et pourtant cette localité, par 23° de latitude, est encore en deçà du tropique.

« A Quang-Yên, la température moyenne a été, pendant la première quinzaine du mois d'août, de 29° 6; le thermomètre n'a pas dépassé 33° et s'est abaissé à 21° à la suite d'un violent orage..... » (Rey, pages 74 et 75.)

Quang-Yên est tout près de Hai-Phong, en face de la mer, sur des collines peu élevées. Un hôpital considérable a été installé dans cette position qui paraît réunir les meilleures conditions au point de vue de la salubrité et de l'agrément.

« Pathologie. Vers la fin de l'année 1875, on établit un poste de 130 Français à Hai-Phong, et un poste de 100 hommes d'infanterie de marine auprès du consul de Hanoi.

L'étonnement des médecins attachés à ces garnisons fut grand de voir que, dans cet immense marécage qui constitue le Delta tonkinois, la malaria ne règne pas ou ne manifeste ses effets qu'à un très faible degré et que nos petites garnisons se maintiennent sous un ciel de feu, dans un état relativement satisfaisant. Cependant le docteur Maget écrivait déjà en 1880 : « Dans une troupe en expédition, l'état sanitaire s'aggraverait, en été surtout, on aurait des insolations, des hépatites et des dyssenteries en grand nombre, maladies rares dans les belles casernes que le génie a élevées si généreusement sur nos concessions...... » (Rey, page 117.)

« Les événements ne devaient pas tarder à confirmer ces prévisions. A peu d'années d'intervalle, arrive au Tonkin un corps d'armée de 10 à 15,000 hommes, formé en majeure partie de troupes de France et d'Algérie, c'est-à-dire peu initiées aux conditions de la vie coloniale. De plus, et par la force des circonstances, ces troupes se trouvent dans l'obligation de guerroyer par tous les temps et toutes les saisons, de traverser des rizières où l'on enfonce jusqu'à mi-corps, de remuer des terres neuves. Alors il advient ce qui ne pouvait être évité : les influences nocives du climat et du sol se sont manifestées et ont produit leurs effets avec plus ou moins d'intensité, suivant les temps, les lieux, et nos soldats en ont été assez sérieusement éprouvés, — plus sérieusement que par le feu de l'ennemi.

« Sur 840 décès dont nous connaissons la cause, survenus avant l'épidémie cholérique de 1885, c'est-à-dire du 1er août 1883 à fin mars 1885 (465 dans les hôpitaux ; 375 dans les ambulances), 175 seulement, ou un cinquième environ (20 pour 100) ont pour origine des blessures de guerre.

« Tous les autres ont été occasionnés par un petit nombre de maladies dont suit la nomenclature !

« Maladies causes de décès :

| | |
|---|---:|
| Dyssenterie.................................. | 192 |
| Fièvre typhoïde........................... | 151 |
| Fièvre intermittente et pernicieuse.. | 79 |
| Insolations, coups de chaleur...... | 57 |
| Fièvres remittentes................. | 42 |
| Diarrhée chronique................. | 26 |
| Hépatite, abcès de foie............ | 20 |
| Tubercules, maladies organiques.. | 20 |
| Fièvre continue..................... | 19 |
| Pleurésie............................. | 12 |
| Anémie................................ | 8 |
| Variole................................ | 4 |
| Purpura hémorragique............ | 3 |
| Cholérine........................... | 1 |
| Total............ | 634 |
| Tués à l'ennemi ou morts des suites de leurs blessures.................... | 175 |
| | 840 |

(Rey, page 118.)

« Ce serait cependant une erreur de croire que le pays, malsain pendant les grandes chaleurs, serait absolument sain pendant la saison froide. Le Haut Tonkin (région de Than-Moi et de Dong-Song), reste fiévreux pendant toute l'année. D'après les observations du D$^r$ Villedary, dans cette région, la proportion des hommes malades, pendant la saison chaude, peut atteindre les quatre cinquièmes de l'effectif et ne descend pas en hiver au-dessous du tiers. La mortalité y est également élevée. « En hiver comme en été, dit Villedary, les organismes, impressionnés par les conditions morbides locales, le sont à un point tel, qu'ils se ressentent longtemps de ces atteintes et ne peuvent guère recouvrer la santé que par un changement immédiat et irrévocable de milieu. » (Rey, p. 120).

Je rappellerai de nouveau au sujet de ces observations que l'état sanitaire d'une station militaire dépend beaucoup de sa position et du régime qui est suivi par les hommes. Ainsi que nous l'avons vu plus haut, la différence climatérique est quelquefois considérable entre deux points très voisins, tels que Hai-Phong et Quang-Yên. Le premier est situé dans une plaine marécageuse, le second sur des collines exposées aux brises de la mer.

Si les troupes font des expéditions ou des corvées fréquentes à toutes les heures du jour, si leur eau et leurs vivres ne sont pas d'une qualité parfaite, si leur service de nuit est surchargé, elles fournissent de suite de forts contingents à l'ambulance.

J'ai constaté aussi que des garnisons qui sont bien logées, bien nourries et dont les hommes ne sont pas suffisamment occupés ou intéressés, sont également exposées à voir leurs effectifs valides diminuer rapidement.

Je me souviens qu'en Cochinchine en 186..., le détachement chargé de garder l'un des postes réputés les plus agréables, les mieux approvisionnés et les mieux situés, se trouva brusquement sur le point de ne pouvoir fournir ses deux factionnaires de nuit. On reconnut que les hommes étaient bien nourris, achetaient en abondance de la volaille, du poisson et des fruits, que l'eau était saine, l'air excellent; mais qu'ils se levaient tard, ne faisaient aucun exercice, passaient la journée à manger ou à dormir. Ils s'ennuyaient.

Une vie bien réglée, quelques marches le matin et le soir, remirent promptement en parfait état ces victimes du bien-être.

Dans les pays chauds, il faut exiger des hommes une existence très régulière et suffisamment active, leur imposer des exercices fréquents à des heures bien choisies, le matin et le soir quand il fait trop chaud, et s'efforcer de les occuper continuellement, de les intéresser à quelque chose. Quand on ne peut les faire sortir, quand les théories ou les exercices sont épuisés, il serait sage de les faire jouer, de les faire travailler à leurs métiers professionnels, de leur donner des livres.

L'oisiveté de l'esprit est aussi nuisible que celle du corps.

« Le Haut Tonkin, une fois cultivé, ne sera pas plus malsain, nous en avons la conviction, que le Delta qui n'est qu'un vaste marais, et dont on ne s'expliquerait pas la salubrité, si celle-ci ne tenait précisément aux riches cultures dont il est couvert... Le docteur Foiret, lui aussi, attribue à la suractivité du sol, sollicitée par la culture, la salubrité relative du Delta Tonkinois. » (Rey, p. 120 et 121).

« L'autorité ferait œuvre bonne si elle ne destinait aux colonies que des soldats choisis, des hommes solides, d'une santé irréprochable et point trop jeunes.

« Il serait à désirer, dit le docteur Rochard..., qu'on n'envoyàt au Tonkin que des hommes de bonne volonté et ayant fait un premier congé. Le grand nombre des malades, le chiffre élevé des décès qu'on signale dans toutes les expéditions lointaines, tiennent à ce que les soldats sont trop jeunes, qu'ils sortent à peine de leurs familles, qu'ils changent brusquement et tout à la fois d'habitudes, de régime et de climat. » (Rey, p. 169).

Ces conseils, dus aux autorités les plus compétentes, justifient pleinement les propositions de quelques-uns des spécialistes les plus expérimentés tendant à obtenir la création immédiate d'une armée coloniale qui serait exclusivement affectée à la garde de l'Indo-Chine.

Ce corps de troupe devrait être uniquement recruté par voie d'engagements volontaires parmi des hommes robustes et éprouvés auxquels on accorderait des avantages spéciaux. Il coûterait beaucoup moins cher que les détachements divers qui circulent constamment entre nos possessions et la métropole ; il n'offrirait pas le spectacle douloureux de jeunes gens déjà anémiés allant à contre cœur dans des contrées inconnues et redoutées.

Tout se tient dans une aussi vaste entreprise que la création d'une grande colonie ; le choix des hommes, le choix des moyens et la vision bien nette des résultats à obtenir.

Les employés de l'Etat, depuis le plus haut fonctionnaire jusqu'au plus simple soldat, ne sauraient être pris au hasard. Chacun d'eux doit concourir intelligemment et volontiers, dans la limite de ses attributions, au but à atteindre.

Ce but, c'est l'apaisement, c'est la sécurité, c'est le calme des esprits obtenus, non par la répression brutale et par la crainte, mais par une attitude bienveillante, par des mesures sages et préservatrices de tous les droits, de tous les intérêts.

Les soldats européens ne doivent pas être inutilement dérangés. Bien casernés, bien nourris, bien tenus, bien payés, habitant des localités salubres, ils doivent être prêts à défendre nos possessions contre une agression extérieure ou contre une insurrection générale.

Mais en temps ordinaire, le militaire français aux colonies est un gentleman respecté de la population, n'ayant avec elle aucuns contacts journaliers.

La police doit être faite par des miliciens indigènes placés sous l'autorité directe des fonctionnaires civils.

Ce sont des hommes sûrs, mariés, pères de famille, dont les villages répondent.

Dans tous les pays organisés, la police est faite par des hommes d'élite, déjà mûrs, placés sous la main de l'administration et appartenant, pour la plupart, à la population indigène.

Le jour où ces principes seront adoptés et rigoureusement suivis, la population du Delta sera tranquille et travaillera. Elle est industrieuse, elle a de bonnes méthodes de culture; elle produira plus qu'elle ne consomme. Le commerce se développera immédiatement, nos recettes permettront de faire face à toutes les dépenses d'intérêt public.

En attendant, il est nécessaire de pourvoir à de nombreux besoins, de construire des logements pour nos employés et pour nos troupes, d'effectuer des travaux importants de voierie et d'assainissement, d'assurer le transport rapide des voyageurs et des marchandises.

Nos ressources étaient insuffisantes pour tout faire à la fois, mais nous avions confiance dans l'avenir et on pouvait faire face à tous les besoins sans compromettre le développement à venir de la colonie.

Rien n'empêchait de consacrer tout notre budget à la construction immédiate des hôpitaux, des logements civils et militaires, à l'entretien de nos troupes et de nos employés, et de confier toutes les entreprises d'utilité publique, chemins de fer, transports fluviaux et services côtiers, magasins, quais, tramways, bacs, marchés, etc...., à des sociétés particulières. C'était intéresser à la prospérité de nos nouveaux établissements le plus grand nombre possible de Français.

Pour ceux qui connaissent la valeur incontestable du Tonkin, il n'y avait nul inconvénient à engager dans des limites très sages nos revenus à venir, à accepter des avances sur les recettes prévues, afin d'être en mesure de faire face à toutes les éventualités sans avoir à réclamer de nouveaux sacrifices de la métropole.

Dans ces conditions, en rassurant les Annamites de toutes les classes sur la part qui leur appartient dans le nouvel ordre des choses, en les amenant à seconder loyalement nos efforts, en accordant aux Européens des entreprises fructueuses, en donnant aux militaires les satisfactions morales et matérielles qui leur sont dues, un gouvernement colonial à la hauteur de sa mission arriverait vite à constituer une société vivace composée d'éléments divers dont chacun serait à sa place et accomplirait fidèlement la tâche qui lui serait dévolue.

Ce n'est pas autrement qu'ont agi les fondateurs des colonies de l'Inde, de Java et de la Cochinchine.

# PIÈCES A L'APPUI ET RENSEIGNEMENTS DIVERS

1· Exposition de Hanoi, extrait de la *Gironde*. 2· Mouvement commercial (extrait du *Rapport des Douanes*, 1888.) 3· Communication de M. Blanchet à la Société de Géographie. 4· Extrait des *Délibérations de la Chambre de Commerce de Saigon*, 31 août 1888. 5· Chiffre des pertes de notre armée en Algérie en 1840. 6· Lettre du vice-roi Nguyên-Huu-Dô, écrite au moment de mourir. 7· Notice sur les langues parlées en Indo-Chine, par M. Neyret. 8· Population européenne au Tonkin. 9· Extrait de *l'Avenir du Tonkin*. 10· Renseignements sur les côtes et les ports de l'Annam. 11· Tableau des poids et mesures. 12· Examen des lettrés à Nam-Dinh en 1886. 13· Extrait de la *Revue du Monde Catholique*. 14· Production de la soie. 15· Massacre des chrétiens en Annam, lettre de Mgr Colombert. 16· Tableau de la population.

## L'EXPOSITION DE HANOI

« L'ouverture de l'Exposition a eu lieu hier, solennelle, bruyante, animée comme toutes les ouvertures, et, comme à toutes les ouvertures on n'a rien vu du tout, si ce n'est des banderoles et de la fumée, la fumée d'une salve princière de vingt et un coups de canon. On n'a guère entendu davantage ; pas ou peu de discours, et les vingt et un coups de canon susdits.

« Cependant, cette Exposition est très belle, très originale, très réussie, et elle aura des résultats importants et utiles, ce qui n'arrive pas à toutes les autres Expositions.

« J'ai eu soin de bien la regarder la veille, au milieu des préparatifs et du désordre inséparables d'une dernière journée de travail.

« Je m'étais glissé à travers les exposants et leurs aides ; je les ai vus à l'œuvre, et, pour faire excuser ma présence, j'ai même donné la main à déballer quelques vitrines fort élégantes.

« Lorsqu'on arrive devant le camp des lettrés, par une large avenue à laquelle on a donné le nom de Paul Bert, on est tout de suite frappé par l'air gai et riant de cette enceinte de murs blancs entourés d'un parterre élégant de jeunes arbres, de fleurs et de gazon. Deux portes monumentales du modèle le plus gracieux et le plus fantaisiste se détachent de la muraille. Elles reproduisent les motifs les plus originaux de nos vieilles portes de pagode. Ce sont deux œuvres d'art parfaitement exécutées, sur les dessins d'un jeune officier du génie.

« Par-dessus la muraille d'enceinte, on voit s'élever la toiture originale et tourmentée de l'hôtel du vice-roi annamite, qui vient d'être achevé, et dont les peintures vivement coloriées sont très pimpantes. En arrière, une série de toitures bizarres ; les inévitables charpentes en fer de notre époque les dominent, supportées par des armatures qui semblent légères comme des fils d'araignée ; ce sont des modèles de villas économiques, de marchés, de gares et autres établissements encore peu connus dans la colonie.

« Au-dessus de ce fouillis s'élève un mât de pavillon monumental de plus de 40 mètres, me dit-on, au sommet duquel flotte le pavillon tricolore. Deux miradores extérieurs couverts en paillotes permettent de surveiller les abords de l'enceinte.

« Ici, la confiance ne se commande pas, et les voleurs sont si bien organisés qu'on doit les surveiller de très près.

« En franchissant la porte d'entrée, le spectacle est charmant. Une large allée bordée d'arbres et de fleurs, de camélias, d'orangers, de citronniers, de péchers, de dahlias, de chrysanthèmes, de rosiers, de plantes des tropiques et des pays tempérés mélangées avec art et profusion, traverse toute l'enceinte. Elle se termine à une porte de pagode donnant sur la campagne ; un train de voyageurs de la maison Decauville, chauffe et est prêt à partir du côté de Hué. La voie n'est pas encore posée jusque-là, il s'en faut. Mais si elle était en place, nous pourrions aller de ce pas visiter le merveilleux tombeau de Gialong ; en travers de l'allée, au-dessus des wagons, se détache un pont Eiffel, d'une seule portée, suspendue à 6 mètres de hauteur sur deux assises de granit. A droite et à gauche, nous voyons des pavillons variés, en bois, en fer, en paillotes. Qu'y a-t-il dans ces vingt maisons ? A-t-on pu les remplir ? On se le demande avec inquiétude.

« Ce qui me rassure à ce sujet, c'est qu'il y a beaucoup de belles choses au dehors ; une réduction de la statue de la Liberté, de Bartholdi, se détache au-dessus d'un massif de roses, un portique en granit et en marbre du Tonkin termine une contre-allée ; des statues antiques en pierre ornent des encoignures ; des chars cambodgiens dételés reposent sous les vérandas ; des machines, un rouleau compresseur énorme, une collection de poissons salés n'ont pas l'honneur d'une toiture.

« J'entre au hasard dans les pavillons ; ils sont remplis et bien remplis, tout est curieux.

« Chaque exposant, livré à lui-même, a groupé ses produits de la manière la plus pittoresque. Dans le premier pavillon à droite, Rouen, Elbeuf et Voiron ont étalé les riches produits de leurs industries ; surtout des cotonnades, des lainages, des toiles et des papiers. On y voit des tissus merveilleux et d'un bon marché inouï. Une fabrique expose un assortiment complet des produits obtenus de la ramie, linge de table, rideaux, tentures, mouchoirs, on peut tout faire avec les fibres de cette plante. En face, sous la fenêtre, la ramie occupe modestement une plate-bande du beau jardin qui s'étend au pied du mât du pavillon.

« Après, vient le pavillon de la Cochinchine et celui du Cambodge, un fouillis de merveilles. Des laques, des bois sculptés, des incrustations, des fleurs, des collections de bois d'ébénisterie, des graines, du nuoc-mam, des nids d'hirondelles, des tissus, des armes, des bouddhas, des dorures et de l'or partout; sur ces produits indigènes se détachent des objets d'art moderne, des plâtres élégants, des moulures, des tableaux, des dessins, des photographies.

« A côté, un pavillon spécial a été donné à Mgr Puginier pour les splendides collections qui lui appartiennent et qui ont déjà été bien compromises par des envois aux Expositions d'Anvers et de Calcutta.

« Notre digne évêque a remplacé du mieux qu'il a pu tout ce qui a été perdu, et il expose des laques anciennes, des incrustations comme on n'en sait plus faire, des boiseries sculptées comme des dentelles, des bronzes, des poteries qui viennent de passer quatre siècles sous terre et qui ont été retrouvées lorsqu'on a creusé les fondations de notre belle cathédrale. A côté de tous ces produits du pays sont étalés, sur des étagères, cent vingt espèces de riz, des racines, des graines, des bois d'ébénisterie et de construction, des poteries bizarres, etc.

« Puis on tombe dans le pavillon des beaux-arts, décoré par l'administration. Il est tendu avec des étoffes envoyées gracieusement par S. M. Dong-Khanh. Tout y est riche et somptueux. On y voit des modèles des navires des Messageries fluviales, des photographies artistiques de grande valeur, des tableaux faits au Tonkin, des sculptures, des meubles incrustés ; les regards s'arrêtent avec mélancolie sur une riche broderie anamite, faite récemment à Hung-Yen ; elle représente sur un fond de soie rouge Paul Bert d'après une grande photographie. La ressemblance est frappante.

« Au fond, un grand pavillon consacré aux exposants d'Hanoi. Chacun a exposé avec goût les produits les plus variés de notre beau pays ; les étoffes, les verreries, les porcelaines, les vins, les liqueurs, les meubles. On y voit de tout et des meilleures marques. Qui disait donc qu'on ne trouve rien au Tonkin, même à prix d'or ? Bien des villes de province en Europe ne pourraient en montrer autant.

« En quittant la première enceinte, nous laissons à notre droite le chemin de fer qui siffle, et à notre gauche la pagode de l'enseignement, où nous faisons une courte station. Quelle réunion de livres, de cartes, d'estampes, d'instruments scolaires ! Si on y restait longtemps, le contact de toutes ces doctes choses nous rendrait savants; sortons vite.

« Dans la seconde enceinte tout est sérieux, sévère; il y a moins de fleurs, plus de machines. De grandes galeries en paillotes s'étendent depuis l'hôtel du kinh-luoc ou vice-roi, jusqu'aux murailles, le long desquelles des cages et des étables ont été établies pour recevoir les volatiles et les animaux.

« Ces galeries ont été données aux exposants venus de France. La plupart de nos grandes maisons y ont été représentées. Les aciers, les fers, les bronzes, les papiers, les porcelaines, les meubles, les objets les plus curieux et les plus utiles s'y coudoient. Les forges de Commentry et de Fourchambault, les usines de Baccarat, de Saint-Gobain ; nos grandes papeteries y figurent brillamment; mais nous ne voulons pas faire une nomenclature des maisons françaises qui ont répondu à l'appel de

M. Paul Bert et qui ont ainsi fait preuve d'un patriotisme éclairé. Nous nous bornons à constater leur initiative et leur désintéressement.

« En simple curieux, je devais examiner surtout les choses du pays, les spécialités indigènes. Là, j'ai été ravi, je l'avoue.

« Dans une série de cases bien aménagées, la plupart des métiers d'Hanoi sont représentés.

« Les tisseurs d'étoffes de soie, de laine et de coton, les peintres, les sculpteurs, les incrusteurs, les fabricants de jouets, sont en famille dans leurs compartiments et travaillent sérieusement, recueillis, depuis la vieille mère-grand jusqu'aux bambins de dix ans. Leurs doigts agiles accomplissent des merveilles avec des instruments fort imparfaits. Toute une smala est installée à l'extrémité de l'annexe consacrée aux métiers et agite avec frénésie l'eau bourbeuse d'un bassin. C'est une papeterie primitive dont le papier excellent, très solide, est le même que celui qui conserve depuis des siècles les méditations de Confucius. Honni soit qui mal y pense !

« Parlerai-je maintenant de l'exposition des animaux utiles et curieux du Tonkin ? Des moutons, des chèvres, des bœufs envoyés de Lao-Kai et de Lang-Son, des faisans, des paons, qui nous viennent du haut pays. Des galinacés, des échantillons de la race porcine, des oiseaux rares qui attirent surtout l'attention des Européens. Je me bornerai à mentionner le vieil éléphant de la province, venu de Phu-Hoaï pour figurer parmi les anciens souvenirs du pays. Monté par un cornac intelligent, il a d'abord fait le tour de la ville et a récolté une ample moisson de bananes, de sapèques, de gros sous et de morceaux de pain. Puis, lors de l'ouverture de l'Exposition, revêtu d'une belle selle laquée rouge et or, sur laquelle un guerrier inoffensif brandissait des armes d'un autre âge, il a gracieusement fait la révérence à genoux devant le Résident Général, inclinant jusqu'à terre ses belles défenses pointues qui ne seraient pas vierges, paraît-il, de sang humain. Il aurait, en effet, pris part à plusieurs événements dramatiques, et en 1884, il a enfoncé d'un violent coup de poitrine la porte d'un village dans lequel une bande de pirates étaient enfermés.

« On termine la visite de l'Exposition par la visite de la résidence du kinh-luoc, le vice-roi annamite du Tonkin.

« C'est un grand édifice, modeste mais élégamment orné, ayant une vaste cour intérieure avec un bassin, des rocailles et des vases de fleurs.

« Il vient d'être achevé sur les plans et sous la direction du haut fonctionnaire qui doit l'habiter aussitôt après la clôture de l'Exposition et qui l'a gracieusement prêté pour la circonstance.

« Il est richement orné de tentures en soie brodée, de devises, de sentences et d'inscriptions dorées sur des tablettes en laque rouge du Tonkin. De beaux meubles, des outils sculptés, dorés et laqués, des brancards rouge et or pour les cérémonies des pagodes, sont déposés dans le tribunal du haut mandarin et provoquent l'admiration générale.

« Que de belles choses et que de richesses dans ce Tonkin ! Cette Exposition est toute une révélation.

« Après avoir énuméré sommairement et avec de nombreuses lacunes les choses que je n'ai fait qu'entrevoir, j'ajouterai que l'Exposition est comprise dans une enceinte de 75,000 mètres carrés environ, qui était autrefois le Camp des Lettrés. C'est là que les divers candidats aux grades du mandarinat venaient subir leurs examens.

« Il y existe vingt-huit bâtiments, représentant environ 1,800 mètres de surface couverte. Ils suffisent à peine à recevoir tous les objets exposés.

« Les instruments aratoires, les machines, les pompes, les poteries sont déposés sous des hangars ouverts.

« Quatre pompes à incendie sont en permanence

dans l'enceinte, prêtes à fonctionner en cas d'accident.

« Le service est assuré par une garde de cent cinquante hommes environ, dont une vingtaine d'Européens.

« Un buffet convenablement servi permet aux visiteurs d'y passer la journée entière.

« Ainsi, toutes les précautions ont été prises pour donner la sécurité et le confortable voulus aux exposants et aux visiteurs.

« Je ne vous raconterai pas l'ouverture solennelle de l'Exposition, qui a eu lieu hier ; je ne vous nommerai pas les hauts personnages qui y ont assisté : le Résident général et son brillant cortège, le général et son nombreux état-major, le Résident supérieur, qui les recevait, à la tête du Comité, ayant le commissaire de l'Exposition à ses côtés.

« Dans la foule des fonctionnaires et des officiers on remarquait les deux délégués de S. M. le roi de Siam, dans leurs costumes de soie brodés d'or; les hauts mandarins annamites avec leurs gardes du corps habillés de rouges, portant devant eux des écussons et des trophées laqués et dorés. Les miliciens de Hanoi avec leur tenue d'été, blanc avec liserés bleus, faisaient la haie à l'intérieur de l'enceinte. Leur bonne attitude a été remarquée.

« Une société élégante et distinguée, parmi laquelle se trouvaient un grand nombre de dames, était réunie sur la tribune d'honneur.

« Je crois savoir que des compliments nombreux et bien mérités ont été adressés au commissaire de l'Exposition, aux habiles constructeurs qui l'ont secondé et au savant organisateur du jardin qui entoure les bâtiments d'une ravissante garniture de fleurs et de feuillages.

« L'œil et l'esprit étaient également charmés pendant la course rapide que j'ai faite à travers l'Exposition. C'est une promenade que je recommencerai souvent, et tout le Tonkin y viendra.

Hier, les guichets étaient encombrés; les Annamites sont dans l'enthousiasme.

« Puisse le ciel qui commence à se couvrir et à nous donner de trop fréquentes ondées nous accorder encore quelques belles journées, afin de ne pas nous gâter les quelques moments de plaisir que nous comptions prendre en examinant plus à fond l'une des exhibitions les plus variées et les plus curieuses qu'il m'ait été donné de voir! »

(Extrait de la *Gironde* du 4 mai 1887.)

## MOUVEMENT COMMERCIAL

Extrait du rapport annuel des opérations des Douanes, de l'Annam et du Tonkin 1887. (*Avenir du Tonkin*, 19 mai 1888) :

|  | 1886 | 1887 |
|---|---|---|
| Importations.. | 28.808.505 95 | 38.368.724 96 |
| Exportations.. | 9.112.433 83 | 10.051.801 40 |
| Totaux... | 37.920.939 77 | 48.420.526 36 |

Différence en faveur de 1887 : 10,499,586 56.

Cette augmentation est beaucoup plus apparente que réelle.... L'opium et le riz n'ont figuré dans nos statistiques, jusqu'à la fin de 1886, que pour le montant des droits perçus, et ce n'est qu'à partir du 1er janvier 1887 qu'on a porté leur valeur comme pour tous les autres articles. Ces deux produits donnent à eux seuls un excédant de 8,241,601.10.

Il ne reste donc qu'un excédant véritable de 2,257,985.49 provenant à peu près entièrement de l'augmentation du mouvement commercial avec les provinces chinoises du Yunnam par Lao-Kai.

| | | |
|---|---|---:|
| 1885 | — Importations.... | 21.679.878 50 |
| — | Exportations.... | 7.860.296 94 |
| | Total..... | 29.540.175 44 |
| 1886 | — Importations.... | 28.808.505 95 |
| — | Exportations.... | 9.112.433 83 |
| | Total..... | 37.920.939 78 |
| 1887 | — Importations.... | 38.368.724 96 |
| — | Exportations.... | 10.051.801 40 |
| | Total..... | 48.420.526 36 |

Mouvement de la navigation maritime dans les ports de Hai-Phong, Tourane, Qui-Nhon, Xuan-Day et Cam-Ranh en 1887.

ENTRÉES

| | Navires | Tonnage |
|---|---:|---:|
| Hai-Phong . . . . . . . | 418 | 126.446 |
| dont, chinois et annamites . | 212 | 5.444 |
| Tourane . . . . . . . . | 623 | 65.842 |
| dont, chinois et annamites . | 523 | 6.716 |
| Qui-Nhon. . . . . . . . | 543 | 55.053 |
| dont, chinois et annamites . | 476 | 5.843 |
| Xuan-Day. . . . . . . . | 891 | 27.585 |
| dont, chinois et annamites . | 870 | 11.221 |
| Cam-Ranh . . . . . . . | 336 | 18.234 |
| dont, chinois et annamites . | 315 | 4.964 |

Total : 2.811 navires jaugeant 293.151 tonnes, dont 2.396 jonques chinoises ou annamites jaugeant 34.229 tonnes.

SORTIES

| | Navires | Tonnage |
|---|---|---|
| Hai-Phong . . . . . . . . | 342 | 122.923 |
| dont, chinois et annamites . | 137 | 3.041 |
| Tourane . . . . . . . . | 719 | 75.677 |
| dont, chinois et annamites . | 618 | 13.008 |
| Qui-Nhon . . . . . . . . | 570 | 51.141 |
| dont, chinois et annamites . | 503 | 4.857 |
| Xuan-Day . . . . . . . . | 527 | 28.882 |
| dont, chinois et annamites . | 506 | 10.681 |
| Cam-Ranh . . . . . . . . | 264 | 16.541 |
| dont, chinois et annamites . | 243 | 3.271 |

Total : 2.422 navires jaugeant 295.166 tonnes, dont 2.007 jonques chinoises ou annamites jaugeant 34.858 tonnes.

Il est entré en 1887 dans les ports de l'Annam et du Tonkin 2,811 navires ou grandes jonques, jaugeant ensemble 293,151 tonnes contre 924 navires jaugeant 252,597 tonneaux en 1886 ; et il est sorti de ces mêmes ports 2,422 navires et jonques jaugeant 295,166 tonneaux contre 927 navires, jaugeant 234,308 tonnes l'année précédente. Cette augmentation provient de plusieurs causes :

1° De la création des bureaux de douane de Xuan-Day et de Cam-Ranh qui enregistrent, le premier 23, le second, 28 navires à vapeur.

2° Des jonques chinoises venant de Chine, d'Hai-Nan et de Cochinchine et surtout du nombre toujours croissant des jonques indigènes et chinoises se livrant au cabotage sur la côte du Tonkin et de l'Annam. Il n'avait pas été tenu compte du mouvement de ces dernières pendant les huit premiers mois de 1886.

Les quatre cinquièmes environ des navires français entrant dans nos ports appartiennent à la compagnie des Messageries Maritimes. Les vapeurs de commerce affrétés par l'Etat pour le transport des troupes, n'ont pas été compris dans les statistiques.

Il est entré en 1887, sous le pavillon allemand, 102 bateaux, jaugeant 60,851 tonnes, contre 124 jaugeant 66,204 tonnes, en 1886.

Il n'est entré pendant l'année que 47 navires anglais contre 48 l'année précédente.....

..... Il est entré en 1887, 58 navires danois et 3 navires norwégiens.....

### IMPORTATIONS

Les importations en 1887 ont atteint 38,368,724.96 contre 28,808,505.95 en 1886.

Les marchandises provenant de la France ou de ses colonies, entrent dans la valeur totale des importations pour 8,682,159 francs.

...................................................

Sur le chiffre total des importations, le bureau de Hai-Phong vient au premier rang, 28,952,812.19.

Ce port a reçu à lui seul près des trois quarts des marchandises importées dans les deux pays.

Tourane vient ensuite avec 5,605,752.92 contre 4,217,142.63 en 1886. Ce port le plus important de l'Annam, est appelé à un grand développement.

Hanoï vient en troisième ligne avec 1,433,647.17, contre 131,532.59 en 1886.

Cet accroissement considérable est dû à deux causes :

1° L'importance qu'ont prise les transactions par la frontière de terre;

2° La latitude laissée aux négociants qui reçoivent des marchandises par mer viâ Hai-Phong de les faire dédouaner à Hanoi.

Qui-Nhon vient en 4e ligne avec 1.219,513.69...

Les principaux articles d'importation en Annam et au Tonkin sont : les allumettes, la bière, la bimbeloterie, le charbon de terre, les conserves, les cotons filés, les cotonnades, la farine, les huiles d'arachides, le lait concentré, les légumes frais, les liqueurs, les médecines chinoises, la noix d'arec, l'opium, la papeterie, la porcelaine commune, le riz et le paddy, les vins.

Il a été importé en 1887 pour 448,431.50 d'allumettes amorphes..... Ces allumettes proviennent de l'étranger, du Japon principalement, et en plus petite quantité de la Suède et de l'Allemagne.

L'importation de la bière s'est élevée en 1887 à 229,962.02, celle de la bimbeloterie à 151,333.19.

Le charbon de terre importé au Tonkin (6,728 tonnes), provient d'Angleterre et d'Australie et en petite partie, du Japon..... Il est employé à peu près exclusivement pour la navigation à vapeur.....

Le charbon importé pour le compte de l'Etat n'a pas été compris dans les statistiques.

L'importation des conserves alimentaires s'est élevée en 1887 à 1,063,266.01...., dont 506,571.56 de provenance française.

Il a été importé en 1887 pour 4,652,784.72 de cotons filés contre 5,884,319.31 en 1886 et pour 1,836,260.20 de cotonnades et tissus de cotons divers contre 2,969,439.79 l'année précédente. Cette diminution de plus d'un million sur chacun de ces articles, les deux plus importants du commerce d'importation, provient entièrement de la mise en vigueur du tarif général. L'application de cette mesure ayant fait augmenter considérablement les prix de vente, les indigènes achètent beaucoup moins et reviennent à leur vieille coutume de filer le coton du pays dont le prix de revient est beaucoup moins élevé.

Les cotons filés proviennent de Bombay, les cotonnades nous sont fournies par les fabriques de Manchester. Malgré les droits actuels variant de 25 à 30 %, les produits français ne peuvent pas encore lutter pour le bon marché contre ceux de l'Inde et de l'Angleterre....

La farine, dont il a été importé pour 842,641.31 nous est expédiée par l'Amérique et l'Australie.

Les huiles d'arachides (201,208.40) proviennent en grande partie de Pack-Hoï (Chine).

Le lait concentré (149,699) est d'origine anglaise ou suisse, il n'en a été reçu de France que pour 10,379.45.

Les liqueurs sont presque toutes de provenance française. L'importation en 1887 s'est élevée à 532,334.18.....

Elle avait atteint en 1886, 936,128.27, ce qui donne pour l'année 1887, une diminution de 403,794.09.

Les noix d'arec, dont il a été importé pour 495,225,96, proviennent de la Cochinchine et du Cambodge. L'Annam en expédie une assez grande quanté au Tonkin par cabotage.

L'importation de l'opium s'est élevée en 1887, à 2,511,414.09.....

..... Depuis le 1er janvier 1888, la douane ne perçoit plus qu'un droit de statistique sur l'opium importé, la vente de ce produit ayant été concédée pour une durée de cinq ans à une société fermière.

L'importation des vins qui proviennent exclusivement de France s'est élevée en 1887, à 2,604,605.90.

### IMPORTATIONS PAR FRONTIÈRES DE TERRE

Les importations des provinces du Sud-Est de la Chine par Lao-Kay et Hanoï, et de la province de Canton par Moncây, ont atteint en 1887, 1,284,526.87 contre 221,666.24, en 1886. Les importations par le bureau de Moncây n'entrent dans ce chiffre que pour 4,363.92.

Les principales marchandises importées par Lao-Kay sont : la cire végétale (1,472.23), le cunao (23,905.77), les écorces tinctoriales (8,098.52), l'étain (16,925.80), le fer (2,345.90), les plantes médicinales et les produits pharmaceutiques (123,635.22), l'opium brut et préparé (802,484.13), le thé du Yunnam (346,070.21.)

Le tiers environ de l'opium consommé en Annam et au Tonkin en 1887, provient de la province chinoise de Yunnam.

### EXPORTATIONS

La valeur des exportations de l'Annam et du Tonkin en 1887 a été de 10,051,801.40 contre 9,112,433.82, en 1886 ce qui donne en faveur de la dernière année un excédant de 939,367.58.

Cet accroissement provient entièrement du développement des transactions par frontières de terre. Sur les exportations par frontières de mer, nous relevons une diminution de 100,000 francs environ.

Le commerce d'exportation est resté stationnaire.

..... Les récoltes ayant encore manqué en 1887, il a fallu importer du riz, alors qu'il en a été exporté, du Tonkin seulement, plus de 20 millions de kilogrammes en 1885, que les Annamites considèrent comme une année moyenne.

Voici, exprimées en kilogrammes, les quantités de riz exportées du Tonkin de l'année 1876 à l'année 1884 :

| | | |
|---|---|---|
| 1876 | 3,051,840 | kilogrammes. |
| 1877 | 36,946,320 | — |
| 1878 | 21,928,200 | — |
| 1879 | 12,629,640 | — |
| 1880 | 25,629,820 | — |
| 1881 | 5,556,360 | — |
| 1882 | 19,009,749 | — |
| 1883 | .........,... | — |
| 1884 | 5,376,600 | — |

L'exportation du riz avait été interdite du 1er janvier 1883 au 1er décembre 1884 (1).

Les principaux centres d'exportations sont, au Tonkin : Hanoi, Lao-Kay et Nam-Dinh ; en Annam : Tourane, Fai-Foo, Qui-Nhon, Quang-Nai et Xuân-Day.

---

(1) Cette mesure a dû restreindre la production.

Les produits des provinces de Hanoï, de Son-Tây et de Hung-Hoa, sont dirigés sur le marché de Hanoï. De là, ils sont expédiés à Haï-Phong pour être embarqués sur les navires à destination de Hong-Kong.

. . . . . . . . . . . . . . . . . . . . . . . . . . . .

. . . . . . . . . . . . . . . . . . . . . . . . . . .

Les principaux articles d'exportation au Tonkin et en Annam sont :

La cannelle, le cunao, le coton égrené, la gomme laque et l'huile à laquer, les peaux de bœufs, les poissons secs et salés, la soie sous toutes ses formes, et le sucre.

Cannelle. Presque toute la cannelle est exportée de la province de Quang-Nam par Tourane et Faï-Foo. Elle se divise en deux espèces distinctes : la cannelle cultivée au pied des montagnes, et la cannelle sauvage, recueillie sur les hauts plateaux. Cette dernière est de beaucoup la plus appréciée...

Il a été exporté de l'Annam en 1887, pour 1,964,067.99 de cannelle contre 1,774,642.97 l'année précédente.

Le cunao dont l'exportation en 1886 n'atteignait que 481,653.08 et s'est élevée en 1887 à 714,770 fr., provient principalement des régions montagneuses voisines du Fleuve Rouge et de la rivière Claire. Il en vient une petite quantité du Yunnam.

Le coton égrené est fourni surtout par la province de Than-Hoa. L'exportation a été en 1887 de 252,664.65 contre 526,178.08 l'année précédente.

. . . . . . . . . . . . . . . . . . . . . . . . . . .

Soie. L'exportation de la soie grège (soie filée, soie redévidée), s'est élevée en 1887 à 3,214,636.27 contre 2,358,323.76, l'année précédente et celle des frisons et déchets de soie à 122,719.15 contre 274.444.59 en 1886.

La soie est produite dans toutes les provinces de l'Annam et, au Tonkin, dans celles de Nam-Dinh, de Hanoï et de Son-Tây.

L'exportation des tissus de soie donne pour l'année dernière une diminution de plus de 300,000 fr.; elle a été de 428,911.65 en 1887, et s'élevait à 754,057.46 en 1886.

### EXPORTATION PAR FRONTIÈRES DE TERRE

L'exportation par frontières de terre qui s'est élevée à 1,044,044.92 en 1887 a été effectuée presque entièrement par Lao-Kay.

Les principaux articles exportés en Chine par la frontière du Tonkin sont les allumettes (8,188 fr.) Le bois de santal (5,205.40), les vêtements confectionnés en soie et coton (44,007.18), le coton égrené (183,431.76), le coton filé (10,280), les fruits secs (13,263.05), les huiles d'arachides (10,887.18), le sel (363,640.38), le tabac (136,779.52), les tissus européens (29,538) et indigènes (39,081.61) et en général tous les produits de l'industrie chinoise.

### CABOTAGE

Un tableau du mouvement des marchandises transportées par mer entre les divers ports de l'Annam et du Tonkin indique pour leur valeur totale 5 millions et demi environ.

Parmi ces marchandises nous remarquons l'alcool de riz (95,151.36), les bois de construction (169,310.25), les bœufs (97,740.65), la cannelle (103,466.09) le coton égrené (99,936.03), les huiles d'arachides 181,196.37, les noix d'arec 1,333,418.90, le Nuoc-Mam (174,704.40), la poterie non vernie (78,636), le poisson sec salé (103,255.97), les riz et paddys (994,221.52), les rotins (143,546.15), les saumures salaisons (108,579.90), la soie grège (186,953.92), les sucres blancs et bruns (534,528.40), les tissus et bourres de soie (120.889.24), les cotonnades annamites (187,188.80)...... »

Ces chiffres ne peuvent être d'une exactitude rigoureuse, en raison de la situation troublée du pays et de l'insuffisance des moyens de contrôle. Mais ils renferment des indications précieuses sur la variété et l'importance des ressources de nos nouvelles possessions.

On est porté, si l'on cherche à prévoir leur développement commercial dans l'avenir, à prendre des termes de comparaison dans l'histoire de notre colonie de Cochinchine.

Voici les chiffres que nous trouvons dans le rapport du directeur de l'intérieur publié à Saigon, le 25 novembre 1870 :

« Mouvement commercial de la place de Saigon pour les importations et exportations par navires de commerce au long cours du 1er janvier 1865 au 30 septembre 1870.

| ANNÉES | TONNAGES | FRANCS |
|--------|----------|--------|
| 1865 | 101,960 | 33,241,603.30 |
| 1866 | 111,513 | 46,174,060.»» |
| 1867 | 194,614 | 58,545,418.»» |
| 1868 | 164,117 | 62,954,635.»» |
| 1869 | 166,733 | 85,739,995.»» |
| 1870 | 190,343 | 106,952,378.»» |

Trois premiers trimestres

| 1885 | 28,876,988 piastres, soit 113 millions de francs environ. |
| 1886 | 31,391,171 piastres, soit 135 millions de francs environ (1). |

Personne, parmi ceux qui connaissent l'Indo-Chine, ne doute qu'avec une législation commerciale régulière, sagement appliquée, conforme aux besoins des populations placées sous notre protection, les progrès économiques de l'Annam et du Tonkin ne soient aussi rapides que ne furent ceux de notre jeune colonie.

---

(1) Extrait de l'Etat de la Cochinchine en 1886.

3° Extrait de la communication de M. Blanchet à la société de Géographie, séance du 1ᵉʳ juin 1888 :

« M. Blanchet termine sa communication en signalant la situation faite au commerce de l'Indo-Chine par l'application du tarif général des douanes. Que la France cherche à protéger en Indo-Chine l'importation de ses soies, de ses cotonnades, rien de plus naturel, mais frapper en même temps les articles chinois, le thé ou les nids d'hirondelles par exemple, que consomment les indigènes, ou bien les produits qui n'ont pas de similaires en France, tels que le pétrole, c'est imposer, sans compensation, de nouvelles charges aux populations, apporter des entraves aux affaires et s'exposer à ruiner une colonie dont les éléments de prospérité sont incomparables. De nombreuses réclamations se sont déjà produites; les chambres de commerce de Saigon et d'Hai-Phong ont protesté ; il faut espérer que leurs vœux seront écoutés et que l'on comprendra en France que la liberté du commerce est le seul régime qui permette de mettre en valeur ces pays si riches, malheureusement encore si mal connus ici. » (Page 345 du *Bulletin*.)

4° La Chambre de Commerce de Saigon, par sa délibération du 31 août 1888, a émis le vœu « que le régime douanier inauguré en Cochinchine par le décret du 8 septembre 1887, d'après la loi votée le 11 février précédent à la Chambre des Députés, soit absolument aboli à dater du 1ᵉʳ janvier 1889. »

Dans le rapport qu'elle a publié sur cette question, on fait ressortir que le maintien de nos tarifs aurait pour résultat de donner à Siàm le monopole du commerce de la vallée du Mékong, car à Bang-Kok les droits d'entrée ne sont que de 3 %. (Extrait du compte rendu, page 36.)

5° Citons des chiffres qui nous démontrent que dix ans après la prise d'Alger, notre armée d'Afrique était aussi cruellement éprouvée que les corps expéditionnaires du Tonkin :

Effectif des pertes de l'année 1840 en Algérie :

« 9.300 morts sur un effetif de 60.000 hommes.

Effectifs en 1831 : 17.900 hommes.
— 1835 : 30.800 —
— 1840 : 63.000 —
— 1845 : 89.099 —
— 1847 : 101.520 —

Extrait du *Correspondant*, n° du 10 décembre 1888 (Paul Thureau-Dangin, *Bugeaud et Abd-el-Kader*).

6° Extrait de la *République Française* du 23 février 1889 :

Lettre du vice-roi Nguyên-Huu-Do avant de mourir :

Avant de mourir, le Kinh-Luoc, vice-roi du Tonkin, a adressé deux lettres, l'une au roi d'Annam, l'autre aux autorités françaises.

Voici cette dernière lettre, telle que la donne le *Courrier d'Haiphong* :

> A monsieur le Gouverneur général, le Résident Général, le Général, le Résident supérieur et tous les fonctionnaires français.

Avant de mourir, j'ai l'honnenr de vous écrire. Pendant les dernières années, mon administration a été remplie de difficultés, à cause des grands mandarins qui avaient le pouvoir. Grâce à notre bonne entente, grâce à vous, j'ai pu améliorer cette situation.

J'avais l'intention d'aller l'année prochaine à Paris où il y aura une Exposition, pour aller me présenter au président de la République française, le remercier de tout le bien que le gouvernement français a fait au gouvernement annamite, et apporter à l'Exposition des produits annamites en grand nombre ; malheureusement, au neuvième mois je suis tombé malade, ma maladie a augmenté progressivement, et aujourd'hui je n'ai plus de force, la mort me suit. Vous m'avez fait soigner par vos savants docteurs, mais il est trop tard et ils ne peuvent réussir ; pourtant je me console de mourir : tout homme n'est-il pas mortel ?

Mais je suis attristé et pleurerai jusqu'à mon dernier soupir de ne pouvoir pas être plus longtemps utile au gouvernement français qui protège le gouvernement annamite, et à vous qui me reconnaissez pour un bon serviteur.

Tam-Tu avait dit : « Les oiseaux, avant leur mort, crient d'un ton si plaintif et les hommes parlent d'un ton si doux qu'on les écoute. » Aussi je vous prie de m'aimer, de protéger toujours l'administration indigène, mon empereur, les mandarins, ainsi que les habitants indigènes, comme si j'étais encore au monde, alors que vous lirez cette lettre écrite au moment de mourir ; je vous serai reconnaissant, que je sois à l'enfer ou au paradis.

J'ai l'honneur de souhaiter à M. le président de la République de gouverner la France jusqu'à la fin de sa vie ; je fais des vœux pour sa santé et la vôtre.

Je confie l'expédition des affaires courantes aux Thuong-Ta-Ho-Le et Nguyên-Tran-Hiep qui seront aidés par les Thuong-Ta Nguyên-Dinh-Quan et Duong-Lam à qui j'ai déjà conseillé de suivre mes intentions, d'aider le gouvernement français et d'aimer S. M. l'empereur.

Ce sont de bons serviteurs en qui j'ai confianc et je vous prie de les protéger.

*Note sur les écritures chinoise, annamite et cambodgienne et sur la nécessité pour les administrateurs de la Cochinchine et les résidents et vice-résidents du Cambodge, de l'Annam et du Tonkin de connaître les langues cambodgienne et annamite parlées.*

###### ÉCRITURE CHINOISE.

L'écriture chinoise était, à l'origine, purement figurative, c'est-à-dire que chaque objet était représenté par un dessin plus ou moins grossier. Mais cette figuration fut bientôt reconnue insuffisante et pour exprimer les passions et les pensées, on dut combiner entre eux les caractères primitifs de manière à former soit des associations soit des oppositions d'idées et on obtint de la sorte une syntaxe des positions et cinq classes de caractères. Il arriva cependant que cette écriture, malgré les perfectionnements qu'elle avait reçus, ne put répondre à de nouveaux besoins et aux caractères figuratifs ou idéographiques on dut ajouter les caractères idéophonétiques.

On a donc :

1° Les caractères figuratifs ;

2° Les caractères empruntés ou inverses. (Exemple : les mots *droit* et *gauche* s'expriment par un même caractère tourné dans un sens ou dans l'autre);

3° Les caractères indicatifs. (Exemple : le soleil au-dessus d'un arbre indique le lever du soleil);

4° Les caractères d'idées combinées. (Exemple : le soleil et la lune réunis signifient lumière, clarté, manifestation éclatante de la vérité);

5° Les caractères métaphoriques sont ceux qui affectés d'un signe (généralement un point) perdent leur signification propre pour en acquérir une autre dans le même ordre d'idées. (Exemple : le mot musique affecté d'un signe signifie joie);

6° Les caractères idéophonétiques. Ces derniers

sont de beaucoup les plus nombreux et entrent pour les 5/6⁰ˢ dans l'écriture. On les obtient en écrivant la clef ou le type générique des objets ou idées qu'on veut représenter ou exprimer et en accolant à cette clef un caractère connu dont la prononciation se rapproche le plus possible de celle du mot qu'on veut écrire. Le dernier caractère perd sa signification propre et ne prête son concours que pour donner le son, d'où le nom de caractères idéophonétiques.

On compte 214 clefs réparties en 17 séries suivant le nombre de traits de pinceau qui les composent. Les clefs ou radicaux servent à constituer tous les caractères, ce qui facilite considérablement l'étude de l'écriture chinoise. Ajoutons qu'il suffit de bien connaître environ 160 de ces radicaux, les autres n'étant que très rarement employés. Les caractères de la première catégorie ou *figuratifs* ne sont autres que les clefs elles-mêmes. Les caractères des cinq dernières catégories résultent de la réunion dans un même signe de plusieurs signes primitifs ou radicaux dont quelques uns prennent différentes formes suivant la place qu'ils occupent dans le caractère composé.

On voit par ce qui précède que l'étude des caractères chinois est méthodique et que les difficultés qu'elle présente pour les Européens n'ont rien d'insurmontable. Le grand dictionnaire de l'académie impériale de Pékin classe, je crois, 40.000 caractères, mais les dictionnaires usuels n'ont pas plus de 7.000 mots. Avec 3.000 caractères, un Européen peut déjà communiquer aisément avec les Chinois et se livrer à la lecture des ouvrages classiques élémentaires : le livre des 3 caractères (toutes les phrases de ce livre ont 3 caractères), le livre de la piété filiale, l'histoire des trois royaumes, les 4 livres, etc. On peut également lire les codes annamites.

Mais il faut surtout bien remarquer que les pièces usuelles et les actes publics (contrats d'achat et de vente, transactions, pétitions, rôles d'impôt, reconnaissances de dettes, testaments, etc.), sont faits sur des modèles uniformes, que le texte en est très clair et très concis et que la rédaction de toutes ces pièces n'exige pas la connaissance de plus de 400 caractères qu'on peut facilement apprendre en trois mois. Ce minimum de savoir devrait être rigoureusement exigé de nos administrateurs et résidents chefs de poste.

La construction de la phrase chinoise est à peu près la même qu'en anglais, le génitif se plaçant avant le nominatif et l'adjectif précédant le substantif. De plus, la phrase déterminante se place toujours avant la phrase déterminée. Le sens du discours, dans une pièce bien écrite, est clair et ne peut donner lieu à aucune équivoque ou ambiguïté.

L'écriture chinoise est aussi l'écriture officielle des Annamites et des Japonais. Malgré le *quoc ngu* dont il sera parlé plus loin, cette écriture restera pendant de longues années encore la seule employée en Annam et au Tonkin par les indigènes de la classe lettrée. Les Annamites ont aussi une écriture spéciale qu'ils nomment Chùnôm (caractères démotiques). Cette écriture n'emprunte que les radicaux aux caractères chinois. La partie phonétique en est tirée de la langue annamite usuelle : par suite, dans cette écriture, les caractères des cinq premières classes (figuratifs, empruntés, indicatifs, d'idées combinées et métaphoniques) sont généralement les mêmes qu'en chinois, mais les caractères idéophonétiques diffèrent excepté pour le radical. L'emploi des caractères démotiques est assez répandu au Tonkin. Cependant on ne se sert de cette écriture, inconnue de beaucoup de lettrés, que pour la correspondance ordinaire et de rares morceaux littéraires populaires.

Il n'y a pas à proprement parler de langue chinoise. On le conçoit aisément puisque l'écriture est en principe idéographique. Généralement deux Chinois de régions différentes ne peuvent pas échanger verbalement leurs idées. L'idiome le plus répandu est le Cantonnais.

### *Ecriture et langue du Cambodge.*

L'écriture cambodgienne est un type resté assez pur, dit-on, de l'écriture aryaque. Elle a par conséquent un alphabet. Son étude ne présente quelques difficultés qu'à cause du grand nombre de lettres de l'alphabet. Pour apprendre le cambodgien, il faut faire, pendant 12 jours, un vigoureux effort, afin de bien s'assimiler les caractères et se familiariser avec l'emploi des voyelles. On passe ensuite au ba, bé, bi, bo, bu, au cra, cré, cri, cro, cru, etc., comme en français. La prononciation de cette langue polysyllabique est facile pour les Européens. Il suffit de bien articuler les syllabes. Les voyelles n'ont aucune intonation spéciale : toutes se prononcent sur le recto tono ou ton ordinaire du discours. En consacrant à l'étude de cette langue deux ou trois heures chaque jour, on peut arriver à l'écrire et à la parler convenablement en 6 mois. Je recommande pour cette étude le cours de M. Aymonier, qui est très clair et méthodique. M. Janneau est beaucoup trop touffu. On ne peut évidemment, et, après ce laps de temps, lire les anciens textes ou déchiffrer les inscriptions, mais on rédige et on lit les pièces et la correspondance écrites en langue ordinaire et on peut converser avec un Cambodgien sur les sujets courants.

La construction de la phrase est la même qu'en annamite. Les mots sont invariables et les divers cas sont rendus par des particules relativement peu nombreuses.

Il existe deux alphabets :

1° Le no mo (qui tire son nom des deux premiers caractères qui le composent) a 24 lettres. Bien que quelques caractères du no mo soient très usités et possèdent même un sens complet par eux-mêmes, le no mo n'est pas le véritable alphabet. Tous les sens qu'il représente peuvent être figurés au moyen d'un autre alphabet plus moderne qui compte 35 lettres.

2° Alphabet moderne de 35 *consonnes* divisées en 5 classes de 5 lettres chacune : 1° gutturales ; 2° palatales ; 3° cérébrales; 4° dentales; 5° labiales. Une 6ᵉ classe comptant 10 lettres comprend les semi-voyelles, les sifflantes, une aspirée simple et les nasales. Deux des lettres de cet alphabet ne sont jamais employées et 4 lettres ne se rencontrent que dans les mots tirés du *pâli*.

Les caractères sont affectés de certains signes[1] appelés pieds et cheveux. Les premiers sont au nombre de vingt-un, les seconds de trois. Les pieds sont quelquefois employés seuls pour figurer les lettres dans les groupes de consonnes. Les consonnes de l'alphabet 2 prononcées isolément ont toutes la terminaison en a ou en o.

### *Voyelles.*

Il y a 18 voyelles et chacune a deux prononciations suivant qu'elle affecte un caractère en *a* ou un caractère en *o*. Les voyelles sont donc de petits signes qui viennent s'accoler aux consonnes pour en affecter la terminaison.

Cet enchevêtrement de consonnes, de pieds, de cheveux et de voyelles donne à l'écriture cambodgienne, l'aspect d'un grimoire cabalistique ou d'un palimpseste. Il n'en est rien cependant et, avec un peu d'exercice, cette agglutination de traits n'a plus rien d'obscur.

On a essayé de représenter la langue cambodgienne au moyen des caractères latins. Rien n'est plus absurde ni plus fâcheux à notre avis. Nos lettres, malgré les modifications de son et de forme qu'on leur a fait subir, ne rendent la prononciation cambodgienne que fort imparfaitement et, puisque la langue cambodgienne possède un alphabet propre dont l'étude n'est ni longue ni pénible, rien n'est plus rationnel que d'en faire usage.

Ajoutons, pour terminer, qu'on n'emploie pas dans le langage courant plus de 2,800 mots et qu'avec ce bagage on peut se tirer d'affaire dans toutes les relations avec le peuple cambodgien.

### *Langue Annamite et écriture quôc ngu.*

La langue annamite est monosyllabique. Le syllabaire comprend environ 1,000 syllabes représentant chacune un mot. Mais le nombre des mots de la langue est bien plus grand et, pour éviter la confusion, on a dû donner à chaque syllabe ou son diverses intonations. Il existe six tons différents : le recto tono (ton naturel), le ton grave, le ton descendant, le ton aigu, le ton interrogatif et le ton modulé et tombant. Ces tons doivent être observés avec le plus grand soin dans la conversation. Prenant, par exemple, la syllabe *la*, on trouve, suivant le ton qui lui est donné, six mots distincts : crier, feuille, extraordinaire, être (verbe), sot, eau pure. L'Annamite qui n'est pas initié au *quôc ngu* ne soupçonne pas les intonations et les observe sans y prendre garde. Pour lui, le mot *la* prononcé sur le ton aigu, diffère autant du même mot prononcé sur le ton interrogatif que le mot tang (échelle) diffère de khi (singe). Au siècle dernier, les missionnaires établis au Tonkin eurent la pensée d'écrire la langue annamite en caractères latins. Cette écriture qui a reçu le nom de quôc ngu (écriture alphabétique indigène) rend convenablement le langage vulgaire. Toutes les lettres de l'alphabet latin sont employées, à l'exception de l' f, de l'y et du z remplacés le premier par le ph et les deux autres par le d non barré ou dz (comme dans dzuong). On forma du reste quelques lettres absolument nouvelles en affectant, pour les besoins de la langue, les voyelles a, e, o, u de divers signes qui en modifient essentiellement la prononciation.

Le *quôc ngu* fut d'abord enseigné dans toutes les écoles des missions catholiques et son étude reçut une grande impulsion, lorsque M. le Myre de Vilers, premier gouverneur civil de la Cochinchine, proscrivit l'emploi des caractères chinois, institua des primes pour les fonctionnaires européens connaissant la langue annamite et fonda les écoles cantonales qui enseignaient exclusivement cette écriture. La mesure était profondément politique, mais, considérée au point de vue du développement intellectuel des Annamites, elle exige beaucoup de réserves. Le *quôc ngu* est un système d'écriture très commode pour la transmission des idées ; un jeune Annamite illettré et d'une intelligence moyenne peut, après trois mois d'étude, faire une lettre à ses parents, mais il ne sait et ne saura jamais autre chose. Aussi ne faut-il pas s'exagérer la valeur de ce mode de représentation du langage. Le *quôc ngu* n'est point, comme on l'a cru, un acheminement vers l'étude du français. Cette science facile enlize l'esprit des jeunes indigènes qui croient tout de suite être de petits savants. Or, il n'est pas possible d'écrire un ouvrage scientifique ni même de simple lecture, un peu sérieux, en langue annamite vulgaire, pour plusieurs raisons qu'il serait trop long de développer ici. Disons seulement que l'annamite n'étant pas une langue à flexion et manquant de pronoms (ces derniers sont remplacés par les titres honorifiques ou autres des personnes), le discours écrit est rempli de particules et de titres qui le rendent absolument insupportable par leur monotone et insipide répétition. D'autre part, on ne peut écrire la langue mandarine en *quôc ngu* parce qu'elle a très peu de syllabes ou de mots dont les diverses significations ne sont rendues que par les caractères différents qui les représentent. La phrase écrite en caractères latins serait inintelligible. Enfin, il est bien difficile d'adopter comme officielle une écriture telle que les mots changent complètement de sens par suite de l'omission, de la suppression ou de l'addition (celle-ci peut être faite après coup) d'un accent.

Mais le *quoc ngu* rend de réels services aux Européens qui veulent apprendre méthodiquement et sérieusement la langue annamite. Il leur permet de noter les mots appris avec leur prononciation exacte ; il synthétise quelque peu l'étude et il est un puissant aide-mémoire.

En s'aidant du *quoc ngu*, un Européen travaillant avec ardeur pendant trois heures chaque jour peut, après sept mois d'étude, soutenir honorablement la conversation avec un indigène et écrire presque sans fautes le *quoc ngu*.

La langue mandarine n'est pas parlée. En Annam et au Tonkin, on écrit cependant exclusivement en langue mandarine les pièces officielles.

L'annamite vulgaire est celui qu'on entend dans tout le pays de la Cochinchine, de l'Annam et du Tonkin. Il existe bien quelques différences de prononciation et des idiomes locaux qui rendent quelquefois difficile à un Cochinchinois débarquant soit en Annam, soit au Tonkin, de bien s'exprimer et de comprendre tout ce qu'on lui dit, mais les difficultés sont vite surmontées avec un peu d'attention et d'application.

La construction de la phrase annamite vulgaire est à peu près la même qu'en français. La grande difficulté réside dans le choix et le bon emploi des appellatifs, des particules et des verbes. Chaque action, suivant la manière dont elle est accomplie, a un verbe propre pour l'exprimer. Ainsi il existe une douzaine de verbes qui tous signifient *porter*.

Il est indispensable pour les administrateurs de la Cochinchine et les résidents et vice-résidents chefs de postes du Cambodge, de l'Annam et du Tonkin de parler la langue des habitants qu'ils administrent. Il faut absolument pouvoir supprimer, dans certains cas, l'intermédiaire des interprètes indigènes, les seuls que nous possédions en Annam et au Tonkin. Outre que cette interprétatation est généralement très défectueuse, beaucoup d'interprètes n'ont aucune valeur morale et nous nous trouvons chargés d'une foule de fautes et d'abus qui nous aliènent la population et ne sont imputables qu'au défaut de renseignements, à des renseignements inexacts ou à une interprétation intentionnellement infidèle. Intelligents, les interprètes peuvent rendre comme secrétaires et à bien moins de frais que les Français les meilleurs services, mais là doit se borner leur concours obligatoire. L'Annamite est vénal, chaque acte administratif donne lieu à un abus et tout indigène investi d'une fonction ou possesseur d'une confidence cherche immédiatement à monnayer la valeur extrinsèque qu'il vient d'acquérir. J'ai dirigé pendant un an une très grande province remplie de pirates et fort désorganisée. Chaque jour, j'entendais dans mon cabinet un certain nombre de fonctionnaires indigènes. Jamais un fonctionnaire ne m'a fait une communication importante devant un tiers, même devant un Européen, à plus forte raison ne l'eût-il pas faite devant un interprète. Sur un signe, tous les témoins sortaient de mon cabinet, et la conversation ne commençait que lorsque nous étions bien seuls.

Entre eux les fonctionnaires indigènes ont, à juste titre, la même attitude prudente et défiante et il m'était toujours recommandé de taire à tout le monde l'origine de mes renseignements. C'est ainsi que j'ai pu avoir le secret de bien des causes de désordre et trouver le moyen de les faire cesser. Cet état de choses était resté célé à mes prédécesseurs. Les chefs de postes qui ignorent la langue annamite n'imaginent pas combien ils sont trompés. Lorsque la province est troublée, ils exigent impérieusement du gouverneur indigène des renseignements sur les pirates. Le gouverneur donne un renseignement inexact ou bien prévient en même temps les pirates selon la nécessité dans laquelle il s'est trouvé de dénoncer leur retraite. Nos détachements partent : quelques hommes meurent d'insolation, les autres reviennent sans avoir vu les pirates et attribuent à la malechance un insuccès tout naturel, car un interprète que le fonctionnaire indigène ne connaît pas ou dont il redoute l'indiscrétion était présent à l'entretien et le fonctionnaire ne pouvait dire la vérité devant l'interprète : il a sa tête à soustraire à la vengeance des pirates dont il devient le complice obligé. On pourrait multiplier jusqu'à l'infini les exemples en les choisissant dans toutes les branches de l'administration, car il en est de même pour tout, mais ce qui précède suffit pour bien démontrer l'inéluctable besoin qui existe pour les chefs de provinces de connaître la langue indigène.

Grenoble, le 20 février 1889.

NEYRET,
Vice-Résident de 1re classe au Tonkin, en congé.

Nous avons été heureux de recevoir communication de la note ci-dessus.

M. Neyret est un des fonctionnaires les plus distingués et les plus capables de l'administration indochinoise. Sa grande connaissance des mœurs, des coutumes et des langues, donne beaucoup d'autorité à ses opinions.

Cependant nous devons faire une réserve expresse en ce qui concerne l'utilité du quôc ngu ou langue vulgaire annamite.

M. Neyret pense qu'elle ne peut être employée pour un ouvrage scientifique ou pour un livre de simple lecture.

Il est certain que jusqu'à ce jour, peu d'écrivains de valeur ont utilisé ce langage nouveau et vulgaire. Cependant il rend avec énergie toutes les pen sées et toutes les images, toutes les actions de la vie indigène.

Les missionnaires l'emploient avec succès pour instruire les chrétiens annamites et dans les écoles, plusieurs traités élémentaires de géométrie et de mathématiques sont compris par tous les élèves. Plusieurs récits populaires, entre autres, Luc-Van-Tièn, sont lus avec passion par tous les Annamites.

Cette langue est un instrument nouveau et puissant qui nous avait permis d'isoler la Cochinchine de l'Annam et de la Chine.

Lorsque quelques hommes de talent s'en seront servi pour écrire des livres intéressants à la portée de nos nouveaux administrés, elle se substituera bien vite à la littérature chinoise.

# POPULATION EUROPÉENNE AU TONKIN

« Le dernier dénombrement des habitants de la ville d'Hanoi (Européens et assimilés) et leur répartion par professions ont donné les résultats suivants :

Fonctionnaires des diverses administrations du protectorat, 123 ; négociants, 39 ; comptables et employés de commerce, 32 ; restaurateurs et débitants de boissons, 14 ; agents de la ferme d'opium, 15 ; avocats et défenseurs, 4 ; missionnaires et aumôniers, 6 ; marchands de bois, 4 ; horlogers, 4 ; marchands d'étoffes, 9 ; bouchers et charcutiers, 5 ; tailleurs, 3 ; coiffeurs, 4 ; entrepreneurs et architectes, 8 ; imprimeurs et typographes, 7 ; libraires, 2 ; forgerons, 2 ; mécaniciens et ajusteurs mécaniciens, 3 ; ébénistes, 2 ; cuisiniers, 2 ; cordonniers, 2 ; boulangers, 4 ; pharmaciens et élèves en pharmacie, 2 ; photographe, 1 ; journalistes, 2 ; laitiers, 2 ; horticulteur, 1 ; serrurier, 1 ; armurier, 1 ; commissaire-priseur, 1 : rentier, 1 ; maître-charpentier, 1 ; plombier-couvreur, 1 ; divers sans professions désignées, 28.

Total : 336.

Dames et demoiselles, 73.

Enfants du sexe masculin, 16 ; du sexe féminin, 14.

Total général : 429.

Le dénombrement ci-dessus comprend : 1 Anglais, 4 Suisses, 2 Italiens, 1 Belge, 1 Portugais, 15 Allemands, 14 Malabars.

Rappelons qu'à Haiphong, d'après le dernier rescensement publié, la population européenne est de 510 personnes : 411 du sexe masculin, 99 du sexe féminin.

Son-Tây, Bac-Ninh, Nam-Dinh qui, après Hanoi et Haiphong, sont les villes les plus importantes du Tonkin, comptent dans leur population une demi-douzaine d'Européens.

Il ressort de cette statistique que le nombre des Français répartis dans tout le Tonkin peut-être évalué à un millier.

Et c'est l'élément fonctionnaire qui représente le contingent le plus élevé dans cette énumération. »

(Extrait du *Nouvelliste*, du 24 avril 1889).

## LA SANTÉ DE LUU-VINH-PHUOC.

« Contrairement à ce que les journaux de France ont annoncé, Luu-Vinh-Phuoc n'est pas mort, il habite toujours le Quang-Si et réside une partie de l'année à Na-Luong et l'autre à la préfecture de Lim-Chao située à un ou deux jours de marche de Mon-Kay.

« Le vieux phoque » se porte toujours très-bien.

Il fait construire actuellement à Na-Luong une belle maison pour une de ses filles qu'il a mariée à un des fils du général Fong, surnommé le vainqueur de Lang-Son, qui réside à Kam-Chao.

Du reste, Luu-Vinh-Phuoc se repose maintenant sur ses lauriers au sein de sa famille et ne songe nullement à recommencer ses exploits d'autrefois.

Un journal de Paris dit qu'on a confondu avec le vice-roi du Tonkin. Cela n'est pas de nature à nous étonner. »

(Extrait de l'*Avenir du Tonkin*, 2 mars 1889).

# RENSEIGNEMENTS HYDROGRAPHIQUES
## SUR L'ANNAM ET LE TONKIN

*(Extraits des notes de M. l'Ingénieur Renaud)*

« *Annam*. — Les ports naturels de la côte sud de l'Annam entre Padaran et Quinhone sont excellents et nombreux, malheureusement le pays est pauvre et peu peuplé. La ligne de faîte des hautes montagnes granitiques qui limite à l'est le bassin du Mékong, y est très voisine de la mer et réduit l'Annam à une langue de terre fort étroite (presque un sentier à Padaran). — Les baies sont donc presque désertes et d'ici longtemps on ne saurait y attirer un commerce sérieux.

Telles sont les baies de Camraigne, Binh-Kang, Hone-Cohe, Hone-Ko.

La première province importante est celle de Phugen, où la ligne de faîte des montagnes s'éloigne de la côte et laisse à l'est de grands plateaux peuplés et cultivés.

Quin-Hone, le port ouvert au commerce européen par le traité de 1874, a été fort mal choisi au point de vue maritime.

Il est inaccessible aux navires d'un tirant d'eau moyen de 4$^m$50 à 5$^m$. Sur la barre en mousson de N. E., il y a presque toujours de la levée, le chargement et le déchargement des marchandises en dehors de la barre est très pénible dès que la brise souffle du large.

A quinze milles dans le sud, se trouve la baie de Xuan-Day qui formerait un port excellent, accessible par tous les temps à tous les navires, à toute heure du jour et de la nuit. Elle occupe le centre d'un pays peuplé et riche ; on y exporte beaucoup de soie. Près d'elle s'élèvent les plateaux qui fournissent des chevaux très estimés en Cochinchine, et qui sans doute fourniront ceux du Tonkin.

Il me semblerait indispensable de sacrifier Quin-Hone et de s'établir à titre définitif à Xuan-Day, où les escales régulières des paquebots du Tonkin attireraient bien vite les négociants chinois et les marchands de la province.

Au nord de Quin-Hone, la côte assez mal connue ne présente pas de refuge jusqu'à Tourane, port important à cause du voisinage de Hué, des mines de charbon et des terrains riches qui l'environnent.

A partir de Tourane, toute la côte nord de l'Annam et des trois provinces du Tonkin méridional ne possède pas de port et n'offre d'abri que pour les jonques et les petits bateaux caboteurs.

*Tonkin* — Le Fleuve Rouge. — Depuis son entrée sur le territoire du Tonkin à Lao-Kai, jusqu'à Tuan-Quan, c'est-à-dire sur une longueur de plus de 120 kilomètres, le Fleuve Rouge, très mal connu, suit un long défilé entre deux rangées de collines boisées presque inhabitées, son cours est une série de rapides. La vallée s'ouvre après Tuan-Quan, le fleuve reçoit un peu plus bas ses deux principaux affluents : la rivière Claire et la rivière Noire, puis se divise dans le Delta en un grand nombre de bras.

La hauteur de ses crues atteint à Hanoï 6 à 7 mètres; mais il charrie une telle quantité de boues que sa profondeur n'augmente que très peu, et que le lit l'exhausse en même temps que la surface libre des eaux du fleuve.

Aux basses eaux un navire ne peut remonter à Hanoï que s'il a un tirant d'eau inférieur à deux mètres.

Plus haut la navigation du Fleuve Rouge devient très difficile; cependant on peut dire qu'il forme une voie navigable pour un type d'embarcations ou petits bâtiments à faible tirant d'eau et grande vitesse, type qu'il faudra étudier et construire dès qu'on aura des données suffisantes par l'exploration jusqu'ici impossible du fleuve jusqu'à Lao-Kaï, et par l'étude de son régime aux hautes et basses eaux.

Dans le Delta même, les communications se font toutes par eau, et les voies navigables y sont très imparfaites. Des deux canaux qui font communiquer Hai-Phong et Hanoï, il ne reste plus aux basses eaux que $0^m60$ dans le premier et $1^m80$ dans le second.

Il me semble, sinon impossible, du moins très difficile de les améliorer, et le parti le plus simple serait de créer un type de bateau de fleuve approprié à ces rivières; ce serait un bateau plat à faible tirant d'eau et bonne vitesse pour les voyageurs, puis fort remorqueur et chalands porteurs pour les marchandises.

En résumé, pas de travaux dans les rivières du Tonkin, la grande pente du Delta, les limons que charrie le fleuve, les crues qu'il subit en été les rendraient très aléatoires et certainement fort coûteux. « Garder les fleuves tels qu'ils sont et y approprier le matériel naval. »

*Port commercial et militaire du Tonkin.* — La question du port reste encore entière à l'heure actuelle, car rien n'est créé à Hai-Phong qui n'existait pas il y a dix ans et ne présente ni passé, ni traditions.

Il me semble impossible de choisir pour port du Tonkin, Hai-Phong ou Quang-Yên, où ne peuvent entrer les grands navires, alors que tous les ports voisins, Saigon, Singapour, Hong-Kong, Pa-Koy sont des ports profonds, alors que les mers de Chine sont sillonnées de navires à grand tirant d'eau.

Choisir Hai-Phong ou Quang-Yên; c'est rendre la colonie tributaire de Hong-Kong ou de Saigon qui seront les ports d'entrepôt; c'est, au point de vue commercial, augmenter le prix de fret des marchandises venant d'Europe, c'est obliger les compagnies de transport sur Saigon et Hong-Kong à construire spécialement pour le Tonkin, des navires à petit tirant d'eau, de moindre tonnage, par suite plus chers, surtout dans une mer où la mousson de N.-E. souffle très violente pendant cinq mois, et exige des navires très marins et munis de fortes machines; c'est, au point de vue militaire, n'avoir pas de port de refuge pour un grand transport ou paquebot, ou un bâtiment de guerre d'un certain tonnage croisant sur les côtes du Tonkin.

Hai-Phong et Quang-Yên ne sont accessibles, à haute mer tous les jours, qu'aux bâtiments d'un tirant d'eau inférieur à $4^m 80$ ou $5^m 20$ en supposant le temps calme et pas de levée sur la barre.

En vives eaux, c'est-à-dire cinq fois par lunaison, la pleine mer amènera sur la barre $6^m 40$ d'eau pour la rivière d'Hai-Phong, $6^m 80$ pour la rivière de Quang-Yên.

Je considère l'amélioration de ces deux entrées, sinon comme impossible, du moins comme très aléatoire avec des barres aussi étendues, dans des fonds marins très plats, avec absence de courants généraux au large, avec la faculté d'apport du Fleuve Rouge et la persistance du courant de jusant qui s'y établit pendant la période des crues.

Enfin, à Hai-Phong et peut-être aussi à Quang-Yên, le sous-sol est vaseux sur une profondeur de 25 mètres. A quel prix reviendront sur un terrain aussi peu consistant, les appontements, les quais, les bassins de radoub, les constructions lourdes, les ouvrages d'art, les voies de communication terrestre qui relieront le port au centre de l'intérieur.

Le port d'Hone-Gac proposé en mars 1885, semble réunir tous les avantages : accès facile, profondeur obtenue sûrement et à peu de frais, terrain solide, voisinage de mines de charbon, communication intérieure par eau avec les rivières du Delta et les ports du Nord, communication par voie de terre pouvant s'établir facilement avec Hanoi et le haut Fleuve Rouge, possession d'une rade sûre et indéfinie, la baie de Ha-Long.

Pour arriver à créer le port d'Hone-Gac et le matériel nécessaire à la navigation intérieure dans le Delta, le moyen le plus économique ne serait-il pas de chercher à attirer des compagnies par des concessions de mines près d'Hone-Gac, d'entreprises de travaux publics, de terrains dans les principaux centres du Delta?

*Cote Nord du Tonkin.* — Elle est presque inhabitée, sans doute à cause de la piraterie exercée par les Chinois, et aussi de la difficulté d'y cultiver des rizières.

Les ports y sont excellents, en communication intérieure par eau avec les rivières du Delta, à l'abri des îles innombrables qui bordent la côte.

Le pays serait bien vite peuplé si on y créait des industries telles que l'exploitation des mines de charbon (Cam-Pha et Ke-Bao), ou si on trouvait un genre de culture approprié à la nature du sol.

*Conclusions.* — Faire de Xuàn-Day le port de l'Annam du Sud, faire de Tourane le port de l'Annam du Nord, faire de Hone-Gac le port du Tonkin.

Ne pas chercher à améliorer les rivières du Tonkin et leurs entrées, mais créer un matériel naval adopté à leur régime. »

Tableau comparatif des poids et mesures annamites (Extrait de l'*Avenir du Tonkin*, 4 août 1888) :

## CONVERSION DES POIDS, MESURES ET MONNAIES ANNAMITES

| DÉSIGNATIONS | VALEURS | OBSERVATIONS |
|---|---|---|
| **POIDS** | | |
| Le *Ta* (1)... | 62 k^os 480 | (1) Picul. |
| Le *Can* (2).. | 0 924 8 | (2) Livre. |
| Le *Licong*... | 0 039 05 | |
| Le *Dong*.... | 0 003 905 | |
| Le *Phan*..... | 0 000 3905 | |
| Le *Ly*...... | 0 000 03905 | |
| Le *Hao*..... | 0 000 003905 | |
| Le *Taël*..... | 0 379 | |
| **MESURES DE LONGUEUR ET DE CAPACITÉ** | | |
| La *Thuoc* (3) | 0 m. 487 | (3) Mètre annamite. |
| Le *Tac* (4).. | 0 m. 0487 | (4) 10ᵉ partie du mètre. |
| Le *Dam* (5).. | 5 kilom. 625 | (5) Lieue. |
| Le *Ly* (6)... | 0 — 5625 | (6) 10ᵉ partie de la lieue. |
| Le *Gia*...... | 25 litres 80 cent. | — |
| **MONNAIES** | | |
| *Nen-vang* (7). | 1.386 fr. 00 | (7) Barre d'or. |
| (8). | 693 00 | (8) Demi-barre. |
| *Dinh-vang* (9) | 138 00 | (9) Clou d'or. |
| *Nen-bac* (10). | 81 57 | (10) Barre d'arg^t. |
| *Dinh-bac* (11) | 8 15 | (11) Clou d'arg^t. |
| Le *quan*..... | 1 00 | |
| Le *tiên*...... | 0 10 | |
| Le *dong*..... | 1/6 de centime | |
| Le *Taël*..... | 7 fr. 41 | |

# EXAMEN des LETTRÉS a NAM-DINH en 1886

Sur près de 8000 candidats, les examinateurs ont admis 73 Cû-Nhon et 218 Tu-Tai.

Les fils du vice-roi et celui du gouverneur de Nam-Dinh furent refusés.

Le premier lauréat fut Chu-Man-Trinh, âgé de 26 ans, du village de Phu-Thi, province de Hung-Yên.

Le second, Nguyên-Hanh, du village de Ha-Dinh, province de Hanoi.

Le troisième, Bai-Van-Thuc, de Chau-Cau, province de Hanoi.

Le quatrième, Dang-Hy, déjà Tu-Tai, du village de Phu-Am, province de Nam-Dinh.

Les compositions des candidats traitaient des sujets les plus graves et les plus élevés avec une délicatesse et un à-propos qui auraient fait honneur aux plus habiles diplomates.

Un lettré a bien voulu me communiquer quelques unes de ces épreuves et j'ai vu avec surprise que quelques-unes des questions qui agitaient passionnément les esprits des hauts mandarins de l'Annam avaient été mises au concours.

A travers les incorrections d'une traduction très imparfaite, car il est difficile de rendre dans notre langue les idées abstraites d'un disciple de Confucius, j'ai remarqué la profondeur et la finesse des opinions exprimées par de simples villageois vivant pauvres et ignorés au fond de la campagne avec l'espoir d'arriver par les lettres aux plus hautes positions de l'Etat. On en conclura sans peine qu'il y a une opinion publique au Tonkin ; si nous ne savons la diriger, elle est assez puissante pour nous créer de grands embarras.

Dans une première composition, l'un des lauréats traite de l'hospitalité envers les amis et envers les étrangers. Il recommande de ne pas s'attacher seulement aux vaines formules d'une réception extérieure, mais d'accueillir ses hôtes avec expansion et cordialité. Il a soin de dire : « Le cœur de l'hôte est noble et généreux, il ne vient que pour rendre service à la dynastie... »

Dans la seconde composition il dit « Prenons soin aussi des intérêts de notre Etat. » Et il adresse comme administrateur du royaume des prières à un voyageur étranger pour le prier d'être utile à son pays, de lui apprendre à former une armée puissante, à augmenter les richesses de la nation. Il s'écrie : « Aujourd'hui vous qui êtes chargé d'âge, vous venez ici, vous nous faites grand plaisir...... nous espérons beaucoup en vous....

« Rien n'est plus avantageux que d'avoir une armée forte, vous qui êtes un vieillard de haute capacité pouvez nous aider à posséder une bonne armée et des armes puissantes afin que les royaumes des Sô, de Tàn, de Tê et de Lô ne viennent plus nous dévaster, prendre nos citadelles, s'emparer de notre territoire.

« Rien n'est plus avantageux à notre Etat que d'être riche. Vous qui êtes expérimenté et plein de bonté, faites en sorte que nos magasins soient pleins de richesses, que les gens affluent à Ha-Dong et à Hanoi en y apportant du riz et ne gênent plus l'administration ».

. . . . . . . . . . . . . . . . . . . . . . . . . . .
. . . . . . . . . . . . . . . . . . . . . . . . . . .

« Notre inquiétude est immense. Regardez bien ce qui existe dans le monde entier et ce qui est dans notre Royaume et ne négligez pas de nous avertir de tous les moyens d'augmenter la force et la richesse de notre pays.

« Nous avons ferme espoir en votre habileté pour réparer le mal et en votre profonde intelligence pour rendre des services utiles à notre Royaume. Vous ne nous quitterez pas certainement sans nous avoir instruits. Vous êtes venu dans notre royaume, certainement vous lui serez utile ».

Dans une autre étude, le jeune lettré compare les occupations littéraires au métier des armes.

Il dit que les exercices littéraires rayonnent comme les perles et les pierres précieuses tandis que l'armée en mouvement est comparable au dragon et au tigre.

« Pourquoi un pinceau équivaut-il à des milliers de soldats ? c'est parce que dans le métier des lettres il y a de l'esprit, et dans celui des armes, le courage. L'élève qui tient son pinceau et cherche à orner son travail de formes élégantes ne diffère point d'un officier habile qui instruit ses troupes ».

. . . . . . . . . . . . . . . . . . . . . . . . . . . . . .

« Quoique les deux professions soient différentes, leurs dispositions sont les mêmes ; le drapeau rouge flotte aussi au milieu des écoles dont le nom retentit partout ; les pinceaux bâtissent les places et les forts !.... »

« Jadis un cavalier a composé une pièce de vers dont l'énergie a obligé l'ennemi à mettre bas les armes. Un autre a reçu un sabre en or sculpté pour une composition littéraire dont la lecture soumettait nos ennemis.

« Ngo-Tim-Sanh a parlé ainsi pour encourager les étudiants à travailler les belles-lettres ».

Dans une troisième composition, l'élève discute les préceptes du livre Kinh-Dich qui a dit : « Quand on veut faire quelque chose, on doit suivre le temps. » Le livre des histoires a dit : « Il faut faire tout ce qui est conforme au temps et au sens commun. »

Les examinateurs ont complété ce texte en posant la question suivante :

« Quelles idées avez-vous sur le présent règne et sur la révolution des lettrés ? (Vàn-Thân) »

M. de Talleyrand n'eût pas répondu avec plus d'aisance à cette interrogation que le jeune lettré dont le pinceau, à son avis, équivaut à des milliers de soldats. Ecoutons sa thèse :

« J'ai entendu dire qu'on suit aussi le temps pour porter les vêtement épais ou les vêtements légers, pour boire de l'eau chaude ou de l'eau froide. Les sages dirigent leurs travaux d'après le temps.

« Les gens influents prennent le temps opportun pour entreprendre toutes les affaires.

« En regardant les livres, on peut savoir tout ce qui s'est passé et ce qui se passe.

« J'ai grand espoir que notre cour d'Annam cherchera à faire tout d'après le temps.

. . . . . . . . . . . . . . . . . . . . . . . . . . . .
. . . . . . . . . . . . . . . . . . . . . . . . . . . .

« Notre empereur actuel est un souverain capable et dévoué. Depuis que S. M. a pris possession du trône, il se propose toujours de vénérer le ciel et d'aimer le peuple.

« C'est un prince vertueux, capable de conserver ses Etats ; il a conclu la paix avec le grand royaume de France ; il est toujours franc, loyal, actif, il réorganise tout ce qui est bon et juste en temps opportun.

« Cependant des lettrés et des héros des provinces de Quang-Nam, Nghe-An, Than-Hoa, se sont soulevés sous prétexte d'accomplir leur devoir envers le roi fugitif, ce qui attriste le cœur de Sa Majesté et préoccupe son esprit.

« Ces gens-là ne savent pas agir d'après le temps, ils ne sont pas de véritables héros.

« En parlant de la force, quelle différence entre la leur et celle des autres ! En parlant de la convenance, quelle distinction entre les supérieurs et les inférieurs ! Et surtout entre la noble et glorieuse dynastie, entre Leurs Majestés, les trois Reines, pleines de vertus et de grâces et ces gens-là.

« Sa Majesté, notre souverain, est un homme habile, intelligent, actif, capable ; placé sur le trône il comble de satisfaction ses ancêtres et Sa Majesté la Reine-mère, et il réjouit le noble gouvernement français, allié et protecteur du nôtre.

« Nous tous ainsi que toute la population, nous nous soumettons à lui.

« Les rebelles, qui se disent héros, ne se soumettent pas encore. C'est parce qu'ils sont trop avancés dans leurs démarches coupables. Ils sont comme autrefois le royaume de Miêu qui ne rentrait pas en bonnes relations avec son souverain, car les vertus de ce prince n'étaient pas encore suffisamment connues... Nos rebelles ne se tranquillisent point, parce qu'ils sont, pour ainsi dire, dans des antres profonds où les rayons et la chaleur du soleil ne pénétrent pas encore.

« J'ai l'honneur de supplier Sa Majesté d'avoir pitié d'eux et d'user de sa clémence habituelle, de sincérité et de sa franchise. Ces gens-là lui seront infiniment reconnaissants et rentreront chez eux en jetant leurs armes ; ils vendront leurs sabres et leurs lances pour acheter des bœufs et des buffles de labourage. »

La dernière composition n'est pas moins remarquable. Elle a pour sujet « le ferme propos » ou les résolutions à prendre.

Voyons la conduite que se propose de suivre un jeune bachelier annamite en 1886 :

« Ayez le ferme propos ; soyez assidus, ayez les belles lettres pour seules richesses. Vous ne sesez pas pauvres si le Ciel vous accorde leur connaissance. Soyez reconnaissants dans vos actes, vertueux dans vos paroles. Restez à la maison, faites de la musique et lisez des livres.

« Vous serez beaux comme des perles mises au soleil et comme des bijoux dans leurs écrins.

« Vous êtes encore chez vous dans vos simples

demeures, mais ayez déjà l'intention de prendre part à l'administration du pays. Imitez le Thây-Nhan qui pensait à servir l'État, alors qu'il labourait la terre de son champ.

« Imitez Doan ; certainement en voyant les choses anciennes, vous connaîtrez les choses du présent.

« Vous vous êtes donné la peine d'acquérir une grande instruction, vous servirez la dynastie, vous gouvernerez le peuple, vous en savez assez pour remplir ce rôle. »

D'autres compositions, faites au même concours, traitent ces questions dans un esprit identique.

Les jeunes étudiants travaillent pour apprendre à servir la dynastie et à gouverner la population. Ils apprécient les devoirs du Roi, les actes des ministres, ils se préparent dans l'obscurité de leurs villages, par des études et des méditations patientes, à entrer dans l'administration et à pénétrer dans les conseils du Gouvernement. L'histoire leur fournit des termes de comparaison pour toutes les situations, pour tous les événements. Infaillibles et confiants dans les paroles des sages anciens, fiers de leurs succès littéraires, ils disent que leur pinceau équivaut à une armée et que leurs écrits peuvent désarmer les ennemis les plus résolus.

C'est une puissance considérable que cette armée des lettrés ; il y en a plus de cinquante mille répandus dans l'Annam.

Pourra-t-on jamais les séduire, ces esprits déliés et tenaces qui en savent peut-être plus long que nous sur l'art de diriger les hommes ! Faudra-t-il les combattre encore et les annuler comme nous l'avons fait en Cochinchine !

Quelle que soit celle de ces alternatives à laquelle nous finirons par nous ranger, la tâche sera difficile.

Longtemps encore les vieux lettrés, à barbe vénérable poursuivront nos efforts d'un sourire incrédule et railleur.

Ils continueront à enseigner la sagesse et la philosophie aux jeunes indigènes, tout en prenant une part active aux agitations populaires.

Ils recommanderont la résignation et la paix tout en excitant le désordre.

Mais parmi eux, nous saluerons souvent avec une sympathie sincère des hommes véritablement sages, humains et généreux.

A cause de leurs grandes qualités, nous hésiterons toujours à condamner trop vite une institution remarquable, à la fois aristocratique et démocratique, singulièrement exclusive, qui fut l'œuvre d'un grand empire et qui est fatalement vouée à succomber dans sa lutte contre les choses nouvelles.

*Revue du Monde Catholique*, 1$^{er}$ août 1887, page 442 :

« Mgr Puginier, évêque des missions du Tonkin occidental, a résumé récemment dans une note ses impressions sur la question tonkinoise. Ses vingt-sept années de séjour en Extrême-Orient, la grande influence qu'il exerce jusqu'aux coins les plus reculés de son vaste diocèse, donnent à ses appréciations une valeur incontestable.

« Ce travail est divisé en trois points, savoir : 1° Le Tonkin mérite-t-il que la France s'occupe de lui ? 2° Le voisinage de la Chine est-il aussi redoutable qu'on l'a souvent dit et répété ? 3° Que faut-il faire ?

« Mgr Puginier, examinant le premier point, énumère les ressources et les avantages que procurera le Tonkin quand on l'aura mis en valeur. Quand une administration sage, prudente, fondée sur la connaissance des esprits et de la situation, aura été définitivement organisée, le sol peut fournir les produits les plus variés. Le peuple qui l'habite est laborieux, apte à tous les métiers ; en un mot, le caractère des habitants s'accorde très bien avec la fertilité du pays. L'évêque insiste sur le dévouement des chrétiens à la cause française, c'est là un élément important et ami qui facilitera l'établissement de l'influence française et continuera à gagner peu à peu la population toute entière.

« Quant au voisinage de la Chine, Mgr Puginier estime qu'il pourrait être dangereux, si nous comptions uniquement sur la force supérieure des armes pour occuper le pays et maintenir l'ordre sans s'attacher à gagner la confiance et l'affection des Annamites.

« Dans cette hypothèse, nous aurions souvent à lutter contre les bandes que les gouverneurs hostiles ne manqueraient pas de jeter sur le Tonkin, tout en protestant de leur neutralité, mais si l'administration sait tirer parti des ressources locales, des avantages de notre situation actuelle dans le pays, ces incursions ne seront plus à craindre.

« Sur le troisième point, relatif à la force morale existant dans le pays et dont nous devons profiter, Mgr Puginier dit qu'en christianisant nous étendrons l'influence française.

« Parmi les autres moyens indiqués figurent : 1° l'abolition progressive des caractères chinois et leur remplacement par le *quôc-ngu* (langue annamite avec caractères latins) ; 2° le développement de l'enseignement du français ; 3° l'organisation sur la frontière annamite, voisine de la Chine, des populations amies intéressées à notre prospérité.

« Enfin, Mgr Puginier revient à son idée de créer une grande compagnie française sur le modèle de l'ancienne compagnie des Indes. Les fonds considérables dont disposera la compagnie, écrit-il, permettront de faire des entreprises sérieuses avec toutes les garanties de réussite. »

« CHARLES DE BEAULIEU. »

# PRODUCTION DE LA SOIE

« La soie est un des plus considérables éléments de la richesse du Tonkin.

« Les uns portent sa production à 1,200,000, les autres à 1,900.000 kilogrammes.

« En France, on pourrait l'évaluer de 21,600,000 à 24,200,000. « (Extrait de l'*Avenir du Tonkin*, du 22 novembre 1885.)

« Voici les noms des missionnaires qui ont été massacrés à Qui-Nhon : MM. Macé, Martin, Garin, Guégan et Poirier ; on a également lieu de craindre que MM. Iribarue, Dupont et Barrat ont subi le même sort. » (Extrait du *Saigonnais*, du 16 août 1885.)

Saigon, 23 août 1885.

« Les massacres continuent dans les provinces du Sud de l'Annam. L'agitation s'est propagée, rapide comme une flambée de poudre ; sur un mot d'ordre partout répandu et partout exécuté, les chrétientés sont envahies, pillées, incendiées.

. . . . . . . . . . . . . . . . . . . . . . . . . . . .

« Les lettrés, les mandarins de tous rangs qui, depuis plusieurs mois, agents fidèles de la Cour, lèvent des hommes et fomentent secrètement la rébellion, ont aujourd'hui jeté le masque, et dirigent eux-mêmes ouvertement le mouvement insurrectionnel. Qu'avons-nous à craindre ? Le régent Thuong est à Hué et gouverne avec nous le royaume qu'il a troublé. On a pensé qu'il pourrait défaire ce qu'il a fait, et que personne, mieux que lui, ne saurait mettre fin aux crimes qu'il a ordonnés.

« On n'est pas plus machiavélique.

« En attendant, nos partisans, tous ceux qui se sont montrés attachés à notre cause et, à un titre quelconque, ont fait acte de dévouement envers la France, l'ennemie détestée, sont poursuivis, ruinés, égorgés. Ceux qui échappent à la mort, errent misérables dans les bois, semblables à des bêtes fauves. Les chrétiens surtout sont l'objet d'une haine féroce ; plus de dix mille ont péri, marquant cette fois encore, de leur sang, les fautes que nous avons commises et que nous ne cessons de commettre, en Annam et au Tonkin............ » (Extrait du *Saigonnais*, 23 août 1885.)

Nous trouvons dans une lettre de Mgr Colombert, le respectable évêque de Saigon, des détails navrants sur la situation faite aux chrétiens à la suite des événements de Hué :

« Monsieur,

Vous connaissez déjà la réponse de l'Annam à l'occupation de Hué. La mission de la Cochinchine orientale, tranquille et florissante il y a deux mois, est maintenant anéantie. Il n'est plus douteux que 24,000 chrétiens ont été horriblement massacrés dans les provinces de Quang-Ngai, de Binh-Dinh et Phu-Yên. Les survivants de ces trois provinces, au nombre d'environ 8,000, se sont réfugiés près du Consulat français de Qui-Nhon, où ils vivent sans abri, sur une plage de sable. Mille d'entre eux sont arrivés à Saigon par le vapeur *Marie* ; mais la nécessité de transporter tous les autres dans la colonie paraît inévitable. Ils n'ont plus espoir de rentrer dans leurs villages et, à la fin de septembre, la saison des pluies va arriver, violente et meurtrière.

« D'un autre côté, le vapeur *Gerda*, loué par

la Mission à Qui-Nhon, a sauvé et débarqué hier 700 chrétiens de Khanh-Hoa, où les massacres n'étaient pas encore commencés, il y a trois jours. Le *Gerda* est reparti immédiatement pour le Khanh-Hoa dans le but d'arracher à une mort prochaine le plus possible des 2,000 chrétiens qui restent dans cette province. Le même jour l'*Aréthuse*, des messageries maritimes, est parti pour recueillir 2,000 chrétiens sur la côte du Binh-Tuân.

« Aucun bateau de l'Etat n'était disponible, c'est à la Mission qu'incombe la nécessité de secourir ces malheureux.

« Malgré la réduction exceptionnelle, consentie généreusement par les Messageries, et la modicité des prix faits par les deux autres vapeurs, il faut cependant trouver à bref délai une somme de 14,000 à 15,600 piastres pour payer le passage de tous ces malheureux.

« La mission de la Cochinchine orientale est absolument ruinée. Elle n'a plus un seul de ses nombreux établissements ! 260 églises, les presbytères, les écoles, les orphelinats, tout est réduit en cendres. L'œuvre accomplie depuis 250 ans est à recommencer. *Il ne reste pas une seule maison chrétienne debout.* Dans la précipitation de leur fuite, les chrétiens ont tout abandonné, et plusieurs habitants de Saigon ont pu voir l'affreux dénûment des passagers du *Marie*.

« Avec la subvention de 1,400 piastres donnée par l'administration, et les autres secours recueillis jusqu'à présent dans la colonie, j'ai pu acheter pour 6,000 piastres de riz, et fournir aux réfugiés de Qui-Nhon les vivres nécessaires pour jusqu'à la fin de septembre....

. . . . . . . . . . . . . . . . . . . . . . . .

« J'ose faire un nouvel et pressant appel à nos compatriotes, comme à tous les habitants de la colonie, en faveur d'innocentes victimes à qui leurs féroces ennemis ne reprochent d'autres crimes que d'être les amis de la France. Le mot d'ordre des lettrés est celui-ci : *Exterminons les Français du dedans ; nous verrons par après avec les Français du dehors…..*

. . . . . . . . . . . . . . . . . . . . . . . . . . . . .

« Si les chrétiens de la Cochinchine orientale ont vu le massacre de leurs frères et l'incendie de leurs maisons, s'ils ont éprouvé les douleurs de la faim et les feux du jour sur un sable aride, s'il leur faut maintenant subir les tristesses de l'exil loin du sol natal et des *tombes de leurs aïeux*, c'est uniquement par suite de la haine invétérée des lettrés contre la France.

« A ce titre, tout Français, tout cœur généreux ne leur doit-il pas quelque chose ?

. . . . . . . . . . . . . . . . . . . . . . . . . . . . .
. . . . . . . . . . . . . . . . . . . . . . . . . . . . .

« Signé : Isidore, évêque de Samosate,
« Vicaire Apostolique. »

(*Saigonnais*, 3 septembre 1885.)


Cet appel fut entendu. Toutes les classes de la population, sans distinction de races et de croyances vinrent joindre leurs efforts à ceux du généreux évêque.

Mais il fut profondément regrettable que des secours immédiats et considérables n'eussent pas été envoyés par l'administration supérieure française. Sur quelques points bien des malheurs auraient été prévenus.

Et que dire de la légèreté coupable avec laquelle l'administration de la Cochinchine avait retiré aux missionnaires la faible subvention qui leur avait été accordée par l'amiral de la Grandière ! (230.000 fr.)

Elle était la compensation de l'accroissement des dépenses que leur causait notre présence en Indo-Chine. — Une sage politique nous commandait de secourir officiellement ces populations chrétiennes nombreuses et dévouées qui, à chacune de nos luttes contre la cour de Hué, ont versé des flots de sang pour la cause de la France.

En rémunérant dignement nos partisans pour des services rendus, nous n'aurions porté aucune atteinte au respect des principes égalitaires qui a servi de prétexte à l'une des mesures les moins généreuses et les moins adroites qui aient jamais été prises au nom de la France en Extrême-Orient.

Que de fois nos adversaires ont remarqué combien nos plus anciens et nos plus fidèles amis étaient dédaignés par nos compatriotes !

Un cri de douleur et de tristesse avait retenti jusqu'en France à la nouvelle de ces désastres qui nous frappaient au cœur.

Ce n'était point par des représailles sanglantes que l'on pouvait réparer et prévenir de telles horreurs.

Il fallait une action sage, persévérante, soucieuse des intérêts et des aspirations d'une nation qui se trouvait nettement divisée en deux partis bien tranchés : nos ennemis qui étaient résolus, désespérés, nos amis et les gens calmes, sensés, laborieux, qui voulaient la paix, mais qui étaient hésitants, qui doutaient de nos sentiments et de notre clairvoyance.

Il fallait encourager et soutenir ces derniers, les réunir en un seul grand parti de gouvernement qui, avec notre aide, pût assurer la pacification réelle du pays, la soumission volontaire et réellement consentie de la grande majorité des habitants.

« Saigon, 11 décembre 1885.

« Il est malheureusement trop certain que de nouveaux et cruels massacres ont eu lieu dans la province de Quang-Tri, voisine de Hué, à la fin de septembre et au commencement d'octobre : soixante cinq chrétientés ont été dévastées, 7,000 chrétiens massacrés ou brûlés dans leurs maisons..... »

Lettre de Mgr Isidore, évêque de Samosate. (Extrait du *Saigonnais*, 13 décembre 1885).

Je terminerai ces notes en remerciant vivement les amis dévoués qui m'ont aidé de leurs renseignements pendant le cours d'un travail considérable, qui a nécessité de nombreuses recherches.

Je me suis attaché à choisir, dans les intéressantes publications qui concernent le Tonkin, les documents qui m'ont paru les plus précis et les plus dignes de confiance.

J'ai mis largement à contribution le livre de MM. Bouinais et Paulus, les brochures de MM. Harmand, Bonnal, le livre de M. H. Gautier, celui de M. Loir, celui de M. l'amiral Pallu de la Barrière, celui de M. le docteur Rey, celui de M. Lehautcour,... les rapports de M. l'ingénieur Renaud, les journaux de Saigon et de Hanoi, ceux de France, les belles études de M. Gouin, les travaux de M. le commandant de Villemereuil, ceux de M. Félix Jullien, ceux de M. Neyret, les renseignements dus à M. le commandant Banaré, à M. l'ingénieur Janet, à M. Weyl, à M. E. de Boissac, à M. Martinon, à M. le capitaine Michallat,... les notes des Annamites Paulus Cua, Petrus Sang, Do-Huu-Phuong, Tân, celles de S. E. le vice-roi Nguyên-Trong-Hiêp, du Gouverneur Hoang-Cao-Khai, du Gouverneur Lê-Dinh.... Je ne nomme pas tous mes aimables et gracieux collaborateurs pour une foule d'excellentes raisons, mais j'adresse à chacun d'eux l'expression sincère de mon affectueuse reconnaissance.

Le Guiers, 1er juillet 1889.

P. V.

## ROIS D'ANNAM A PARTIR DE GIA-LONG

| NOMS | AVÈNEMENT | FIN DU RÈGNE |
|---|---|---|
| Gia-Long | En 1802. | Mort en 1819. |
| Minh-Mang | En 1820. | Mort en 1840. |
| Thiêu-Tri | En 1841. | Mort en 1847. |
| Tu-Duc | En 1847. | Mort en 1883. |
| Duc-Duc | Appelé le 16 du 6$^{me}$ mois par testament de Tu-Duc à lui succéder, n'a pas été couronné. | Déposé le 20 du même mois, 21 juillet 1883. |
| Hiêp-Hoa | Couronné le 21 juillet 1883. | Déposé le 30 novembre 1883, mort le même jour. |
| Kiên-Phuoc | Couronné le 30 novembre 1883. | Mort le 31 juillet 1884. |
| Ham-Nghi | Couronné le 2 août 1884. | Enlevé le 5 juillet 1885, par le régent Tuyêt. |
| Dong-Khanh | Reçu dans le Palais le 14 septembre 1885, couronné le 20 septembre. | (*Annuaire de l'Annam et du Tonkin pour 1887*, p. 96.) |

LISTE CHRONOLOGIQUE des chargés d'affaires, commandants en chef, investis des pouvoirs civils et militaires et Résidents généraux de la République Française en Annam et au Tonkin depuis le traité du 15 mars 1874 :

MM. Rheinart, chargé d'affaires à Hué, du 30 juillet 1875 au 13 décembre 1876 ;

Philastre, » du 14 décembre 1876 au 5 octobre 1879 ;

Rheinart, » du 3 juillet 1879 au 5 octobre 1880 ;

de Champeaux, chargé d'affaires du 6 octobre 1880 au 17 août 1881 ;

Rheinart, » du 13 août 1881 au 28 mars 1883 ;

de Kergaradec, nommé envoyé extraordinaire, n'a pas pris possession ;

Harmand, commissaire général de la République Française, du 23 juillet 1883 au 24 décembre 1883 ;

Amiral Courbet, commandant en chef des forces de terre et de mer, du 25 décembre 1883 au 11 février 1884 ;

Général Millot, commandant en chef le corps expéditionnaire, du 12 février au 7 septembre 1884 ;

Lemaire, ministre plénipotentiaire, Résident général, du 1er octobre au 31 décembre 1884 ;

Général Brière de l'Isle, commandant en chef, du 1er janvier au 30 mai 1885 ;

MM. Général Roussel de Courcy, commandant en chef, Résident général, du 31 mai 1885 au 26 janvier 1886 ;

Général Warnet, commandant en chef, Résident général p. i., du 27 janvier au 7 avril 1886 ;

Bert (Paul), Résident général, du 8 avril 1886 au 11 novembre 1886 ;

Vial (Paulin), Résident général p. i., du 12 novembre 1886 au 28 janvier 1887 ;

Bihourd, ministre plénipotentiaire, Résident général, du 29 janvier 1887.

(Annuaire de l'*Annam* et du *Tonkin*, p. 95.)

Hanoi 1887, Imprimerie Schneider.

# POPULATION DE L'ANNAM

Nous prenons les indications ci-après dans un ouvrage qui vient de paraître et qui est dû à un spécialiste des plus compétents :

« D'après les renseignements que l'on a pu puiser dans les archives de la Cour de Hué, le Ministère des Finances comptait, en 1878, 507.060 inscrits pour l'Annam tout entier, et en 1880, 346.779 inscrits dans les 13 provinces laissées au Tonkin par le traité du 6 juin.... »

..................................................

« Les chiffres suivants avaient été fournis par les gouverneurs de ces provinces dans une réunion tenue à Hanoi en 1885 :

| PROVINCES | HABITANTS | Devant être inscrits |
|---|---|---|
| Hanoi (My-Duc compris).. | 1.613.025 | 129.042 |
| Ninh-Binh................ | 758.750 | 60.700 |
| Nam-Dinh................ | 1.756.700 | 140.536 |
| Hung-Yên................ | 513.350 | 41.148 |
| Hai-Duong............... | 1.236.875 | 98.950 |
| Quang-Yên............... | 90.975 | 7.278 |
| Son-Tây................. | 1.552.006 | 124.160 |
| Hung-Hoa................ | 250.475 | 20.038 |
| Tuyên-Quang............. | 134.680 | 10.774 |
| Bac-Ninh................ | 1.594.350 | 127.548 |
| Thai-Nguyên............. | 234.200 | 18.736 |
| Lang-Son................ | 232.750 | 18.600 |
| Cao-Bang................ | 275.325 | 20.026 |
| Totaux........ | 10.243.461 | 817.536 |

(Extraits de l'*Empire d'Annam*, par J. Silvestre, 1889, pages 335 et 336.)

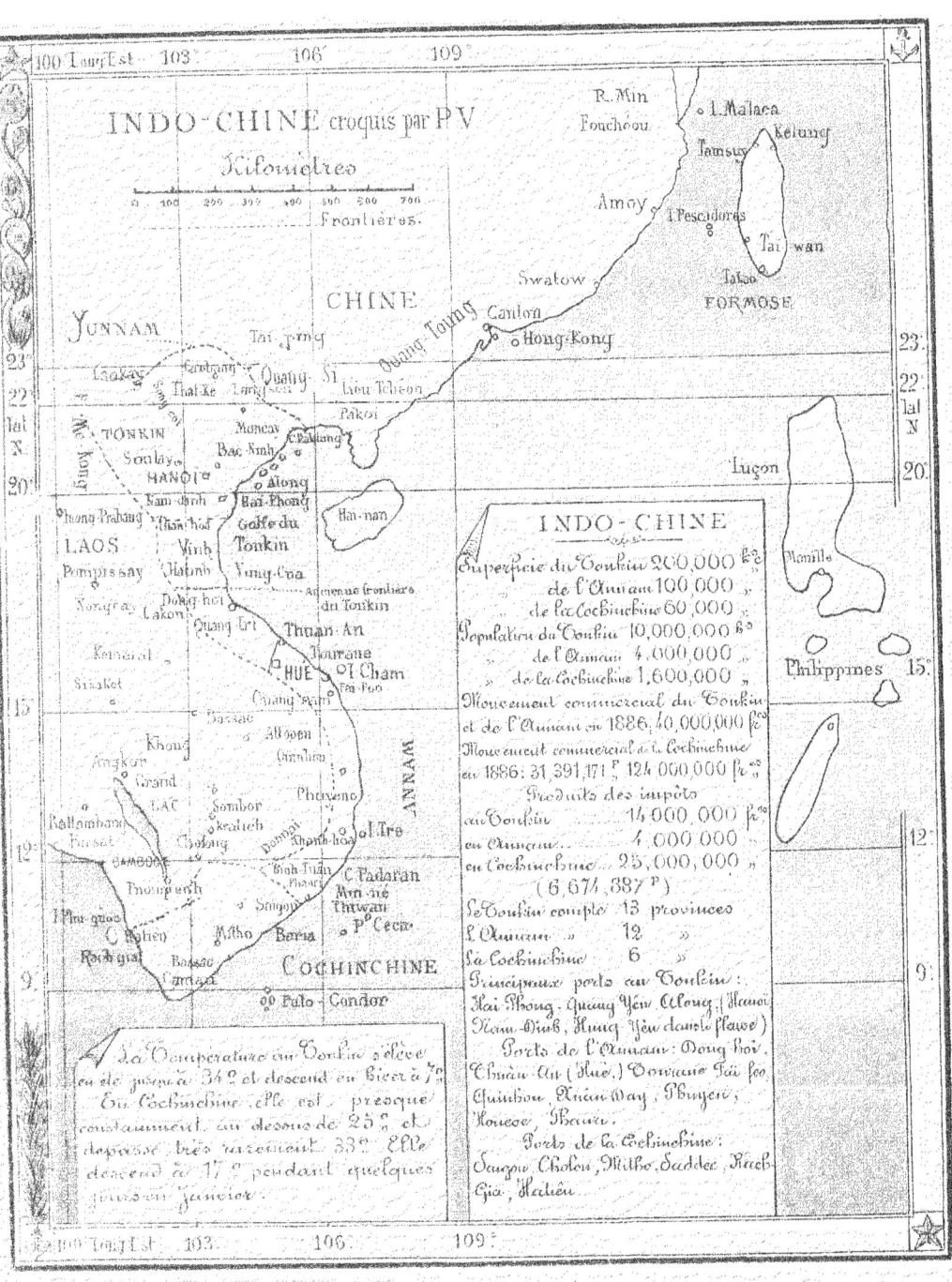

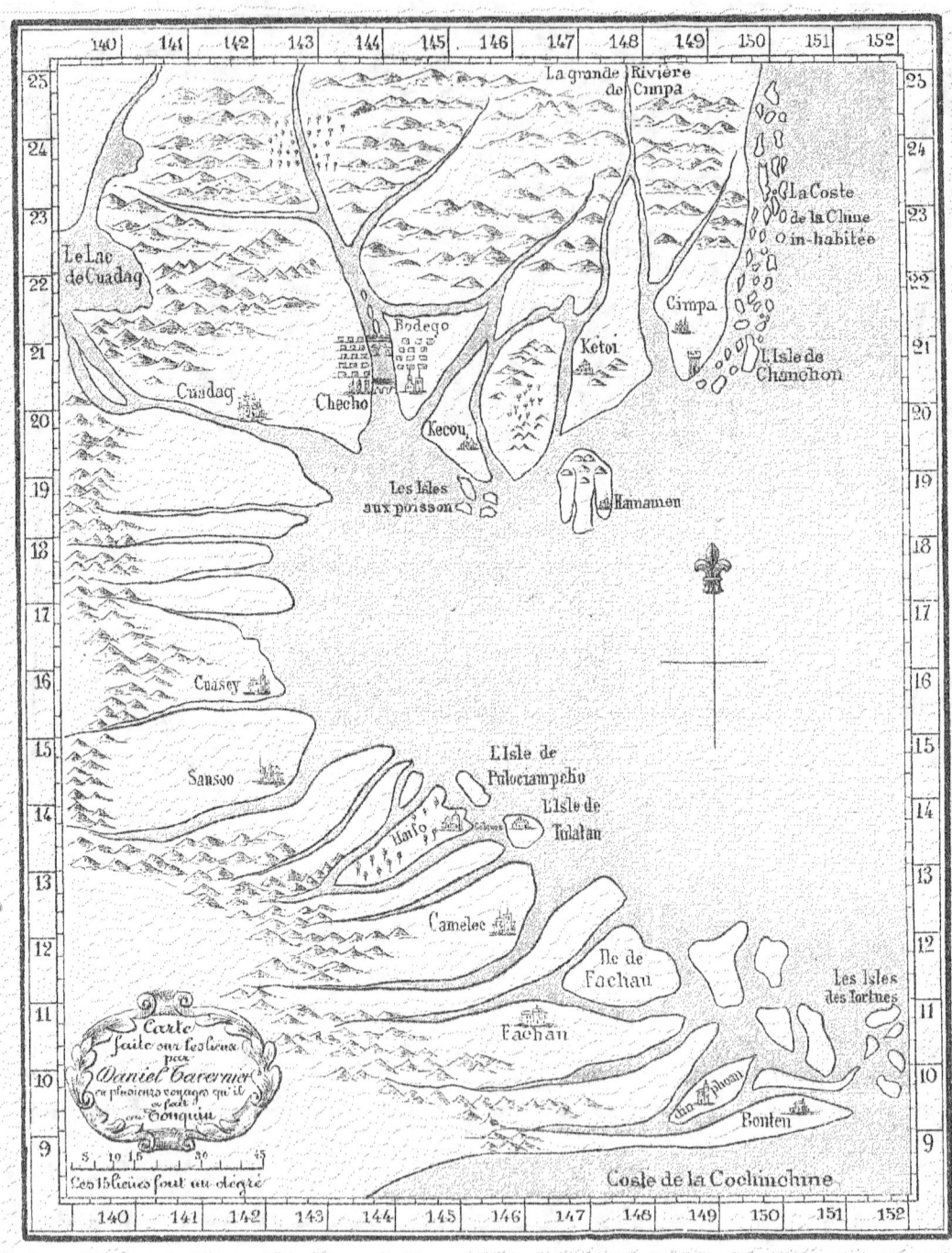

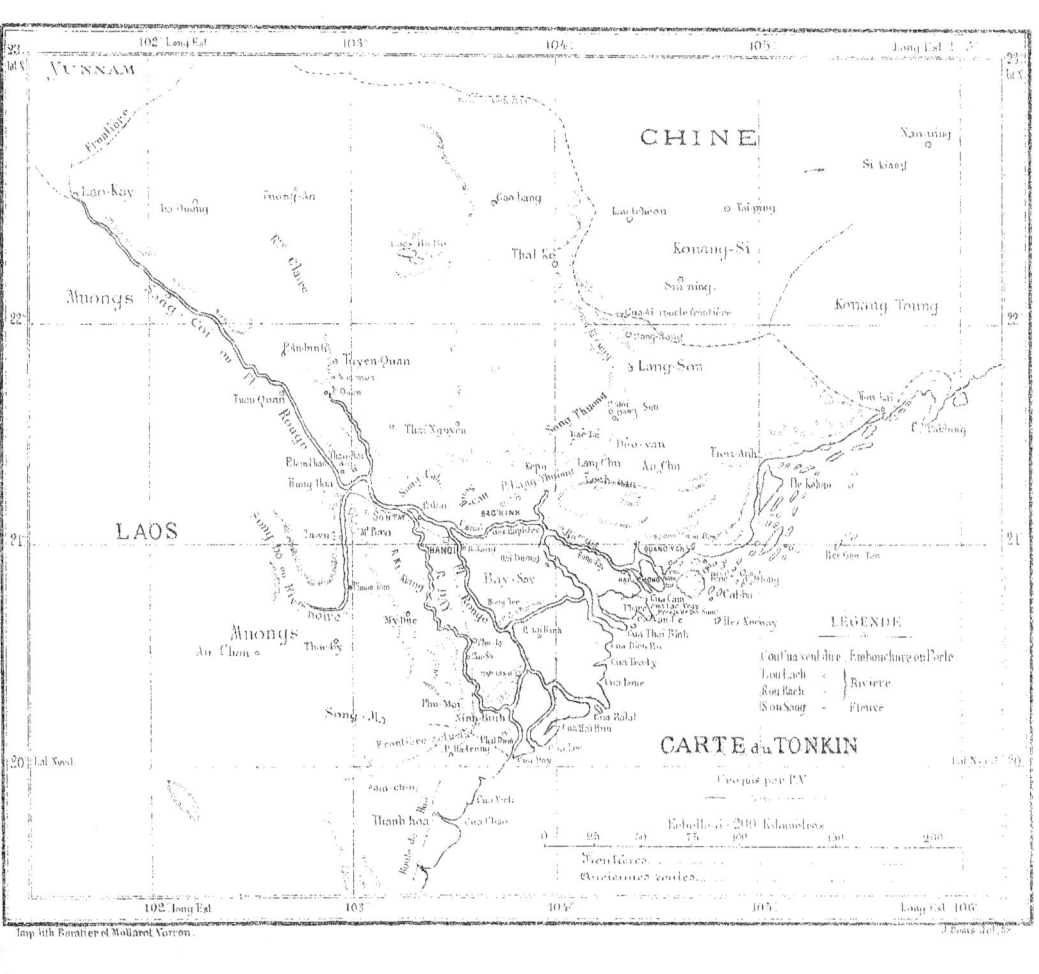